GAME LAW

[2009 게임과 제도 연찬회]

게임법제도의 현황과 과제

황승흠 · 안경봉 편

博 英 社

머 리 말

Ⅰ.

『게임법제도의 현황과 과제』는 2009년 5월 22일에서 5월 24일까지 열렸던 국민대학교 정보와 법연구소 주관의 <2009 게임과 제도 연찬회: 게임법제도의 현황과 과제>에서 발표된 원고를 정리하여 엮은 것이다. 2박 3일의 짧지 않은 일정 동안 법학자, 변호사, 사회과학자, 게임기업의 담당자, 게임정책담당 공무원 등이 모여 22개의 발표문을 통해 게임법제도의 현황을 점검하고 앞으로의 과제를 논의하였다. 제1세션 게임의 제도적 기반, 제2세션 게임산업의 현황과제, 제3세션 게임 이용자 보호의 법적 문제, 제4세션 게임산업의 법적 과제 등으로 진행된 연찬회는 아마도 게임법제도에 대한 국내 최초의 종합적인 토론이었다고 생각된다.

2009 게임과 제도 연찬회를 준비하면서 —이 책의 목차에서도 알 수 있듯이— 그간에 게임산업에 제기되었던 다양한 법적 과제들과 관련 판례들, 외국의 제도 및 판례비교, 게임제도의 문화적·사회적 기반 등 이제까지 논의된 게임법제도의 이슈를 가능한 모아서 체계적인 구성을 하고자 하였다. 이 책에 실린 논문들은 연찬회의 토론결과를 반영하여 수정된 내용이며, 세션의 배열순서도 다소 변경하였다(예를 들어, 제1부의 제목이 '게임법제도와 게임문화'로 변경되었다). 게임법제도에 관심을 가진 학자들과 실무가들 간의 조직적인 논의의 틀을 만들어보고자 하였던 이번 <2009 게임과 제도 연찬회>의 결과가 이제 한 권의 책으로 엮어서 나옴으로써 독자들과 이를 공유할 수 있게 된 것이 기쁘기 그지없다. 게임법제도에 대한 학문적 토대는 아직 미약하지만 이 책의 출간을 계기로 보다 한 단계 도약하기를 기대해 본다.

Ⅱ.

'게임법'은 법학에서도 이제 막 태동하는 아주 생소한 분야이다. 게임법이라는 말을 처음 들을 때, 대부분의 사람들에게 떠오르는 생각은 게임이라는 것이 일종의 '놀이'인데, 이것에 굳이 법제도라는 굴레를 씌워서 보아야 하는가라는 질문일 것이다. 그도 그럴 것이 놀이라는 것은 전형적인 사적인 행위의 영역에 속한다. 그런데 굳이 법제도라는 공적 관계의 규율이 과연 필요한 것인가에 대한 의문이 제기되는 것은 자연스러운 일이다. 하지만 인간의 모든 행위가 그러하듯이, 설사 아무리 선한 행위라 할지라도 그것의 '남용' 문제가 있다. 놀이 역시 마찬가지이다. 놀이의 가장 오래된 남용의 형태는 도박일 것이다. 도박은 일시오락의 경우는 예외이지만 원칙적으로 불법이다. 우리나라처럼 도박을 형사적으로 처벌하는 나라에서는 합법적인 놀이인 게임과 도박 간의 법적 경계선을 긋는 작업이 간단하지 않다. 게임법제도에는 어디까지가 합법적으로 가능한 게임, 즉 놀이인가 또는 어디까지가 불법적인 도박인가를 구분하는 고전적인 문제가 한 축을 차지한다.

게임산업의 특징은 게임을 콘텐츠로 만들어 공급한다는 것이다. 아이들에게 주는 용돈 정도의 비용이면 다양한 게임콘텐츠를 즐길 수 있다. 게임이 콘텐츠로 사회에 유통된다는 것은 콘텐츠 규제법리가 게임에도 적용된다는 것을 의미한다. 따라서 게임법제도의 또 하나의 축은 콘텐츠의 유통규제인 (사전)등급분류제도에 대한 논의이다. 등급분류제도는 게임만의 독특한 제도는 아니지만 게임콘텐츠의 규율의 핵심적인 위치를 차지한다. 청소년보호를 목적으로 하는 등급분류제도는 연령에 기초한 규제체제이며 헌법상의 표현의 자유와 긴장관계를 형성한다. 이와 함께 유동적인 콘텐츠를 제공하는 온라인게임과 고정적인 콘텐츠를 전제로 하는 등급분류제도 간의 부정합 문제를 해결하려는 제도적 논의도 중요하다. 청소년 보호와 청소년의 자기결정권과 관련하여 등급분류제도 이외의 여러 제도적 수단을 논의하는 것도 게임법의 중요한 이슈이다.

게임기를 상대로 게임 이용자가 1:1 방식의 게임을 진행하는 경우가 아닌, 다중이 동시에 게임서버에 접속하여 1:多 또는 多:多 방식으로 진행하는 게임은 스포츠와 마찬가지로 일정한 규칙을 기반으로 게임이용자들 간의 상호작용이 이루어지는 일련의 과정이다. 이때의 게임사업자는 단순한 게임콘텐츠의 판매자를 넘어서, 게임의 '심판'으로서 또는 게임규칙의 적용자로서의 지위를 갖는다. 이러한 방식의 게임콘텐츠를 판매하는 게임기업은 콘텐츠를 개발하는 전형적인 부서 이외에 게임을 '운영'하는 부서를 함께 가지고 있다. 게임운영 또는 게임규칙의 적용의 핵심원리는 '공정한 게임'이다. 게임규칙을 위반한, 다시 말해서 페어플레이 규칙을 위반한 게임 이용자에 대해서 게임규칙을 준수하는 다른 게임 이용자의 보호를 위해서 게임사는 제재조치를 하는데 이것이 게임 이용자들과 갈등을 야기하기도 한다. 게임 아이템의 현금거래 문제나 사람의 조작 없이 게임이용을 할 수 있게 하는 오토프로그램 사용의 제재 등이 그러한 예이다. 게임규칙이 약관의 형태로 게임 이용자에게 고지되기 때문에 이 문제는 외형적으로 약관에 근거한 제재, 즉 소비자문제로 표출된다. 하지만 이 문제는 게임 사업자가 서비스의 공급자가 아니라 게임규칙의 적용자라는 일종의 '심판'의 역할을 하기 때문에 일반적인 소비사문제와는 성격이 다른 게임법의 고유한 시각으로 접근해야 한다.

게임산업은 놀이가 주는 '재미'를 비즈니스화한 것이다. 게임산업의 규모는 이미 2008년 한 해에 5조 원을 넘었고 수출액도 10억 달러를 넘는다(한국콘텐츠진흥원, 『2009 대한민국 게임백서』). 사적인 공간에서의 놀이에서 출발한 게임산업은 이미 신성장 동력의 하나로 평가받고 있다. 매년 급속하게 성장하고 있는 게임산업인 만큼 공정거래문제, 소비사문세, 저작권문제, 세제문제, 무역자유화의 문제 등 다른 산업과 마찬가지의 전형적인 법적 문제들이 제기되고 있다. 또한 인터넷을 통해 서비스되는 게임콘텐츠의 경우에는 인터넷법제에서 제기하는 개인정보 보호, 명예훼손, 전자거래 등의 문제도 중요하다. 이러한 제반 법적 이슈들도 게임법제도의 한 축을 형성한다.

게임법제도의 가장 중요한 기반으로 꼽아야 하는 것은 무엇보다도 우리나라가 세계에서 유일한 독자적인 게임법률인 「게임산업의 진흥에 관한 법률」을 가지고 있다는 점이다. 이전의 「음반·비디오물 및 게임물에 관한 법률」에서 독립하여 2006년 제정된 이 법은 게임산업의 규율에서 핵심적인 역할을 하며, 게임법제도의 출발점이기도 하다. 위에서 제기한 여러 가지 게임법제도의 문제 중에서 많은 부분이 「게임산업의 진흥에 관한 법률」의 해석문제로 수렴된다. 이와 함께 「청소년보호법」, 「독점규제 및 공정거래에 관한 법률」, 「소비자기본법」, 「약관의 규제에 관한 법률」, 「온라인 디지털콘텐츠산업발전법」, 「저작권법」, 「정보통신망 이용촉진 및 정보보호 등에 관한 법률」, 「형법」, 「사행행위 등 규제 및 처벌 특례법」 등이 게임법제를 구성한다. 게임이라는 것이 보편적인 인간행태를 묘사한 것이기 때문에 어느 하나의 단행 법률로 이를 규율할 수는 없다. 결과적으로 게임법제는 「게임산업의 진흥에 관한 법률」을 중심으로 하고 있지만 보편적인 인간행태와 관련한 대부분의 법률이 이를 둘러싸고 있는 종합적인 체계라 할 수 있다.

Ⅲ.

우리나라에서 게임법제도에 대한 본격적인 논의가 촉발된 것은 2006년 여름을 뜨겁게 달구었던 '바다이야기 사태'였을 것이다. 무엇이 게임이고 무엇이 게임이 아닌가? 게임과 게임 아닌 것의 경계는 무엇인가?라는 게임법의 원론적 논의가 모호한 상태에서 게임의 껍데기를 갖는 사행성 유기기구가 온 나라에 만연하였다. 이 때문에 2006년에 시행될 예정이었던 제정 「게임산업의 진흥에 관한 법률」은 시행일이 되기도 전에 개정논의에 들어가고 게임과 게임 아닌 것의 엄격한 분리라는 틀에서 현행법인 2007년 개정 「게임산업의 진흥에 관한 법률」이 시행되었다.

이보다 더 근원적으로 게임법제도에 대한 논의를 촉발시킨 것은 정보통신망을 통해 서비스되는 온라인게임의 등장이라고 해야 한다. 그 이전에는 게임 그 자체보다는 게임을 하는 물리적 장소를 의미하는 '게임장'에 대한 규율이 중심이었다. 게임을 하는 물리적 장소가 필요 없는 온라인게임의 등장은 전혀 새로운 패러다임의 규율을 요구하였다. 기존의 게임장 규제는 온라인게임에는 무용지물이었고 디지털콘텐츠 형태로 제공되는 온라인게임은 고정된 콘텐츠를 전제로 하는 등급분류제도와 긴장을 야기하였다. 또한 정보통신망을 통해서 서비스된다는 측면에서 인터넷이나 통신에 대한 법적 규제수단이 적용되는 문제도 있었다. 끝으로 온라인게임을 중심으로 한 게임산업의 급속한 성장도 법제도적 논의를 촉발시킨 중요한 원인이라는 점이 지적되어야 한다. 이러한 배경에서 게임법제도라는 새로운 논의의 틀이 형성되었고 게임법이라는 새로운 분야가 태동한 것이다.

Ⅳ.

<2009 게임과 제도 연찬회>의 개최와 금번『게임법제도의 현황과 과제』의 출간은 전적으로 소중한 원고를 집필한 필자들에게 그 공을 돌려야 한다. 이들의 헌신적인 노력이 없었더라면 결코 이 책이 독자들의 손에 들려지지 못했을 것이다. 연찬회를 후원해 준 한국게임산업협회와 네오위즈, 넥슨, 블리자드 코리아, CJ 인터넷, NHN, 엔씨소프트, 엠게임, 위메이드 등의 게임기업에도 특별한 감사의 말을 전해야 한다. 특히 한국게임산업협회장인 김정호 한게임 대표는 연찬회 기간 내내 자리를 지키면서 열정어린 토론을 해주었다. 연찬회에 참석한 문화체육관광부 담당공무원과 국회관계자 그리고 관련전문가들의 토론은 이 책의 내용이 보다 현실적인 감각을 가질 수 있게 해주었다. 또한 연찬회가 차질 없이 진행될 수 있도록 조직위원으로 물심양면 노력을 기울여 주었던 국민대학교 정보와 법 연구소장인 신홍균 교수, 한국콘텐츠진흥원의 김민규 팀장, 한국게임산업협회의 이승철 운영위원장과 신필수 실장에게도 감사의 말을 전한다. 그리고 연찬회 진행을 위해서 국민대학교 법대의 손준영 교학팀장, 강화원·정지윤 조교와 이광민·신종욱·최주호 군, 한국게임산업협회의 정희진 선생이 수고하였다. 특히 이광민과 신종욱·최주호는 이 책의 교정작업에도 참여하였다. 이 책을 보기 좋게 만들어 준 박영사 관계자들, 특히 편집을 담당하였던 이경희 선생에게 감사의 말을 전한다.

2009년 10월
공편자　황승흠·안경봉

목 차

제1부 게임법제도와 게임문화

第3부 게임 이용자 보호의 법적 문제

제1부
게임법제도와 게임문화

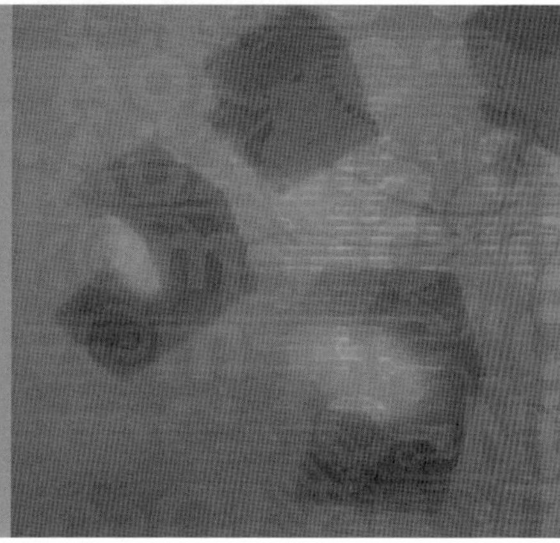

한국 게임법제의 역사와 전망

chapter 01

황 승 흠*

Ⅰ. 서 론

우리나라는 게임산업에 관한 독립된 입법을 가지고 있는 유일한 나라일 것이다. 우리나라의 게임산업이 세계 시장에서 상당한 비중을 가지고 있으며, 온라인게임은 장르 자체가 우리나라에서 상용화되었다. 아마도 이러한 배경이 세계에서 유일한 것이라 할 수 있는 「게임산업진흥에 관한 법률」이라는 입법을 가능하게 했을 것이다.

이 글의 목적은 비교법적으로 유례가 없는 「게임산업진흥에 관한 법률」의 입법사적 고찰을 통해서 이 법이 가지는 의의에 대해서 살펴보려는 것이다. 어느 법도 마찬가지이지만 「게임산업진흥에 관한 법률」 또한 아무 것도 없는 백지상태에서 새롭게 그려진 것이 아니다. 이 법은 이전의 관련법을 계승하고 있으며, 다른 법과 밀접한 관련을 맺으면서 발전해 왔다. 또한 게임산업이 성장해 오면서 제기되었던 여러 사회적·법적 문제들에 대한 대응과 해결방안이 반영되어 있다. 현재의 「게임산업진흥에 관한 법률」이 이전

* 국민대 법과대학 부교수

의 법을 이어받아 성립하고 발전하기까지 이와 밀접한 관련을 맺은 제반 법체계를 '게임법제'라 부르기로 한다. 한국의 게임법제의 변천과정에 대한 고찰을 통해 그것의 의미에 이해를 증진시키고 게임법제 또는 「게임산업진흥에 관한 법률」의 발전방향에 대하여 전망해 볼 수 있을 것이다.

Ⅱ. 입법연혁 분석의 틀

입법연혁의 분석을 위해서 두 개의 축을 사용하기로 한다. 첫째는 횡적 측면에서 분석주제에 관한 것이다. 현행 「게임산업진흥에 관한 법률」을 중심으로 하는 게임법제에는 크게 보아 다음과 같은 네 가지의 주요 주제가 있다. ⑴ 게임과 사행행위의 분리 문제, ⑵ 영업장소 규제의 문제, ⑶ 등급분류 문제, ⑷ 게임산업 및 문화의 진흥 문제. 입법연혁의 각 시기에 대해서 이 네 가지의 분석주제가 어떻게 등장하고 변화되는지를 살펴볼 것이다.

둘째는 종적 측면에서 입법연혁의 단계를 나누어 분석하는 것이다. 제1단계는 유기장법에서 유기장업법을 거쳐 공중위생법까지의 시기(1973~1999년)인데, 게임에 대한 규율이 있기는 하나 아직은 다른 것과 함께 묶여 있으며 '유기장업 관리체제'라 부를 수 있다. 「게임산업진흥에 관한 법률」의 태동기라고 할 수 있는 시기이다. 제2단계는 「음반・비디오물 및 게임물에 관한 법률」의 시기(1999년~2006년)인데, 게임물에 대한 독자적인 규율이 시작된 단계로 '게임물 관리체제'라 부를 수 있다. 「게임산업진흥에 관한 법률」 성립 전의 과도기적 시기라 할 수 있다. 제3단계는 「게임산업진흥에 관한 법률」의 시기(2006년~현재)인데, 본격적인 게임산업 및 문화의 진흥이 시작된 단계로 '게임산업 진흥체제'라 부를 수 있다. 「게임산업진흥에 관한 법률」이 성립하여 이를 중심으로 게임법제가 전개되는 시기이다.

횡적인 분석주제가 종적인 입법단계에서 고르게 분포되어 나타나는 것은 아니다. 게임과 사행행위의 분리 문제와 영업장소의 규제 문제는 모든 입법단계에서 나타나는 주제이지만, 등급분류 문제는 제2단계 이후에 중심 주제로 등장하고 게임산업 및 문화의 진흥 문제는 제3단계 이후에 등장하는 주제이다. 이상과 같은 입법연혁의 분석 틀을 표로 나타내면 다음과 같다.

입법단계 / 분석주제	제1단계(1973~1999) 유기장업 관리체제 유기장법 · 유기장업법 · 공중위생법	제2단계(1999~2006) 게임물 관리체제 「음반 · 비디오물 및 게임물에 관한 법률」	제3단계(2006~현재) 게임산업 진흥체제 「게임산업진흥에 관한 법률」
게임과 사행행위의 분리 문제	중간	약함	강함
영업장소 규제의 문제	강함	중간	약함
등급분류 문제		중간	강함
게임산업 및 문화의 진흥 문제			약함

* 이 표에서 '강함 — 중간 — 약함'은 해당 주제가 법제의 단계에서 차지하는 정도를 의미함.

Ⅲ. 유기장업 관리체제: 게임법제의 태동기

1. 유기장법 시대: 게임법제의 시작

(1) 1961년 제정 유기장법

현재는 게임이라는 용어를 법제에서 사용하고 있지만, 「음반 · 비디오물 및 게임물에 관한 법률」 이전의 법제에서 이와 가장 가까운 의미를 가진 것으로 '유기(遊技)'라는 용어를 사용하였다.[1] 이러한 접근시각에서는 유기에 대한 최초의 법적 규율이라 할 수 있는 1961년에 제정된 '유기장법(제정 1961. 12. 6. 법률 제810호)'을 게임에 관한 최초의 입법이었다고 볼 수도 있다. 유기장법의 제정은 당시의 국가재건최고회의에 의해 이루어진 '구법령정리사업(舊法令整理事業)'의 일환이었다. 유기장법은 '놀이'를 의미하는 유기에 대하여 직접적으로 규율하는 것이 아니라 공중이 놀이를 하는 장소를 의미하는 유기장에 대한 규율체제였다는 점에 유의할 필요가 있다. 그런데 유기장법에서 '당구장, 탁구장, 베이비골프장, 롤러스케이트장, 셔플보오드장, 투환장, 기원 또는 이와 유사한 공중유기시설'(제2장 제1항)로 정의된 유기장이 현행 게임법제에서 말하는 게임과 동일한 것인가에 대해서는 의문이 있다. 그럼에도 유기장법제는 현재의 게임장에 대한 관리체제를 최초로 도입한 입법이라는 점도 분명히 지적되어야 한다.

(2) 1973년 개정 유기장법 시행규칙

현재의 게임장과 직접적으로 연결되는 것은 1973년 개정 유기장법 시행규칙(전문개정 1973. 10. 16. 보건사회부령 제425호)에 처음으로 규정된 '전자유기시설'이다. 유기장법 시행규칙에서는 전자유기시설을 "사용료를 유기기구에 투입하거나 지불하여 일정한 시간 유기할 수 있도록 만들어진 비사행성 전자식 유기기구"로 정의하였다(제1조 제5호). 이것이 오늘날 아케이드 게임기기라 불리는 것의 최초의 입법화이다. 현재 우리가 게임기기라고 여기는 것이 1973년에 시행규칙 수준에서 처음으로 법제화된 것이다. 따라서 엄밀히 말하면 게임을 규율하는 최초의 입법은 1961년에 제정된 유기장법 자체가 아니라 1973년의 개정 유기장법 시행규칙이라고 해야 한다.

---

1) 유기(遊技)의 사전적 의미는 '당구, 바둑 따위의 오락으로 하는 운동이나 경기'이다. 하지만 유기의 사회적 용례가 이와 같은 사전적 의미로 국한된다고 말하기는 어렵다. 당구, 바둑, 운동, 경기는 예시로 볼 수 있고 의미의 핵심은 '오락'에 있다고 볼 수 있다. 그렇다면 유기는 놀이와 동의어라 해도 무방할 것이다. 현재의 용례로 본다면 운동이나 경기는 유기에서 분화되었다고 볼 수 있으며, 이런 관점에서는 게임과 가장 유사한 의미를 갖는 것으로 볼 수 있다.

1973년 개정 유기장법 시행규칙에서 공중 유기용 시설의 하나로 전자유기시설이 규정되었다는 것은 유기장법이 정하는 유기장업 관리체제가 게임기기에 적용된다는 점을 의미한다. 유기장법은 기본적으로 유기장이라는 영업장소에 대한 관리체제이다. 이에 따라 게임에 관한 규율도 영업장소 관리체제를 중심으로 발전해 가게 된다. 유기장법이 정하는 유기장 영업에 관한 관리체제를 보면, 첫째 유기장 영업은 허가제로 운영된다(제3조). 둘째, 유기장업자는 유기장에 공중위생에 필요한 시설, 청소 기타 위생에 필요한 조치를 취하여야 한다(제4조). 유기장법은 공중이 모인다는 점에서 공중위생을 유기장 관리의 핵심요소로 보고 있다. 이는 당시에 유기장법이 공중위생법제의 한 부분이었다는 것을 의미하며, 이 점은 향후에 유기장업 관리체제가 공중위생법으로 통합되는 이유가 된다. 셋째, 유기장업자는 법률이 정한 준수사항을 지켜야 한다(제7조). 영업자의 준수사항의 핵심은 "유기장 내에서 도박행위를 하는 것을 조장하거나 묵인하여서는 아니 된다"는 것이다. 유기장이 도박장으로 변질되는 것을 방지하기 위해서 도입된 이 조항은 유기장 관리의 중심축이 유기[놀이 또는 게임]와 사행행위와의 긴장관계라는 것을 분명하게 보여준다. 유기장에서의 도박행위 조장·묵인 금지 조항은 유기장업법, 공중위생법, 「음반·비디오물 및 게임물에 관한 법률」을 거쳐 현행 「게임산업진흥에 관한 법률」에서 게임물관련사업자의 준수사항의 하나인 "게임물을 이용하여 도박 그 밖의 사행행위를 하게 하거나 이를 하도록 내버려 두지 아니할 것"으로 유지된다(제28조 제2호).

2. 유기장업법 시대: 유기기구 심의제도의 도입

(1) 1981년 개정 유기장업법

유기장법은 1981년에 '유기장업법'(일부개정 1981. 4. 13. 법률 제3441호)으로 법명(法名)이 변경되었다. 유기장업에 관한 관리체계는 유기장법을 그대로 이어받았으나, 유기장에 대하여는 "대중오락을 위한 유기시설이 설치된 일정한 장소"라 하여(제2조 제1항), 보다 포괄적인 정의로 변경하였다. 이와 함께 유기장업법 시행령(일부개정 1981. 6. 2. 대통령령 제10323호)에서는 유기장의 한 종류로 전자유기장이 규정되었다(제1조). 유기장법 시대는 게임기기를 개별적으로 운영하고 있는 유기장업자에 대한 규율이 이루어졌지만 유기장업법 시대에 들어서 게임기기 운영으로 특화된 전자유기장업자, 다시 말해서 게임장업자가 법적 규제의 대상이 되었다.

(2) 1984년 개정 유기장업법

1984년에 전면 개정된 유기장업법(전문개정 1984. 4. 10. 법률 제3729호)에서 유기장 규제체제에서 몇 가지 중요한 변화가 있었다. 첫째, 유기장의 정의를 “전자유기장·당구장과 기타 대중오락을 위한 유기기구가 설치된 일정한 장소”로 변경하였다(제2조 제1항). 이제 전자유기장은 유기장을 대표하는 예시로 격상되었다. 1973년에 유기장법 시행규칙에서 전자유기시설로 처음 규정되었던 것이 1981년 유기장업법 시행령에서 전자유기장으로 규정되고, 1984년에 와서는 법률 수준에서 규정된 것이다.

둘째, 전자유기장에 대한 허가제는 존속되었으나, 성인전용진자유기장과 그러하지 아니한 영업으로 구분하여 허가할 수 있도록 하였다(제4조 제3항). 이전 법제에서는 성인전용전자유기장의 허가만이 가능하였으나 1984년 개정 유기장업법에서는 성인전용전가유기장과 일반전자유기장의 허가제로 구분되었다. ‘약간의’ 사행성을 포함하는 전자식 유기기구를 설치할 수 있는 성인전용전자유기장과 달리 청소년도 이용할 수 있는 아케이드 게임기기를 설치할 수 있는 전자유기장이 가능하도록 한 것이었다. 이러한 구분은 여러 곡절을 거치면서 현재까지 이어지고 있다.

(3) 유기기구 심의제도의 도입

1984년 개정 유기장업법 시행령(전문개정 1984. 7. 20. 대통령령 제11473호)을 통해서 유기기구에 대한 심의제도가 처음으로 도입되었다. 유기장업법 시행령에서는 보건사회부장관의 자문에 응하기 위해서 ‘유기장업심의위원회’를 둔다고 규정하였다(제2조). 유기장업심의위원회의 심의사항에서 주목할 것은 "유기기구 및 그 프로그램의 도박성 또는 사행성 유무에 관한 사항"이 포함되어 있었다는 점이다(제2조 제2호). 보건사회부차관이 위원장이 되는 유기장업심의위원회는 정부위원회의 일종이라고 볼 수 있으며, 현재 게임물의 심의를 담당하는 게임물등급위원회와 같은 독립위원회의 성격을 가진다고 보기 어렵다. 유기기구 및 프로그램에 대한 심의제도가 도입된 것은 그것의 유통이 확대되어 영업허가를 중심으로 하는 기존의 유기장업 규율체제만으로는 유기장업을 관리하기에 부족하다는 인식이 있었기 때문일 것이다. 심의의 대상이 등급분류제도와 같은 '콘텐츠'가 아니라 도박성 또는 사행성 유무에 있다는 점도 주목할 만하다. 심의의 대상으로 사행성 유무를 꼽았다는 것.

3. 공중위생법 시대: 유기기구 검사제도로의 전환

(1) 1986년 제정 공중위생법

당시의 법제상으로 볼 때 공중위생에 관한 법률의 하나였던 유기장업법은 1986년에 공중위생법(제정 1986. 5. 10. 법률 제3822호)에 흡수되었다. 공중목욕장업법, 숙박업법, 「이용사 및 미용사법」, 유기장업법을 하나로 통합하여 제정된 공중위생법에서 유기장업은 "유기시설을 갖추고 손님으로 하여금 대중오락을 하게 하는 영업(다른 영업을 경영하면서 손님의 유치 또는 광고 등을 목적으로 유기기구를 설치하여 대중오락을 하게 하는 경우를 포함한다)"이라고 정의되며 위생접객업의 한 종류로 규정되었다(제2조 제1항 제1호 바목). 공중위생법으로의 전환은 법체계면에서는 상당히 큰 변화라고 할 수 있지만 유기장에 대한 규율체제 자체에 대한 실질적인 변화는 거의 없었다.

(2) 1990년 개정 공중위생법

1990년에 개정된 공중위생법(일부개정 1990. 1. 13. 법률 제4217호)에서 특기할 사항은 유기장업심의위원회에 의한 유기기구 심의제도를 폐지하고 보건사회부장관의 유기기구 검사제도를 도입하였다는 점이다. 공중위생법에서는 전자유기장업소에 설치되는 기계식 유기기구, 전자유기기구 및 체련용 유기기구와 그 기판을 제조하거나 수입하고자 하는 자는 당해 유기기구 및 그 기판에 대하여 보건사회부장관의 검사를 받도록 하였다(제12조의2 및 동법 시행령 제7조의5). 이에 따라 공중위생법 시행규칙(일부개정 1990. 12. 27. 보건사회부령 제860호)에서는 전자유기장업의 설비기준의 하나로 "유기기구는 도박성 또는 사행성이 없는 것으로서 보건사회부장관이 고시한 기준에 적합하여야 하며 검사를 받은 것이어야 한다"고 규정하였다(제2조 별표1). 즉 유기기구 및 그 기판은 보건사회부장관에 의한 검사에 합격하지 않으면 전자유기장에 설치될 수 없었다. 한편 보건사회부장관은 유기기구 및 그 기판에 대한 검사업무를 관계전문기관 또는 영업자단체에 위탁할 수 있었다(동법 시행령 제27조 제1항 제4호). 검사업무를 민간단체에 위탁하는 것은 매우 특기할 만한 사실이다. 정부위원회인 유기장업심의위원회가 사실상 작동하지 않는다는 점, 보건사회부는 검사업무를 수행할 수 있는 기구나 조직을 가지고 있지 않았다는 점이 민간위탁의 이유였을 것이다.

보건사회부장관의 유기기구 검사제도는 일정한 기준을 정하고 그것의 적합 여부에 대해 심사하는 것이며 허가의 성질을 갖는다고 할 수 있다. 검사제도는 어떤 기기의 규격 또는 기준의 적합 여부를 판정할 때 이용된다. 일반적으로 '심의'라는 용어는 콘텐츠에 관해 사용된다는 점을 고려하면, 유기기구 심의라는 것은 사안의 본질에 대한 혼동이 있었다고 할 수 있다. Input-chance-output이라는 사행성의 구현은 콘텐츠가 아니라 기기·장치 등을 통하여 이루어진다. 따라서 유기기구 심의에서 유기기구 검사로 제도의 틀이 변경된 것은 사안의 본질에 보다 부합하는 것이었다. 관계전문기관이나 영업자단체에 업무위탁의 필요성에서 본다면 심의보다는 검사가 더 적합했을 것이다. 특히 사행성 기준의 적합 여부에 대하여 비슷한 시기에 사행기구·카지노기구의 검사제도가 도입된 바 있다. 사행성 기준의 적합 여부가 문제되는 유기기구·사행기구·카지노기구의 검사제도는 합격·불합격을 판정하는 것으로 그 성질이 동일한 제도라는 것을 알 수 있다. 유기기구 검사제도는 「음반·비디오물 및 게임물에 관한 법률」의 게임물이용불가제도를 거쳐 현행 「게임산업진흥에 관한 법률」의 사행성게임물 확인 및 등급분류거부 제도로 이어지고 있다.

(3) 1995년 개정 공중위생법

1993년에 발생한 이른바 '슬롯머신 사건'의 영향으로 사행성을 보다 엄격히 금지하는 방향으로 유기장업 관리체제가 변경되었다. 이에 따라 1995년 개정 공중위생법(일부개정 1995. 12. 29. 법률 제5100호)이 등장하였다. 이 법의 주요 개정 내용은 성인용 전자유기장에만 설치되었던 기계식 유기기구가 사행행위에 이용될 우려가 있다는 것을 이유로 유기장업 중 성인전용 유기장업을 허가해 주는 조항을 삭제하였다(제4조 제3항 참조). 이로써 성인용 전자유기장업이 금지된 것이다. 이와 함께 공중위생법 시행령(일부개정 1996. 6. 29. 대통령령 제15091호)에서 전자유기장업을 '컴퓨터게임장업'으로 명칭을 변경하고 "전자유기기구 또는 체련용 유기기구를 설치·운영하는 영업"으로 정의하며 이전의 성인용·청소년용의 구분을 없앴다. 이제 성인만이 출입하는 전자유기장은 금지되었고, 여기에만 설치될 수 있는 기계식 유기기구도 금지되었다. 모든 사람이 이용할 수 있는 전자유기기구나 체련용 유기기구만이 설치될 수 있는 컴퓨터게임장업만이 가능하였다. 컴퓨터게임장업에 대해서는 영업자의 준수사항의 하나로 18세 미만의 자에게는 영업시간 이외의 시간에 유기를 하게 하여서는 아니 된다는 규정이 추가되었다(제12조 제2항 제3호 라목). '슬롯머신 사건'을 처리하는 방안으로 「사행행위 등 규제 및 처벌특례법」에서 투전기·기계식 구슬치기기구 및 사행성 전자식 유기기구가 금지되었고, 공중위생법에서 성인용 전자유기장업과 기계식 유기기구를 금지했는데, 이는 2006년에 발생한 '바다이야기 사태'를 처리하기 위한 입법 방안과 매우 유사한 구조를 가지고 있었다는 점이 흥미롭다.

컴퓨터게임장업에 설치되는 전자유기기구 및 체련용 유기기구와 그 부분품에 대한 것으로 유기기구 검사의 대상이 축소되었으나(제12조의2), 검사업무의 민간단체 위탁은 그대로 유지되었다. 하지만 검사업무의 영업자단체 위탁은 원활하게 작동하지 않았으며 심각한 사회문제를 발생시켰다. 이와 같은 문제점과 유기장업이 문화시설의 성격을 가지고 있다는 점이 고려되어

1998년에 유기장업에 관리권한이 보건복지부장관에서 문화관광부장관으로 이관되었다. 이로써 게임물에 관한 주무관청이 문화관광부가 되어 관리체제의 일대 전환을 가져오게 되었다. 문화관광부장관은 공중위생법 시행규칙에 의거하여 유기기구 검사권한을 한국공연예술진흥협의회에 위탁하였고(제15조의3 참조), 문화관광부 고시인 '유기기구의 검사기준과 방법'을 통하여 이를 운영하였다.

영업자단체가 시행하였던 이전의 유기기구 검사와 달리, 법정기구인 한국공연예술진흥협의회에 의해서 유기기구 검사가 실시되었다는 점에서 보다 책임 있는 수준으로 제도가 진전되었다고 평가할 수 있다. 하지만 별도의 기구를 신설하지 않고 콘텐츠 심의를 담당하고 있었던 기구에 유기기구 검사권한을 위탁함으로써 한 기관에서 별개의 제도인 유기기구 검사와 콘텐츠 심의를 이원적으로 운영하는 체제를 태동시켰다고 할 수 있다.

Ⅳ. 게임물 관리체제로 전환: 「음반 · 비디오물 및 게임물에 관한 법률」

1. 1999년 제정 「음반 · 비디오물 및 게임물에 관한 법률」

(1) 유기장업 관리체제에서 게임물 관리체제로의 전환

유기장업에 대한 관리권한이 보건복지부에서 문화관광부로 이관됨에 따라, 1999년에 유기장업을 규율하던 공중위생법이 폐지되고 「음반 · 비디오물 및 게임물에 관한 법률」(제정 1999. 2. 8. 법률 제5925호)이 제정되었다.[2] 이 법

2) 1967년 제정된 「음반에 관한 법률」(제정 1967. 3. 30. 법률 제1944호)에 비디오물에 관한 사항을 더하여 1991년에 「음반 및 비디오물에 관한 법률」(제정 1991. 3. 8. 법률 제4351호)이 제정되었고, 이 법에 게임물에 관한 사항을 더하여 「음반 · 비디오물 및 게임물에 관한 법률」이 새로 제정된 것이다. 공중위생법의 유기장업 중 당구장업은 1989년 7월 1일 개정 공중위생법 시행령에서 삭제되고, 동일 제정된 「체육시설의 설치 · 이용에 관한

에서는 공중위생법상의 유기기구 대신에 '게임물'이라는 용어를 도입하였다. 게임물은 "컴퓨터프로그램에 의하여 오락을 할 수 있도록 제작된 영상물(유형물에의 고정 여부를 가리지 아니한다)과 오락을 위하여 게임제공업소 내에 설치·운영하는 기타 게임기구"로 정의되었는데(제2조 제3호), 게임물 개념이 과거의 유기기구인 '게임기구'에 콘텐츠인 '오락영상물'을 더하여 이원적으로 구성한 것이 특징이다. 게임제공업소에 설치·운영하는 게임기구는 공중위생법상의 컴퓨터게임장업에 설치·운영하는 전자식 유기기구를 가져온 것이지만, "컴퓨터프로그램에 의하여 오락을 할 수 있도록 제작된 영상물"이 새로 추가된 것이었다. 기존의 유기장업 관리체제에서는 기기 또는 장치로서의 유기기구에 대하여 규제하였으나 기기나 장치가 아닌 콘텐츠로서의 게임물에 대한 규제가 시작된 것이다. 영상물이라는 콘텐츠 개념이 도입된 것이 유기장업에 대한 관리체제가 「음반·비디오물 및 게임물에 관한 법률」로 이관되면서 나타난 가장 획기적인 변화라 할 수 있다. 이는 단순한 법률상의 이관이 아니라 전혀 새로운 관리체제가 도입되었다는 것을 의미하며, 유기장업 관리체제가 게임물 관리체제로 근본적인 전환을 했다고 평가할 수 있다. 새로운 규제영역이 등장했다는 측면에서는 관리체제가 보다 강화되었다고 볼 수도 있지만, 게임물이 하나의 콘텐츠로서 법적 승인을 받았다는 측면에서 문화산업으로서 게임산업의 발전을 반영하는 대목이라고 볼 수도 있다.[3)]

법률」 시행령에 신고체육시설의 하나로 규정되었다(제2조 제10호). 컴퓨터게임장업은 1999년에 「음반·비디오물 및 게임물에 관한 법률」으로 이관되어 게임제공업으로 규정되었고, 종합유원시설업 및 기타 유기장업은 1999년 1월 21일 개정 관광진흥법으로 이관되어 유원시설업으로 규정되었다. 이에 따라 공중위생법의 유기장업 조항은 1999년 1월 21일 삭제되었고(일부개정 1999. 1. 21. 법률 5654호), 마침내 1999년 2월 8일 공중위생법 자체가 폐지되었다(폐지 1999. 2. 8. 법률 제5839호). 공중위생법의 규율대상에서 유기장업을 제외한 부분은 공중위생관리법(제정 1999. 2. 8. 법률 제5839호)에 새로 규정되었다. 결과적으로 공중위생법에 규정된 유기장업은 3개의 영업형태로 분화되고 이후 3개의 법률에 각각 규정되었다.

3) 「음반·비디오물 및 게임물에 관한 법률」의 규정에 의한 게임물과 관련된 산업은 문화산업진흥기본법(제정 1999. 2. 8. 법률 제5927호)에 의하여 문화산업의 한 종류로 규정되었다(제2조 제1호 나목). 주무관청이 문화관광부로 이관되면서 게임물에 관한 산업은 문화산업의 한 영역이 되었다.

(2) 업종 관리체제의 변화

게임물관련 업종의 관리체제는 획기적인 변화가 있었다. 유기장법 이래로 공중위생법까지 유기장업의 관리는 허가제였지만, 「음반·비디오물 및 게임물에 관한 법률」에서 게임물제작업, 게임물배급업, 게임물판매업, 게임제공업은 등록제(제4조 및 제7조)로 규정되었다. 게임제공업이 등록제로 완화된 것은 1961년에 제정된 유기장법 이래로 거의 40여 년만의 변화이다. 이와 함께 1995년 개정 공중위생법에서 폐지되었던 성인용 전자유기장업이 '종합게임장'이라는 이름으로 부활하였다(제21조). 지정제는 허가제의 일종으로 이해된다. 종합게임장은 18세이용가 등급의 게임물만이 제공될 수 있으므로 사실상 성인용 게임장이라 할 수 있다. 컴퓨터게임장업으로 단일화되었던 것이 다시금 성인용 게임장과 청소년용 게임장으로 이원화된 것이다.

(3) 등급분류제도의 도입

「음반·비디오물 및 게임물에 관한 법률」에서 가장 중요한 변화라고 한다면, 콘텐츠[영상물]로서의 게임물에 대하여 등급분류제도가 적용된 것이라고 할 수 있다.[4] 게임물은 영상물등급위원회로부터 사전에 그 내용에 관하

4) 등급분류제도의 도입과 함께 게임물이 청소년보호법에서 규정하는 청소년유해매체물의 적용대상이 되는 매체물의 한 종류가 되었다는 점도 지적되어야 한다. 1997년에 제정된 청소년보호법(제정 1997. 3. 7 법률 제5297호)에서는 매체물의 한 종류로 "공중위생법의 규정에 의한 전자유기기구기판"을 규정하였다(제7조 제2호). 청소년유해매체물로 결정·고시되면, 청소년유해매체물임을 표시해야 하고(제14조), 이를 포장해야 하며(제15조), 청소년을 대상으로 판매, 대여, 배포하거나 이용에 제공할 수 없으며(제17조 제1항), 청소년에게 유통이 허용된 매체물과 구분·격리하여야 한다(제18조 제1항). 전자유기기구기판이 매체물이기는 하지만 공중위생법에서 전자유기구기판의 윤리성·건전성의 심의를 할 수 있는 기관이 있는가가 불명확하였기 때문에 청소년유해매체물 제도의 적용을 받는지가 분명하지 않았다. 공중위생법에 보건복지부장관의 검사제도가 있기는 하지만 이것이 매체물의 윤리성·건전성을 심의하는 제도라고 하기는 어렵고 더구나 법정기구가 아닌 영업자단체에서 이 업무를 수행하고 있었다. 공중위생법이 1999년에 폐지되고 난 이후에도 전자유기기구기판에 관한 규정은 한동안 유지되다가(아마도 이 점이 전자유기기구기판에 대하여 사실상 청소년유해매체물 제도가 적용되지 않았다는 점을 보여주는 것이다.), 2001년 개정 청소년보호법(일부개정 2001. 5. 24 법률 제6479호)에서 매체물의 한 종류로서 공중위생법의 규정에 의한 전자유기기구기판이 삭제되고 「음반·비디오물 및 게임물에 관한 법률」의 규정에 의한 게임물이 추가되었다(제7조 제1호). 영상물등급위원회라는 게임물의 윤리성·건전성의 심의를 할 수 있는 기관이 있으므로 청소년유해

여 등급분류를 받아야만 유통 또는 제공될 수 있었다(제18조 제1항). 게임물에 대한 연령등급은 전체이용가, 12세이용가 및 18세이용가로 3개 등급체제였으나, 2000년 개정 「음반·비디오물 및 게임물에 관한 법률」(일부개정 2000. 1. 21. 법률 제6186호)에서 15세이용가 등급이 추가되어 4개 등급체제가 되었다. 게임제공업소에서만 사용하고자 하는 게임물은 전체이용가와 18세이용가의 등급만 분류할 수 있다(제18조 제2항). 게임제공업소에서 사실상 연령확인이 어렵다는 점이 고려된 것이다. 영상물등급위원회는 게임물의 내용이 문제가 있다고 인정되는 경우에는 충분한 내용검토를 위하여 3월 이내의 기간을 정하여 등급분류를 보류할 수 있었다(제18조 제4항).

(4) 게임물의 사용불가제도

영상물에 대한 등급분류 이외에도 영상물등급위원회는 사행성이 지나쳐서 등급을 부여할 수 없다고 인정하는 게임물에 대해서 사용불가로 결정할 수 있었다(제18조 제3항). '지나친 사행성'을 이유로 하는 게임물의 사용불가결정제도는 기본적으로 공중위생법의 유기기구 검사제도를 계승한 것이다. 그것은 게임물 사용불가결정이 사행성을 이유로 한다는 점이고(등급분류의 외양을 가지고 있어), 18세이용가/사용불가라는 것이 검사제도의 합격/불합격과 동일한 구조를 가지고 있으며, 사용불가결정은 주로 게임기기에 적용되었다는 점에서 알 수 있다. 또한 문화관광부 고시인 '게임제공업소에서의 경품취급기준'에 의거하였던 영상물등급위원회의 게임제공용 게임물의 등급분류기준도 이전의 유기기구 검사에 적용되었던 기준과 동일한 구조를 가지고 있었다. 그리고 「음반·비디오물 및 게임물에 관한 법률」의 제정과 함께 유기기구 검사제도를 규정하고 있던 공중위생법이 폐지되었다는 사실은 게임

매체물제도가 적용된다는 점은 명확해졌다. 하지만 1999년 개정 청소년보호법(일부개정 1999. 2. 5 법률 제5817호)에서 청소년의 연령기준을 기존의 18세 미만의 자에서 19세 미만의 자로 상향조정하였다(제2조 제1항). 「음반·비디오물 및 게임물에 관한 법률」에서는 18세이용가로 등급분류하고 있는데 두 법률 사이의 연령 차이로 인하여 현재까지 18세이용가 게임물에 대해서 청소년유해매체물로 고시되지 않고 있다. 2001년 개정 「음반·비디오물 및 게임물에 관한 법률」(전부개정 2001. 5. 24 법률 제6473호)에서 청소년 연령을 청소년보호법과 일치시키려고 하였으나 국회 문화관광위원회의 반대로 청소년을 18세 미만의 사람(고등학교에 재학중인 자를 포함한다)으로 규정하였다(제2조 제13호).

물의 사용불가결정제도가 유기기구 검사제도를 계승했다는 점을 확인해 준다. 하지만 게임물의 사용불가결정제도가 등급분류제도와 외양을 함께 함으로써 다른 계열의 두 제도가 마치 하나의 제도처럼 보이게 하는 혼란을 발생시켰다는 점도 지적되어야 한다.

이 제도에서 문제되는 것은 사용불가결정의 이유로 '지나친 사행성'을 들고 있다는 점이다. 다시 말해서 지나치지 않은 사행성은 비록 사행성이 있다 해도 18세이용가 등급으로 유통이 가능하다는 점이다. 기계식 유기기구가 금지되었던 1995년 개정 공중위생법 이래의 원칙이 변경되었다고 볼 수 있다. 즉 다시 일정한 범위의 사행성을 허용하는 정책으로 전환되었다고 평가된다. 지나치지 않은 사행성 게임기구가 유통이 가능해졌다는 문제 때문에 1999년 제정 「음반·비디오물 및 게임물에 관한 법률」 시행령에서는 유통관련업자 준수사항의 하나로 "게임의 결과에 따라 이용자에게 제공되는 경품은 연소자에게 유해하지 아니한 문구류·완구류·캐릭터상품류·액세서리류로서 통상적인 기념품의 범위를 벗어나지 아니하는 것이어야 하며, 이를 환전하거나 환전되도록 방치하여서는 아니 된다"고 규정하였다(제14조 별표1 다호).

2. 2001년 개정 「음반·비디오물 및 게임물에 관한 법률」

(1) 게임물 개념의 수정

2001년에 개정된 「음반·비디오물 및 게임물에 관한 법률」(전부개정 2001. 5. 24. 법률 6473호)은 전문개정으로 법조문 배열의 틀이 새로 잡혔는데, 이 배열은 현행 게임산업진흥법에까지 이어지고 있다. 이 법에서는 게임물의 정의를 "컴퓨터프로그램 등 정보처리 기술이나 기계장치를 이용하여 오락을 할 수 있게 하거나 이에 부수하여 여가선용, 학습 및 운동효과 등을 높일 수 있도록 제작된 영상물 및 기기"(제2조 제3호)라고 손질했는데, '영상물과 게임기기'의 이원적 구조는 그대로 유지하였다.

(2) 업종 관리체제의 변경

게임제공업은 청소년 게임장업과 일반게임장업으로 구분되었다(제2조 제9호). 일반게임장업은 18세이용가 등급의 게임물만이 제공될 수 있었던 종합게임장과는 달리 전체이용가 게임물과 18세이용가 게임물을 구분·설치하여 공중의 이용에 제공하는 영업이다(제2조 제9호 나목). 게임물제작업과 청소년게임장업은 신고제(제26조), 일반게임장업은 등록제(제27조)로 규제가 전반적으로 완화되었다. 특히 성인용 전자유기장의 후신이라 할 수 있는 일반게임장업이 등록제로 완화된 것은 유기장업 허가제의 유산을 완전히 지워버린 것이다. 하지만, 일반게임장업을 손쉽게 할 수 있게 한 것은 게임물에 관한 산업을 발전시킨다는 점에서 비롯된 것이겠지만 이른바 '바다이야기 사태'의 중요한 원인 중의 하나로 작용하기도 하였다.

(3) 경품취급고시를 통한 사행성 규율체제로의 전환

2001년 개정 「음반·비디오물 및 게임물에 관한 법률」과 이후 법제에서 가장 논란이 되었던 규정은 게임제공업자의 준수사항으로 사행성을 조장하거나 청소년에게 해로운 영향을 미칠 수 있는 경품제공행위를 하지 아니하도록 하였으나, 문화관광부장관이 고시하는 경품의 종류와 제공방법에 따르는 경우는 경품제공행위를 예외적으로 허용한 것이다(제32조 제3호). 이전 법령에서는 「음반·비디오물 및 게임물에 관한 법률」 시행령에서 경품제공행위에 대한 규율을 하였으나 이를 폐지하고 문화관광부장관의 고시로 이를 규제하도록 한 것이었다. 법의 형식적 수준이 격하되기도 하였지만, 그 내용도 이전의 시행령 규정에 비하여 '지나치지 않는' 사행성을 확대하는 방향으로 규정되었다.

법률의 근거규정을 가지고 2002년 2월 9일에 시행된 문화관광부 고시인 '게임제공업소의 경품취급기준'(문화관광부고시 제2002-2호)에서는 이전의 경품취급고시의 골격을 그대로 유지했으나, 도서상품권·문화상품권·호텔시설이용권[5]을 경품으로 제공할 수 있도록 허용하였고, "경품은 환전할 수

5) 문화관광부고시에 의하면, 관광진흥법에 의한 호텔업 시설 내의 일반게임장에서는 18세

없으며 환전행위를 알선하여서도 아니 된다"고 하여 경품에 대한 환전알선 행위도 금지하였다. 경품취급기준 고시에서 명시적으로 유가증권은 경품으로 제공할 수 없다고 하면서, 유가증권의 일종인 도서상품권·문화상품권·호텔시설이용권을 경품으로 허용했다는 것은 일종의 자기모순이라고 할 수 있다. 상품권은 그 자체가 유가증권이므로,[6] 경품으로 허용되는 것이 문화상품의 유통을 촉진하기 위해서 도입된 도서상품권·문화상품권·호텔시설이용권에 한정되고, 비록 그 금액이 2만 원 또는 5만 원으로 제한된다고 해도 통상적인 기념품에 비한다면 사실상 현금과 유사한 환전가능성이 있다고 할 수 있다. 이렇게 되면, 아무리 법률의 근거가 있는 문화관광부고시를 준수한 것이라 해도, 다시 말해서 법정기구인 영상물등급위원회로부터 18세이용가 등급을 받은 게임물이라고 해도 「사행행위 등 규제 및 처벌특례법」에서 금지하는 사행성전자식유기기구의 해당 여부와 관련한 법적 긴장이 발생할 수밖에 없다. 왜냐하면 "영상물등급위원회가 게임물의 사행성 여부를 판단하는 최종기구라 할 수 없고 결국은 사행성 여부에 대한 판단은 법원이 최종적으로 하는 것"[7]이기 때문이다. 법석인 측면에시 본디면 이른바 '바다이야기 사태'의 원인으로 가장 극적인 대목은 2002년 2월 9일자의 '경품취급기준'이 상품권의 경품제공을 허용함으로써 사행행위 해당성이 완성되었다는 점이었다.

이용가 게임물의 경우 5만 원 이내의 당해 호텔시설이용권을 제공할 수 있다. 이는 다른 일반게임장에 적용되는 2만 원의 경품한도보다 확대된 것이다. 2만 원으로는 사실상 호텔시설을 이용할 수 없다는 점이 고려된 것이다.

6) 구(舊) 상품권법(1997. 12. 13. 법률 제5454호) 제2조 제1호에서 상품권을 "그 명칭 또는 형태에 관계없이 발행자가 일정한 금액이나 물품 또는 용역의 수량이 기재(전자 또는 자기적 방법에 의한 기록을 포함한다)된 무기명증표를 발행·매출하고 그 소지자가 발행자 또는 발행자가 지정하는 자에게 이를 제시 또는 교부하거나 기타의 방법으로 사용함으로써 그 증표에 기재된 내용에 따라 상품권발행자 등으로부터 물품 또는 용역을 제공받을 수 있는 유가증권을 말한다"고 규정하였다. 유가증권은 환전가능성으로 보아 현금과 동일하게 취급된다. 따라서 유가증권이 게임기기에서 게임 결과에 대한 보상으로 배출된다면 현금이 지급되는 것과 동일한 것으로 볼 수 있다. 고로 일본의 「풍속영업의 규제 및 업무의 적정화 등에 관한 법률」 제23조 제1항에서 파친코 업자가 고객에게 현금 또는 유가증권을 경품으로 제공하는 것을 금지하고 있다.

7) 부산지방법원 제3형사부 판결 2006노1360 가. 「음반·비디오물 및 게임물에 관한 법률」 위반 나. 「사행행위 등 규제 및 처벌특례법」 위반(선고일자 2006. 7. 26.).

2004년 12월 31일 개정 고시(문화관광부 고시 제2004-14호)에서 큰 폭의 변화가 있었다. 첫째, 경품제공용 상품권이 남발되는 것을 방지하기 위하여 상품권 인증제를 도입하였다. 둘째, '사행성 간주 게임물'이라는 개념을 도입하여 1회 게임이용의 시간이 4초 미만인 게임물, 1시간당 총 이용금액이 9만 원을 초과하는 게임물, 누적점수나 최고당첨액이 경품한도액(2만 원)을 초과하는 게임물은 경품제공을 할 수 없도록 하였다. 일반게임장업에 사용되는 아케이드게임기에 대한 이른바 4(초) — 9(만원) — 2(만원)룰이 제시된 것이었다. 사행성 간주 게임물에 대한 규제는 사행성을 억제하려는 취지로 보이지만, 이를 뒤집어 보면 이 한도 내의 사행성을 허용하겠다는 것이기 때문에 이른바 '바다이야기'류의 게임기기가 범람하는 결과를 가져왔다.

2005년 7월 6일에 개정된 '게임제공업소의 경품취급기준'(문화관광부 고시 제2005-9호)에서는 18세이용가 게임물에 사용되는 상품권 인증제가 재단법인 한국게임산업개발원의 상품권 지정제로 바뀌었다. 한국게임산업개발원의 상품권 지정제가 도입된 것은 '딱지상품권'의 남발을 방지하려는 이유였을 것이다. 하지만 구(舊) 상품권법의 관리체제를 도입하려 했던 상품권 지정제만으로는 이미 '딱지상품권'이 남발되는 상황을 되돌릴 수는 없었다. 오히려 경품제공 상품권의 공식화로 일반게임장업 외에는 사실상 사용되지 않았던 상품권의 유통을 더욱 확대했을 뿐이다.

V. 게임산업 진흥체제의 시작: 「게임산업의 진흥에 관한 법률」

1. 2006년 제정 게임산업진흥법

(1) 게임산업 및 문화진흥 체제의 도입

2006년에 「게임산업진흥에 관한 법률」(제정 2006. 4. 28. 법률 제7941호)이

제정되면서, 게임법제는 새로운 단계로 발전하였다. 게임산업진흥법이 제정된 것은 여러 문화콘텐츠가 함께 규정되어 있던 「음반·비디오물 및 게임물에 관한 법률」을 각각의 문화콘텐츠별로 독립된 입법을 갖추기 위해서이다. 이로써 「음반·비디오물 및 게임물에 관한 법률」은 폐지(폐지 2006. 4. 28. 법률 제7943호)되고, 이 법이 규정하였던 음반에 관한 사항은 「음악산업진흥에 관한 법률」(제정 2006. 4. 28. 법률 제7942호)로, 비디오물에 관한 사항은 「영화 및 비디오물의 진흥에 관한 법률」(제정 2006. 4. 28. 법률 제7943호)로, 게임물에 관한 사항은 「게임산업진흥에 관한 법률」로 이관되었다. 2006년 게임산업진흥법 제정의 주목적이 법률체계의 분리였기 때문에 기존의 게임물에 관한 규제체제의 골격은 기본적으로 그대로 유지되었다.

그럼에도 2006년 제정 게임산업진흥법은 게임산업의 진흥과 게임물의 규제라는 새로운 정부정책틀을 제시했다는 점에서 중요한 변화를 지적할 수 있다. 「게임산업진흥에 관한 법률」은 법명(法名)에서도 알 수 있듯이 게임산업의 진흥에 관한 사항을 주된 내용으로 하는 것이다. 「음반·비디오물 및 게임물에 관한 법률」에서도 산업진흥에 관한 내용이 전혀 없지는 않았지만, 이 법에서는 정부정책의 중심축을 게임물규제에서 게임산업 진흥으로 옮기려는 취지에서 게임산업진흥과 게임문화의 진흥을 법의 전면(前面)에 내세웠다. 문화관광부장관이 게임산업진흥종합계획을 수립·시행하도록 하는 한편(제3조), 게임산업의 진흥에 관해서는 제2장에서 창업의 활성화, 전문인력의 양성, 기술개발의 추진, 협동개발 및 연구, 표준화 추진, 국제협력 및 해외진출의 지원, 실태조사 등이 규정되었고, 게임문화의 진흥에 관해서는 제3장에서 게임문화의 기반조성, 지적재산권의 보호, 이용자의 권익보호, 이스포츠[전자스포츠]의 활성화 등이 규정되었다.

(2) 게임물등급위원회의 설치와 등급분류제도의 변화

게임물의 등급분류 전담기관으로 게임물등급위원회가 새로 설치되었다(제16조). 문화콘텐츠 전반에 걸쳐 등급분류를 하던 영상물등급위원회를 대신에 게임물 심의를 전담하는 기관이 등장한 것이다. 게임물등급위원회라는 새로운 게임물심의전담기관은 영상물등급위원회에서 문제되었던 등급분류의 객관성, 예측가능성, 투명성, 형평성 문제의 해결과 민간자율규제 체제의 도입 논의라는 배경에서 탄생한 것이다.

등급분류제도에도 몇 가지 사항을 제외하고는 이전 법의 골격이 그대로 유지되었다. 위헌시비가 있었던 등급분류보류제도는 폐지되었다. 이를 대체하여 등급분류거부제도가 도입되었는데, 게임물등급위원회는 등급위원회는 「사행행위 등 규제 및 처벌특례법」, 「형법」 등 다른 법률의 규정에 의하여 규제 또는 처벌대상이 되는 행위 또는 기기에 대하여 등급분류를 신청한 자, 정당한 권원을 갖추지 아니하였거나 거짓 그 밖의 부정한 방법으로 등급분류를 신청한 자에 대하여 등급분류를 거부할 수 있도록 하였다(제22조 제2항).

(3) 사행성게임물 결정제도

「음반·비디오물 및 게임물에 관한 법률」의 게임물 이용불가 결정제도는 사행성게임물 결정제도로 승계되었다. 게임물등급위원회는 사전등급분류와는 별도로 게임물의 이용에 따라 지급하는 경품 그 밖의 재산상 이익이 문화관광부령이 정하는 기준과 방법을 초과하는 게임물에 대하여 사행성게임물로 결정할 수 있었다(제21조 제3항). 게임물 이용불가 결정제도와 비교해 볼 때, '지나친 사행성'이라는 요건을 삭제하고 '경품 그 밖의 재산상의 이익이 문화관광부령이 정하는 기준과 방법을 초과하는 경우'라고 하여 구체적으로 요건을 명시하였다.

2. 2007년 개정 게임산업진흥법

(1) 게임물과 사행행위의 완전한 분리

2006년 제정 「게임산업진흥에 관한 법률」이 2006년 4월 28일에 공포되고, 시행일이 10월 29일이었으나 이 해 여름부터 사회문제가 된 이른바 '바다이야기 사태'로 인해 법이 시행되기도 전인 9월부터 이 법의 개정논의에 들어가 2007년에 「게임산업진흥에 관한 법률」(일부개정 2007. 1. 19. 법률 제

8247호)이 개정되었다. 개정 법률의 내용은 대부분 게임과 사행행위의 분리에 초점이 맞추어졌다.

개정사항 중 가장 중요한 점은 게임물의 개념에서 사행성게임물을 제외한 것이다(제2조 제1호 가목). 게임과 사행성과의 긴장 문제는 1973년에 '전자유기시설' 개념이 도입될 때부터 게임법제의 역사에서 핵심 이슈로 다루어졌다. 분리되었다가 일정부분 결합했다가 하는 것을 반복하면서 게임관련 법제를 요동치게 만들었다. 이제 사행성게임물은 게임물이 아니라는 것을 명확히 함으로써 새로운 게임법제의 역사를 시작한 것이다. 사행성게임물 개념은 기본적으로 「사행행위 등 규제 및 처벌특례법」상의 '사행행위' 개념을 가져온 것이다(제2조 제1호). 이전 법에서 게임물의 개념에 포함된 '지나치지 않는 사행성' 또는 '경품 그 밖의 재산상의 이익이 문화관광부령이 정하는 기준과 방법을 초과하지 않는 경우'라도 이 법에서는 사행성게임물에 해당되어 게임물에 포함되지 않게 되었다. 2007년 개정 「게임산업진흥에 관한 법률」은 사행성게임물이(비록 게임물이라는 명칭을 쓰기는 하지만) 게임물이 아니라는 점을 분명하게 하여, 게임물과 게임물이 아닌 것의 구분을 명확하게 하였다. 따라서 사행성게임물은 「게임산업진흥에 관한 법률」의 적용을 받지 않으며, 「사행행위 등 규제 및 처벌특례법」의 적용대상이 된다.

이전 법의 사행성게임물 결정제도는 사행성게임물 확인제도로 변경되었는데, 게임물등급위원회는 등급분류를 신청한 게임물에 대하여 사행성게임물 여부를 확인하고(제21조 제4항), 사행성게임물이라고 판단되는 경우에는 등급분류를 거부할 수 있다(제22조 제2항).[8] 사행성게임물은 게임물이 아니므

8) 2006년 제정 「게임산업진흥에 관한 법률」의 사행성게임물 결정제도와 2007년 개정 「게임산업진흥에 관한 법률」의 사행성게임물 확인제도는 같은 사행성게임물이라는 용어를 쓰고 있어도 동일한 취지의 제도라고 할 수 없다. 사행성게임물 결정제도는 지나치지 않는 수준의 일정한 사행성 기준이 전제되고 그 기준을 초과하는 경우에 유통을 금지시키는 제도이고, 사행성게임물 확인제도는 사행성이 조금이라도 있으면 그것을 확인하여 등급분류 거부를 통해 유통을 금지시키는 제도이다. 사행성게임물 결정제도의 사행성의 의미는 지나치지 않는 수준의 사행성은 허용한다는 것이지만 사행성게임물 확인제도에서 사행성의 의미는 어떠한 사행성도 허용하지 않는다는 취지이다. 따라서 사행성게임물이라는 동일한 용어임에도 불구하고 전혀 다른 의미로 사행성이 사용되고 있다. 따라서 엄밀한 의미에서 볼 때, 사행성게임물 확인제도는 사행성게임물 결정을 계승한 것이 아니라 새로운 제도가 창설된 것이라 할 것이다.

로 등급분류의 대상이 되는 것이 아니다. 게임물등급위원회가 행하는 사행성게임물 확인 및 등급분류 거부결정은 일종의 심의관할권이 없음을 확인하는 결정이라고 볼 수 있다.

(2) 사행성 방지를 위한 게임영업에 대한 규제강화

일반게임제공업은 사행성 규제의 일환으로 허가제로 전환되었고 건축법상 판매시설에 해당하고 「국토의 계획 및 이용에 관한 법률」상 주거지역에 위치해서는 아니 되는 등 규제가 강화되었다(제26조 제1항). 성인PC방을 방지한다는 측면에서 인터넷컴퓨터게임시설제공업도 등록제로 규제가 강화되었다(제26조 제2항).[9)]

(3) 경품규제 강화와 환전업금지조항의 신설

경품제공 관련규제는 대폭 강화되었다. 법률상으로 경품제공을 원칙적으로 금지하고 대통령령으로 예외적으로 허용하였다. 이로써 경품취급기준

---

9) 인터넷컴퓨터게임시설제공업의 등록과 관련하여 문제된 것은 건축법의 적용문제였다. 인터넷컴퓨터게임시설제공업자는 그 기준을 갖추어 이 법 시행 후 6개월 이내에 등록을 하여야 하는데(부칙 제2조 제4항), 이 법이 시행되는 2007년 4월 19일(부칙 제1조에 의하여 공포 후 3개월이 경과한 날) 당시 건축법 시행령(일부개정 2007. 3. 23. 대통령령 제19954호)에 따르면, 인터넷컴퓨터게임시설제공업소에 쓰이는 바닥면적의 합계가 150제곱미터 미만인 것은 제2종 근린생활시설로, 바닥 면적이 150제곱미터 이상인 것은 판매시설로 분류되었다(제3조의4 별표1). 개정된 「게임산업진흥에 관한 법률」에 따라 인터넷컴퓨터게임시설업의 등록이 이루어져야 하는데, 대부분의 인터넷컴퓨터게임시설업소가 판매시설에 해당되어(평균면적은 300제곱미터 정도이다), 건축법상 판매시설의 기준을 맞출 수가 없어서 사실상 등록을 할 수 없게 되는 문제가 발생하였다. 이를 해결하기 위해서 2007년 12월 21일 개정 「게임산업진흥에 관한 법률」(일부개정 2007. 12. 21 법률 제8739호)에서 인터넷컴퓨터게임시설제공업의 등록시한을 2008년 5월 17일까지 유예하였고(부칙 제2조 제2항), 2008년 5월 15일 건축법 시행령(일부개정 2008. 5. 15. 대통령령 제20782호)이 개정되어 인터넷컴퓨터게임시설제공업소에 쓰이는 바닥 면적의 합계가 300제곱미터 미만일 때는 제2종 근린생활시설로, 제2종 근린생활시설이 아닌 인터넷컴퓨터게임시설제공업소는 판매시설로 분류되었다. 이 당시 신설된 인터넷컴퓨터게임시설제공업에 관한 또 다른 중요한 규제로는 학교보건법(일부개정 2007. 8. 3. 법률 제8578호)에 의한 학교위생정화구역 내의 설치금지이다. 학교위생정화구역은 학교의 경계선으로부터 200미터 이내의 지역을 말하는데, 인터넷컴퓨터게임시설제공업소는 초등학교, 중학교 및 고등학교의 학교위생정화구역에 설치될 수 없게 되었다(제6조 제1항 제13호의2). 이 규정은 공포 후 1년이 경과한 날인 2008년 8월 3일부터 시행되었다.

에 관한 문화관광부 고시의 시대가 막을 내렸고, 법령에 경품취급기준이 규정되게 되었다. 「게임산업진흥에 관한 법률」에서는 일반게임제공업에 설치되는 18세이용가 게임물의 경품제공이 금지되었고, 청소년게임제공업의 전체이용가 게임물에 한하여 경품이 제공될 수 있게 되었다. 경품의 종류도 완구류 및 문구류 등으로 한정되었고 현금, 상품권 및 유가증권은 경품의 종류에서 제외되었다(제28조 제3호). 「게임산업진흥에 관한 법률」 시행령(일부개정 2007. 5. 16. 대통령령 제20058호)에서는 경품의 종류에 문화상품류와 스포츠용품류를 추가하였고, 경품한도액은 5천 원으로 하였다(제16조의2).

2007년 개정 「게임산업진흥에 관한 법률」에서 주목할 점은 환전업금지조항이 신설되었다는 점이다. 게임물의 이용을 통하여 획득한 유·무형의 결과물을 환전 또는 환전 알선하거나 재매입을 업으로 하는 행위가 금지되었다(제32조 제1항 제7호). 사행성게임물이 게임물의 범주에서 제외되었음에도 불구하고 환전업금지조항이 도입된 것은 게임 내에서 제공되는 보상이 게임시스템 밖에서 현금으로 교환된다면 사실상 사행행위로 전환될 수 있기 때문에 이를 방지하기 위해서이다. 기본적으로는 문화관광부 고시인 경품취급기준의 내용이 법률수준으로 끌어올려진 것이지만, 유·무형의 결과물을 점수, 경품, 게임 내에서 사용되는 가상의 화폐인 게임머니로 규정하여 그 대상을 확대하였다. 유의할 점은 게임결과물의 환전이 전면적으로 금지된 것이 아니라 이를 업으로 하는 경우에 한정하여 금지되었다는 것이다. 따라서 온라인게임에서 발생하는 개인 간의 게임아이템 현금거래는 그것이 영업으로 이루어지는 것이 아닌 이상은 환전업금지조항의 적용대상에서 배제되었다. 그럼에도 경품의 환전업은 물론이고 게임머니와 비정상적인 이용을 통해 획득된 게임아이템의 환전업도 금지되어 비록 게임아이템 현금거래 자체를 금지한 것은 아니지만 이의 거래에 상당한 제약을 가하는 효과를 가져왔다고 할 수 있다.

(4) 온라인게임과 등급분류제도와의 정합성 문제

등급분류제도는 온라인게임과의 정합성 문제와 관련하여 의미 있는 변화가 있었다. 온라인게임은 디지털 콘텐츠라는 성격으로 인해 지속적인 수정이 가능하고, 제한된 이용자의 참여에 의한 클로우즈드 베타테스트와 일반 이용자의 참여에 의한 오픈 베타테스트 단계를 거치기 때문에 완성시점을 명확하게 구분하기 어려웠다. 이러한 문제점을 해결하기 위해서 2007년 개정 「게임산업진흥에 관한 법률」에서는 게임물 개발과정에서 성능·안정성·이용자만족도 등을 평가하기 위한 시험용게임물을 등급분류대상에서 제외시켰다(제21조 제1항 제3호).

다음으로 온라인게임의 경우 수시로 콘텐츠의 업데이트가 일어나는데 기존의 법조항을 볼 때 이는 내용의 수정에 해당하여 매번 새로운 등급분류를 받아야 된다고 해석되지만, 등급분류제도를 적용하기가 사실상 어려웠다. 그럼에도 온라인게임의 수정[패치]이 일어난 경우 새로운 등급분류를 받지 않고 유통시키는 경우 등급을 받은 내용과 다른 내용의 게임물을 유통시키는 것이 되어 형사처벌의 대상이 되었다(제32조 제1항 제2호). 이러한 문제를 해결하기 위해서 2007년 개정 「게임산업진흥에 관한 법률」에서 온라인게임의 패치심의에 관해서 특례조항이 신설된 것이다(제22조 제5항). 패치의 내용을 신고하기만 하면 새로운 등급분류를 받지 않아도 수정된 온라인게임을 유통시킬 수 있게 된 것이다. 그럼에도 신고된 수정내용을 가지고 게임물등급위원회가 유통 이후에 등급을 변경시킬 수 있어 예측가능성이 완전히 확보된 것은 아니었다. 패치심의의 특례제도는 성격상 온라인으로 업데이트가 가능한 온라인게임이나 모바일게임에 적용 가능하지만 유형물에 고정되어 있는 아케이드게임기나 PC게임에는 적용되기 어렵다.

Ⅵ. 결론을 대신하여: 게임법제의 전망

게임물 규제체제의 변천과정에 대한 고찰을 통해 앞으로의 게임법제의 전망을 간략히 논의해 보기로 한다. 아마도 게임물 규제체제의 역사를 이끌었던 가장 큰 동력은 게임과 사행행위의 긴장이라 해도 과언이 아닐 것이다. '지나치지 않은' 사행성의 허용에서 출발하여 '사행성게임물은 게임물이 아니다'로 귀착되었다. 앞으로의 게임법제에서는 게임과 사행행위의 분리가 보다 확고하게 될 것이며 사행성의 문제는 게임법제의 밖의 문제가 될 것으로 전망된다.

게임물 규제체제의 중요한 이슈였던 영업장소 규제는 점차로 그 의미가 약화되고 있으며, 영업장소가 필요하지 않은 온라인게임의 등장과 규제완화라는 시대적 흐름으로 인해 더욱더 빛을 잃어가고 있다. 아직도 남아있는 강한 규제는 대부분 사행성과 관련이 있는 부분이다. 이는 게임과 사행행위의 분리가 진행됨에 따라 강한 규제 역시도 그 운명이 쇄락할 갈 것이다.

게임물 관리체제에서 시작된 등급분류 문제는 게임법제의 가장 중요한 이슈가 되었다. 앞으로 과제는 얼마나 온라인게임과의 정합성을 높여 나가느냐가 관건일 것이다. 온라인게임에 대한 등급분류의 경험은 우리나라의 등급분류기관이 세계에서 가장 풍부할 것이다. 아마도 이를 바탕으로 하나의 전형을 만들어낼 것으로 기대된다. 그 방안의 하나로 자율심의가 거론될 수 있다. 등급분류제도와 온라인게임의 부정합성 문제는 본질적인 문제라 할 수 있기 때문에 등급분류기관의 절차개선만으로 모든 문제가 해결될 수는 없다. 등급분류 프로세스의 일정부분을 사업자의 자율규제 시스템이 담당하는 개선방안이 온라인게임과의 정합성 문제를 상당부분 해결할 수 있을 것이다.

게임문화 및 산업진흥의 문제는 앞으로 더욱 더 비중이 커져갈 것이다. 사행성이라는 족쇄를 끊고 이 방향으로 게임법제가 발전해야만 게임산업과 문화를 이끌어가는 법의 역할을 제대로 수행할 수 있을 것이다. 앞으로 이 부분에서 가장 강조될 부분은 게임이용자의 권익 문제이다. 현행 법제는 정책방향의 선언규정 정도 밖에 없지만, 앞으로의 게임법제에서는 게임이용자의 구체적인 권리의무가 규정될 것이다. 게임이용자 중에서 청소년의 비중이 적지 않은 만큼 청소년이용자의 보호자가 가지는 자녀양육권의 문제와 청소년보호의 목소리가 점점 더 커질 것이다. 이용자와 이용자 그리고 이용자와 게임사 간의 게임이용을 둘러싼 분쟁해결 문제도 앞으로 게임법제에서 중요한 이슈가 될 것이다. 그리고 게임이용으로 인한 역기능의 하나인 게임 과몰입 문제도 보다 중요하게 게임법제에서 다루어질 것이다.

끝으로 언급할 것은 게임법제가 전반적으로 강한 규제체제라고 볼 수 있는데, 적어도 문화산업의 하나인 만큼 규제완화 이슈가 광범위하게 논의되어야 할 것이다. 강한 규제와 높은 형사처벌 수준은 모두가 사행성 문제에서 비롯된 것이다. 게임법제가 앞으로 보다 '소프트한' 법으로 변모하기를 기대해 본다.[10)]

10) 2008년 11월 28일 정부는 국회에 「게임산업진흥에 관한 법률」 전부개정안을 제출하였다(의안번호 제1802317호). 현행 「게임산업진흥에 관한 법률」이 48개의 조문으로 되어 있으나 정부개정안은 79개의 조문으로 이루어져 있으며 법명도 「게임문화 및 산업진흥에 관한 법률」로 변경되었다. 매우 광범위한 개정이라 할 수 있다. 이 개정안이 국회를 통과한다면 게임법제는 새로운 국면에 들어설 것이다.

게임법이 지향하는 가치 유형

chapter 02

홍 유 진*

Ⅰ. 문화(산업)와 법

1980년대 이후 문화에 대한 관심이 증가하면서 본격적으로 성장했던 문화산업은 1990년대 말 정보통신산업(IT산업)의 급격한 발달과 함께 새로운 변화를 거듭해왔다. 기존의 문화산업 영역인 영화, 애니메이션, 만화, 캐릭터, 방송 등의 산업분야는 국내시장 외에 해외시장으로의 진출이 증가하였고, 특히 게임산업 분야의 경우 정보통신 기술과의 접목이 증가하면서 연간 20% 이상의 시장성장률을 보였다.

사회 속에서 법제도는 사회변동과는 관계없이 근본적인 법칙과 규칙에 근거하여 구축된 견고한 체계가 아니라 사회변동에 따라 함께 변화하며 사회구성원의 가치들의 변화, 가치들 간 충돌 등의 과정에 따라 새로운 기준과 규칙으로 재구성된다.

법제도는 특히 사회적 가치의 변화와 다양한 가치 및 이해관계가 반영된 문화 혹은 경제와 관련된 것일 경우 보다 역동적인 변화의 과정을 겪는

* 한국콘텐츠진흥원 산업분석실 콘텐츠산업2팀 책임연구원

다. 법은 사회적 가치와 상징을 제도화하고 재생산하며 체계화하는 과정이며, 다양한 담론들의 각축을 통해 우세한 담론이 제도화되는 과정이기 때문이다.

사회일반에 대한 기본적인 기준에 해당하는 법령의 경우 커다란 사회적인 변화나 필요성이 제시되지 않는 한 개정이 되는 경우는 매우 드물다. 그러나 문화와 관련한 법령의 경우, 최근 문화산업의 시장성장과 더불어 문화산업관련 법령의 제정 및 개정이 빈번하게 이루어져왔다. 「문화산업진흥 기본법」을 비롯하여 「영화 및 비디오물에 관한 법률」, 「음악산업진흥에 관한 법률」, 「게임산업진흥에 관한 법률」 등은 각 해당 문화장르의 변화와 함께 통합 혹은 분리되면서 다양한 모습으로 변화하였다. 특히 이들 문화관련 법률은 사회적 가치 및 문화적 인식이 반영되는 법령이니만큼 법의 제·개정 과정에서 다양한 의견제시 및 이들 간의 충돌이 나타나게 된다.

그 가운데 게임산업과 관련한 법령은 영화, 음악, 애니메이션, 게임 등을 포괄하는 문화산업 가운데 가장 최근에 산업화되기 시작했고 그 속도도 매우 높아 관련 법령 역시 다양한 사회적 가치와 인식의 변화와 함께 관점 및 기본방향, 세부조항 등의 큰 변화를 겪고 있다. 다른 문화산업에 비해 사회적인 인식이 낮아 사회적 지지가 취약하며 문화로서 바라보는 시각도 미흡한 상황에서 게임산업의 이해관계자들(업계), 청소년, 학부모, 시민단체 등 사회 각계의 시각들의 편차가 매우 크고 다양한 이슈와 얽혀 있다는 점에서 타 문화분야와 차이를 보인다. 게다가 문화콘텐츠 가운데 기술과의 연계성이 가장 큰 분야로, 인터넷 및 가상공간과 관련한 기술 등 최신 기술과 게임콘텐츠의 접목으로 새로운 이슈를 끊임없이 야기하는 분야이기도 하다.

게임관련 법령은 1970년대부터 환경관리와 관련한 법령에 일부 포함되어 규정되다가 최근에 와서 산업적 성장 및 관련 이슈의 부상으로 독립적인 특별법으로서 제정되기에 이르렀다. 특히 2006년 8월부터 사회적으로 큰 이슈를 불러온 '바다이야기 사태'로 인해 게임에 관한 법령은 제정(2006년 10월)이 되기도 전에 개정작업이 진행되는 독특한 상황도 발생하였다.

게다가 게임산업과 같이 새로운 분야에 대한 입법은 산업(시장)은 제도적 수단이 필요할 정도로 급격히 발전하는 데에 비해 이에 대한 사회적 이해와 인식은 낮고 더구나 입법의 주체적인 역할을 담당하는 입법 전문가의 이해가 낮거나 낯선 영역이라는 점에서 보다 복잡한 제도화 과정을 거친다. 이는 게임산업의 생산(제작·서비스)은 다양한 고도의 지식과 전문성을 지닌 전문가들에 의해 만들어지고 소비의 경우에는 다양한 연령층으로 최근 확산되고는 있지만 주로 10~20대 연령층에 편중되는 흐름을 보이기 때문이다. 앞으로 기술의 발전과 새로운 문화적 창조 시도의 확산으로 새로운 산업분야, 새로운 문화분야의 등장이 확대될 것이고 이에 대한 제도와 정책의 수립은 게임분야의 경우에서 보듯이 보다 복잡하고 낯선 분야에 대한 입법이라는 과제를 증가시키게 될 것으로 예상된다.

기존의 입법, 제도, 규제 등에 대한 사회과학적 논의는 주로 경제적 측면에서 나타나는 각 이해당사자들과 입법 담당자들 및 국가에 대한 역할과 관계 등에 초점을 맞추어 이들 간의 경제적 이해관계의 변화를 중심으로 논의가 진행되었다. 즉, 규제에 대해 국가 외에 이익집단의 역할을 강조하면서도 시장실패를 교정하기 위해 공익을 위한 정부규제의 효율성만을 중심적 논의로 삼는 규범적인 전통적인 규제이론이나 이에 대한 정부(정치가) 행위의 사익성 혹은 정치적 효용(total political utility)으로 논의의 영역을 확장하는 등 여전히 경제중심적인 사고에서 비롯된 규제정책 논의를 진행하고 있다는 한계를 지닌다.

사안에 따라 다르겠지만 비영리단체에 해당하는 시민단체 등 다양한 주체들도 이슈에 대한 입법과정이나 제도 및 체계화 과정에 적극적인 참여가 확대되고 있는 상황에서는 경제적인 측면만을 가지고는 명확하고 포괄적인 분석이 어렵다. 또한 문화적인 차원에서 설득력을 지니는 논리는 정치경제적인 측면에서 강한 압력을 행사하는 이익집단의 논리를 넘어서 보다 많은 사회적 지지와 정당성을 얻음으로써 정책 및 제도화에 보다 효율적으로 반영되기도 한다. 그리고 이러한 측면은 지속적인 정책변화를 거치면서 보다 다양한 관점들로 인해 더 많은 영향을 받고 변화하게 된다.

이 글은 게임을 둘러싼 이처럼 다양한 이해관계를 가진 사람들이 지니는 게임에 대한 다양한 가치와 시각들이 게임관련 법률의 제·개정에서 어떠한 영향을 미치는지에 대한 관심에서 시작되었다. 즉, 제도가 사회의 가치들을 질서지우고 체계화하는 과정이라고 본다면, 타 문화콘텐츠에 비해 첨예한 시각차가 존재하고 이해의 편차가 큰 게임분야에서 과연 게임의 가치는 무엇이며 게임관련 제도(법률) 속에 어떻게 반영되고 있는지에 대한 고민에서 출발한다. 이러한 관심을 가지고 게임에 대한 명확한 가치가 정립되지 않은 상황에서 게임에 대한 다양한 경제적 · 문화적 · 사회적 관점이 게임과 관련한 법제도를 둘러싸고 어떠한 긴장관계를 형성해왔는지를 살펴보려 한다. 또한 이와 함께 향후 게임에 대한 가치를 탐색하기 위한 틀로서 게임의 가치 유형화를 위한 시론적인 논의를 진행하고자 한다.

Ⅱ. 게임과 정책변화

'게임'(game)의 가치는 무엇일까? 게임에 대한 다양한 논의들 속에서 게임은 첨단 기술이 반영된 새로운 영역으로서 IT산업 및 벤처산업으로서 설명되기도 하고, 문화상품의 하나로서 논의되기도 한다. 또한 다양한 여가활동 중 최근 컴퓨터 및 인터넷의 발달로 확산된 새로운 여가문화 영역으로 평가되기도 하며, 사이버세계에서 나타나는 다양한 현상의 하나로 설명되기도 한다. 한편에서는 청소년 문제와 연관을 지어 게임중독 · 게임과몰입이나 청소년 유해매체물과의 연관성을 주장하기도 한다.

이와 같이 게임에 대한 다양한 관점은 게임이 지니는 산업적인 가치와 문화적인 가치로 크게 구분될 수 있으며, 이들 가치 간의 다양한 스펙트럼으로 논의되고 있다고 볼 수 있다. 즉, 극단적인 사례로 살펴보자면, 산업적인 측면에서는 정상적인 경제활동으로서 게임의 형태와 이해관계자들의 행위 등을 파악하거나 혹은 게임형태 및 운영에 따라 도박(gambling)과 같이 과도하거나 비정상적인 경제행위로서 사회문제로 다루기도 한다. 문화적 측면에서는 첨단 미래 문화체험 분야로서 핵심 문화콘텐츠로서 바라보는 시각과 청소년보호 차원에서 게임의 이용과 확대를 최소화해야 한다는 시각 간의 긴장 등으로 구분해 볼 수도 있을 것이다.

이처럼 게임의 가치에 대한 다양한 관점들 간의 긴장 속에서 시기별로 우세한 가치들이 결정되고 그 결과는 게임에 대한 다양한 정책방향과 법률 및 제도 속에 반영되어 왔다. 게임산업에 대한 정책 추이를 살펴보면 문화와 게임을 바라보는 시기별 변화를 반영하고 있음을 알 수 있다(표 2-1 참조).

정책 추이의 사례(1)의 경우는 국내의 게임제작 역량이 부족하고 여건이 미흡하여 미국 및 일본의 게임물을 수입하여 국내 게임장 등에 설치하여 운영하던 시기인 '수입단계'의 경우에는 게임을 '산업'으로 보기보다는 해외 게임물의 내용상 이질적인 문화와 폭력적·선정적 외산게임에 대한 자국민 보호 차원에서 청소년규제 강화 및 수입게임물 콘텐츠 심의 강화라는 정책기조가 중심이 되었다. 이후 1990년대부터는 국내에서도 게임개발이 이루어짐으로써 외산 게임 의존도를 낮추고 수입게임물을 국산게임물로 대체하는 시기로 변화하게 되었다. 이때에는 국산게임 비중의 증가 외에 게임의 세부분야도 아케이드게임 외에 PC게임 등 다양화됨으로써 게임에 대한 산업적 시각과 적극적인 지원이 뒤따르게 된다. 이에 따라 게임투자조합을 결성하고 정부의 게임산업 지원기관인 게임종합지원센터가 설립되었으며 PC방 규제를 완화하고 콘텐츠수입심의제를 폐지(추천제 도입)하는 정책이 추진되었다. 2000년부터는 게임개발이 더욱 활성화되고 국제경쟁력을 갖춘 게임 개발을 촉진하고 해외진출을 증대하기 위한 보다 적극적이고 체계적인 지원정책이 추진되었다. 게임기술 개발을 지원하고 게임업체 인큐베이팅 지원사업을 추진하면서 게임 개발인력 양성을 지원하는 등의 정책사업이 진행되었다.

또다른 정책추이의 분류 사례에서는 게임에 대한 정부정책, 특히 법제도적인 근거로서 「음악·비디오물 및 게임물에 관한 법률」의 제정(1999년 2월) 이전과 이후로 구분하는데, 1998년 이전에는 게임에 대한 전문적인 정책이 아니라 포괄적인 문화정책 내에 게임을 포함하며 청소년보호를 위한 규제 위주의 정책으로 추진되었다. 문화체육부를 중심으로 게임산업진흥을 위한 인력양성 등의 지원사업이 추진되기는 하나, 각 부처 간 게임업무 범위가 애매하고 중복되는 등 실질적인 역할 분담이 이루어졌다고 보기는 어려운 상황이었다. 전반적으로 이 시기는 게임에 대한 관리와 규제 중심으로 정책방향이 설정되었다고 평가할 수 있다.

표 2-1 게임산업에 대한 정책 추이

<table>
<tr><td>구 분</td><td colspan="2">수입단계(1980~)</td><td colspan="2">수입대체단계(1990~)</td><td>개발활성화 단계(2000~)</td></tr>
<tr><td>분류(1):
수입 vs.
자체개발
기준</td><td colspan="2">— 청소년 규제 강화
— 수입게임물 콘텐츠 심의 강화</td><td colspan="2">— 게임투자조합 결성
— 게임종합지원센터 설립
— PC방 규제완화, 콘텐츠수입심의제 폐지, 추천제 도입</td><td>— 게임기술개발 지원
— 게임업체 인큐베이팅
— 게임개발 인력양성 지원</td></tr>
<tr><td rowspan="3">분류(2):
정부정책
기준
2단계로
구분</td><td colspan="3">1998년 이전</td><td colspan="2">1999년 이후(~2003년)</td></tr>
<tr><td>산업적 환경</td><td>주요 정책방향</td><td>정부정책</td><td>주요 정책방향</td><td>정부정책</td></tr>
<tr><td>— 게임개발 업체의 수적 부족, 영세성
— 게임인력 양성기관 부재
— 재원확보 어려움
— 유통시설 미비
— 기술자립화를 위한 지원기금 부족
— 불법복제 만연
— 게임심의</td><td>1. 포괄적인 문화정책
· 청소년문화정책
· 여가문화정책
· 전통문화정책
· 영상 및 만화예술진흥정책
2. 청소년보호를 위한 규제 위주의 정책
· 게임관심</td><td>o 문화체육부
· 게임제작 양성기관 설립, 우수학원 인증제 도입, 초·중·고교생 대상 방학중 게임스쿨 설치, S/W 시나리오 아마추어공모전, 국제게임쇼 개최, 게임업체지원금관련 재정 확보
o 통상산업부</td><td>— 본격적인 게임산업 진흥정책 추진
— 게임산업 주무부처가 '98년 8월부터 '보건복지부'에서 '문화관광부'로 이전
— 1999년 (재)게임종합지원센터(한국게임산업진흥원) 설립</td><td>o 문화관광부
· 게임관련 법령·제도 개편
· 게임산업에의 투자
· 한국게임산업진흥원 추진사업
· 영상물등급위원회의 게임심의
o 정보통신부
· 정보화촉진기금 지원(소프트웨어진흥원, 첨단게임산업협회)
· 망고도화 사업 및 유무선통신기</td></tr>
</table>

<table>
<tr><td></td><td>제도('96부터 적용, 한컴산)에 대한 업체의 불만
— 국산게임의 열세(10~20%)
— 게임에 대한 부정적 인식 만연</td><td>증가로 정부 각 부처의 게임관련 정책 수립 시작
·각 부처 간 업무범위 모호, 중복심의 등 실질적인 역할분담 부재</td><td>·프로그래머 육성교육 실시
o 정보통신부
·IBM-PC용 부문 개발 지원금 마련</td><td></td><td>술 지원
o 산업자원부
·게임산업단지 조성
·게임관련 하드웨어 및 부품 등 기반기술 분야 지원
o 재정경제부
·게임기 특별소비세관련 세율 인하정책</td></tr>
<tr><td rowspan="2">분류(3): 산업발전 단계 기준</td><td colspan="2">1999~2002
(기반·준비기)</td><td colspan="2">2003~2005
(조정·집중기)</td><td>2006~2007
(도약·확장기)</td></tr>
<tr><td colspan="2">— 국내 산업기반 조성
— 세계시장 초기 진출
⇒ 게임산업의 'Boom Up'</td><td colspan="2">— 국내산업 진흥
— 세계시장 개척
⇒ 전략적 집중화</td><td>— 국내산업 안정적 성장
— 세계시장 주도권 확보
— 게임의 문화적 활용 및 이용자 권익 보호
⇒ 글로벌 브랜드 'Game Korea'</td></tr>
</table>

* 자료: 2002 대한민국 게임백서, 2003 대한민국 게임백서, 2004 대한민국 게임백서를 재구성.

1999년 이후에는 게임에 대한 법(「음악·비디오물 및 게임물에 관한 법률」)을 근거로 본격적인 게임산업진흥정책이 추진되었다. 게임관련 주무부처가 보건복지부에서 문화관광부로 바뀌었고 게임진흥 전문지원기관인 게임종합지원센터(이후, 한국게임산업진흥원)가 설립되었다. 게임에 대한 각종 제도 역시 체계를 갖추었고 보다 다양한 지원사업이 추진되었다.

게임에 대한 정책추이 세 번째 분류사례는 게임이 산업으로서 발전하는 단계에 맞춘 분류로, 게임에 대한 법률적 근거가 마련된 1999년 이후를 보다 세분화한 형태이다. 1999~2002년은 게임산업에 대한 독립적이고 전문적인 제도화의 초기에 해당하는 시기이자 국내산업의 기반이 조성되고 세계시장 초기 진출이 시작된 시기이다. 이후 2003년 '게임산업 중장기계획(2003~2007)'이 발표되면서 2003~2005년에는 보다 본격적이고 전략적인 진흥정책의 집중화가 이루어졌다. 이후 2006~2007년은 세계시장의 진출을 넘어서 주도권을 확보하기 위한 글로벌 브랜드화 단계로 구분하고 있다.

Ⅲ. 게임 가치와 법제도에의 영향: '바다이야기' 사건을 중심으로

앞서 살펴본 바와 같이 게임관련 정책은 전반적으로 게임을 둘러싼 환경 및 게임에 대한 인식에 기반하여 변화되어 왔다. 게임과 관련된 법률도 이러한 흐름와 관련을 맺으면서 보다 구체적이고 실질적인 측면에서 게임의 가치를 체계화하고 제도화되었다. 전반적으로 게임산업과 관련한 법률은 최근으로 올수록 산업적 성장에 대한 기여와 가능성을 확장하기 위한 정책방향에 맞추어 규제 완화의 차원 및 진흥을 위한 지원의 근거로서 법률조항이 구성되어 왔다고 볼 수 있다.

그러나 여기서 '완화된 규제'라는 것은 넓은 의미의 규제개혁(regulation reform)의 확장으로 볼 수는 있으나, 보다 구체적으로는 '경제적 차원의 규제'(economic regulation)를 완화하여 개발 유통을 활성화하기 위한 것에 조점을 맞춘 것이지, '사회적 차원의 규제'(social regulation) 혹은 '문화적 차원의 규제'(cultural regulation)를 완화하거나 이들 측면에서 적극적인 진흥을 위한 조항을 구성하는 시도는 미흡했다고 평가된다. 이는 경제적 가치와 사회문화적 가치의 측면에서 '게임산업'이 가지는 사회적 인식의 격차가 매우 큰 것에서 비롯된다.

게임에 대한 법률의 제·개정 과정은 구조적인 측면(경제적·정치적·이데올로기적·문화적 요인 등)과 법제도 구성의 절차적 측면의 영향을 받는 동시에, 이러한 게임에 대한 사회적 인식의 격차 역시 각 행위주체들로 하여금 각각의 정책네트워크를 구성하게 하는 동기이면서 게임에 대한 다양한 가치를 부여하고 확장해 나가는 동력이 된다. 게임이 지니는 규범적 가치나 실질적인 가치 등은 제도화과정에서 각 행위주체들의 관점을 반영하고 이에 영향을 미치면서 제도 속에 반영되는 것이다(그림 2-1 참조).

그림 2-1 제도(법제도, 법정책) 형성과정에서의 가치의 개입

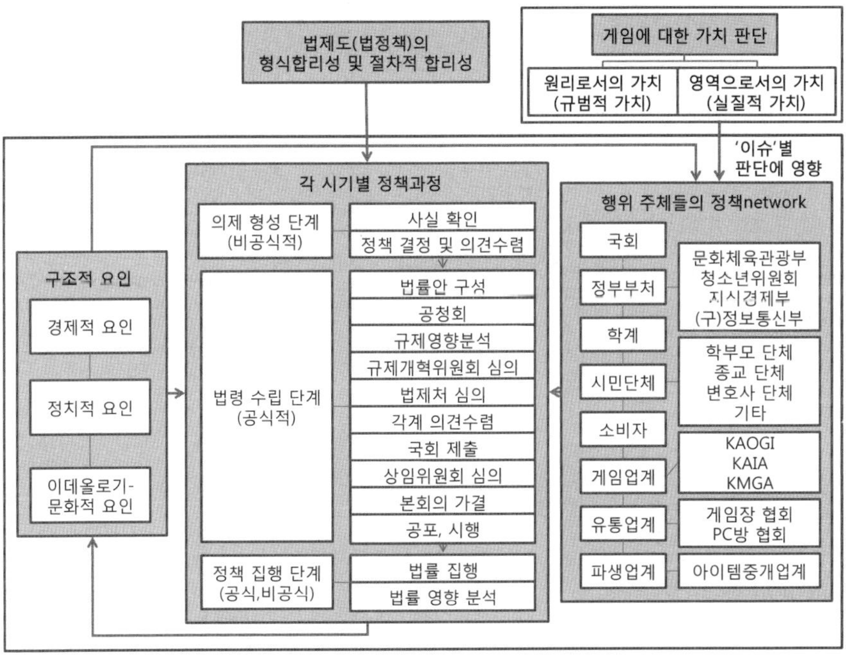

게임에 대한 가치가 타 문화콘텐츠에 비해 이처럼 다양하게 나타나는 것은 게임이 지니는 사회적 수용 및 인식의 차이에서 비롯되는 것으로 볼 수 있다. 게임분야에서 나타난 가시적인 경제적 성과(연평균 20% 이상의 성장률, 온라인게임 분야의 세계 1위, 높은 수출증가율 등)는 게임이 가지는 경제적·산업적 가치에 대해 큰 이견 없이 동의하는 분위기는 마련되었으나, 게임의

콘텐츠가 가지는 문화적 가치 혹은 게임이용 행위의 사회적 가치 등에 대해서는 이용자와 비이용자 간, 세대(ex: 청소년과 학부모) 간 인식의 격차는 여전히 큰 차이가 유지되었고 사회 전반적으로는 게임의 사회·문화적 가치가 여전히 낮게 평가되었다. 이러한 경제적·사회문화적 가치와 인식의 차이는 게임관련 법 정책체계의 제도화가 진행되면서 관련 이해집단들 간의 이견과 충돌을 통해 보다 본격적인 담론화 과정으로 나아가게 된다. 특히, 2006년 하반기에 발생한 '바다이야기' 사건은 게임을 둘러싼 다양한 가치들이 보다 첨예하게 부딪치는 계기가 되었다. '바다이야기' 사건을 통해 게임산업에 대한 진흥 및 육성보다는 규제의 당위성이 사회전반적으로 보다 큰 지지를 얻게 되었으며, 정책적인 측면에서도 '진흥'보다는 '규제'에 무게중심을 둘 수밖에 없는 상황이었다.

'바다이야기' 사건은 그 자체로는 게임물을 악용(게임물의 변·개조를 통한 보상성의 조작, 환전을 통한 현금화)함으로써 나타나게 된 것으로, 게임물 자체는 문제가 되지 않음에도 경제적인 측면뿐 아니라 사회문화적인 모든 차원에서 게임산업에 대한 경제적·사회적·문화적 배제(economic, social, cultural exclusion)의 필요성과 당위성이 확대되었고 이를 위한 정책수립과 대응의 요구가 증가하는 결과를 가져왔다. 이는 정치권에서 뿐 아니라 대중, 소비자단체 등의 게임정책에 대한 적극적인 관심을 일으켰고, 이들 각각의 정책개선 요구의 목적은 달랐지만 전체적으로 게임산업에의 규제강화의 당위성에 대해서 정치·사회적으로 크게 공유되고 부각됨으로써 당시 제·개정 중이던 「게임산업진흥에 관한 법률」의 전체 방향을 총괄적으로 재편하는 데에 중요한 요인으로 작용하였다. 이러한 상황에서 게임에 대한 다양한 가치들이 사회적인 이슈로 구체화되면서 수면 위로 떠올랐고, 이 과정 속에서 다양한 가치들의 긴장과 충돌이 전면적으로 나타나게 되었다.

황승흠(2006)은 '바다이야기'를 게임과 관련한 법률 속에서 게임과 사행행위를 혼용함으로써 나타나게 된 역사적인 요인들을 분석하였는데, 이 논의를 통해 게임에 대한 가치나 개념이 명확히 정립되지 않을 경우 발생하는 사회적인 결과를 살펴볼 수 있다. 즉, 게임이 사행성 유기기구와의 분명한 구분이 이루어졌던 1995년도와 달리, 게임물의 개념에 게임과 사행성기기를 혼용하고 사행성에 대한 구분할 수 있는 제도적 도구가 미약한 이후의 상황으로 인해 사행성 기기인 바다이야기가 사회문제화되었다는 것이다.

표 2-2 공중위생법부터 게임산업진흥에 관한 법률까지의 게임물 개념 변화

법 령 명	게임물 개념(사행성, 사행행위와의 구분 관련)
공중위생법(1995년)	— 사행성 유기기구 및 성인전용 유기장업을 허용하지 않는 관리체제 — 유기기구와 사행성이 엄격히 분리(사행성이 있는 유기기구는 사특법에 의해서 금지의 대상)
음반·비디오물및 게임물에관한법률 (1999.2.8.)	— 공중위생법에 의해서 보건복지부에서 관장하던 컴퓨터게임에 관한 업무가 문화관광부로 이관 — '게임'에 대한 가치와 개념을 본격적으로 논의할 수 있는 제도적 장이 마련되었음에도, 게임물의 개념에 게임이라 해서는 안 되는 것, 즉 사행성 기기를 포함시켜 게임과 사행행위의 혼용 — 게임물(유기기구)의 사행성에 대한 판단을 음비게법 내에서 영상물등급위원회의 결정을 통해 독자적으로 할 수 있게 함(1995년 공중위생법과 차이, 즉 공중위생법과 사특법이 서로 연결되어 하나의 규율체제를 형성)
게임산업진흥에 관한법률 (2006. 4. 28 제정, 법률 제7941호)	— 사행성 기준을 문화관광부령에서 규정(제21조 제3항, 제정법 시행규칙 제7조 별표3)
바다이야기 사태 발생('06년 8월)	
게임산업진흥에 관한 법률 개정 (2007. 1. 19 개정, 법률 8247호)	— 사행성게임물제도를 재구성, 사행성이 있으되 일정한 기준을 초과하지 않은 것조차도 유통을 금지하여 게임에서 사행성을 완전히 제외 — 사행성 기준을 법률 차원에서 규정

* 자료: 황승흠, "게임과 사행행위 혼용정책의 법적 분석," 「중앙법학」, 2006을 재구성.

즉, '바다이야기' 사건은 game과 gambling 간의 긴장관계가 존재하는 상황에서 게임의 가치가 독립적으로 별도의 개념으로 정립되지 않게 되는 경우 결국 사행성(gambling)과 분리되지 않음으로써 잠재되었던 gambling 요인이 확산된 결과로 볼 수 있을 것이다. 마찬가지로 별도의 독립적인 게임의 가치가 성립되지 않을 경우 게임의 문화적 의미나 산업적 의미는 확립되기 어렵다. '바다이야기'의 사례에서 보듯이, 게임 개념의 부재, 게임 가치의 부재에 따른 문제는 다양한 게임에의 편견을 과도하게 확대하거나 왜곡하게 되는 결과를 가져오게 된다.

'바다이야기' 사건으로 촉발된 '게임의 사행성' 문제의 경우, 사행성게임물처럼 유해한 기기 및 대상[1]은 경제적인 측면에서 시장(게임산업)을 왜곡하고 변질시키며 문화상품으로서 시장형성 및 대외시장 확대를 오히려 위축시키는 결과를 낳았다. 이와 동시에 사회문화적으로도 여가활동의 대상이라기보다는 금전적인 과도한 이득을 꾀함으로써 가정경제의 파탄을 야기하는 사회적인 문제일 뿐 아니라, 비정상적이고 비윤리적이며 불법적인 활동으로서 게임의 문화적 가치를 저해하고 청소년을 비롯한 게임이용자들을 현혹하는 비문화적 행위로 보는 포괄적인 유해 대상물이자 유해행위로 강하게 인지하도록 하였고 이에 대한 국가적 개입의 필요하다는 인식이 확대되었다.

'바다이야기'라는 사건으로 인해 개인의 사적 재산에 대한 소비(사용)에 대해서 그 비용의 과다성 문제를 사행성 문제와 연결하여 이에 대해 국가적으로 개입(제도적 규제)하는 것은, 경제적 측면에서의 공적이고 수단적인 관리로서가 아니라 도덕적 이슈(moral issue)로서 보도록 관점의 초점을 이동시킴으로써 사회문제(사행성 문제)에 대한 보다 결정적이고 단호한 행동(decisive action)의 필요성을 증대시켰다.

즉, 이러한 도덕적 이슈는 그간 "국가의 과도한 개입이야말로 개인(과

---

1) 여기서 '바다이야기' 게임물은 실질적으로 '게임물'에 해당되지 않는데, 이는 「게임산업진흥에 관한 법률」에 따라 '사행성게임물'로 분류된 대상은 일반적인 '게임물'(정책적인 지원대상이기도 한)에서 제외된다. 즉, 법률용어상 혼란을 가져온 것에서 기인하는데, 법률적으로 '사행성게임물'은 '게임물'이 아니다.

기업)의 자유라는 불가침의 영역을 침범하고 그 결과 개인(과 기업)의 정부의 존성과 무책임, 경제의 비효율성과 부정부패를 조장하는 주범"이라는 '개인 자유 중심의 도덕적 이슈'가 아닌, 개인의 자유로서 운용되는 영역의 문제가 '과도하게' 확대되었을 경우 국가가 정책적인 수단을 통해 이를 제재하거나 관리하는 등의 국가개입이 필요하며 이에 대해 정부의 적극적인 행위가 요구된다는 '개인보호 중심의 도덕적 이슈'라는 점에서 큰 차이를 보인다.

이러한 상황에서 추진된 「게임산업진흥에 관한 법률」은 제정 이전에 개정작업이 이루어지는 유례없는 상황이 전개되었고, 사행성 이슈를 중심으로 한 사회적 이슈들에서 기인하는 불확실성을 감소시키기 위해서 등급분류의 심의기준을 비롯하여, 사행성게임물에 대한 법률적 정의 등 관련 조항을 개정하였다. 그 과정에서 게임의 등급분류제도는 사행성을 중심으로 게임과 관련한 당시 여타의 이슈들을 사전에 차단하는 수단으로서 재편되기도 하였다. 그 결과, 법률의 공포와 시행 이후 구성된 등급시행 기관('게임물등급위원회')의 위원회 구성, 경품 게임물에 대한 등급 미시행 등은 제도적·실질적으로 사행성을 원천 차단하거나 게임물의 시장상용화를 제한하는 결과를 나타나기도 하였다.

또한, 그간 사행성과는 별개로 게임에서 각계의 의견과 가치의 충돌이 이루어졌던 '게임중독 이슈'를 관련 시민단체를 중심으로 사행성 이슈에 대한 규제라는 정책 흐름에 함께 논의하는 경향도 나타나게 되었다. 즉, 사행성에 대한 게임이용에 대한 개인보호 중심의 도덕적 접근방식의 확대는 '사행성 이슈'에 대한 것뿐만 아니라 '게임중독 이슈'에 대한 청소년보호 관련 사회단체의 주장이 가지는 근거의 논리에서도 유사하게 나타나고 있다. 개개인이 게임을 이용하는 매우 사적인 행동에 대해서 그 이용시간의 과다 여부에 대해 국가가 기준을 정하고 이를 관리하며 대상(게임)에의 접근 여부 및 정도와 빈도를 결정하고 조정하는 것에 당위성을 부여하는 입장은 '바다이야기' 등 사행성 문제의 확산과 함께 더욱 큰 사회적인 지지를 얻게 되었다.

'게임중독 이슈'는 게임중독에 대한 학술적인 연구결과가 명확하지 않은 상황에서 학부모단체 및 종교단체 등을 중심으로 청소년을 중심으로 한

게임이용자의 게임이용을 제한할 필요가 있고 이에 대한 업계와 정부의 대책을 요구하는 내용으로, 그간 업계와 학부모단체, 종교단체 간의 긴장과 대립이 이루어지는 분야였다. 이에 대해서는 그 이전부터 개인의 문화여가활동에 대한 국가의 강제적인 개입은 불가하다는 측면에서 게임이용에 대한 문화운동 혹은 문화개선활동 차원에서의 정책사업을 추진해 왔다. 그러던 것이 '바다이야기'로 인한 사행성 이슈가 사회적인 차원에서 게임관련 이슈의 가장 광범위하고 폭발적인 사회문제로 부각되면서, 게임중독 이슈를 유사한 맥락에서 셧다운제 등 게임에 대한 '규제와 이용중지'라는 차원으로 접근하고 이에 대한 강한 입장을 표명하게 된 것이다. 사행성 이슈와 마찬가지로 게임중독 이슈 역시 정치적 담론구조 속에서 새로운 사회이슈로 그 범위와 중요성의 무게를 달리하면서 지속적인 사회가치의 대립 대상으로 작용해 온 것이다.

결과적으로 게임에 대한 다양한 이견이 존재하고 이들 간의 편차가 좁혀지지 못한 상황이 지속되는 경우, '바다이야기'와 같은 사회적 상황 속에서 게임이 지니는 다양한 산업적·문화적·사회적 가치와 의미는 배제된 채 단순히 규제의 대상으로만 쉽게 전락해 버릴 우려가 높다는 것이다. 게임에 대한 인식도 다르고 이에 대한 평가와 가치도 다양하다는 것은 그만큼 게임이 다양한 특성을 지니고 있다는 것을 의미한다. 그러나 게임에 대한 개인적인 차원의 가치가 아니라 사회적인 차원에서 공유될 수 있는 가치들을 검토하고 정리해 나가는 과정은 외부적 요인 및 환경에 의해 게임 자체의 특성과 가치가 왜곡되지 않도록 하는 방법임과 동시에 게임관련 제도들의 체계화하는 기반이 될 수 있을 것이다.

Ⅳ. 게임의 독자적인 가치 수립의 문제

'바다이야기' 사건과 관련하여 게임에 대한 각계의 입장, 사행성과 게임과몰입(게임중독)에 대한 여론 등의 사례에서 보듯이, 게임에 대한 가치의 차이는 다양한 정치적 담론 구조를 형성하면서 가치들 간의 긴장관계를 증폭·변형시키면서 관련 제도 속에 반영되어 왔다. 즉, 사회와 경제의 본질에 대한 공유된 인식, 정부의 적절한 역할에 대한 판단, 다양한 정치적 이상, 과거의 정책경험에 대한 기억, 그리고 이런 요소들 간의 연관관계 등을 지칭하는 정치적 담론구조가 각 시기마다 유사한 이슈에 대해 상이한 의미와 차별적인 정당성을 부여해 온 것이다.

이러한 측면은 게임이 최근에 등장한 초기단계의 장르라는 점을 고려하더라도, 영화나 음악 등 다른 문화콘텐츠에서는 찾아보기 어려운 매우 변화무쌍한 제도화의 과정을 거치고 있음을 알 수 있다. 이러한 과정 속에서 게임은 여전히 다양한 가치들의 변화가 나타나고 잠재적 긴장 및 충돌이 예상되고 있다. 이는 '바다이야기'에서 보듯이, game과 gabling이 구분되지 못하고 게임만의 가치를 확보하지 못한 상황에서 불완전한 제도화가 진행됨으로써 게임에 대한 개념과 가치가 다른 장르에 비해 체계화를 갖추지 못하고 여전히 흩어져 있는 개념들로서 임의적·전략적으로 활용되기 때문으로 볼 수 있다.

게임은 현재도 앞으로도 지속적으로 매우 급격하게 변화할 것이고, 이에 따라 게임에 대한 가치도 새롭게 변화하고 생성되고 확장될 것이다. 게임에 대한 가치를 체계화하는 시도와 변화하는 게임에 따라 새로운 가치를 지속적으로 보완해 나감으로써 보다 현실적이고 실효성 있는 논의와 제도화가 가능할 것이다.

해외의 경우에도 게임의 가치에 대한 체계적인 연구나 사례가 없고 게임관련 특별법은 우리가 유일한 상황이며, 우리나라와 같이 게임산업의 역사는 짧아도 게임·사회·제도(법) 간의 가장 역동적인 변화과정을 겪는 경우도 드물다.

아래 표는 이러한 역동적인 게임·사회·제도(법) 간의 변화추이를 참고하여 게임의 가치를 체계화하는 하나의 시도로서, 게임의 가치를 개략적으로 분류해 본 것이다. 즉, 게임의 가치를 '문화가치', '산업가치', '사회가치', 'Not-Gambling가치(도박과의 구분)'로 구분하고, 이에 대한 다양한 관점들을 위치시켜 보았다. 문화가치는 현실화된 문화가치와 추상적인 문화가치를 기준으로, 산업가치는 국가단위의 산업진흥과 개인단위의 경제 측면으로, 사회가치는 사회통합과 개인보호를 기준으로, Not-Gambling가치는 게임과 도박 간의 분리 및 포함 여부를 기준으로 하였다.

표 2-3 게임가치의 체계화(안): 문화 · 산업 · 사회 · Not-Gambling 가치 분류

<table>
<tr><th>가치
구분</th><th colspan="2">문화가치</th><th colspan="2">산업가치</th><th colspan="2">사회가치</th><th>Not-Gambling 가치</th></tr>
<tr><td rowspan="8">세부 내용</td><td>현실화</td><td>자유로운 문화생활 참여 및 향유</td><td>국가 단위</td><td>생산성 증대, 산업 성장</td><td>사회 통합</td><td>사회화, 공공성, 윤리적 측면 정치적 측면</td><td>Game⊂Gambling</td></tr>
<tr><td rowspan="5"></td><td>문화적 접근성의 문제</td><td rowspan="5"></td><td>국가전략산업화</td><td rowspan="5"></td><td>사회가치의 생성</td><td>Game⊃Gambling</td></tr>
<tr><td>고급문화, 대중문화</td><td rowspan="2">기술의 개발 · 진보</td><td>사회가치의 전달</td><td>Game와 Gambling의 분리</td></tr>
<tr><td>문화적 창작권, 감성표현</td><td>사회 통합의 역할</td><td>-</td></tr>
<tr><td>문화적 표현의 다양성</td><td>블루오션 창출 및 연관산업 효과</td><td>자율성의 확대</td><td>-</td></tr>
<tr><td>문화적 정체성</td><td>산업적 접근성의 문제</td><td>유해물의 규제(자격제한, 격리, 접촉대상자 분류 등)</td><td>-</td></tr>
<tr><td>추상화</td><td>기호, 취미, 욕망의 영역</td><td>개인 단위</td><td>창작으로 인한 수익의 보호 · 안정적 확보</td><td>개인 보호</td><td>사회적 안전성: 유해물로부터의 보호</td><td>-</td></tr>
<tr><td colspan="2">…</td><td colspan="2">…</td><td colspan="2">…</td><td>…</td></tr>
</table>

가치들間관계	문화가치		—우선순위의 문제 —선결가치의 문제 —상호대립 · 충돌 · 침식의 문제 —상호연계의 문제	—문화가치의 사회적 · 윤리적 평가(유익 vs. 유해) —표현의 자유 vs. 관리 —문화의 정치적 도구화 —계층 분리(distinction) vs. 문화민주화(문화복지) —개별 창작 vs. 국가개입	
	산업가치			—Business의 자유 vs. 관리(공적 개입) —기술적 중립주의의 문제	
	사회가치				

영화나 출판 분야의 경우 문화가치가 부여된 '창작'에 새로운 유통(복제, 도소매 등)이 활성화되면서 문화'산업'으로서 가치가 부여되었고, 문화의 수용을 넓히는 취지의 문화의 민주화, 문화의 탈집중화가 문화정책의 목표로 강화되면서 산업가치보다 문화가치 및 사회가치가 우선순위의 상위에 놓이게 되듯이, 위 각 셀의 내용은 각 시기와 이해집단 및 이슈, 정책방향에 따라서 보다 구체화되거나 상호 통합될 수도 있다. 또한 각 가치들의 세부 내용은 게임의 독자적인 가치 수립 및 표현의 자유 확대, 현장(창작, 유통 등)의 자율성 증대 등의 기준으로 '모호형', '보수형', '도구형'(수단화), '진보형'으로 추가 구분도 가능할 것이다. 혹은 이해관계가 연관되어 있는 집단(단체, 기관 등)에 의해, 각 가치들 및 하위 가치들에 대한 주장 · 설득 · 담론화 · 제도화의 과정이 발생하면서, 셀에 해당하는 내용은 또다시 변화하게 될 것이다. 더 나아가 이러한 시각을 게임 및 게임법 관련 소주제별(유통상 규제 및 자율규약, 등급분류제도의 민간자율, 게임과몰입, 아이템 현금거래 등)로 보다 세분할 수 있고, 이를 기반으로 각 시기별 게임관련 법의 주제 다양성, 주제별 ·

주체별 시각의 변화추이 분석에도 유용하게 활용가능할 것이다.

V. 제도의 역할과 가치의 개입

게임과 관련한 법률은 유기장법부터 현재의 「게임산업진흥에 관한 법률」에 이르기까지 전반적으로 법적인 경직성이 완화되고 효율성이 증대되는 방향으로 진행되었다고 볼 수 있다. 최근으로 올수록 복잡해지는 게임분야에 대한 정책수단이 다양해지고 자율성도 초기에 비해 확대되었기 때문이다. 현재 진행 중인 전부개정안 「게임문화 및 산업진흥에 관한 법률」은 행정지도, 민간자율형태의 규제, 게임리터러시 교육 등 보다 다각적인 측면을 고려하고 있으며, 행정적인 효율성 외에 사회적 효율성 및 효과성을 강화하는 방향으로 변화해 나가고 있다. 그러나 한편으로는 여러 가치들 간의 충돌과 대립은 여전히 나타나고 있으며 개인적인 문제에 대해 국가가 적극적으로 개입해야 한다는 논의도 지속되고 있다.

앞서 논의한 바와 같이 게임에 대한 독자적인 가치체계가 정립되지 않을 경우 외부적 요인이나 환경 등에 의해 담론이 좌우되면서 관련 법제도 역시 표류하게 될 우려가 있다. 제도는 선결조건으로서 중심적인 가치가 먼저 정립될 필요가 있으며, 이것이 사회적으로 수용되는 것이 먼저 선행되어야 정책제도가 기능을 할 수 있게 된다. 제도는 이익을 창출하는 경제적 영역이 아니며 경제가 아닌 가치가 중요한 부분으로, 이러한 가치를 체계화하는 것이 곧 제도이다. 산업을 질서지우고 체계화하는 것은 부차적인 것으로 우선적으로 가치를 질서지우는 것이 제도가 가지는 우선적인 역할이라 볼 수 있다.

제도는 사회변동을 모사반영한 것이 아니라, 가치를 체계화하여 규칙으로서 잡아주는 역할이라고 볼 때, 제도를 통해 가치가 '배분'되고 '폐지'되며 '조정'될 수 있다. 따라서 제도가 가치를 제대로 반영하지 못하면, 여전히 사회·산업·문화가 부진할 수밖에 없다. 제도의 역할은 세제지원이나 규제 완화만이 아니라, 가치(산업으로 볼 수도 있고, 문화로 볼 수도 있고, 제3의 무엇으로도 볼 수 있는)의 확립이 더 중요하며, 제도 속에서 여러 가치 중 어떤 것이 강조되었는가가 변화의 방향으로 작용하게 될 것이다.

게임과 제도의 문화적 층위

chapter 03

김 민 규*

Ⅰ. 두 개의 시선

게임은 이 시대의 청소년 문화활동을 대표한다. 여기서 대표한다는 것은 긍정적, 부정적 모두를 의미한다. 즉 긍정적인 측면에서 게임은 청소년을 비롯해서 사회적으로 많은 관심과 호응을 받고 있다는 것이고, 한편으로 부정적인 측면에서 게임은 사회적으로 청소년과 관련한 문제의 발단을 대표하기도 한다는 것을 의미한다. 전자는 그러한 활동의 주체로서 참여하는 청소년들의 인식이지만, 후자는 그러한 청소년층의 행위를 바라보는 사회 내 여타의 주체들—특히 청소년층을 직접 관리하는 학부모·교사와 오피니언 리더층—이 게임을 바라보는 관점이다. 게임은 그 동안 문화산업의 후발 장르로서 기존 타 장르의 성장을 훨씬 앞설 정도로 많은 성장을 했고, 지금도 하고 있다. 문화산업을 진흥하고자 하는 정책의 측면에서도 신 성장동력으로 압축적으로 표현되듯이 높은 위상을 갖고 있다. 그렇지만 이러한 위상이 사회적으로 전면화되는 데 주저하게 되는 것은 앞서 언급한 후자의 인식이

* 한국콘텐츠진흥원 산업분석실 콘텐츠산업2팀장

근저에 자리잡고 있기 때문이다.

게임은 사회적 구성물이다. 이는 사회구성원들의 인식으로부터 게임이 자유로울 수 없음을 의미한다. 특히나 게임과 같이 참여의 과정을 통해 특정한 의미가 만들어지는 것일수록 사회적 개입을 통한 관리 및 규제의 필요성에 대한 목소리가 높게 된다. 글을 시작하면서 언급한 게임에 대한 두 개의 시선은 게임 참여자와 게임 관람자의 차이를 보여주는 것이기도 하다. 대부분의 게임과 관련한 관리체계로서의 제도는 게임 관람자의 시선을 사회적으로 확대한 결과이다.

게임이 세대 구분의 지표로 이야기될 수 있는 것은 게임이 사회의 전 구성원들의 경험에서 단절적이기 때문이다. 놀이는 인류사와 함께 등장하여 인류의 경험에서 주요한 위치를 차지하고 있다. 게임을 놀이의 현대적 진화라는 측면에서 볼 때는 사실 게임에 대한 사회적 경험의 단절이 없어야겠지만, 특히 컴퓨터게임에 의한 게임'산업'의 시작은 놀이와 게임의 구별적 시선을 확증하게 된다. 이는 영화, 음악 등이 사회구성원 개인사의 경험과 함께 하고 있다는 것과는 큰 차이를 보이는 것이라고 하겠다. 게임세대란 표현은 게임에 대해 문화적으로 수용되는 사회적 구별집단이 존재하고 있음을 이야기해 주는 것이고, 이러한 구별집단의 문화는 또 다른 방향에서의 구별집단과 문화적 층위를 갖고 있다.[1] 경험적 단절이 구별적 문화적 층위를 가져올 수 있지만, 그것이 반드시 대립적인 결과로 나타나는 것은 아니라고 할 수 있다. 이를 위해서는 구별적 문화적 층위가 발생하는 이유와 그 성격에 대해 살펴보는 것이 필요할 것이다.

---

1) 그렇다고 해서 게임과 제도가 대립항으로 위치하고 있다고 일갈하기는 어렵다. 그보다는 게임 내부와 게임 외부의 문화적 층위가 제도화의 시작이 되는 것으로 보는 것이 타당할 것이다.

Ⅱ. 게임의 문화적 특성

먼저 게임의 문화적 특성을 살펴보는 것이 필요하다. 문화는 정의 내리기 가장 어려운 용어 중 하나이다. 문화를 연구하는 사람들 사이에서도 연구자에 따라 강조하는 지점이 상이하다. 하지만 또한 문화는 사회라는 용어만큼이나 일상적으로 가장 많이 사용하는 용어이기도 하다. 정의 내리기 어려우면서도 일상적으로 많이 사용된다는 것은 사람들의 머릿속에 말로 설명하기는 어렵지만 뭔가 공통적인 의미망과 동시에 다기한 구별적 요소를 갖고 있다는 것을 말한다.

게임의 문화적 특성은 게임 그 자체의 특성으로부터 출발해야 할 것이다. 게임의 특성은 일반적으로 상호작용성, 체험성, 변형성으로 요약된다. 그런데 게임의 특성은 게임이 게임으로서 의미를 획득하는 속성을 말하고, 이러한 게임의 특성(=의미)이 완성되기 위해서는 게임을 소비하는 사람이 절대적인 요소가 된다. 즉 게임콘텐츠 그 자체로 게임이 되는 것이 아니라 게임을 소비하는 사람이 있기 때문에 게임이 되는 것이다. 관중이 없는 공연이 있을 수 없듯이 이용자 없는 게임은 게임의 의미를 완성하지 못하게 된다. 그렇기 때문에 게임의 문화적 특성에서 소비자는 가장 중요한 요소이기도 하다.

물론 생산자의 측면에서 게임의 문화적 요소를 찾을 수도 있다. 이 역시 게임의 특성으로부터 이해될 수 있는 것인데, 산업화가 고도화될수록 생산자의 특성은 생산과정의 부분으로 흡수될 가능성이 높아지고, 일상과 공유될 수 있는 부분이 적어질 가능성이 높아진다. 한편으로 생산자와 소비자의 단계적 위치 전환에 따라 생산자의 특성과 소비자의 특성이 구별이 명확하지 않을 가능성도 있다.[2) 그렇기 때문에 여기서는 게임 소비자를 우선적 요소로

2) 게임 생산자가 게임문화를 구성하는 주요한 영역임을 부정하는 것이 아니다. 그런데 본문에서 언급했듯이 문화적 측면에서 이야기할 때 제품의 생산자적 특성보다는 소비자적 특성이 더 부각되기 때문에 여기서는 우선적으로 게임 소비자에 대한 논의를 시작한다. 게임의 생산자와 소비자의 관계와 소통에 대한 논의는 향후 연구과제가 될 것이다.

선정하여 이야기할 것이고, 게임 소비자가 여타의 문화콘텐츠의 소비자와의 구별적 성격을 살펴봄으로써 게임의 문화적 성격을 살펴볼 것이다.

문화콘텐츠의 소비자는 여타의 제품의 소비자들과 달리 관중(또는 관객)이라 지칭한다. TV와 라디오에 대해서는 시청자와 애청자란 표현을 하나 그것 역시 관중이란 의미에서 크게 벗어나지 않는다. 소비자, 즉 관중은 문화를 구성하는 주요한 주체이자 요소이다. 그런데 기존의 문화콘텐츠와 게임콘텐츠의 구별적 성격에서 알 수 있듯이 관중도 구별적 성격을 갖고 있다고 하겠다. 기존 문화콘텐츠—영화, 애니메이션, 음악 등—는 일방향적 성격을 갖고 있기 때문에 소비자의 선택은 있지만 콘텐츠를 소비하는 과정에서 직접 개입하는 것은 불가능하다. 그리고 이러한 일방향성 매체에 대해 대중매체(mass media)라 불리고, 이러한 대중매체를 기반으로 구성된 문화를 통칭 대중문화(mass culture)라고 하였다. 이러한 일방향성의 대중매체의 관중은 생산자의 의도된 메시지를 일방적으로 수용한다는 의미에서 '수동적 관중(passive audience)'이라 불렸고, 대개의 대중매체에 대한 분석들은 이러한 구조화된 메시지의 유통과 그 메시지에 숨겨진 권력관계를 파악하는 네 주력했다. 여기서 대중매체의 관중은 대중매체에 대한 소비의 주체이기는 하지만, 내용적인 면에서는 소비의 대상이 되는 경향을 보인다. 그래서 대중문화(mass culture)는 소비문화(consuming culture)의 성격을 많이 갖는다고 하겠다.

그러나 사람은 프로그램된 시스템이 아니다. 즉 사람은 어떤 메시지에 대해 모두가 동일하게 수용하지 않는다. 동일한 내용의 콘텐츠라고 하더라도 과거의 경험, 지식, 자신의 처한 환경 등에 따라 상이하게 이해를 한다. 어떤 경우에는 주어진 메시지와는 정반대로 이해하는 경우도 있다. 즉 이전의 수동적 관중이 아니라 관중 스스로 나름의 해석을 할 수 있는 권한이 인정되기 시작하면서 새로운 단계의 관중, 즉 '능동적 관중(active audience)'이 개념화되었다. 능동적 관중은 주어진 메시지를 새롭게 해석한다는 것이고, 의식있는 소비자가 될 수 있는 계기를 만든다. 그렇지만 능동적 관중이라고 해서 일방향성 매체에 개입할 수는 없고, 사후적인 문제제기를 할 수 있다.

수동적 관중이나 능동적 관중이나 기존 문화콘텐츠의 소비자는 관중(관객)으로 표현된다. 그런데 우리가 검토하고 있는 게임을 소비하는 사람은 관중이란 표현을 사용하지 않는다. 소비자란 표현도 거의 사용하지 않는다. 가장 일반적으로 사용하는 것은 게이머(gamer), 유저(user), 플레이어(player) 등이다. 게이머란 게임을 하는 사람이란 뜻이고, 유저나 플레이어는 둘 다 무엇인가를 하는(doing) 사람을 말한다. 문화콘텐츠에 사람형(~er 등)을 결합해서 해당 콘텐츠의 이용자를 표현하는 경우는 게임을 제외하고는 거의 없는 것 같다. 음악의 경우 뮤지션(musician)이 있는데, 이는 음악을 듣는 사람을 일컫는 것이 아니라 음악을 만드는 사람을 일컫는다. 그만큼 게임은 다른 콘텐츠에 비해서 소비자, 즉 이용자의 영역이 강조되는 문화콘텐츠라고 할 수 있다. 또한 플레이어란 표현은 스포츠나 악기연주 등을 하는 사람을 표현할 때 주로 사용하는 것으로 해당 콘텐츠를 관전하는 것이 아니라 실제로 행위하는 사람을 말한다. 게임은 기본적으로 관전이 아니라 행위를 전제로 하는 문화콘텐츠라는 점에서 유사하다고 할 수 있다. 또한 스포츠나 악기연주는 이미 정해진 룰이 있으나 선수나 연주자의 기량에 따라 매우 다양한 수준의 편차가 나타나며, 매번 이전과 똑같이 되는 것은 아니다. 게임도 게이머의 기량에 따라 다양한 수준의 차이가 나타나며, 매번 동일한 게임을 하더라도 이전과 똑같이 할 수는 없다.[3)]

이처럼 게임의 이용자는 영화, 음악, 애니메이션 등 기존 문화콘텐츠의 이용자와는 근본적인 성격에서 구별적이라 할 수 있고, 이렇게 이용자의 성격의 차이는 게임의 특성인 상호작용성, 체험성, 변형성의 특성을 그대로 반영하는 것이다. 즉 게임은 이용자의 역할과 의미가 다른 문화콘텐츠에 비해 크다는 것을 간접적으로 보여주는 것이라고 할 수 있다. 이러한 게임 이용자의 특성은 기존의 관중과 연결해 본다면 '참여적 관중(participative audience) 또는 행위적 관중'으로 표현될 수 있다. 게임이 생산되고 판매되는 과정과 방식은 대중매체문화(mass media culture)의 관행을 따라하고 있다고 볼 수 있으나, 게임의 의미망을 완성하는 데 게이머(유저, 플레이어)가 실시간으로 개입을 하고, 개입을 해야만 한다는 데에 있어서 기존의 대중매체문화와 동일하게 취급하기 어렵다고 하겠다.

---

3) 이러한 게이머의 특징은 공연자의 성격과 유사한 측면을 갖고 있다고 하겠다.

즉 게임이 게임이 되기 위해서는 참여적 관중의 존재가 절대적 요소이고, 참여적 관중과 게임 간의 지속적인 행위-반응(action-reaction)의 과정이 곧 게임을 플레이하는 과정이다. 그런데 게임은 관중, 즉 소비자의 성격에 있어서만 기존의 문화콘텐츠와 구별적인 것이 아니다. 기존의 문화콘텐츠의 관중(그것이 수동적 관중이건 능동적 관중이건 상관없이)도 문화콘텐츠에 대해 반응(reaction)을 한다. 그렇지만 기존의 문화콘텐츠는 일방향적이기 때문에 그러한 문화콘텐츠의 소비과정에 직접적인 반응을 할 수가 없다.[4] 예를 들어, 영화가 상영되는 동안은 영화를 보기만 할 뿐이고, 영화를 보고 나서 비평을 한다든가 동호회를 구성(또는 참여)한다든가 등 할 수 있을 뿐이다. 즉 기존의 문화콘텐츠에서의 관중의 반응이란 이차적인 과정이라고 할 수 있다. 그리고 이러한 이차적인 반응이 해당 문화콘텐츠로 비롯된 문화적 성격을 갖게 한다.

그러나 앞서 언급했듯이 게임은 반응이 게임이 진행되는 동안 실시간으로 발생한다. 이러한 게임의 진행과 반응이 실시간으로 발생한다는 것은 게임의 소비과정(게임 플레이 과정)에 직접적인 반응을 하는 것이고, 이는 일차적인 반응이라고 할 수 있다. 특히 온라인게임과 같은 경우에는 더욱 명확하게 드러난다. 게임 속에서 게이머들 간의 관계를 형성하고, 집단을 만들고, 새로운 규율을 만들고 등등의 반응이 게임의 진행과 동시에 발생하고 그에 따라 문화적 활동과 성격이 나타나게 된다. 즉 게임은 게임 내에서의 반응(일차적 반응)과 게임 밖에서의 반응(이차적 반응)이 모두 가능한 문화콘텐츠이다. 이는 기존의 대중매체문화와는 확연히 구별되는 특성으로서 게임에서만 나타나는 것으로 상호작용매체문화의 특성이라고 할 수 있다.[5]

이러한 게임 소비자, 즉 게임 이용자의 특성은 게임과정의 참여를 통해

---

4) 물론 영화가 마음에 들지 않는다고 영화를 보다가 자리에서 일어나 극장을 나올 수 있는 반응이 있기는 하다. 이는 음악, TV, 라디오 등에서도 마찬가지이다.

5) 네트워크매체의 대표인 인터넷을 생각하면 훨씬 이해가 쉽게 될 것이다. 이러한 특성은 온라인게임에서 더 명확하게 나타나는 것일 뿐 온라인이 되지 않는 게임에서도 마찬가지이다. 게임이 이러한 성격을 갖게 되는 데는 캐릭터의 기능 때문인 것 같다. 영화 등 기존 문화콘텐츠에서 캐릭터는 관중으로 하여금 감정이입을 용이하게 하여 주어진 스토리에 집중할 수 있도록 하는데, 게임의 캐릭터는 이용자의 대행자의 기능을 하기 때문에 체험에서도 직접적일 뿐만 아니라 게임 내에서 사회를 반영하는 데 있어서도 직접적이다.

발현되는 것이기 때문에 게임 참여자 또는 게임 행위자와 게임 관람자 간의 경험과 그 경험을 바탕으로 한 문화적 의미에서 간극이 있을 수밖에 없다.

Ⅲ. 제도의 층위들

제도의 발생은 그만큼 그 대상에 대한 사회적 관심과 영향이 높아졌음을 의미하고, 그에 따른 사회적 요구가 있기 때문이다. 그런데 제도의 필요성의 내용과 주체에 따라 제도는 다양한 층위들로 나타난다. 그런 과정에서 상호 대립적인 내용이 나타날 수도 있다. 특히 대상에 대한 긍정적 접근인가 부정적 접근인가에 따라 출발하는 제도의 내용은 매우 큰 간극을 보일 수 있다.

게임과 관련한 대표적인 제도는 바로 법률로서 「게임산업진흥에 관한 법률」(이하 게임법)이 직접적이라고 할 수 있다. 게임과 관련해서는 기본법적 성격을 갖고 있어서 게임의 진흥과 규제라는 두 가지 속성을 포함하고 있다. 그렇지만 모두에서 언급했듯이 게임의 역기능에 대한 사회적 우려는 제도적으로 진흥보다는 규제의 영역에 더 많은 무게를 싣도록 한다. 즉 제도를 하나의 관리체계로만 인식하게 될 때는 더욱 그러하게 된다. 문제는 규제와 관리 그 자체라기보다는 그 내용이 합리성에 기반한 것인가이다.

법률이란 형태가 제도의 층위에서 명시적이고 사회적 행동의 규율을 만들기 때문에 사회 내 영향력이 크다는 점에서 가장 상위에 있다고 볼 수 있다. 그런데 이러한 법률의 내용적 구성에 영향을 미치는 것은 결국 현장과 그 현장에 대한 사회적 인식이라는 점이다. 현장이라 함은 산업계와 시장이라고 일컫는 비즈니스의 영역을 포함하여 그로부터 발생하는 다양한 사건들과 게임 이용자의 행태 및 게임 이용자들 간의 관계, 게임 이용자의 행태와 갈등관계를 형성하는 게임 관람자의 시각, 또한 게임 그 자체의 특성보다는 다른 목적을 위한 하나의 수단화하는 행태와 그로부터 발생하는 사회적 문제들 등등이라고 할 수 있다. 이와 같은 게임을 둘러싼 다양하고 복잡한 환경과 관계로부터 발생하는 사회적 이슈들이 게임에 대한 사회적 인식에 영향을 미치고, 그러한 인식이 게임에 대한 사회적 제도의 필요성을 제기하게 된다.

여기서 중요한 관심과 검토의 대상이 되는 것은 사회적 제도의 필요성 제기가 아니라 그러한 필요성에 대한 응답으로 사회적 제도화의 과정과 그 내용에 있다는 점이다. 앞서 언급한 게임 '현장'에서 나타나는 다양한 형태와 내용들은 하나의 현상으로 사회 내 부상하게 되는데, 그 현상이 하나의 사회문제화되는 경우가 많다. 이러한 사회문제를 해소하기 위한 방법 중 하나가 바로 제도화인데, 현상과 그러한 현상이 발생하게 되는 구조와 환경은 다소 차이가 있을 수 있기 때문에, 즉 문제발생의 원인과 문제 그 자체 사이의 구조에 대한 이해를 기반으로 제도화가 되어야 한다. 구조에 대한 이해가 없이 현상에만 집착하게 될 경우에 자칫 제도는 미봉책이 될 수 있고, 또 다른 문제를 발생시키게 된다.

그런데 게임과 제도의 관계에서 아직까지 사회적으로 충분한 검토와 논의가 진행되지 않고 있는 영역이 있는데, 바로 게임공간 내의 제도화이다. 게임과 제도의 다양한 층위들은 주로 게임공간 밖의 사회적 관계로부터 발생하는 것이 대부분이라고 할 수 있다. 이는 제도가 현실생활을 반영하고 개입하는 것으로 정리되고 있기 때문이다. 한편 게임은 이용자의 참여로부터 그 존재의 의미를 획득하기 때문에 게임공간 밖의 사회적 관계뿐만 아니라 게임공간 내의 (게임)사회적 관계에 의한 제도화의 문제가 발생할 수 있다. 더구나 과거와 같은 혼자서 하는 게임이 아니라 다수의 이용자가 동시적 또는 비동시적으로 동일한 게임공간에 참여하는 온라인게임(특히 MMORPG)의 경우에 이러한 게임공간 내의 사회적 관계는 자연발생적으로 나타날 수 있다. 게임공간 내의 제도화는 크게 두 가지 차원에서 검토가 될 수 있는데, 하나는 게임공간 내에서의 게임플레이와 게임세계의 운영과 직접적인 관련을 갖고 있는 제도의 문제이고, 다른 하나는 게임공간 내의 제도와 게임공간 밖의 제도와의 관계설정의 문제이다. 온라인게임공간을 하나의 사회와 유사한 것으로 비유하거나 이해하는 것은 바로 이러한 게임공간 내의 제도(Game Rule)의 필요성을 간접적으로 보여주는 것이라고 할 수 있다. 이러한 게임공간 내의 제도의 내용은 참여하는 게임 이용자의 사회적·문화적 영향에 따라 차별적일 수 있다. 그렇지만 게임 이용자 역시 현실 공간과 분리될 수 없다는 점은 게임공간의 제도의 내용이 현실사회의 제도화의 영향을 반영하기가 쉽다. 이러한 게임 이용자의 경계적 위치는 게임공간 내와 게임공간 밖의 관계설정에서 주요한 요인이 된다. 즉 게임 이용자의 게임을 비롯한 사회에 대한 인식, 문화적 수용 정도 등 다양한 문화적 층위들이 게임공간 내와 게임공간 밖의 제도화과정에서 영향을 미치게 된다.[6)]

Ⅳ. 제도화에 영향을 미치는 요소

게임의 문화적 위상을 둘러싼 사회적 담론은 일방향적인 경향을 띠고 있다고 하겠다. 앞서 게임에 대한 두 개의 인식은 또 다른 표현으로는 게임의 긍정성과 부정성으로 대별되는데, 긍정적인 반응은 산업으로서의 게임을 바라볼 때이고, 게임에 대해 부정적인 반응은 문화로서의 게임을 바라볼 때이다. 그러다 보니 게임의 문화적 담론 역시 부정적인 내용이 주류를 이루고 있다고 하겠다. 여기서는 사회적 담론이 긍정과 부정 중에서 어떤 비중이 더 큰가에 따라 현재의 게임의 문화적 위상을 엿볼 수 있다. 그런데 사회적 담론을 주도하는 층은 게임 참여자가 아니라 게임 관람자로서의 기성세대이다. 그렇기 때문에 기성세대가 게임을 어떻게 이해하고, 인식하고 있는지가 결국 게임에 대한 사회적 담론에 주요한 영향을 미치고, 관리체계로서의 제도의 필요성이 제기된다. 그리고 기성세대(게임 관람자)는 게임의 과정을 직접 경험하지 않기 때문에 게임에 대한 대중적 채널을 통해 획득한 정보에 의해 이해하는 경향이 많다. 이렇게 획득된 정보들이 관리체계의 필요성과 그 내용의 결정에 영향을 미치게 된다.

---

6) 게임룰(Game Rule)에 대한 내용과 그와 사회제도의 관계에 대한 검토는 향후 다양한 관점 하에 많은 논의를 필요로 한다.

1. 정보채널로서의 미디어와 주위 게임 관람자들

예전에도 그러했지만 현대사회에서 정보의 중요성은 말할 것도 없지만, 특히 내용과 속도에서 더욱 그러하다. 자신이 직접 개입되지 않은 분야의 정보일수록 정보를 전달하는 매체에 대한 의존도가 높다. 그렇기 때문에 정보를 전달하는 매체는 사회적 담론을 형성하는 데 있어서 커다란 영향을 미친다고 하겠다. 정보전달매체는 크게 세 가지로 나뉠 수 있다. 하나는 신문, 방송 등과 같은 기존의 미디어와 인터넷 등과 같은 새로운 미디어, 나머지 하나는 가장 오래된 주변 사람들에 의한 구전이다.

우선 기존의 미디어와 비교할 때 인터넷의 정보 전파력이 매우 강력하다는 것은 이미 널리 인지되고 있고, 그렇기 때문에 인터넷은 여론을 형성하는 주요한 매체가 되고 있다. 인터넷의 많은 정보들은 그 내용의 진실성을 확인하기 어렵다는 단점이 있기 때문에 효과는 크지만 미디어로서의 위상은 기존 미디어에 비해 낮게 인식되고 있는데, 여기에는 기존의 미디어가 기성세대에게 익숙한 매체라는 점도 작용하고 있다.

이에 게임관람자는 익숙한 매체인 신문과 방송을 통해 게임에 대한 시선을 맞춘다. 신문에서 게임에 대한 기사가 극히 적을[7] 뿐만 아니라 간혹 다루는 것도 사회적 문제의 주요한 원인으로 다루고 있다. 주로 게임으로 인해 가정 내 갈등, PC방에서 게임을 하다가 돌연사를 했다, 청소년범죄의 원인 게임중독이다는 등의 부정적인 내용이 실리는데, 사회면에서 다루고 있다.[8]

방송뉴스도 신문과 별반 다르기 않은데, 게임이 뉴스기사가 되는 경우는 대부분이 신문과 마찬가지로 게임이용비 때문에 자녀가 가출을 했다든가

---

7) 신문 중에서는 소위 영향력이 가장 크다고 하는 4대 일간지를 보면, 문화콘텐츠 및 엔터테인먼트에 대한 지면에는 영화, 음악, 연예 등의 내용이 실리고 있지만 게임에 대한 기사는 거의 다루지 않고 있으며, 산업 또는 디지털산업에 대한 면에는 정보통신산업, 소프트웨어산업 등의 내용이 있지만 게임산업에 대한 기사는 찾아보기 어렵다. 시장의 규모로 볼 때, 게임은 문화콘텐츠 중에서도 가장 큰 시장을 형성하고 있는데도 불구하고 관심의 대상이 되고 있지 못한 상황이다.

8) 청소년범죄 뿐만 아니라 일반 성인범죄도 게임중독을 원인이라고 지적하는데, 대부분 명확한 근거가 없이 단지 게임이용을 한다는 자체만으로 무리하게 적용하고 있다.

청소년들이 게임에 과몰입되어 있다든가, PC방에서 누군가 게임을 하다가 돌연사했다는 등의 내용으로 되어 있다.[9] 특히 2006년 '바다이야기' 사태에 대한 집중적인 보도는 게임에 대한 사회적 인식을 더욱 부정적으로 형성하는데 크게 일조하였다.

대중적 미디어가 아닌 주변 사람들의 구전에 의해 획득되는 정보 역시 미디어에서 기사된 내용과 다르지 않을 뿐만 아니라 오히려 개인적 경험이란 측면에서 더욱 문제점을 생생하게 전달해서 미디어에 의해 획득한 정보를 심증적으로 더욱 확신하게 만든다. 주변사람들이 대부분 게임 관람자이고, 또한 게임에 대한 긍정적 시선을 갖고 있는 사람들보다는 게임에 대해 부정적 시선을 갖고 있는 사람들이 정보전달을 주도하기 때문이다.

2. 기업에 대한 사회적 태도

기업에 대한 사회적 태도는 해당 분야에 대한 사회적 호감도를 반영한다고 하겠다. 대기업이라고 해서 또는 시장규모가 크다고 해서 일반인들이 모두 호감을 갖는 것이 아니라 해당 분야에 대한 호감의 여부가 그 분야의 기업에 대한 태도에도 영향을 미치고 기업에 대한 태도는 해당 분야의 호감도에 반영된다. 현재 국내 게임기업 중에는 매년 수천억 원의 매출을 기록하고 웬만한 국가의 인구수보다 많은 이용자에게 서비스하는 기업들이 있을 정도로 성장을 하였다. 국산게임을 이용하는 인구수가 약 4억 명 이상을 훨씬 상회하고 있을 정도이다. 국산제품 중에서 단일 품목으로 전세계 1억 명 이상이 이용하는 제품은 극히 드물다는 점을 고려할 때 국산게임의 영향력은 매우 크다고 할 수 있고, 이를 서비스하는 국내 게임기업의 사회적 위상도 높을 것이라고 예상할 수 있다. 그러나 국내에서 게임기업에 대한 사회적 태도는 긍정적이지 않다.

닌텐도DS와 Wii로 국내에서도 인지도가 높아진 닌텐도, 가전에서 출발해서 게임회사로 더욱 알려진 소니, 소프트웨어기업의 대표주자이자 게임회

---

9) 시사프로그램의 경우에 게임을 다룬 적이 있는데, 시사프로그램의 성격상이기도 하지만 거의 예외 없이 게임의 역기능에 대한 내용으로 되어 있다.

사인 마이크로소프트(MS) 등에 대해 사회적 인지도나 긍정성은 매우 높다. 게임에 대해 부정적 인식이 많은 것에 비해 해외 게임회사들에 대해선 호의적인 태도를 취하고 있다.

반면에 국내 게임기업에 대한 평가는 긍정적이지 못한 면이 더 많다. 한국은 온라인게임 분야에서 세계 1위를 차지하고 있다. 시장점유율에서 뿐만 아니라 해외에서도 한국이 온라인게임 분야에서만큼은 가장 앞선 국가로 평가하고 있다. 이런 점 때문에 세계 각국은 한국의 온라인게임의 발전 방향에 높은 관심을 보이고 있고, 그에 따라 발생하는 다양한 이슈들이 어떻게 진행되고 있는가를 예의주시하고 있다. 이 정도면 국내 문화산업을 선도하는 기업으로서 게임기업의 위상을 찾을 수도 있을 것이다.[10] 그러나 국내에서 게임기업에 대해 사회적으로 호의적이지 못한 형편이다. 게임을 청소년의 오락으로만 인식하는 경우가 대부분이고, 또한 게임의 이용태도에서 발생하는 부정적인 현상으로 인해 게임기업에 대한 사회적 이미지는 부정적이다.

3. 게이머에 대한 태도

한 방송 대담 프로그램에 국내 대표적인 프로게이머가 나온 적이 있었는데, 내용 중에 출연한 프로게이머를 마치 게임중독자(게임과몰입자)로 언급한 적이 있었다. 이 방송이 나간 후에 많은 네티즌(주로 게임을 하는 청소년층이라고 추정되는)으로부터 거센 항의가 있었던 적이 있었다. 이 사례는 사회적으로 프로게이머에 대한 인식이 어느 정도인가를 간접적으로 보여준 사례라고 할 수 있다. 프로게이머는 게임대회를 하는 것을 직업으로 하는 사람이다. 그러니 당연히 연습을 위해 게임을 하는 시간이 많을 수밖에 없다. 프로야구선수를 야구중독자라고, 프로축구선수를 축구중독자로 생각하

10) "해외 가입자까지 포함하면 1,000만 가입자를 넘어선 게임은 대략 15종을 넘어서고 있다. 이 가운데 중국서 히트한 토종 게임 '미르의 전설'은 가입자만 2억 명에 달한다. 이 게임을 포함해 우리나라 인구보다 많은 가입자를 거느린 토종 온라인게임만 8종에 달한다"(디지털타임즈, 2007. 1. 9.).

거나 부르지 않는다. 왜냐하면 그들은 야구를 하고, 축구를 하는 것이 직업이기 때문이다. 오히려 멋진 경기를 보여주기 위해 남들보다 더 많은 연습을 하는 것을 가치 있는 일이라고 여긴다. 그에 반해 프로게이머를 게임중독자로 생각하는 것은 게임에 사회적 인식의 정도를 보여주는 것이라고 할 수 있다.

4. 게임에 대한 사회적 분류

영화, 음악. 애니메이션, 만화 등 기존의 문화콘텐츠들은 문화이자 예술로서 사회적으로 인식되어 있다. 그렇다면 게임은 어떨까? 영화, 음악, 만화 등을 생산하는 일은 창작이란 용어로 표현하고, 여기에 종사하는 사람들을 문화계 인사라고 하며 예술가로 인정한다. 게임을 생산하는 일은 개발이란 용어로 표현하고, 종사자들을 개발자라는 개념으로 정리한다. 게임이 영화, 음악 등의 기존 문화콘텐츠에 비해 기술적인 요소가 생산과정에 많이 적용되지만, 시나리오를 만들어 이야기를 구성하고, 그에 맞는 다양한 캐릭터를 설정하고, 이를 구현할 수 있도록 프로그램을 적용한다. 영화의 경우에도 시나리오 만들고 이야기를 이끌어가는 캐릭터의 성격을 정하고 영상으로 옮겨서 영화를 완성한다. 최근 영화에서도 컴퓨터 그래픽 등 기술적 요소가 많이 추가되고 있다. 사실상 기존의 문화콘텐츠와 게임의 생산과정에서 장르적 특성에 따라 차이가 있기는 하지만 기본적인 틀에서는 거의 유사하다고 할 수 있지만, 기존의 문화콘텐츠는 문화·예술활동의 범주에, 게임은 상품개발의 범주에서 표현되고 있는 것이 일반적인 현상이다.

소비과정에서의 분류 또한 차이를 보이고 있다. 국민들의 문화생활에 대해 정기적인 실태조사가 있다. 또한 여가문화활동 실태조사도 있다. 이런 조사에서 사용되는 설문지를 보게 되면 국민들의 다양한 활동들이 나열되어 있고, 유사한 특성별로 몇 개로 범주화한다. 예를 들어, 문화예술활동, 스포츠활동, 취미·오락활동 등으로 분류하는 것이 그것이다. 문화예술활동과 스포츠활동은 생산과 소비, 즉 직접 하는가와 관람하는가로 다시 구분이 되기도 한다. 문화예술활동에는 영화관람, 음악감상, 콘서트 관람 등이 포함되고,

취미 · 오락활동에는 바둑, 장기, 낚시, 등산 등이 포함된다. 그리고 게임은 취미 · 오락활동에 포함되어 있다. 다시 말하면, 영화를 보러 극장에 가거나 DVD를 구매하여 집에서 보는 것 그리고 좋아하는 가요를 들으러 콘서트에 가고 CD를 사서 듣는 것은 문화예술활동이다. 한편 게임을 하려 PC방에 가거나 게임패키지를 구매해서 집에서 하거나, 또는 집에서 인터넷에 접속하여 게임을 하는 것은 취미 · 오락활동이다. 이는 게임은 오락이라는 기존의 사회적 통념이 그대로 반영된 것이라고 볼 수 있다.[11)]

5. 제 4 의 영역

게임과 관련한 주체의 영역을 구분해 본다면 게임 생산자 · 게임 이용자 · 게임 관람자로 나눌 수 있을 것이다. 기본적으로 게임과 관련한 제도는 이 세 영역 간의 관계와 균형에 의해서 만들어지는 것이 일반적이라고 할 수 있다. 그런데 국내에서 게임의 제도화에 있어서 이들 세 영역 이외의 영역이 존재하며, 그 영역이 게임산업과 게임문화의 제도화에 미치는 영향이 오히려 크게 반영되는 경향이 있다.

제4의 영역은 게임과정에 참여하기는 하는데, 게임의 놀이적 의미만의 연장선에 있는 것이 아니라 게임의 본질적 성격을 전환(왜곡)시킨다. 게임을 사행화의 도구로 이용하는 영역이다. 대표적으로 환전상, 작업장 등이 있는데, 이러한 영역에서 게임은 단지 돈벌이의 수단일 뿐이다. 사회적으로 문제제기가 대두되고 있으나, 게임 그 자체의 기본적인 속성을 이용하고 있기도 하지만 존재하고 있으나 가시적이지 않은 영역이란 이유로 인해 사실상의 관리가 용이하지 않다는 어려움이 있다. 실제 현행 게임법을 보더라도 이를 규제하기 위한 조항들이 있기는 하지만 현실적 관리규제의 대상화

11) 문화예술활동과 오락활동에서 사회적 위상의 구별을 하는 것 가체가 사실은 사회적 통념이라고 할 수 있다. 이러한 사회적 통념은 문화예술에서도 드러나는데, 고급문화예술과 대중문화예술(저급문화예술)의 구분이 그것이라고 할 수 있다. 사회가 발전하면서 이러한 구분이 점점 더 의미를 획득하고 있지 못하지만 여전히 남아 있다고 할 수 있다. 그럼에도 여기서 문화예술과 오락 사이에 구별적 위상을 전제하고 논의를 한 것은 게임에 대한 사회적 담론이 기존의 사회적 통념을 기반으로 구성되는 측면이 많기 때문이다.

는 쉽지 않다. 오히려 이들로부터 발생하게 되는 사회적 문제제기의 영향은 이들의 행위의 수단으로 이용되는 가시화되어 있는 게임 및 게임회사에 미치게 된다.

V. 문화적 소통의 필요성

게임은 새로운 산업이고, 그에 관련된 사회적 현상 역시 새로운 현상이다. 기존의 사회적 가치와 통념과는 구별되는 새로운 가치·관점·태도 등이 새로운 문화를 형성한다. 이러한 새로운 문화적 현상이 발생하는 데에는 여러 가지 원인이 있지만, 대개는 기성세대가 아닌 새로운 세대, 즉 청소년층(젊은 층)에서부터 나타나는 경향이 있다. 그리고 새로운 문화의 등장은 사회에서 주류를 구성하고 있는 기성의 가치관과 대립되거나 구별됨에 따라 주류문화로 수용되는 것이 아니라 주변 또는 하위문화로 취급되는 경향이 많다. 대개의 청소년문화가 하위문화나 일시적 유행으로 취급되는 것은 기존의 사회적 통념과 충돌하기 때문이다. 현대 한국사회의 대표적인 청소년문화활동인 게임이 사회적으로 부정적인 이미지로 인식되는 것은 바로 게임관람자들이 기대하고 있는 기존의 사회에서 요구하는 가치와 충돌이 된다고 여기기 때문이다.[12)]

사회적 제도는 사회적 환경의 조성과 그에 따른 결과(산업구조의 전환과 사회적 인식과 행동의 변화)를 가져오기 때문에 매우 중요한 영역이다. 또한

12) 게임의 가장 큰 효과라고 할 수 있는 '몰입'은 게임의 부정적 인식의 계기이기도 하고, 교육적 효과를 위해 게임을 활용해야 할 계기이기도 하다. 이러한 게임의 특성을 기반으로 교육과 결합한 것이 교육용 게임이다. 국내에서도 교육용 게임이 다수 나와 있기는 하지만 아직 기성세대에게 큰 호응을 얻고 있지는 못한 형편이다. 반면에 해외에서는 다양한 교육용 게임들이 상당한 규모의 시장을 형성하고 있다. 한편으로 게임을 하는 기본적인 틀은 주어진 문제를 해결하는 것이라는 점에서 게임을 하는 그 자체가 교육적 효과가 있을 수 있다. 이러한 게임 자체에 대한 교육적 효과에 대한 연구는 아직 많은 편은 아니기 때문에 향후 다양한 연구가 요구되는 분야이고, 참고로 국내 온라인게임이 경제교육, 정치교육에 효과가 있다는 연구가 있다(동아일보 2006. 11. 30.; 한국일보, 2007. 1. 6.).

제도화의 결과가 제도의 목적과 맞지 않고 의도하지 않은 결과를 가져올 수 있기 때문에 제도화의 과정은 다양한 층위들과 그러한 층위들 간의 관계에 대한 이해를 토대로 진행되어야 한다.

게임과 제도는 대립항이 아니라 보완적 관계가 되어야 할 것이다. 이를 위해서는 게임 그 자체의 특성처럼 각 영역들의 상호적 소통, 즉 문화적 층위에 대한 이해를 바탕으로 한 경험적 소통이 필요할 것이다. 이러한 제도화의 방향은 구현된 제도의 실질적 의미를 획득할 수 있다.

게임 정체성의 이론적 재구성

chapter 04

– '생애주기론'으로서의 게임문화 –

이 동 연*

Ⅰ. 게임을 바라보는 새로운 관점

최근 게임연구의 이론적 구성에서 가장 많이 논의되었던 담론은 '내러톨로지(narratology)'와 '루돌로지(ludology)'이다. 내러톨로지는 게임을 하나의 문화텍스트로 규정하고 텍스트를 구성하는 '서사'(물론 이때 서사는 게임 스토리텔링만이 아니라 게임의 스타일과 이미지 전체를 말한다)에 대한 분석을 중시한다. 반면 '루돌로지'는 게임 텍스트를 즐기는 이용자들의 쾌락을 중시한다. 전자는 게임텍스트의 서사와 캐릭터의 특성을 잘 이해하고 게임 이용의 특성을 잘 파악하는 것을 말한다면 후자는 게임텍스트를 자신의 세계로 전유할 수 있는 유희적 차원을 강조하는 것이다.[1] 이는 문화비평에서 오랫동안 논의되었던 '형식주의'와 '수용미학'의 대립과도 유사하다. 텍스트의 내적 구

* 한국예술종합학교 전통예술원 교수

1) David Buckingham and Andrew Burn, "Game Literacy in Theory and Practice," *Journal of Educational Multi-Media and Hypermedia*(2007) 16(3), p. 324.

조의 분석을 중시하는 '형식주의'가 내러톨로지에 가깝다면, 텍스트의 독해 과정에 참여하는 독자들의 반응을 중시하는 '수용미학'은 '루돌로지'에 가깝다. 또한 프랑스의 기호학자 롤랑 바르트(Roland Barthes)의 텍스트론을 적용하자면 작가의 서사적 완결성을 중시하는 '읽는 텍스트(readerly text)'가 내러톨로지의 관점에 있다면 독자의 독서과정의 유희를 중시하는 '쓰는 텍스트(writerly text)'는 루돌로지의 관점이라 할 수 있다.[2] 말하자면 내러톨로지는 '텍스트로'서의 게임의 서사형식에 대한 연구라면, 루돌로지는 게임을 즐기는 이용자들의 게임수행에 대한 연구이다.

그러나 내로톨로지와 루돌로지 이론은 게임 텍스트와 게임 이용자 사이의 관계에 대한 상호보완적인 영역에 대한 탐구를 충분하게 제공하지 못한다. 이 두 이론은 게임을 학술적 담론의 장으로 끌어올리는 데 기여했지만, 게임의 사회적 의미를 충분하게 해석하는 데는 부족한 점이 많다. 지금까지 게임의 사회적 의미에 대한 이론적 접근은 게임의 효용성에 대한 가치판단에 근거하여 진행되었다. 게임이 개인의 소비물만이 아니라 사회적으로 얼마나 가치가 있는가에 대한 이론적 접근들은 게임이라는 문화적 텍스트를 옹호하는 사람과 비판하는 사람들 사이의 서로 다른 입장들을 대변한다. 게임은 개인의 문화적 기호물일 뿐, 사회적 가치를 확산하는데 있어 아무런 기여를 하지 않는다는 생각과, 게임은 개인들의 다양한 문화적 라이프스타일의 일부분일 뿐 아니라 일상적 삶의 에너지를 위해 필요한 문화적 자원이라는 생각은 게임의 사회적 가치에 대한 서로 상반된 입장이다.

게임의 사회적 효용성에 대한 부정적인 인식들은 대체로 게임중독론·청소년보호론의 관점에 서 있다. 이 관점은 게임이용의 일정한 제한과 제도적 규제 강화를 주장한다. 게임중독론은 게임이용으로 인해 일상생활에 심각한 장애가 생기거나 정신적인 이상이 발생되는 임상사례들을 거론하면서 게임 소비가 사회적으로 유용하지 못하다는 것을 입증하는 것에 초점을 맞추고 있다. 청소년보호론은 청소년보호법 유해매체 금지 근거에 따라 게임

2) Roland Barthes, *S/Z*, Hill and Wang Publishers, 1975.

의 청소년 이용에 대한 일정한 규제를 주장한다. 그러나 청소년보호론의 더 중요한 목적은 게임등급에 의한 게임이용의 제한적 규제가 아니라 문화로서 게임 자체의 효용성을 부정적으로 인식하는 데 있다. 게임이 사회적 자아로 성장하는 청소년들에게 유용하지 않다는 일반적인 인식이 청소년보호론에 기저에 깔려 있는 것이다. 흥미롭게도 게임중독론과 청소년보호론은 동일한 이론적 토대를 갖고 있지 않지만, 게임을 바라보는 사회적 인식으로 인해 인과론적인 연관성을 갖고 있다.

게임의 사회적 효용성에 대한 부정적 인식 속에는 게임을 특정한 세대 문화로 제한하는 경향이 존재한다. 여기서 말하는 세대문화는 독립적인 문화 정체성을 드러내는 것이라기보다는 게임을 과도하게 소비하는 세대들의 문화로 언급된다. 게임을 세대문화로 보는 것과 세대문화의 요소로 게임문화를 보는 것은 다른 맥락을 가지고 있다. 게임에서 세대문화론은 게임을 특정한 세대의 전유물 혹은 특정한 세대가 지배하는 일시적인 기호품으로 보는 것이 우세하다. 물론 게임에서 세대문화론이 청(소)년 세대의 문화적 특이성을 분석하는 틀로 논의되는 면도 없지 않지만, 대체로 청소년보호론이나 게임중독론으로 이행하는 것을 목도하게 된다. 게임에서 청소년문화론은 다른 문화의 영역보다 훨씬 부정적인 담론으로 사용되는 것이 사실이다.

이러한 부정적인 세대문화론에 대한 대안으로 제기되는 것이 학습론이다. 게임이 단지 시간을 과도하게 소비하는 오락물이 아니라 창의적이고 유용한 놀이라는 주장들은 대게 게임의 학습론으로 모아진다. 학습론으로서 게임은 게임콘텐츠의 교육적 효용성, 기능적 가치들을 강조한다. 예컨대 게임에서 미디어교육을 강화하려거나, 게임을 통한 사회적 학습의 중요성을 강조하려는 것은 게임의 학습적 능력을 높이려는 문제의식을 갖고 있다. 그러나 이러한 게임학습론은 그 자체로 완결된 문화적 의미를 갖기보다는 게임중독론이나 청소년보호론의 부정적 인식들을 방어하기 위한 방법으로 활용된다는 점을 간과할 수가 없다. 교육용게임이나 기능성 게임의 개발 혹은 게임의 효과적인 이용방법의 학습과 같은 실천들은 유희적 놀이로서의 게임 자체의 속성에 기반하기보다는 게임 콘텐츠에 가해지는 사회적 비난을 잠재우기 위한 알리바이로 사용되는 경우가 있다.

게임의 세대론과 학습론은 그런 점에서 양면적이고 이항대립적이다. 이러한 이분법은 게임의 정체성을 이론적으로 구성하는 과정에서 정작 중요한 세대문화의 문제와 사회적 평생학습의 문제들을 부분적으로, 제한적으로 보게 하는 원인이 된다. 사실 게임의 정체성 형성에서 세대문화와 학습문화는 대단히 주요한 요소들이다. 그렇다면 이분법을 넘어서는 새로운 세대문화, 학습문화의 관점들은 어떻게 구성될 수 있을까? 이 글은 게임이론의 메타적 재구성을 위한 시도로 게임의 정체성에 대한 이분법을 넘어서는 대안으로 '생애주기론(life-cycle theory)'으로서 게임이론을 제안하고자 한다. 이 글은 '생애주기론'으로서의 게임이론을 재구성하는 시론적 성격에 해당되며 이에 대한 좀더 구체적인 연구는 다음 기회에 미루고자 한다. 따라서 이번 글에서는 '생애주기론'으로서의 게임이론을 바라보는 기본적인 문제의식과 생애주기론적 관점으로서 게임을 바라보는 몇 가지 이론적 쟁점들에 대해서 간략하게 정리하고자 한다.

Ⅱ. 생애주기론과 게임

생애주기론은 경제, 사회, 교육이론에서 다양하게 활용되고 있다. 경제영역에서는 주로 이탈리아계 미국인 경제학자인 모딜리아니(Franco Modigliani)가 '생애주기 가설'을 주창하여 개인이 전 생애에 걸쳐서 소득과 저축을 어떻게 조절하는가를 분석하였는데, 이후에 이 이론은 개인의 연금정책에 영향을 미쳤다. 또한 '제품 생애주기론(product life cycle)'은 하나의 제품의 기획에서 성장, 폐기까지 어떤 과정을 거치는가에 대한 단계별 흐름을 정리하고 있다. 사회이론으로는 벨기에 출신의 발달심리학자인 에릭 에릭슨(Erik Erikson)의 '생애주기론'이 대표적이다. 에릭슨의 이론이 특별한 것은 프로이트가 인간의 심리적·성적 발달을 5단계로 구분한 것을 8단계로 구분했다는 데 있다. 에릭슨은 인간이 태어나면서 죽기까지 전체 생애를 8단계로 구분하는데, 태아기, 영아기, 유아기, 아동전기, 아동기, 청소년기, 성인초기, 중년기, 노년기이다. 그는 프로이트의 구순기에서 청년기 사이의 단계를 세분해서 3단계를 더 추가했는데, 이러한 구분의 기저에는 자아심리학 이론을 구체화하려는 에릭슨의 목적이 숨어 있다. 그의 자아심리학은 자아(ego)가 이드(id)의 종속물이 아닌 그 자체의 독립적인 정체성을 갖고 있음을 강조한다. 에릭슨에 따르면, 아이들의 생활환경에서 결정적인 것은 자기 각성이다. 자기 각성은 개인의 자아 정체성을 확립하기 위해 성장과 적응이라는 자원을 제공한다. 이 이론이 이후에 생애주기론으로 발전하는 기본 바탕이 되고 있다.

에릭슨의 생애주기론에서 주목할 점은 자아라는 것은 태어날 때부터 존재하는 것이고 행동도 전적으로 방어적이지 않다는 사실인데, 이는 행동의 광범위한 문화적 영향을 인식하고 있음을 보여준다. 그는 발전의 단계들은 몸(생물학적)과 마음(심리학적)과 문화적 영향(에토스적)과의 상호작용에 의해 결정된다고 보고 있다. 에릭슨의 자아발달의 8단계[3]를 정리하면 다음과 같다.

표 4-1 에릭슨의 자아발달 8단계

단 계	연 령	성 향	특 징
영아기	출생~18개월	신뢰 대 불신 충동과 희망	아이에 대한 어머니의 긍정적 사랑 시각적 접촉의 중요성
유아기	18개월~3세	자율 대 수치 자기조절, 용기, 의지	몸에 대한 자기조절능력, 새로운 기술을 습득
아동전기	3~5세	주도권 대 죄책감 의도	어른들에 대한 모방, 상황놀이에 있어 주도권 "왜"라는 질문
아동기	6~12세	근면함 대 열등감 방법과 능력	새로운 기술과 지식의 학습, 창의, 학습능력의 시기/학교와 이웃의 중

3) Erik Erikson, *Identity and Life Cycle*, W.W. Norton & Co., 1994. 참고. 이후로는 이 책의 내용들을 개괄 요약한다.

			요성
청소년기	12~18세	정체성 대 역할 혼란 헌신과 충성	사회적 상호작용과의 투쟁, 도덕적 쟁점과의 분투
성인 초기	18~35세	결속감 대 고립 결연과 사랑	성인으로 진입하는 초기단계 만족스러운 관계를 찾기 위해 노력
중년기	35~55세 혹은 65세	생산성 대 침체 생산과 보호	문화를 지속하고 가족을 통해 문화의 가치를 전수. 더 낳은 사회를 위해 기여
장년기	55~65세~ 사망	위엄 대 절망 지혜	인생의 의미와 삶의 기여를 인식하는 지혜

에릭슨의 연구는 개인들이 긴장관계에 있는 각각의 구체적인 생애-단계에 있어 세대별 성향의 양극단을 제어하는 방법을 배워야 함을 제안하고 있다. 생애단계의 도전에서 세대별 성향의 양 극단이 이해되고 용인될 때만, 최상의 덕이 얻어실 수 있다. 그러므로 신뢰와 불신은 실제 희망이 실현가능한 해결로 등장할 수 있도록 이해되고 용인되어야 한다. 마찬가지로 위엄과 절망도 마찬가지 이유로 인해서 둘 다 이해되고 용인되어야 한다.

에릭슨의 생애주기론은 교육학뿐 아니라 사회복지학, 신학 등에 개인의 정체성 연구와 인간관리 차원에서 응용되고 있다. 에릭슨의 생애주기론을 게임의 정체성 이론과 접목하는 것이 쉽지는 않은 작업이지만, 게임을 개인의 삶의 전체 과정에서 이해할 때 우리가 주목해 봐야 하는 지점들을 시사해 주고 있다. 그것은 대체로 3가지 특성을 가지고 있다. 첫째, 에릭슨의 생애주기론의 특성들은 인간의 정체성 발달을 단계적으로 설명하고 있고, 둘째, 각 단계별로 개인의 정체성을 형성하는 긍정성과 부정성을 정의하고 그 양 극단을 해소할 수 있는 대안적 개념을 제시하고 있으며, 셋째, 이러한 양 극단의 공존을 인정하면서 개인들의 성장을 통해서 해결할 수 있다는 점이다.

먼저 단계별 정체성의 형성은 각 단계별로 특징적인 성향을 보여주지만, 이러한 특성들은 상호 보완적이다. 특정한 시기의 부정적인 성향을 극복하기 위해서 이전 단계나 다음 단계에 대한 긍정적인 힘을 성찰하고 학습한다. 게임을 이용하는 특정한 세대의 문화적 성향들도 특정한 시기에만 분리해서 보면, 그것이 전체 삶을 규정하는 것처럼 보이지만, 각 단계별 정체성 형성이 상호 보완적이기 때문에 자기조절의 능력을 배울 수 있다. 가령 청소년기의 게임이용의 강렬한 욕구들은 다음 단계 혹은 다다음 단계의 정체성 형성과정에서 상호 작용적인 관계에 의해서 조절이 가능하다. 청소년기의 특성은 정체성 형성과 사회적 역할에 대한 혼란을 경험하는 시기이지만, 반대로 자신들이 좋아하는 영역에 대해서는 '헌신과 충성'을 하게 된다. 청소년들에게 게임은 이 시기의 특성만을 놓고 보면 정서적으로 몰입하는 상황을 경험하지만, 시간이 지나면 새로운 특성에 대한 선호로 이동하기 때문에 게임의 몰입 역시 다른 단계로의 이행에 있어서 상호보완적이다.

두 번째, 각 단계의 세대별 특성을 규정하는 긍정적인 측면과 부정적인 측면들이 존재하는데 에릭슨의 주장에 따르면 교육의 목적은 긍정적인 요소를 극대화하고 부정적인 요소를 제거하는 데 있는 것이 아니라 그것의 적절한 비율과 자아의 능동적 발전을 위한 양자의 영향관계에 있다. 가령 게임을 본격적으로 이용하는 단계는 에릭슨의 구분에 의하면 4단계 아동기부터인데, 아동기에서 청소년기 그리고 성인초기의 긍정성과 부정성의 요소들은 '근면함 대 열등감', '정체성 대 역할혼란', '결속감 대 고립'으로 정의할 수 있다. 각 세대들의 자아는 이러한 상반된 특성에 따라 다른 가치와 의미를 가질 수 있기 때문에, 게임 이용 자체를 모두 부정적인 특성으로만 정의해서는 안 된다. 오히려 에릭슨이 언급하고 있듯이, 각각의 세대들의 상반된 자아가 조절되는 방향, 즉 '방법과 능력', '헌신과 충성', '결연과 사랑'의 대안적인 성향을 통해 각각의 극단들이 해소될 수 있는 방안을 강구해야 한다.

세 번째, 이러한 단계들의 특성들이 후천적인 학습을 통해 순환적 과정으로 연결되어 있다는 점이다. 에릭슨은 인간 내면의 고상함, 저급함, 성숙함이 유아적인 것으로부터 출발하고 그것으로부터 분리될 수 없듯이, 함께 존재한다고 본다. 즉 게임의 이용에 대한 가치판단은 이러한 이중적인 의미의 공존 속에서 논의되어야 하며, 게임을 이용하는 세대에 대한 가치판단

역시 성숙함과 유치함의 공존 속에서 이해되어야 한다. 세대의 문화적 특성은 성숙함과 유치함의 공존 속에서 형성된다고 본다면, 생애주기적 관점에서 보는 게임이용은 '성숙함'과 '유치함'에 대해 새로운 의미부여가 필요하다. 가령 청소년들이 게임을 즐기는 것을 성숙하지 못하거나, 장년들이 게임을 즐기는 것을 대해 유치하다고 보는 것은 생애주기적 관점에서 보면 지나치게 단정적으로 생각하는 것이다.

에릭슨의 자아정체성의 단계론은 결국 각각의 단계들이 다른 특이성을 가지고 있으면서도 상호보완적이고 순환적이라는 점을 강조한다. 이는 자아의 정체성이 타고난 생물학적·유전적·지리적 요인에 의해 결정되는 것이 아니라 생애주기 전체의 변화과정 속에서 형성된다는 점을 주장하는 것이다. 따라서 에릭슨의 생애주기론 관점에서 보면 게임이 자아의 정체성 형성에 있어 어떤 의미가 있는가를 고찰하는 것이 중요한 문제의식이다. 이 문제의식을 구체화할 수 있는 것이 생애주기론이며, 생애주기론은 게임에 대한 상호작용적이고 순환적이며 갈등해소적인 관점을 제공해준다. 그의 이론을 게임 정제성에 적용하면, 특정한 단계에서 게임의 이용은 그 자체로 긍정성과 부정성을 동시에 포함하며 각 단계의 상호작용적인 영향에 의해서 가지 조절적 능력을 갖고 있다는 전체적인 관점에서 볼 필요가 있는 것이다. 따라서 특정한 세대에게 게임은 긍정적이고 다른 세대에게는 부정적이라는 판단보다는 게임이 생애주기적 관점에서 개인들의 정체성 형성에 어떤 특성을 갖고 있는지를 복합적으로 사고하는 관점이 중요하다.

Ⅲ. 생애주기론으로서 게임이론의 구성

생애주기론으로서 게임이론은 앞서 언급한 학습론의 두 번째 의견과 유사한 점이 있다. 생애주기론은 게임의 사회교육적인 가치에 대해 강조하기 때문이다. 평생학습이라는 교육적 목적은 생애주기의 관점과 연관성이 많다.

평생학습의 가장 중요한 목적이 인간이 살아 있는 전생애에 걸쳐서 교육이 필요하다는 점을 강조하는 것이기 때문이다. 따라서 게임을 평생학습의 관점에서 접근한다면 게임은 그 자체로 생애주기를 위한 놀이로 의무부여할 수 있다. 그러나 생애주기론으로서의 게임이론이 학습론으로서 게임이론과 다른 점은 게임을 단지 교육의 수단을 보지 않고 개인들의 자아정체성을 형성하는 생애주기 전체의 관점에서 접근한다는 점이다. 게임이론, 특히 게임을 이용하는 개인들의 문화적 정체성과 관련해서 생애주기적 관점이 어떤 특성을 가지고 있는지를 개괄하면 다음과 같다.

첫째, 게임을 생애주기적 관점에서 보는 것이 게임의 문화정체성에서 어떤 의미를 가지는가에 대한 검토이다. 먼저 중요한 것은 게임을 소비하는 특정한 세대들의 행동양식과 문화적 취향 등은 생애주기적 관점에서 보면 가변적이라는 점이다. 즉 특정한 게임에 대한 과몰입이 개인의 문화적 정체성의 모든 것을 결정하지는 않는다는 점이다. 통상 게임중독론의 입장에서는 청소년들이 특정 게임에 대해 몰입하는 것이 개인의 정체성 형성에 심각한 장애요소를 가져오는 것으로 설명하고 있다. 물론 청소년의 게임중독으로 인한 학습 능력의 감소나 대인관계의 폐쇄성을 우려할 수 있지만, '게임과몰입'의 문제를 접근하는 패러다임으로서 생애주기론은 장기적 관점에서 특정한 시기의 경향을 판단하는 장점을 가지고 있다. 즉 자아의 자기조절능력과 후천적인 인지능력의 확대를 통한 생애 전체에 대한 문화적 균형감을 제안할 수 있는 것이다.

가령 게임소비에 있어서 가장 전투적이고 헌신적인 청소년기에 게임은 자기몰입의 욕구가 강할 수밖에 없지만, 그것이 다른 외적인 요인과 요소들에 의해서 어떻게 조절가능한지를 생애주기적 관점에서 보면 새로운 관점으로 파악할 수 있다. 청소년기에 일반적으로 드러나는 특징인 '사회적 상호작용과의 투쟁, 도덕적 쟁점과의 분투'라는 성향을 통해서 청소년들은 게임을 통한 자기 도덕성의 형성과 갈등이라는 경험을 하게 된다. 말하자면 생애주기론의 관점에서 게임에 대한 과몰입 현상은 게임 자체에 근거한다는 '텍스트 결정론'과 게임 이용자의 환경에 근거한다는 '수용자론'과는 다른 입장을 가지고 있다. 게임과몰입은 개인의 자아 정체성의 형성에 있어서 특정한 단계의 특정한 현상에 속한다는 점에서 생애 전체의 틀에서 볼 필요가 있고, 그것이 다른 단계로의 이행과정을 통해서 자체적으로 자기 조율능력을 갖는다는 점을 중시한다.

둘째, 개인이 게임을 소비하는 매체가 생애주기의 단계별 특성과 어떤 연관성이 있는가에 대한 검토이다. 전생애를 거쳐 개인은 단지 하나의 게임만을 소비하지 않는다. 아동기, 청소년기, 성인초기, 성인기, 장년기에 따라서 게임을 즐기는 매체는 달라질 수밖에 없다. 물론 게임매체의 생성과 소멸은 게임 이용자들만 결정하는 것이 아니라 게임 생산자들의 게임 제작의 순환주기에 따라 달라질 수 있다. 또한 게임의 테크놀로지의 환경에 따라 게임의 매체를 가변적이다. 문제는 누구든지 평생 하나의 게임만 즐길 수 없다는 점이다. 이는 게임의 개인적 취향과 게임 트랜드와 게임 테크놀로지 환경의 변화, 그리고 게임을 소비하는 개인들의 생애주기적 특성에 따라 게임의 매체는 선택된다는 점을 강조하는 것이다. 그동안 게임 매체의 선호는 개인의 취향과 게임 테크놀로지의 변화에 의해 결정된다는 견해가 지배적이었다. 그러나 아동기에서 장년기에 이르기까지 게임을 즐기는 환경의 변화는 세대적 변별성을 고려하지 않을 수 없다. 보통 게임의 세대론은 청소년과 같은 특정 세대로만 한정하는 경우가 많은데 생애주기적 관점에서 보면 게임의 세대론은 개인이 전세대에 걸쳐서 어떻게 게임을 즐기는지에 대한 지속적인 연관성에 주목한다. 물론 변수는 있겠지만, 청소년들이 MMORPG 게임을 위시해 온라인 게임을 즐기고, 청장년세대들이 웹보드 게임을 즐기고, 장년세대들이 기능성 게임을 즐기는 것은 생애주기적 관점에서 보면 상대적인 자율성과 연관성을 갖는다. 생애주기적 관점에서 게임의 세대론을 주목하는 것이 특정 세대의 게임이용을 옹호하는 알리바이처럼 보일 수도 있지만, 다른 한편으로는 이것은 특정 세대들의 지나친 게임과몰입에 대한 '자가예방'의 효과로 볼 수 있다. 게임 취향과 선택을 전생애적 관점에서 볼 필요가 있다는 주장은 게임매체의 선택과 변화를 자연스럽게 옹호한다.

셋째, 생애주기 관점에서 게임의 세대론과 학습론을 어떻게 재구성할 것인가이다. 사실 게임에서 세대론과 학습론은 생애주기론과 대립되는 것은 아니다. 생애주기론으로서의 게임이론은 세대론과 학습론의 장점을 살리고 단점을 보완해 주는 메타이론으로서 기능한다. 그러기 위해서는 먼저 세대론에 대한 게임이론의 관습에 대한 해체가 필요하다. 서문에서도 언급했듯이 게임에서 세대론은 청소년보호론과 게임중독론이 지배적인데, 이 주장들이 이론이라기보다는 하나의 이데올로기로서 게임에 대한 특정한 편견을 드러내는 경향이 많다는 것을 주시할 필요가 있다. 물론 청소년보호론이나 게임중독론이 그 자체로 무의미한 것은 아니다. 문제는 그러한 부정적인 주장들이 세대론 일반에 적용되지 않고 제한적으로 사용되어야 하며, 게임 자체의 문화적 가치에 대한 부정으로 이어져서는 안 된다는 점이다. 청소년보호론이나 게임중독론을 일반적으로 적용하는 순간에 생애주기론으로서의 세대문화를 게임에 적용하기는 어렵다. 게임세대론은 게임을 이용하는 모든 세대들에 대한 이론적 분석과 설명, 관찰을 필요로 한다. 특정한 세대가 선호하는 게임은 어떤 것인가, 세대별 게임의 소비하는 방식과 패턴은 어떤 차이를 가지는가, 한 개인이 전생애에 걸쳐서 연령대별로 어떤 게임을 즐기나 등에 대한 연구와 분석들은 부정적인 접근으로서 게임세대론을 교정하는 데 기여한다.

게임의 학습론 역시 마찬가지이다. 생애주기적 관점에서 게임과 학습의 관계는 생애주기의 긍정성과 부정성을 보완하는 관점에서 자리매김되어야 한다. 최근 게임학습론은 두 가지 방향으로 전개되고 있다. 하나는 게임리터러시의 관점으로 게임의 매체적 속성과 활용능력, 게임의 사회적 커뮤니케이션을 이해하기 위한 교육적 필요성이다. 게임리터러시는 미디어교육의 관점에서 게임이 학교교육과 평생교육에 있어 중요한 교육내용임을 강조하고 있다. 다른 한편으로는 게임에 대한 교육이 아닌 게임 자체를 교육콘텐츠로 개발하는 것이다. 예컨대 어학이나 수학 등 아동이나 청소년들의 학습을 증진하기 위한 교육용 기능성 게임을 말한다. 일종의 광범위한 에듀테인먼트로서 게임콘텐츠는 독자적 게임시장의 범주로 분류될 수 있을 정도로 주목받고 있다. 교육용 게임, 학습용 게임이라고 불리는 게임콘텐츠들은 이미 범주화된 콘텐츠들로서 한정해서 불리고 있다. 게임이 특정한 학습효과를 위한 수단으로 활용되거나 게임의 유희적 능력에 대한 방어논리로 사용된다면 게임의 학습론의 일반적 정의해 해당된다고 보기는 어렵다. 생애주기적 관점에서 보면 게임의 학습론은 특정한 목적으로 달성하기 위한 교육적 효과를 목적으로 하기보다는 게임이 개인의 삶에서 어떤 교육적·학습적 의미를 갖는가에 대한 종합적인 성찰을 담고 있는데, 이 성찰에서 전제되어야 할 것은 게임이 그 자체로 개인의 단계별 정체성의 형성에 기여한다는 관점이다. 예컨대 청소년들이 온라인 게임을 즐기고, 장년세대들이 닌텐도 'Wii'나 보드게임을 즐기고, 사회적 소수자들이 자신들에게 필요한 학습적 게임을 즐기더라도 모두 동일한 학습적인 의미가 있는데, 그것이 '삶의 긍정성으로서 유희적 미덕'이다. 생애주기론의 관점에서 게임학습론은 게임 유희론과 별개의 것이 아니다.

마지막으로 생애주기에서 게임을 즐기는 라이프스타일이 어떤 특이성을 갖는가이다. 게임의 매체 특성 중에 가장 특별한 점은 바로 "게임은 시간을 소비한다"는 점이다. 물론 만화나 영화라는 매체도 시간을 소비하는 콘텐츠이지만, 게임은 특정한 콘텐츠에 들이는 시간이 다른 어떤 매체보다도 압도적이다. 시간을 소비하는 게임이란 생각들은 자칫 게임의 중독성, 단순 반복성을 비판하는 근거로 사용되곤 하지만, 시간을 어떤 방식으로 즐기는 가에 따라서 장기적으로 전생애적 라이프스타일을 구성하는 기본 자원이 된다. 게임의 반복에 중독성이 있는 것이 사실이고, 이것이 시간을 소비하는 것에 기반으로 하고 있는 것도 사실이지만, 반복 속에서 발견되는 '차이의 유희'는 게임의 라이프스타일을 결정하는 중요한 요소이다. 게임의 라이프스타일은 게임을 소비하는 이용자들의 생애적 특성에 따라 다양한 차이를 드러낸다. '아이온', '카트라이더', '포트리스', '고스돕', '포커', '피파온라인', '스트리트 파이터' 그리고 닌텐도 'Wii' 등 게임콘텐츠들은 게임의 매체적 특성과 이용환경에 따라 각기 상이한 라이프스타일을 가지고 있다. 이 라이프스타일은 게임을 소비하는 문화환경의 차이에서부터 심지어는 민족적, 국가적 성향의 차이에서도 다르게 드러난다. 그러나 게임콘텐츠의 라이프스타일의 생성과 소멸은 공시적인 것만이 아니라 통시적인 것에 의해서 결정되기도 하며, 테크놀로지만이 아니라 개인들의 생애주기를 통해서도 결정된다. 따라서 특정한 세대가 특정한 게임콘텐츠를 압도적으로 소비한다는 것은 게임 라이프스타일의 역사적 진화의 의미를 그대로 보여준다. 생애주기적 관점에서 보면 게임의 라이프스타일은 변하기 마련이고 그것이 일반적인 경향이다. 그리고 그것은 공시적인 관점에서 공존하면서 동시에 통시적인 관점에서 진화한다.

Ⅳ. 남은 과제들

이 글은 게임의 문화정체성을 생애주기론이라는 다소 낯선 개념으로 설명하려는 시론에 불과하다. 본 글은 에릭슨의 '생애주기론'의 관점에서 기술하였는데, 게임에 적절하게 적용가능한 이론인지에 대한 면밀한 분석을 하지 못한 잠정적인 한계를 가지고 있다. 그러나 그럼에도 불구하고 중요한 것은 게임은 분명히 모든 세대가 즐기고 있음에도 불구하고 특정한 세대로 치환하려는 편향에 대한 새로운 이론적 교정이 필요하다는 점이다. 그런 점에서 생애주기론으로서 게임의 문화정체성 이론은 의미 있는 시도라 할 수 있다. 다만 생애주기론으로 게임의 문화정체성 이론을 정교하게 분석하기 위해서는 충분히 검증 가능한 실제 사례연구가 필요하며, 문화이론적 보완이 필수적이다. 즉 생애주기론의 사회심리적인 접근법을 보완하는 방법으로 여가문화론, 일상문화론의 보완이 필요한 것이다.

게임은 여가문화에 있어서 이제는 필수불가결한 놀이가 되었다. 현재 많은 사람들이 즐기고 있는 온라인 게임은 컴퓨터만이 아니라 모바일, DMB에 이르기까지 다양한 형태로 확산되고 있다. 그러나 온라인게임은 개인들의 여가문화를 모두 포괄하지 않는다. 여가문화에서 게임은 온라인게임 이외에 보드게임, 콘솔게임, 일상적인 내기게임 등 다양한 형태로 분화되어 있다. 온라인게임은 다양한 여가문화 속의 게임 중의 하나에 불과하다. 여가문화의 관점에서 게임은 다양한 놀이 형태로 확대된다. 게임은 흉내내기, 베팅하기, 도전하기 등등의 다양한 개인들의 행위의 표현이기도 하다. 따라서 여가문화 속에 존재하는 게임들은 생애 전체의 과정에 포진되어 있다. 게임,

놀이는 개인의 전생애의 일상문화에서 빠질 수 없는 인간의 원초적인 유희적 요소들을 가지고 있다.

생애주기론으로 게임에 새로운 시각을 부여하려는 시도는 게임과 일상, 게임과 여가에 대한 통시적 접근뿐 아니라 공시적 접근도 중시한다. 게임문화는 동시대 소비여가문화가 어떤 과거의 의미를 가지고 있고, 앞으로 어떤 의미를 생산하는가에 대한 공시적 연구를 통해서 게임의 라이프스타일에 역사적 의미를 부여할 수 있다. 생애주기론 자체가 게임 라이프스타일의 역사의 의미를 부여할 수는 없지만, 게임의 자아에 대한 역사주의 연구에 있어서 하나의 단초를 제공해 준다. 아직까지의 많은 한계에도 불구하고 생애주기론으로 게임의 문화정체성을 새롭게 해석하려는 노력들은 게임의 사회적 인식에 대한 긍정적인 효과를 생산할 수 있을 것이다.

게임리터러시 교육의 필요성과 방향성 모색

chapter 05

김 양 은*

Ⅰ. 게임리터러시 교육의 필요성

1. 디지털시대의 '리터러시'

미디어교육은 영상매체(텔레비전)의 등장 이후에, 어린이와 청소년들의 텔레비전 중독 등의 사회적 역기능에 대한 사회 및 학부모들의 우려에 의해서 시작되어졌다. 영상매체가 가지는 현실모사성, 재현성, 압축성 등으로 인해서 어린이 및 청소년들이 텔레비전 속 행위를 모방한다는 것에서 제기된 교육형태이다. 실제로 미디어 교육의 필요성에 대한 논의는 '폭력성', '선정성' 등과 맥을 같이하고 있다.

따라서 초기의 미디어교육은 '보호주의'적 관점을 지향하고 있었다. 따라서 '텔레비전이용을 제한하자'는 논의에서부터 시작되었다. 이는 현재 청소년들의 게임이용과 관련된 '절제교육'이 등장하는 것과 같은 맥락이다. 청소년들의 미디어소비에 대한 제한을 요구하는 보호주의적 관점이 반영된 미

* 중앙대학교 언론학 박사, 게임물등급위원

디어교육은 '텔레비전 중독', '신체적 부작용' 등을 제기하였으며, 결과적으로 텔레비전 이용을 제한하거나, 등급제를 통한 필터링 등을 제안하는 과정을 거쳤다.

보호주의적 관점에서 미디어교육은 ① 미디어 이용에 대한 제한, ② 미디어내용에 대한 제한과 같은 타율규제적 관점을 지향하고 있으며, 어린이 및 청소년을 보호의 대상으로 바라보고 있다. 따라서 미디어교육을 통해서 '좋은 미디어, 나쁜 미디어'를 선별할 수 있는 능력을 길러주는 것이 교육의 목표로서 설정되었다.

게임을 포함한 디지털 미디어의 등장은 미디어교육의 패러다임을 '미디어리터러시' 영역으로 확장시키는 계기를 가져왔다. 과거의 보호주의적 패러다임에서 '미디어이용자'의 자율성에 기반한 자율규제능력의 향상을 위한 '미디어교육' 패러다임이 제기된 것이다.

미디어교육학자인 매스터만[1]은 1985년 자신의 저서에서 미디어교육은 환경에 따라서 변화해야만 하는 이유를 설명하고 있다.

> (1) 미디어가 사회전반에 침투해 있으며, 미디어의 소비가 급증하고 있으며, (2) 미디어의 이데올로기적 중요성 및 의식산업으로서의 영향력이 크다. (3) 정보산업이 발달하고 있다. (4) 선거와 같은 많은 민주주의의 절차에 미디어가 관여하는 정도가 커지고 있다. (5) 모든 영역에서 영상커뮤니케이션과 영상미디어의 중요성이 점점 커져가고 있다. (6) 미디어교육은 현재와는 확연히 다른 미래에 대해 학생들을 준비시키는 과정으로서 필요하다. (7) 정보의 사유화하는 경향이 증가되고 있다.

이 내용은 미디어교육은 미디어테크놀로지의 변화에 따라서 사회, 문화적인 측면에서 변화해야 한다고 강조하고 있는 것이다. 즉, 미디어교육이 미디어환경, 이용자, 미디어의 변화에 적응해야 함을 지적하고 있다. 이는 미

1) Masterman Len, *Teaching the Media*, London, New York, 1985.

디어교육이 영상언어를 읽는 것만이 아니라, 새로운 미디어에 대처하는 능력을 향상시키는 데 목표가 있다는 사실을 말해주고 있다.

"미디어교육이 왜 필요한가?"를 논의하는 데 있는 것이 아니라, "과연 미디어교육을 통해서 얻고자하는 것이 무엇인가?"에 대해서 고민해야 하는 시대로의 전환을 보여주고 있다. 이 같은 변화는 크게 2가지 방향에서 나타나는데 그 첫 번째가 언어적 관점에서의 미디어영역의 확장이며, 두 번째가 미디어를 통한 사회적 소통의 관점이다. 게임과 관련한 논의도 마찬가지로 이 2가지 영역을 함께 반영되어진 것이다.

멀티리터러시를 제시한 메이로비치[2]는 미디어리터러시를 크게 미디어언어리터러시(media language literacy), 미디어내용리터러시(media content literacy), 매체리터러시(medium literacy)의 3가지 영역으로 구분한다. 각 미디어별로 다양한 언어적 관점에서 쓰여지는 커뮤니케이션 방식의 변화를 이해하고, 나아가 이런 언어들이 만들어 내는 내용들을 비판적으로 분석해 내고 그리고 해당 미디어가 사회와의 관계 속에서 어떻게 소통하고 있는지에 대한 분석을 통해서 미디어교육에 접근하고 있다.

메이로비치의 관점은 미디어교육을 단지 언어적 차원을 넘어, 현재의 이데올로기적·정치경제적 이슈들을 해석할 수 있어야 하며, 나아가 개인이 사회와 소통하는 방법에 대해서 이해할 수 있어야 함을 강조하고 있다. 이런 관점에서 미디어교육에 대한 논의가 단지 언어적 차원에서 사회와의 소통의 문제가 제기되어짐을 발견할 수 있다.

2. 멀티리터러시로서의 게임리터러시

미디어교육은 미디어와 이용자 간의 관계를 설명하는 다양한 커뮤니케이션이론들과 연관성을 맺고 발전해 왔다.

---

2) Meyrowitz, Joshua, "Multiple media literacy," *Journal of Communication*, 48(1), 1998, pp. 96~108.

표 5-1 미디어교육의 접근방법의 3가지 분류

패러다임	대중예술적 관점	산업/기술적 관점	미디어환경론적 관점
교육 목적	보호주의/예방적 차원	개인의 자율규제능력	환경적응능력=미디어능력 (환경과의 상호작용)
미디어 정의	대중예술	미디어산업	일상 환경
요구 능력	선별적 미디어 수용 메시지 분별	적극적 미디어 수용 메시지 해독	적극적 미디어생산/ 창조 메시지 창조
교육 목표	감상능력	해독능력	생산능력
인간형	수동적 인간	능동적 인간	창조적 인간

출처: 김양은, "미디어교육의 개념변화에 대한 고찰,"「한국언론정보학보」28권, 2005, p. 86(재구성).

미디어교육의 이 같은 개념확장은 디지털미디어가 가지는 '상호작용성'에 기반하고 있다. 미디어교육은 미디어와 미디어이용자의 관계의 변화가 미디어교육에도 영향을 미친다. 보호주의 패러다임에서는 미디어이용자가 일방향적인 수용에 방점을 두고 있다면, 미디어리터러시 패러다임은 미디어이용자의 적극적인 이용에 방점을 두고 있다. 이처럼 미디어교육의 개념과 패러다임이 확장되어지는 것은 미디어이용자들이 점차 미디어현실을 단지 송신자가 구성한 대로 받아들이는 것이 아니라, 미디어이용자의 개별성에 의하여 새로운 의미로서 구성하거나, 수용하기도 한다는 데 있다. 디지털미디어의 등장은 미디어이용자의 적극적인 미디어 해독 및 수용에 매우 중요한 역할을 부여하고 있다.

디지털언어의 등장 이후 멀티리터러시에 대한 개념이 등장하는 것은 점차 의사소통의 통로가 다양화해지고, 문화적·언어적 중요성이 증가하고 있기 때문이다. 멀티리터러시란 멀티미디어의 등장과 함께 제기된 개념이다. 멀티미디어의 개념에 포함된 '미디어 간의 융합'과 디지털을 통한 '언어의 통합'은 제각기 독립적으로 나뉜 언어단위를 총체적인 인간의 커뮤니케이션

영역으로 끌어내었다. 따라서 전송수단으로서의 미디어가 아니라, 문자, 영상, 음성, 기호 등의 각각의 언어들의 활용에 대한 문제가 미디어교육의 영역으로 들어오게 된 것이다.

뉴런던그룹[3](The New London Group, 1996)은 멀티리터러시 교육은 미래사회를 능동적으로 디자인하는 '의미생산자'로서의 교육에 목표가 닿아 있다고 말하고 있다. 이들은 '미래사회를 디자인하는 멀티리터러시교육'에서는 언어적 의미, 시각적 의미, 음성적 의미, 제스처의 의미, 공간적 의미 그리고 이들의 복합적 작용으로 생산되는 멀티모드적 의미패턴 등 여섯 가지의 의미요소를 지적하고 있다. 이는 영상리터러시 등장이 가져온 리터러시 개념에서 보다 확장된, 즉 커뮤니케이션 전반에 대한 확장으로서 미디어언어의 개념을 확장시킨다.

이처럼 디지털 미디어시대의 미디어교육에서 멀티리터러시의 개념이 요구하는 것은 영상에 국한된 단일 언어를 이해하고, 해석하는 것만이 아니라 미디어를 둘러싼 인간의 문화사회적 해석에 대한 영역으로 확장되어짐을 의미하는 것이다[4](김양은, 2005; 정현선 2007). 멀티리터러시적 접근방식은 미디어교육의 궁극적 목표로서 '미디어능력'을 제기하는 데 토대가 되기도 한다.

멀티리터리시적 접근방식은 미디어를 '언어' 차원에서 인식함으로써, 다양한 미디어에 대한 이해 및 활용능력을 향상시키는 데 목표를 두고 있다. 즉, 멀티리터러시적 관점의 미디어교육을 단지 특정 미디어에 대한 이해 및 분석능력을 향상시키는 데 목표를 두는 것이 아니라, 다양한 미디어들을 모두 통합하는 인간의 본질적인 커뮤니케이션 능력의 향상으로 보고 있다. 이런 관점에서 미디어교육의 멀티리터러시적 접근방향은 2가지 차원에서 중요성을 지닌다. 첫 번째가 다양한 미디어들에 통용되는 보편타당한 언어능력의 습득의 필요성을 제기해 준다. 즉, 영상언어의 등장 이후 영상에만 치우친 교육이 아니라, 어떤 미디어의 양식이 등장하더라도, 즉 커뮤니케이션 기

3) The New Lodon Group, A Pedagogy of Multiliteracies: Designing Social Futures', *Harvard Educational Review*, 66(1), 1996, pp. 60~92.

4) 김양은, "미디어교육의 개념변화에 대한 연구," 「한국언론정보학보」 28권 1호, 2005, pp. 77~110.

술이 다양하게 변화하더라도 적용될 수 있는 보편적 양식으로서의 리터러시 교육방법론의 필요성을 제기하는 요소이다. 두 번째로, 언어차원을 넘어 사회문화와의 소통에 대한 인식의 필요성이다. 즉, 사회의 복잡성과 미디어의 다양화 그리고 미디어 생산 주체의 다원화, 형식의 융합이라는 디지털적 속성들은 결국 인간과 환경을 분리시킨다. 멀티리터러시의 관점은 '언어능력'의 획득을 통한 '현실인지능력'의 확장 그리고 획득된 다양한 언어능력을 통해서 사회와의 소통능력의 확장으로 발전되어야 함을 의미한다.

게임세대의 등장과 함께, 게임리터러시도 이런 흐름에서 생각해 볼 필요가 있다. 게임리터러시는 언어적 관점에서의 미디어리터러시의 확장과 연관지어 생각해 볼 수 있다.

그림 5-1 미디어리터러시의 확장

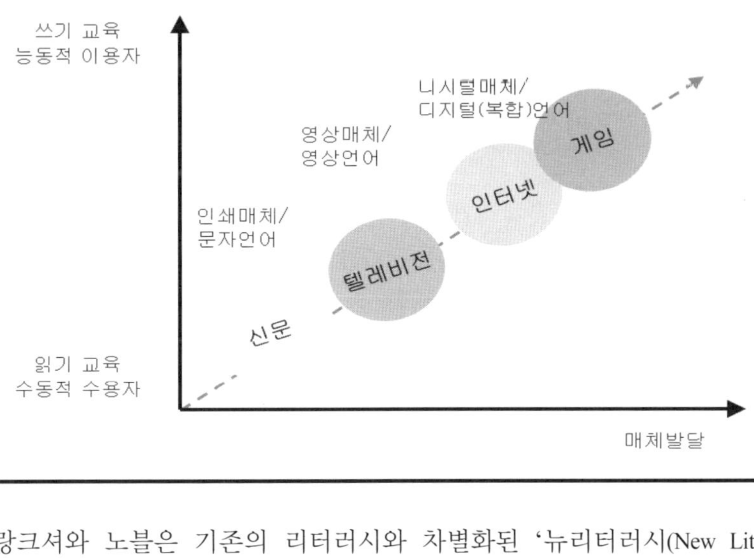

랑크셔와 노블은 기존의 리터러시와 차별화된 '뉴리터러시(New Literacy)'라는 개념을 제시하였다.[5] 뉴리터러시는 새로운 멀티텍스트를 대상으로 하기 때문에 새로운 것일 뿐만 아니라, 멀티텍스트를 둘러싼 새로운 영역, 즉

5) Lankshear, C., & Knobel, M., New literacies: changing knowledge and classroom learning. Buckingham: Open UP, 2003.

협동, 참여, 분산(dispersion), 전문영역의 분배(distributed expertise)를 반영해야 함을 주장하고 있다.

이에 반해서, 젠킨스는 맥락적으로는 연장선상에 있지만 미디어 사용 특히 청소년의 미디어환경, 즉 참여문화에 초점을 맞춘다.[6] 참여문화(participatory culture)란, 예술적 표현과 시민참여에 상대적으로 낮은 장벽을 지닌 문화이며, 자신의 창작물을 창작하고 공유하는 것을 강력히 지지하는 문화이며, 경험이 많은 사람이 자신이 아는 것을 그것을 모르는 신참자에게 비형식적으로 멘토링하는 방식의 문화를 지칭한다. 이 같은 참여문화는 본질적으로 게임이 구성하는 환경에서의 소통과 일치한다. 젠킨스가 주장하는 참여문화는 "소속(affiliations), 표현(expressions), 집단적 문제해결(collective problem-solving), 배포(circulations)"에 두고 있으며, 이를 통해서 동료들 간의 학습기회, 지적 자산에 대한 변화된 태도, 문화적 표현의 다변화, 근대적 직업세계에서 가치 부여된 능력의 변화발달, 시민성에 대해 보다 강화된 개념으로 정의하고 있다. 결과적으로 문화소비에 따른 잠재적 교육가능성을 주장하고 있는 셈이다. 젠킨스는 청소년들이 참여문화의 일원이 되고 참여문화의 수혜자가 되기 위해, 미디어교육에서 다루어야 하는 능력을 다음과 같이 정의하고 있다.

① 놀이능력(Play): 문제해결의 일환으로 자신 주변의 상황을 가지고 이런저런 실험을 해볼 수 있는 능력
② 퍼포먼스(Performance): 즉흥연기와 새로운 발견을 위해 가상의 정체성을 적용해 볼 수 있는 능력
③ 시뮬레이션(Simulation): 현실세계의 다이내믹한 모델을 해석하고 구성해 볼 수 있는 능력
④ 사용(Appropriation): 미디어콘텐츠를 의미 있게 샘플링하고 리믹스할 수 있는 능력
⑤ 집단지성(Collective intelligence): 공동목표를 이루기 위해 다른 사람

6) Jenkins, H, Confronting the Challenges of Participatory Culture: Media Education for the 21St Century. MacArthur Foundation. Retrieved 28 October 2006, from http://www.digitallearning.macfound.org/atf/cf/%7B7E45C7E0-A3E0-4B89-AC9C-E807E1B0AE4E%7D/JENKINS_WHITE_PAPER.PDF

들로부터 지식을 획득하고 서로의 지식을 비교해 보며 협력하는 능력

⑥ 범미디어 네비게이션(Transmedia Navigation): 여러 가지 모드를 통틀어 이야기의 흐름과 정보의 흐름을 따라갈 수 있는 능력

결과적으로 최근에 미디어교육과 관련한 논의의 핵심은 '리터러시능력'을 정의하는 방식에 있다고 볼 수 있다. 디지털미디어의 등장 이후 새롭게 등장한 도구적 관점의 디지털 격차에 대한 논의들을 벗어나서, 새로운 문화에 대한 향유능력과 문화적 능력 그리고 사회적 소통기술로서의 미디어리터러시를 주장하는 방향으로의 제안되고 있다. 새로운 미디어환경으로서 '게임리터러시'의 접근은 청소년문화의 이해에 기반한 "새로운 문화에 대한 향유능력 그리고 문화적 능력과 사회적 소통"에 대한 개념으로 위치지을 필요성이 있다.

기존에 제시된 미디어리터러시에서 보다 확장하여 이용자의 '능동성'을 강조하고 있으며, 시빈참여능력에 대한 기대 그리고 교육적 가치의 실현 등을 강조하고 있다. 이 경우에, 교육의 구조에서도 학교 내의 문제뿐만 아니라, 학교 밖 교육에 대한 확장이 제기된다. 특히 학교, 방과 후 프로그램, 비형식교육의 역할이 어느 때보다 중요시되며, 교사, 미디어 전문가, 부모의 역할 문제 등이 주요하게 언급되어져야 할 요소로서 평가되고 있다.

Ⅱ. 게임리터러시 영역설정

앞서 살펴본 바에 의하면, 디지털시대의 미디어교육은 '미디어능력'을 목표로 삼고 있다. 그리고 미디어능력은 단지 미디어에 대한 도구적 지식뿐만 아니라, 비평 및 성찰적 미디어활용을 담고 있다. 즉, 디지털미디어능력의 개념은 디지털미디어교육을 위한 개념으로서 디지털미디어에 대해 모든

사회구성원들이 사회비평적 분석능력과 이의 사용에 대한 윤리성을 키우고, 디지털미디어를 능동적·성찰적으로 선용하는 미디어능력이라고 정의하고 있으며, 또한 디지털미디어능력이 가지는 특수성으로서 '기술적·전자적으로 조직된 커뮤니케이션 상황의 특수화'를 고려해야 한다. 전통적인 미디어에 대한 미디어능력의 범주와 디지털미디어의 미디어능력의 범주는 커뮤니케이션 상황에 따라서 특수성을 가질 수밖에 없음을 강조하고 있다.

1. 게임에 대한 비판적 이해 및 분석

디지털게임은 굳이 3D 기술에 대한 내용을 언급하지 않더라도, 다양한 멀티미디어를 통해서 구성된다. 텔레비전 드라마를 구성하는 요소로서 동영상, 음향, 텍스트, 그래픽이 함께 구현되어지듯이, 게임도 이들 요소들이 함께 결합되어서 완성된다. 또한 롤플레잉 게임은 다양한 캐릭터와 신화에 기반한 스토리를 중심으로 구성된다. 또한 게임은 온라인게임뿐만 아니라, 플랫폼을 통해서 다양한 게임양식들이 존재하며 각기 차별화된 특성을 지닌다. 이는 플랫폼 및 장르별 게임텍스트 구성에서 차별성을 존재하게 하는 요소이다. 즉, 게임미디어는 영화나 텔레비전을 중심으로 한 미디어교육에서 주로 다루어지는 '메시지(스토리)' 및 '캐릭터' 분석이 가능한 구조를 지니고 있다. 게임의 이런 측면은 게임미디어교육에서 기존 미디어들을 중심으로 명명된 영상리터러시, 영화리터러시, 텔레비전리터러시 등과 마찬가지로 게임미디어능력을 범주화하기 개념으로 '게임리터러시'를 적용할 수 있다는 점을 말해주고 있다.[7)]

2. 상호작용적 열린 체험

온라인게임은 디지털미디어가 가지는 상호작용성을 특징으로 한다. 따라서 온라인게임은 게임캐릭터를 통해서 실제 현실과 같은 체험이 가능하

7) Buckingham, D. & Burn, A., "Game Literacy in theory and practice," *Journal of Educational Multimedia and Hypermedia*, 16(3), 2007, pp. 323~349.

며, 경제, 정치, 문화에 이르기까지 다양한 현실세계를 시뮬레이션할 수 있다는 특징을 가지고 있으며, 게임 이용자들은 게임스토리에 적극적으로 개입하여 새로운 스토리를 구성하는 것도 가능하다. 기존의 전통적인 미디어가 닫혀진 이야기를 통해서 인간과 사회를 교류하게 하였다면, 온라인게임은 게임 이용자들에 의해서 언제나 수정이 가능하며, 또한 새롭게 구성이 가능한 열려진 현실로서 인간과 사회가 교류하게 만들어주는 것이 가능한 구조를 가지고 있다.

게임미디어의 체험은 기존의 미디어들이 구성하고, 전달해 주는 스토리보다 더욱 강력한 현실감을 부여해 준다. 온라인게임의 공동체적 특성은 게임 이용자들로 하여금 게임에 대한 현실감을 강화할 뿐만 아니라 게임을 지속하게 하는 장치로 작용한다. 디지털스토리텔링의 가장 큰 특징인 '상호작용성'은 게임현실을 단지 시각적 시청의 공간에서 실제적 체험의 공간으로 변화시킨다. 이 같은 변화는 미디어교육의 필요성에 대한 논의에서 매우 중요한 의미를 지닌다.

3. 게임을 통한 소통적 차원

게임을 한다는 것은 그 자체가 리터러시의 획득과 관련이 있다. 미디어교육의 개념은 '미디어분석', '미디어생산' 능력을 함양시키는 데도 목표가 있지만, 이를 통해서 '미디어를 통한 자아표현', 즉 '정체성 표현'을 또 다른 차원의 목표로 두고 있다. 이런 차원에서 볼 때, 게임에서의 캐릭터를 통한 롤플레잉은 그 자체가 '새로운 정체성'의 탐험에 포함되어진다. '게임에서 엘프 혹은 영웅이 된다는 것'은 이들이 가진 캐릭터의 특성을 체험한다는 것이며, 이는 가상현실을 통한 사회성의 체험과도 관련이 있는 것이다. 게임의 다양한 플랫폼 중에서 특히 온라인게임은 게임행위를 통해서 현실의 체험 및 구성이 가능한 상호작용성을 지니고 있다. 이는 기존의 다른 미디어들이 제공하지 못했던 보다 적극적인 차원에서의 사회화 도구가 되기도 한다. 이런 점에서 게임미디어교육은 인간과 사회의 교류라는 점에서 주요한 미디어교육의 대상이 될 수 있는 것이다.

본질적으로 미디어 이용자들은 미디어 시청을 통해서 개인경험에 기반한 현실을 재현시키는 것이 아니라, 사회·문화의 약호를 통해서 도상화된 현실을 실제현실로 받아들인다. 특히, 정체성이 확립되지 않은 청소년들은 미디어 가상세계를 실제 현실의 모델로 삼음으로써 정체성 탐색의 가장 일차적 도구로 사용하는 것이 가능하다. 게임의 시뮬레이션적 체험은 기존의 전통적인 미디어가 제공해 주는 간접체험보다 더욱 강력한 모델링과 정체성 탐험의 도구가 된다.

4. 문화 생산자로서의 창의적 체험

게임은 다양한 경험을 전제로 한다. 특히 역할놀이(role-playing)는 그 자체가 참여이다. 특히 온라인게임에서의 캐릭터를 통한 역할놀이는 '집단지성(collective intelligence)'의 사례이기도 하다. 게임의 역할놀이를 통한 생산적 체험은 '게임서사의 새로운 의미구성'뿐만 아니라, 사회현실과 문화환경 등에 대한 소통으로서의 의미도 지니고 있다. 또한 이를 넘어서, 게임을 제작하고 시뮬레이션하는 과정은 그 자체가 새로운 사회를 구성하고(규칙을 구성하기 등), 유지하는 과정에 대한 체험이며 또한 새로운 이야기와 놀이를 만들어내는 창의적 생산의 체험이다.

번과 듀란이 행한 게임리터러시교육 사례는 게임을 학교수업을 실행하면서 개념화한 '게임리터러시'의 구성요소들을 다음과 같이 정리한다.[8)]

(1) 문화적 경험: 게임이나 다른 미디어텍스트들을 향유한 경험에 바탕을 둔다
(2) 비판적 이해: 게임이 가지는 사회적인 의미에 대해 생각해 보고, 게임이 어떻게 생산되고 소비되는지에 대해 생각해 본다
(3) 기능적 리터러시: 게임을 함에 있어 어려움이 없고, 게임을 제작하는 데 사용된 소프트웨어 역시 잘 사용할 수 있어야 한다

---

8) Burn, A. N., & Durran, J., Media literacy in schools: practice, production and progression. London: Paul Chapman, 2007.

(4) 게임 텍스트에 특수하게 적용되는 핵심 개념들에 관한 이해: 게임 내 규칙의 경제적 의미, (주인공, 미션, 갈등 등) 게임 네러티브 구성의 원칙, 이러한 요소들이 어떻게 게임의 문법을 구성하는 데 기여하는지

(5) 멀티모덜/멀티 리터러시: 비주얼 디자인, 사운드/음악/대사 등을 사용한 다양한 장르를 이용한 쓰기활동

(6) 창의성: 기호학적 자원(실제 음성, 색 등의 자원뿐만 아니라 기존에 게임을 했던 기억/경험 등도 해당)들을 조작하고 변형시키는 과정

(7) 기타 리터러시: 프로포절, 보도자료, 평가자료 등을 쓰는 주로 작문의 과정에서 습득되는 리터러시

Ⅲ. 게임리터러시 교육의 목표 및 방향

게임에서는 주어진 문제인 '퀘스트(quest)'를 수행하는 인물과 그 인물의 행동을 바라보는 주체가 게이머 자신이 되는 것이다. 따라서 게임 속 인물이 수행하는 행위나 동기가 분명하지 않은 폭력적 행위일 경우, 그러한 행위의 경험의 가치에 대한 문제제기가 생겨날 수밖에 없는 것이다. 이와 관련하여 유현주는 미디어의 표면이 아니라 그 속에서 일어나고 있는 일들을 꿰뚫어보는 시선을 연마하는 일이 진정한 미디어능력이라고 하면서, 수용자 스스로 의미를 생성할 수 있는 현실과 가상현실 간의 '사이 공간'을 만들어내는 일을 디지털미디어에 제기되는 미학적 과제라고 주장한다. 실제 게임 자체를 즐기는 과정에서 얻어지는 교육적 가치들은 앞서 살펴보았듯이 매우 다양하다. 하지만 실제로 모든 게임 이용자들이 게임이 부여해 주는 '리터러시'능력을 획득할 수 있느냐는 또 다른 문제이다. 이 같은 문제는 단지 청소년들에게만 국한되는 것은 아니다. 오히려 청소년뿐만 아니라 기성세대들에게도 동일한 문화 및 세대격차로서 존재하는 영역이다.

이런 관점에서 게임리터러시는 철저하게 게임내부로의 탐험을 통해서 교육내용이 설계되어져야 한다. 특히, 게임 내에서 발생하는 다양한 상황과 교육적 가능성들을 성찰시키고, 활용하고, 향유할 수 있는 문화적 능력의 함양은 게임리터러시에서 매우 중요한 요소이다.

이런 관점에서 게임리터러시 교육의 목표는 크게 다음의 5가지로 구성할 수 있다.

1. 문화적 소양으로서 게임리터러시의 함양

(1) 놀이문화로서의 게임 인식

게임을 놀이문화적 관점에서 이해시키는 놀이문화의 하나로서 게임을 인식시켜야 한다. 특히 게임이 게임세대의 문화로서 성장하고 있음에도 불구하고, 게임에 대한 사회적 역기능에 대한 사회적 담론이 팽배해 있음으로 인해서 게임세대조차도 게임을 문화로 인식하지 못하고 있다. 따라서 게임을 문화로서 인식하고, 이해할 수 있는 문화적 소양을 갖추도록 게임리터러시 교육은 구성되어져야 한다.

(2) 세대 간 기술격차 & 문화갈등 해소

게임은 디지털 격차와 마찬가지로 세대 간 기술격차, 세대 간 문화격차를 낳음으로써 사회적 갈등요인으로 등장하고 있다. 이런 관점에서 세대 간의 기술 및 문화격차 해소를 위한 내용이 게임리터러시 교육안에 구성되어져야한다.

이를 위해서 기성세대와 청소년 간의 게임에 대한 이해, 게임문화에 대한 이해를 상호 간에 소통할 수 있는 교육활동, 교육내용 등으로 구성할 필요성이 있다. 이 경우에 학교교육에서의 게임리터러시 교육이 아니라, 학교 밖에서의 다양한 게임리터러시 교육을 상정해 볼 수 있다. 특히 부모와의 연계를 통한 게임리터러시 교육은 게임을 통한 세대 간 격차 및 갈등을 해소하는 데 매우 중요한 요소이다.

미디어교육에서 언급하는 중요한 요소 중의 하나는 미디어를 수용하는 환경적 요인이다. 이런 점에서 게임이 이루어지는 공간적 환경으로서 가정, 게임행위에 미치는 심리적 환경으로서 부모와의 관계 등은 게임리터러시 교육에 밀접한 관련성을 가지고 있다. 따라서 학교교육에서도 기성세대(혹은 부모)들과의 놀이문화의 경험을 공유하거나, 기성세대와 청소년들이 그들의 놀이문화를 상호 이해할 수 있는 내용이 구성되어져야 할 것으로 보인다.

2. 창의적 능력향상을 위한 게임리터러시의 함양

(1) 게임행위에 대한 창의적 이해

게임을 플레이하는 것은 행위 자체로서 창의적 능력의 향상을 가져다준다. 하지만 이러한 창의적 능력향상을 위한 게임리터러시 교육을 위해서는 게임에 필요한 다양한 도구적 능력과 이를 전략적으로 사용할 수 있는 능력 그리고 디지털 사고방법 등이 고려되어져야 한다.

게임리터러시를 통한 창의적 능력향상은 게임에 대한 다양한 상황들에 대한 다양한 해결방법을 시뮬레이션하는 과정이다. 그리고 게임진행에 영향을 미치는 다양한 정보를 수집 및 분석하고 전략을 수립하는 과정을 동반한다. 이 같은 게임의 시뮬레이션 과정을 게임리터러시 교육에서는 다양한 활동과 체험으로 구성되어져야 한다.

게임을 시뮬레이션하는 과정은 '게임을 플레이한다'는 행위로서 구현될 수도 있지만, 실제로 게임하는 과정에 사고하는 방법, 정보를 수집하고 배치하는 방법 등에 대한 이해를 요구한다. 게임리터러시 교육은 게임규칙, 게임스토리, 게임체험 등을 통해서 창의적 능력을 향상시키기 위한 교육적 내용을 포함하도록 구성되어져야 한다.

(2) 게임제작을 통한 콘텐츠 생산능력 함양

게임리터러시 교육에서 무엇보다 중요한 영역은 '게임제작'과 관련된 요소이다. 게임제작은 게임리터러시를 구현할 수 있는 가장 대표적인 방법이다. 미디어교육에서 제작은 미디어감상, 미디어분석, 미디어지식이 총체적으로 구현되는 상호 체험적 수업방식이다. '게임제작'과정을 체험해 봄으로써 게임산업, 게임스토리, 게임기획, 게임홍보 등의 다양한 과정을 경험하고, 이를 토대로 게임을 성찰적으로 인식하기 위한 과정이다. 게임을 제작하는 과정에서 기존게임과는 다른 다양하고 새로운 이야기, 캐릭터, 현실을 구성함으로써 창의력을 구현할 수 있도록 구성되어져야 할 것으로 보인다.

3. 안전한 게임 이용을 위한 향유능력 함양

(1) 중독예방교육으로서의 가능성

게임중독은 게임의 과도한 몰입에 의해서 발생한다. 게임의 몰입적 요소는 '재미'를 통한 스트레스 해소, '동기부여'를 통한 교육적 가치 등을 구성하는 요소이기도 하지만, 반대로 중독을 낳는 사회 역기능적을 발생시키는 요소가 되기도 한다.

이런 관점에서 '게임의 몰입'에 관한 이해를 돕는 내용이 구성되어야 한다. 실제로 게임을 놀이문화로서 이해하고, 게임스토리를 이해하고, 게임을 수행하고, 체험하는 과정을 통해서 게임에 관한 성찰적 능력은 함양되어진다. 따라서 게임리터러시 교육을 통해서 게임과몰입의 발생하는 게임중독에 대한 치료차원의 교육이 아닌 예방차원의 대안적 교육의 가능성을 발견할 수 있다.

(2) 안전한 게임이용을 위한 선별능력 함양

이런 관점에서 볼 때, 게임이용자들이 스스로 게임을 안전하게 사용하기위한 방법에 대한 인지 그리고 이를 실행할 수 있는 선별능력의 함양은 게임리터러시 교육에서 제시되어야 할 요소이다.

게임리터러시 교육에서 게임 이용자들의 게임이용행태에 대한 성찰과 실천은 중요한 영역이다. 게임의 문화적 소양을 함양시키기 위한 '놀이문화로서의 인식'을 바탕으로 게임 이용자들이 자신의 게임이용을 돌아보고, 안전한 놀이문화로 게임을 즐길 수 있는 방법을 찾아내도록 게임리터러시 교육은 구성되어져야 한다.

이를 위해서 게임리터러시 교육에는 게임산업 및 제도적으로 제시된 다양한 보호 및 안전장치들의 이해, 게임을 통해서 발생할 수 있는 사건 및 사고에 대한 대처 지식(능력), 자신에게 맞는 게임의 선택(선별) 능력 등을 고취시킬 수 있는 활동 및 주제들이 교육내용안에 구성되어져야 한다.

제2부
게임산업의 현황 과제

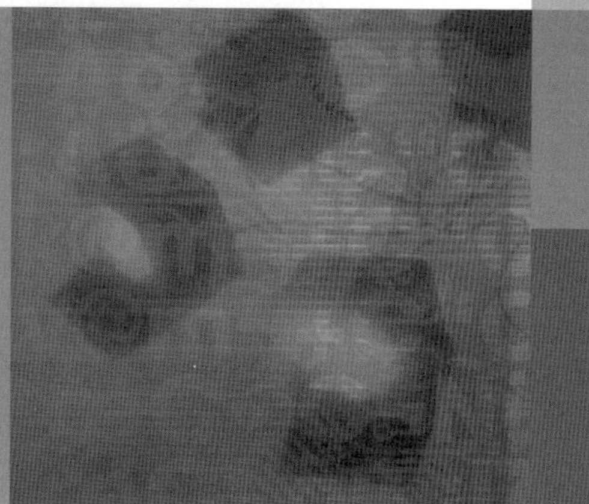

온라인게임 등급분류의 추세 및 현안

chapter 06

박 태 순*

Ⅰ. 들어가며

게임에 대한 등급분류 혹은 심의는 세계적으로 일찍부터 있어 왔다. 특히 게임산업이 이르게 발전했던 미국이나 일본에서는 상당히 오래 전에 등급분류제도가 생겼으며, 유럽에서도 각 국가별로 등급분류를 시행했었다. 우리나라도 1996년경을 기점으로 공식적으로 게임에 대한 등급분류가 시작되었다.

우리나라의 등급분류는 기본적으로 외국산 게임의 범람에 따른 우려 때문에 생겼다. 1996년경이면 우리나라에는 게임산업이라고 할 만한 것이 없었거나, 있었더라도 매우 적은 규모의 그것이었다. 따라서 미국이나 일본에서 수입되는 PC패키지 게임이 등급분류 대상의 주종을 이루었다. 우리와는 문화적으로 차이가 있는 국가들의 게임이 들어오면서 폭력성이나 선정성의 문제가 우려되었기에 별다른 산업적 기반이 없는데도 등급분류제도가 생겨난 것이었다.

* 연세대학교 커뮤니케이션연구소 연구위원, 게임물등급위원

하지만 90년대 후반과 2000년대 초반으로 들어서면서 등급분류를 둘러싼 환경이 상당히 바뀌게 된다. 곧 우리나라의 온라인, 모바일게임이 급성장을 하면서 이들 게임에 대한 등급분류가 많은 비중을 차지하게 된 것이다. 이후 우리나라는 온라인과 모바일게임의 세계적 추세를 선도하며 지속적인 성장을 하고 현재에 이르고 있다.

이들 게임들의 비중이 높아진 것은 등급분류와 관련하여 몇 가지 복잡한 문제들을 제기한다. 그것은 이들 플랫폼들이 높은 수준의 이용자 간 상호작용성을 지닌다는 점과 빠른 속도의 기술변화와 개선을 이루고 있다는 점에서 그러하다. 이제는 다소 진부한 문제가 된 이용자 간의 PK문제가 등급분류에서 커다란 이슈가 된 적이 있었다. 또 부분유료화 모델의 이용요금 한도도 문제가 된 적이 있었다. 이러한 문제들은 이전의 PC패키지 게임이나 비디오게임에서는 찾아보기 힘든 문제들이었다. 새로이 등장한 플랫폼은 이전의 전통적인 플랫폼들과는 달리 지속적으로 진화하면서 동시에 지속적인 등급분상의 이슈들을 만들어 왔다.

이들 플랫폼들이 가장 발달한 나라가 우리이다 보니 우리나라가 이들과 관련한 이슈들도 세계적으로 가장 먼저 활발하게 다루어지는 경우가 많다. 물론 이러한 이슈들 중에서 몇몇 경우는 과도한 게임에 대한 우려나 혹은 게임에 대한 몰이해에 기반한 경우도 있기는 했지만, 많은 경우는 불가피하게 사회적 논의를 거쳐야 하는 이슈들이기도 하였다.

이러한 이슈들은 현재도 진행 중이다. 즉 온라인, 모바일게임들은 현재도 지속적으로 새로운 기술을 통해 새로운 콘텐츠와 새로운 비즈니스 모델을 창출해 내고 있다. 물론 비즈니스 모델이라면 등급분류의 대상이 되지 않아야 함이 원칙이다. 하지만 사행성이라는 분야와 맞닿게 되면 이러한 원칙도 우리나라의 특수한 상황에서는 힘을 못쓰게 될 뿐더러, 또한 비즈니스 모델과 콘텐츠의 명확한 구분이 어려워지는 경우들이 많다는 점도 비즈니스 모델의 성역화를 어렵게 하고 있다.

우리나라에서만 볼 수 있었던 이들 이슈들은 이제는 다른 국가에서도 심심찮게 찾아볼 수 있는 것이 되었다. 온라인과 모바일 플랫폼이 점차 다른 국가에서도 발전하면서 우리의 뒤를 쫓고 있다고도 볼 수 있을 것이다.

이러한 기술발전에 수반한 등급분류 이슈의 등장, 그 뒤를 이은 다른 국가들에서의 유사한 사례 발생은 당분간은 지속될 것으로 전망된다. 본고에서 관심을 갖는 것은 바로 이러한 현상이다. 즉 우리나라에서 먼저 발생하고는 있지만 외국에서도 다소 발생하고 있거나 곧 발생할 것이 예상되는 등급분류와 관련한 이슈들에 관심을 갖는 것이다. 이러한 관심은 향후 세계 게임산업을 선도해야 할 우리나라에서는 산업적으로나 정책적으로나 중요한 함의를 지닌다. 게임에 대한 부정적 인식을 극복하고 건강한 문화와 같이 성장하는 게임산업을 만들어 나가기 위해서는 게임과 관련한 새로운 이슈들의 추세를 점검하고 이에 대한 대안을 모색해 보는 것이 중요할 것이기 때문이다.

본고에서는 현재 크게 두 가지 이슈와 관련하여 점검해 보고자 한다. 하나는 다양한 새로운 플랫폼의 등장이라는 문제이다. 이는 최근에는 앱스토어로 통칭되는 오픈마켓플랫폼의 문제로 크게 논란이 된 적도 있다. 다른 하나는 다양한 플랫폼에서 등장하고 있는 사행성의 문제이다. 사행성과 우연성의 경계는 최근 비즈니스 모델과 연계되면서 더욱 많은 논란을 야기하고 있다.

Ⅱ. 플랫폼의 다양화와 심의사례 급증

2000년대 초반까지만 해도 온라인, 모바일게임에 대한 등급분류를 시행하던 국가는 거의 우리가 유일한 편이었다. 하지만 2000년대 중반으로 들어오면서 미국과 유럽에서 온라인게임에 대한 심의 사례가 보이더니 이제는 상당히 많은 수의 사례를 찾아볼 수 있다. 모바일게임은 더한 편이어서 우리나라 외에서는 심의를 한 사례를 찾아볼 수 없었다. 하지만 이 역시 이제는 미국, 유럽 등에서 심심찮게 사례가 보여지며 점차 일반화되는 추세를 보여준다. 미국에서는 현재까지 총 72건의 모바일폰 심의사례가 보여지며, 유럽에서는 총 86건의 노키아폰에 대한 심의사례가 보여진다.

그림 6-1 미국 ESRB의 모바일폰 심의사례

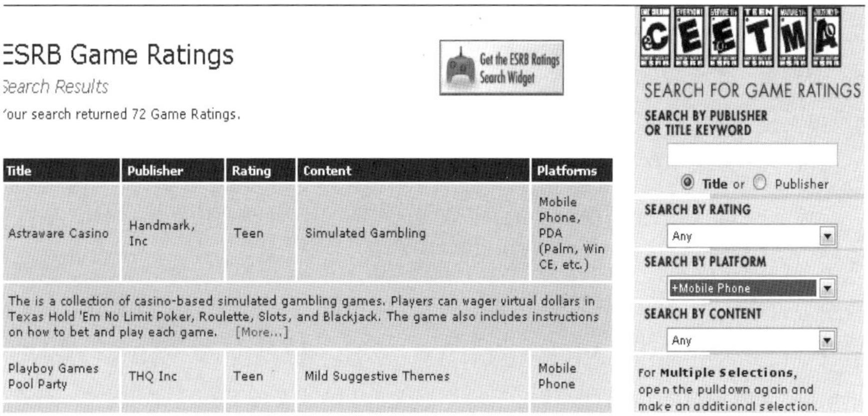

그림 6-2 유럽 PEGI의 노키오폰 심의사례

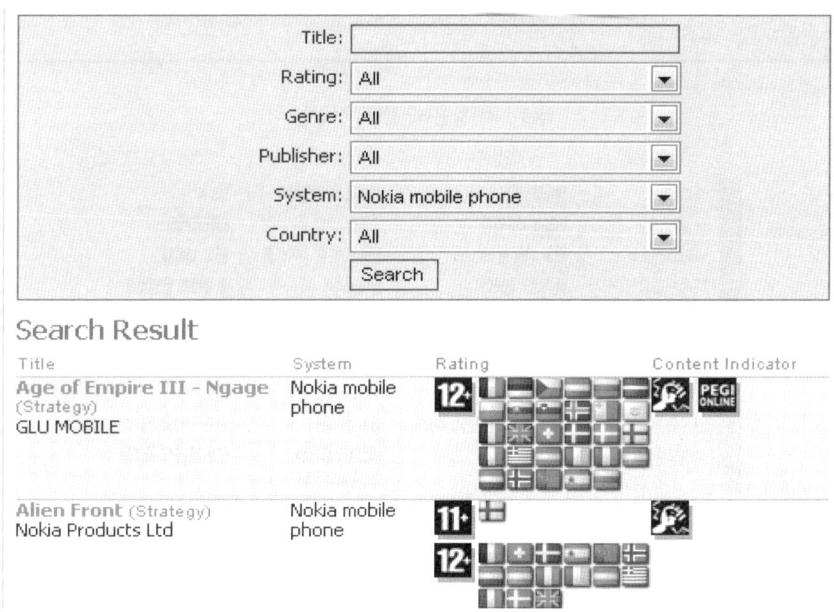

이러한 사례수는 아직 우리나라에 비하면 매우 적은 수치이다. 1999년부터 시작된 우리나라의 모바일게임에 대한 심의사례 숫자에 비하면 1/10에도 한참 못미치는 숫자이다. 하지만 이제 이들 국가에서도 모바일게임에 대한 심의가 점차 자리를 잡아가는 것으로 보이며, 향후에는 그 숫자도 급증할 것으로 판단된다. 다만, 일본에서는 아직 모바일게임에 대한 심의사례를 찾아볼 수 없다.

애플사의 앱스토어(Appstore)에서 비롯된 오픈마켓플랫폼은 아마 모바일게임 등급분류의 추세와 비슷한 양상을 보여주지 않을까 생각되는 또 다른 플랫폼이다. 즉 우리나라에서 선도적으로 먼저 등급분류를 시행하게 되고, 점차 다른 국가에서도 어떠한 형식으로든 심의를 하게 될 것으로 예상되는 것이다. 현재 우리나라에서는 상당수의 오픈마켓플랫폼이 서비스를 준비중이며, 이에 따라 이들 플랫폼에서 구현될 게임에 대한 등급분류도 준비중이다. 2009년 가을 경에 본격적으로 등급분류가 시행될 것으로 보인다.

그림 6-3 국내에 서비스 예정인 오픈마켓 플랫폼

국내외 모바일 온라인장터 추진 상황

	운영 주체	온라인장터	이용단말	개발환경 및 도구 등
국외	애플	앱스토어	아이폰, 아이팟터치	OS X
	구글	안드로이드마켓	구글폰	안드로이드
	마이크로소프트	윈도 마켓 플레이스	윈도 모바일 스마트폰	윈도 모바일
	리서치인모션(RIM)	블랙베리스토어	블랙베리폰	블랙베리 운영체제
	노키아	오비스토어	노키아 스마트폰	심비안
국내	SKT	애플리케이션스 스토어(잠정)	SKT가입 전화	SKT 표준 플랫폼
	KT	앱스토어(잠정)	KT 와이브로 단말 등	미정
	삼성전자	삼성 애플리케이션스 스토어	삼성 휴대폰	윈도 모바일, 심비안, 자바
	소프트웨어진흥원	와플	통신3사 휴대폰 (윕, 풀브라우징)	단말별 별도 플랫폼

특히 이 오픈마켓플랫폼의 등급분류와 관련하여서는 몇 가지 논의해 볼 사안이 있다.

우선, 게임을 사전에 심의해야 하는가의 문제이다. 곧 사후에 심의하는 방식도 모색될 수 있지 않을까 하는 점에서의 문제제기이다. 기술적으로, 인터넷 정보와 같은 경우라면 사전심의가 불가능하다. 거의 무한대로 발생하는 콘텐츠를 일일이 사전심의한다는 것은 불가능한 일이기 때문이다. 하지만 게임은 일단 기술적으로는 그렇지 않다. 다소 물량이 많아지더라도 인터넷의 콘텐츠에 비할 바는 아니다. 물론 오픈마켓플랫폼에서 사전심의가 논란이 되는 것은 발생하는 콘텐츠의 숫자가 이전의 등급분류받던 게임의 숫자에 비해 훨씬 더 많아지기 때문이다. 최대 1년에 1만 건의 심의물량까지도 예상이 된다. 하지만 그렇다고 하여 사전심의 자체가 불가능한 수준은 아니기에 기술적으로는 사전심의가 큰 문제가 되지 않는다. 오히려 문제는 등급분류가 어떠한 정책적 지향점을 지니고 있는가라고 판단된다. 즉, 등급분류가 규제가 아닌 서비스라는 원칙이 지켜진다면 사전심의는 오히려 업계에도 도움이 될 수 있는 제도이다. 이는 게임에 대한 보편적인 정보를 제공함으로써 소비자의 구매 행동에 도움을 줄 수 있다는 점에서 그러하며, 사회적 역풍에 대비한 산업계의 안전망 역할을 할 수 있다는 점에서 그러하다. 또한 자율이든 타율이든, 해외의 대부분의 국가도 게임에 대한 사전심의를 하고 있다는 점에서도 사전 심의 자체가 별다른 문제의 소지는 없다고 판단되는 것이다.

두 번째 문제는 국가가 심의의 주체가 되는 것이 타당한가에 관한 것이다. 원론적으로, 민간자율적인 심의가 바람직하다는 데에는 이견이 없다. 표현의 자유, 창작의 자유 극대화를 통한 산업의 발전은 물론 민주주의의 발전을 위해서도 민간자율규제가 국가가 개입한 규제보다는 훨씬 더 나아 보이기 때문이다. 하지만 자연발생적인 민간자율규제가 이루어지기 위해서는 업계 및 시민사회의 성숙도가 담보가 되어야 한다. 이는 이른바 선진국들의 민간자율규제의 역사를 보더라도 알 수 있다. 본고에서 자세히 살피지는 않겠지만 미국, 일본, 유럽의 게임에 대한 자율규제는 업계와 시민사회가 일정 정도 성숙된 후 자율규제를 시행한 것이며, 이를 부분적으로만 국가가 보조해 주고 있다. 이들의 제도가 선진적이라는 점은 인정을 하더라도, 이를 그대로 우리에게 적용하는 데에는 다소 고려할 점이 있다. 바로 업계와 시민사회가 이들 국가와는 다른 부분들이 많다는 것이다. 우선 업계는 아직 역사가 일천하다. 산업적 규모는 상당한 스케일이 되지만, 시민사회와의 조화나 자율적 집행능력 등에서는 아직 역량이 충실하다고 보기 어렵다. 시민사회도 마찬가지이다. 게임문화나 산업에 대한 생소함에서 아직 충분한 이해를 갖고 게임을 바라보고 있다고는 생각하기 어렵다. 이러한 실정 속에서 무조건적인 민간자율제도의 도입은 오히려 산업적 역풍을 야기할 수도 있다. 순수한 민간자율은 다소간 중장기적인 관점에서 여유있게 바라보아야 할 것이다.

세 번째 문제는 가장 테크니컬한 문제로서, 다양한 플랫폼의 매우 많은 수의 게임을 어떻게 사전심의할 것인가와 관련된 것이다. 현재 게임물등급위원회(이하 '게임위')의 심의는 전문위원의 브리핑을 듣고 심의위원들이 토의를 하여 등급을 결정하는 방식이다. 이러한 방식으로는 한 달에 최소 수백 건 이상이 될 것으로 예상되는 다양한 플랫폼의 게임들을 소화하는 것이 불가능하다. 현재 한 달에 300건 정도를 심의를 하고 있는데, 이러한 물량을 소화하기에도 매우 버거운 실정이기 때문이다. 이를 극복하기 위해서는 심의위원과 전문위원이 일단의 팀을 구성하는 방안이 모색될 필요가 있을 것이다. 이 팀에서 낮은 등급수준의 게임에 대해서는 실시간 수준으로의 등급을 부여하게 한다면 심의의 효율성이 매우 높아져서 많은 물량의 게임이라도 신속하고 저렴하게 등급분류를 하는 것이 가능해질 것이다. 이러한 제도가 체계화되려면 게임법의 개정안에 있는 상임위원제도가 도입되어야 한다. 하지만 개정 전이더라도 현행법의 틀 안에서도 일정한 융통성을 발휘한다면 약식심의를 통한 심의는 가능하다고 판단된다. 장기적으로는 플랫폼 운영사와의 협력을 통해 운영사 자체 심의, 혹은 사후심의 방안도 모색되어야 할 것이다.

Ⅲ. 우연성/사행성 게임의 등급분류 문제 심화

우리나라는 물론 미국, 유럽, 일본 모두 내용정보에 사행성을 포함하고 있으며, 사행성과 관련한 문제는 점점 더 미묘하며 중요한 문제로 부각되고 있다. 호주(OFLC) 역시 내용정보에 사행성 항목이 있는데, 근래에 신설된 것으로 보인다.

미국의 ESRB에서는 원래 내용 정보에 Gaming이라는 기술자 하나만 포함하였었는데 그나마도 이 기술자는 거의 쓰인 바가 없었다. 이후 Gambling이라는 기술자가 생기기도 하였는데, 이 역시도 거의 유명무실한 수준이었다. 하지만 최근에는 Gaming을 없애는 대신 Real Gambling과 Simulated Gambling의 두 가지 기술자가 생겼다. 이 중 Real Gambling은 부여받은 사례가 하나도 없어서 유명무실한데, Simulated Gabmling은 현재까지 총 211건의 사례를 찾을 수 있어서 제대로 활용되고 있다.

그림 6-4 미국 ESRB의 Simulated Gambling 부여 사례

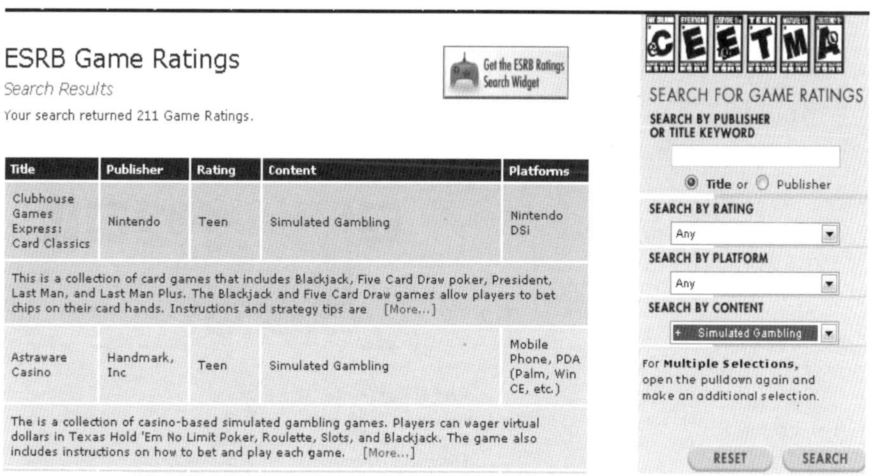
ESRB Game Ratings

Search Results

Your search returned 211 Game Ratings.

Title	Publisher	Rating	Content	Platforms
Clubhouse Games Express: Card Classics	Nintendo	Teen	Simulated Gambling	Nintendo DSi
This is a collection of card games that includes Blackjack, Five Card Draw poker, President, Last Man, and Last Man Plus. The Blackjack and Five Card Draw games allow players to bet chips on their card hands. Instructions and strategy tips are [More...]				
Astraware Casino	Handmark, Inc	Teen	Simulated Gambling	Mobile Phone, PDA (Palm, Win CE, etc.)
The is a collection of casino-based simulated gambling games. Players can wager virtual dollars in Texas Hold 'Em No Limit Poker, Roulette, Slots, and Blackjack. The game also includes instructions on how to bet and play each game. [More...]				

유럽의 PEGI는 정확한 검색사례를 찾기 어려우나 미국과 유사한 수준일 것으로 추정된다.

미국의 사례를 보면, 사행성이라는 범주가 게임의 등급분류에서 별로 중요한 요소가 아니었다가 최근에 와서는 점차 영향력을 넓히고 있음을 알 수 있다. 이는 사행성이 등급분류에서 매우 많은 비중을 차지하고 있는 우리나라의 현실이 꼭 우리나라에만 독특한 것이 아니라 온라인·모바일 게임이 앞서 나간 탓도 있음을 알게 해준다.

사행성은 다시 크게 두 가지 문제로 나누어 생각해 볼 수 있다. 하나는 사행성의 모사와 관련된 것이고 두 번째는 실제로 경제적 재화가 오고가는 문제와 관련된 것이다.

그림 6-5 각국(호주, 유럽, 미국)의 드래곤퀘스트 등급분류 결과

Search the Classification Database

DRAGON QUEST - THE HAND OF THE HEAVENLY Computer Games (Nintendo DS

PG Parental guidance recommended

Classification	PG
Consumer Advice	Mild fantasy violence and gambling themes
Category	Computer Games
Version	ORIGINAL
Duration	VARIABLE

DRAGON QUEST: The Hand of the Heavenly Bride (RPG) Square Enix Ltd	Nintendo DS	12+

DRAGON QUEST V: Hand of the Heavenly Bride	Square Enix, Inc	Everyone 10+	Alcohol Reference, Mild Fantasy Violence, Mild Language, Mild Suggestive Themes, Simulated Gambling	Nintendo DS

먼저 모사와 관련된 여러 나라의 상황을 살펴보자. 드래곤퀘스트(Dragon Quest)는 RPG인데 게임 중간에 도박을 하는 내용이 들어가 있다. 부분적으로만 들어가 있는 것이 아니라 게임 상에서 나름대로 중요한 역할을 하고 있기 때문에 각국의 등급분류가 도박과 관련한 내용을 포함하고 고려하고 있다. 호주에서는 PG등급, 유럽에서는 12세, 미국에서는 10세를 받았으며, 우리나라에서는 15세이용가이다.

본격적인 카지노류의 게임에 대한 등급분류 사례들도 쉽게 찾아볼 수 있다.

그림 6-6 카지노게임에 대한 미국의 등급분류 사례

Astraware Casino	Handmark, Inc	Teen	Simulated Gambling	Mobile Phone, PDA (Palm, Win CE, etc.)
The is a collection of casino-based simulated gambling games. Players can wager virtual dollars in Texas Hold 'Em No Limit Poker, Roulette, Slots, and Blackjack. The game also includes instructions on how to bet and play each game. [More...]				

우리나라에서는 카지노게임을 모사한 게임은 청소년이용불가 등급을 받는다. 고스톱이나 맞고 같은 게임도 마찬가지이다. 그런데 위의 사례에서 알 수 있듯이 미국이나 유럽에서는 카지노류 게임들이 전체이용가나 청소년이용가 정도의 등급을 받음을 알 수 있다. 일본도 미국, 유럽과 유사한 등급분류 경향을 보여준다. 결국 도박 모사게임들에 대해서는 우리가 다른 나라들에 비해 한두 단계 높은 등급을 부여하고 있음을 알 수 있다. 타국에 비해서 우리의 등급수준이 상당히 높지만, 그 자체는 커다란 문제는 아니라 여겨진다. 왜냐하면 각 국가의 문화적 특수성은 인정해야 하기 때문이며, 특히 사행성에 대해서 우리나라가 상당히 엄격한 사회적 분위기를 유지하고 있음은 분명한 현실이기 때문이다. 이 문제는 각국의 주관적 기준이 틀림을 인정하는 선에서 넘어가도 될 것이다. 사행성게임에 대한 사회적 분위기와 조화되지 않는 등급의 하향은 오히려 산업적으로도 악영향을 끼칠 우려가 높

기 때문에 업계에서도 굳이 이러한 등급경향상의 불일치를 문제제기할 필요는 없으리라 여겨진다.

산업적으로 보다 문제가 되는 것은 경제적 재화가 실제로 오고가는 게임과 관련한 문제, 즉 비즈니스 모델과 관련된 문제이다.

그림 6-7 카지노게임에 대한 미국의 등급분류 사례

미국의 pogo.com이라는 사이트는 일종의 게임포털로서 여러 가지 캐주얼한 게임을 즐길 수 있게 한다. 필자로서는 자세한 내막은 알 수 없지만, 최근에 이 사이트에 커다란 변화가 있었다. 예전에는 소정의 금액을 높고 이용자 간에 대전이 가능했다. 곧 솔리테어 같은 게임을 두 사람이 겨루면서 1달러나 2달러 정도를 걸고, 이긴 사람이 상대방의 돈을 취득할 수 있는 방식이 가능했던 것이다. 하지만 현재는 그러한 기능이 일체 사라졌다. 2006

년경에 법제도의 변화로 인해서 그렇게 되었다는 정도만 알고 있지 자세한 사정은 알 수 없다. 여하 간에 중요한 것은 경제적 재화가 오고가는 사행성의 문제가 우리나라뿐만 아니라 다른 나라에서도 문제시되고 논의가 되고 있다는 것이다.

그림 6-8 pogo.com

이러한 온라인게임을 통한 사행성의 문제는 점차 온라인게임이 활성화되면서 보다 표면화될 것이 틀림없어 보인다. 유달리 우리나라에서만 발생하는 문제는 아닌 것이다.

현재 우리나라의 등급분류에서 사행성의 문제가 다소 과도하게 다루어지고 있는 것은 사실이다. 별다른 문제가 없어 보이는 부분유료화 모델들이 사행성이라는 덫칠 하에 등급이 상향되거나 심지어 등급 거부되는 사례가 여럿 보여지고 있다.

하지만 그것을 단지 게임위의 소양부족만으로 인식해서는 근본적인 문제해결이 어려울 것으로 생각된다. 몇 가지 상황적 요인들을 고려한다면 이러한 문제에 대한 보다 근본적이며 총체적인 접근이 가능할 것이다. 첫째, IT를 활용한 사행성의 문제는 우리나라가 세계적으로 최첨단이다. 다른 나라는 우리와 입장이나 정책이 틀려서가 아니라, 아직 우리와 같은 문제를 겪어 보지 않았기 때문에 우리와 같은 문제가 발생하지 않을 것일 수 있다. 중국의 경우 현재 대부분의 게임 결제가 선불카드라 문제의 소지가 적지만 향후 신용결제 등이 활성화되면 우리의 문제와 같은 것들이 이슈화될 가능성이 매우 농후하며, 이는 미국이나 유럽, 일본도 마찬가지일 것이다. 둘째, 우리나라의 역사적·사회적 특수성을 고려해야 할 것이다. 자본주의는 우연성까지도 상품화한다. 그것은 우리나라도 마찬가지이지만, 우리나라 국민의 사고방식은 아직도 유교적 색채가 농후하여 체제와 인식 간에 괴리가 나타나고 있다. 불합리하게 보이는 측면도 있지만, 이러한 현실이 바로 우리의 문화적·산업적 환경인 것이다. 셋째, 일부 불건전한 업체가 여전 존속하고 있다. 대부분의 온라인 메이저 게임업체들은 투명하고 건전하게 게임을 서비스하려고 노력하고 있지만, 그렇지 않은 소수의 업체들도 있는 것이 엄연한 사실이다. 만약 이들에 의해서 사회적 문제가 발생한다면 그 피해는 고스란히 건전하게 영업하려던 업체들에게까지 돌아갈 것이다.

그림 6-9 사행성 등급분류와 관련한 민관 협력모델

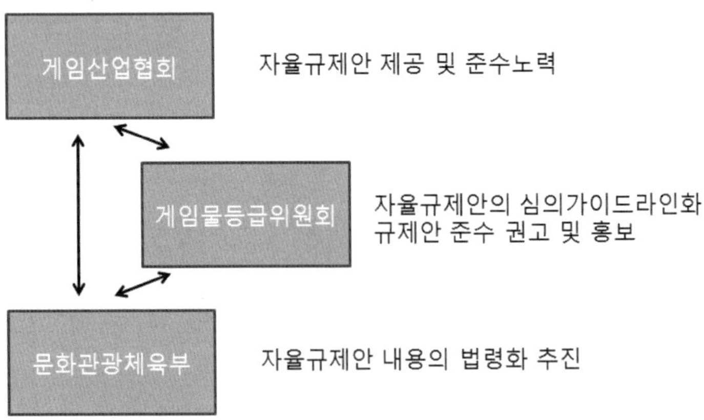

이러한 환경과 요소들을 감안한다면 현재로서는 특단의 대책이나 방안보다는 여러 기관과 단체, 곧 민관이 협력하여 상호보조하는 방안이 가장 효과적일 것이다. 좀 더 구체적으로는, 업계의 자율적인 규제노력이 관련기관 측과의 협력 및 지원 하에 인정받고 지원되는 방식이 적절할 것으로 판단된다.

Ⅳ. 맺 으 며

우리나라는 세계적인 IT강국이 되면서 온라인·모바일 게임과 관련한 등급분류상의 혼선을 여러 차례 보여주고 있다. 사실 이러한 혼선을 일종의 시행착오로 생각할 수도 있을 것이다. 좋은 정책은 다른 나라의 정책사례를 보고 벤치마킹하는 데서 나올 수 있는데, 우리는 벤치마킹할 다른 나라의 사례를 찾아볼 수 없다. 그런 면에서 이제 온라인·보바일 게임이 활성화되고 있는 국가들은 우리나라의 사례를 전범삼아 보다 효율적인 정책을 펼칠 수 있을 것이다. 처음이라 혼선이 어쩔 수 없다라는 논지를 펼치려는 것은 아니다. 일정한 시행착오는 어쩔 수 없겠지만, 그러한 시행착오를 최소한으로 줄일 수 있는 정책적 지향점이나 협력방안을 제대로 모색하지 못했던 것은 아닌가에 대한 반성은 필요하다. 꾸준히 국가 주도의 심의를 해오던 우리나라에서 급격히 민간자율심의를 도입하는 것은 무리일 것이다. 하지만 등급분류가 규제가 아니라 서비스임을 명확히 인식하는 정책적 목표확립과 민간과의 유기적인 협력모색 등에서 완벽하지는 못했음이 사실일 것이다. 그 때문에 급변하는 게임등급분류의 상황에 적절하게 대처하지 못한 부분이 있을 것이다. 아마 앞으로도 매우 당혹스러운 새로운 상황들이 많이 생길 것이다. 그에 대비하기 위해서라도 이제부터라도 유기적 민관협력모델의 구축에 보다 힘써야 할 것이다.

범유럽게임정보(PEGI)의 성과와 전망

chapter 07

김 유 승*

Ⅰ. PEGI의 등장

그림 7-1 PEGI 웹사이트 메인화면[1)]

* 중앙대학교 문헌정보학과 교수

1) <http://www.pegi.info> [cited 2009. 5. 8].

범유럽게임정보(Pan European Game Information, 이하 PEGI)는 유럽의 게임 산업체를 대표하는 자율규제기구로서, 유럽 인터렉티브 소프트웨어 연맹(Interactive Software Federation of Europe)의 행동강령(Code of Conduct)을 근거로 유럽 전역에서 생산되거나 수입되는 인터렉티브 소프트웨어 제품의 심의를 담당하고 있다.

2003년 봄 출범한 PEGI는 대부분의 유럽 국가를 포괄하는 단일시스템으로 자리잡으면서, 기존의 개별 국가 연령등급시스템을 대체하고 있다. 2008년 6월 현재, 소니, 마이크로소프트, 닌텐도 등 유럽 전역을 비롯한 전 세계 300여 개 주요 콘솔 게임, 인터렉티브 게임 개발자 및 퍼블리셔들의 지지를 받고 있으며, 28개 유럽국가에서 활용되고 있다.[2)]

PEGI 시스템은 유럽 인터렉티브 소프트웨어 행동강령 제1조에 의거하여 포맷 혹은 배급방법에 상관없이 '유럽 인터렉티브 소프트웨어 연맹(Interactive Software Federation of Europe, 이하 ISFE)'의 회원 혹은 이 강령을 따르기로 결정한 비회원 게임출판업자 혹은 교역협회에 의한 온라인・오프라인 비디오 게임, 컴퓨터게임, 교육/참고문헌 CD-Rom에 적용된다.

<Nielsen Games>의 2008년 보고서에 의하면 PEGI에 대한 소비자 인식도는 매우 높은 것으로 나타났다.[3)] 유럽지역 비디오 게이머들 중 93%가 PEGI의 연령등급 라벨을 인지하고 있으며, 62%가 유럽게임등급시스템에 대하여 알고 있었다. 또한 50%의 조사 응답자가 PEGI의 내용기술 표시를 인지하고, 비디오게임을 구입할 때 유용한 연령등급 라벨로 사용하고 있는 것으로 보고되었다.

---

2) PEGI를 도입한 28개 유럽 국가들은 다음과 같다. 유럽 주요 국가 중 독일은 PEGI를 도입하고 있지 않다. 「청소년보호법(Jugenschutzgesetz)」을 운영하고 있는 독일은 자국 법 체제 아래 게임물 등급 심의를 실시하고 있다. 그리스, 네덜란드, 노르웨이, 덴마크, 라트비아, 루마니아, 룩셈부르크, 리투아니아, 몰타, 벨기에, 불가리아, 스웨덴, 스위스, 스페인, 슬로베니아, 사이프러스, 아이슬란드, 아일랜드, 에스토니아, 영국, 오스트리아, 이탈리아, 체코공화국, 포르투갈, 폴란드, 프랑스, 핀란드, 헝가리
source: PEGI. 2008. PEGI Member Companies. <http://www.pegi.info/en/index/id/37/media/pdf/228.pdf> [cited 2009. 5. 1].

3) Nielsen Games. Video Gamers in Europe-2008. <http://knihovnam.nkp.cz/docs/ISFE_Consumer_Research_2008_Report_final.pdf> [cited 2009. 5. 8].

Ⅱ. PEGI의 조직구조

인터렉티브 소프트웨어의 내용에 대한 정보의 대중적 제공을 목적으로 하는 PEGI 시스템은 ISFE에 운영된다. ISFE는 연맹의 설립목적과 PEGI 시스템의 원활한 운영을 위하여 자문위원회, 고발위원회, 집행위원회 등을 하부조직으로 두고 있다. 한편, ISFE는 일찍이 PEGI 시스템 관리기구로 '네덜란드 시청각매체 분류원(Netherlands Institute for Classification of Audio-visual Media, 이하 NICAM)'을 선정하였고, 이후 NICAM이 PEGI 시스템의 일상 행정과 기술지원을 책임지고 있다. 단, 영국은 예외적 사례이다. 영국 비디오 표준위원회 (Video Standard Council, VSC)는 영국 안의 모든 PEGI 문제들에 대해 NICAM의 대리인 역할을 하고 있다. PEGI 시스템의 조직구조는 다음 그림 7-2와 같다.

그림 7-2 PEGI 시스템의 조직구조

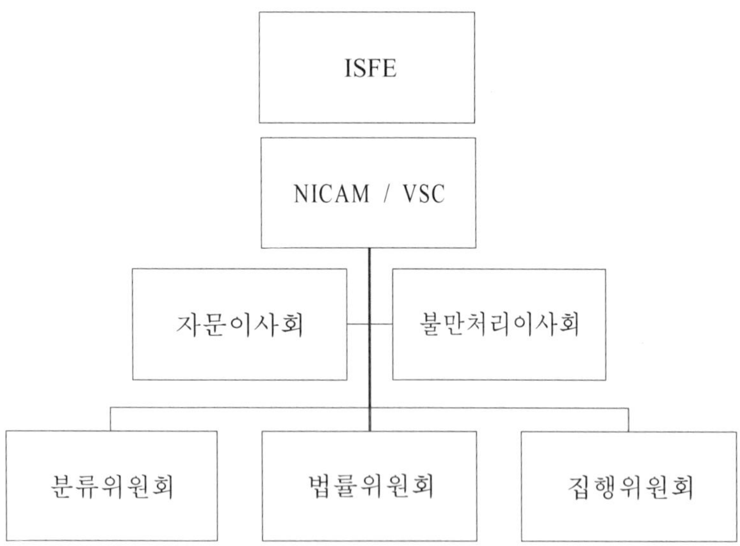

1. 자문이사회(Advisory Board)

자문이사회는 PEGI 시스템이 사회적・법적・기술적 발전을 적절히 반영하고 있는가에 주목하며, 행동강령의 지속적인 업데이트를 위한 권고안을 제시하는 책임을 지고 있다. 2009년 5월 현재, 15개국에서 선발된 자문위원들은 정부관료, 부모・소비자단체, 아동심리학자, 매체전문가, 학자 등으로 구성되며 2년의 임기로 임명된다.[4)]

각계의 인사로 구성된 자문위원회는 자율규제조직과 정부 사이의 안정적이고 지속적인 의사소통 경로 역할을 한다. 자문위원회의 각 위원들은 청소년보호를 중심으로 PEGI와 관련된 자국 정부의 정책을 대변하는 한편, PEGI의 현황을 자국 정부에 보고한다.

이러한 민관 협력관계는 공동규제모델을 채택하고 있는 유럽연합의 인터넷 내용규제정책의 연장선상으로 이해될 수 있다. 모바일 인터넷게임을 포함한 게임시장의 빠른 성장이 예상되는 상황에서, 자율규제조직 운영의 필요성과 함께 정부 역할의 중요성을 재확인해 주고 있다.

2. 불만처리이사회(Complaint Board)

불만처리이사회는 유럽 각국의 청소년보호 전문가 집단으로 구성되어 있다. 이사들은 정부 또는 ISFE와 관련되지 않은 독립적 지위를 가지는 전문가들이다. 자문이사회와 마찬가지로 2년 임기로 ISFE에 의해 임명되며, 2009년 5월 현재, 유럽 각국의 17명의 전문가들이 참여하고 있다.[5)] 불만처리

---

4) 2009년 5월 현재, 자문이사회 이사 명단과 국가는 다음과 같다.
Christofferson Jan(Sweden), Connolly Ger(Ireland), Cooke David(United Kingdom), Falque-Pierrotin Isabelle(France), Goldstein Jeffrey(The Netherlands), Hautala-Kajos Kristina(Finland), Hepsoe Thomas(Norway), Lew-Starowicz Rafal(Poland), Pappas Spyros(Greece), Reniers Georges(Belgium), Rosenstingl Herbert(Austria), Selloni Cristina(Italy), Thorhauge Anne Mette(Denmark), Ubaldo Cuesta Cambra(Spain), Xavier Antonio(Portugal).

5) 2009년 5월 현재, 불만처리이사회의 이사 명단과 국가는 다음과 같다.
De Benito Gil Jesus(Spain), Connolly Ger(Ireland), Cumberbatch Guy(United Kingdom), Dietta Lourdes(Spain), Gjerlufsen Lars(Denmark), Goldstein Jeffrey(The Netherlands), Maarit Pietinen (Finland), Muir Iain(United Kingdom), Odd Arild(Norway), Pappas Spyros(Greece), Petersson

이사회는 특정 게임 타이틀에 부여된 PEGI 연령등급에 대한 소비자 또는 퍼블리셔의 불만을 공식적으로 조정, 처리하는 역할을 담당하고 있다. 이사회 회의는 3인의 이사회 구성원 참석으로 개최되며, 이들이 불만사항에 대한 결정을 내릴 권한을 가진다. PEGI 시스템을 사용하는 퍼블리셔들은 불만처리이사회의 결정을 따라야 한다. 게임에 대한 수정결정이 있을 경우, 이를 즉시 수행하여야 하며, 이를 따르지 않을 경우 행동강령에 따른 제재를 받게 된다.

3. 분류위원회(Criteria Committee)

분류위원회는 ISFE, NICAM, VSC, 산업체의 대표들로 구성되어 있다. 위원회는 자율등급 결정절차의 핵심이라 할 수 있는 'PEGI 질의서(PEGI questionnaire)'와 기술적 · 내용적 발전에 따른 기초 분류의 변경과 채택을 책임진다. 또한, 자문이사회에 의해 제시된 권고 혹은 불만처리이사회에 의해 결정된 사항들을 반영한 분류기준을 검토한다.

4. 법률위원회(Legal Committee)

자율 시스템인 PEGI는 각국의 기존 법률과의 협력 하에, 때로는 기존 법령의 하위제도로, 운영된다. 법률위원회는 자율연령등급시스템에 영향을 줄 수 있는 참여 국가들의 법제도 변화에 대해 ISFE를 자문하는 역할을 수행한다.

5. 집행위원회(Enforcement Committee)

집행위원회는 자문이사회의 권고를 수행할 책임을 지며, 불만처리이사

Eva(Sweden), Quignaux Jean-Pierre(France), Reniers Georges(Belgium), Urbańska-Galanciak Dominika (Poland), Walker Annemarie(The Netherlands), Walker Rosemary(United Kingdom), Xavier Antonio (Portugal).

회의 결정을 포함한, PEGI 행동강령 준수 강화를 위한 활동을 수행한다. 집행위원회는 10명으로 구성된다. 5명은 퍼블리셔들로, 나머지 5명은 자문이사회 이사들로 구성된다.

Ⅲ. 심의기준

PEGI의 연령등급시스템은 상호 보완적인 두 요소로 구성되어 있다. 첫 번째가 연령등급시스템이다. PEGI 연령 식별들은 3세 이상, 7세 이상, 12세 이상, 16세 이상, 18세 이상으로 구성되어 있다. 자율규제에 기반한 등급시스템이므로 어디까지나 합법적인 콘텐츠를 대상으로 하고 있다. 불법물은 등급의 대상이 아니며, 따라서 이용불가 등급이 없다. 두 번째 요소는 게임 기술어다. 기술이는 게임이 담고 있는 콘텐츠의 형태를 설명하는 내용정보로써, 패키지로 오프라인에서 판매되는 게임의 경우 포장 패키지 위에, 온라인으로 판매되는 게임의 경우에는 해당 웹사이트에 아이콘으로 표시된다.

표 7-1 PEGI 연령등급 표시[6]

등급표시	해당 연령
3+	3세 이상 이용가
7+	7세 이상 이용가
12+	12세 이상 이용가
16+	16세 이상 이용가
18+	18세 이상 이용가

연령등급과 게임기술어 제공의 목적은 게임내용 정보에 대한 통제와 규제라는 측면보다는 게임을 구매하는 사람들, 특히 부모들에게 자신들이 구매하려는 게임이 의도하는 게임 플레이어의 연령에 적합한지를 확인할 수 있도록 하는 서비스적 측면이 크다고 할 수 있다. PEGI 등급은 통상적인 소매경로를 통해 구입되는 게임뿐만 아니라, 인터넷을 통해 판매되거나 온라인게임 환경 안에서 플레이 혹은 다운로드되는 게임에도 적용된다. 또한, 잡지 부록으로 제공되는 게임에도 적용되고 있다. PEGI의 연령등급표시 아이콘은 표 7-1과 같다.

출범 이후, 2008년 6월 현재까지 PEGI는 총 9847개의 게임 타이틀을 심의하였으며, PEGI의 연령등급 실적은 다음 표 7-2와 같다.

표 7-2 PEGI 연령등급 실적(2008년 6월 현재)[7)]

연령 등급	3+	7+	12+	16+	18+	합계
등급받은 게임수	4899	1031	2329	1165	423	9847
비율(%)	50	10	24	12	4	100

PEGI의 7가지 기술어는 '저속한 언어', '차별', '약물', '공포', '섹스', '폭력', '도박'으로 각 기술어별 심벌을 제공하고 있으며, 온라인게임임을 알리는 심볼 또한 제공하고 있다. PEGI 기술어들은 <NICAM 시청각매체 분류 시스템(일명 Kijkwijzer)>를 원용하여 개발되었다. PEGI 기술어와 심벌의 상세 내용은 표 7-3과 같다.

표 7-3 PEGI 기술어와 심벌

심벌	기술어
	저속한 언어: 저속한 언어가 사용되는 게임

6) 포르투갈에서는 PEGI의 연령등급과 다른 법정 연령 카테고리를 사용함. 3+는 4+로, 7+는 6+로 대체된다.

7) PEGI Statistics. <http://www.pegi.info/en/index/id/37/> [cited 2009. 5. 8].

기술어	설명
차별	차별: 차별을 조장할 수 있는 장면의 묘사나 내용을 포함한 게임
약물	약물: 약물의 사용을 언급하거나 묘사하는 게임
공포	공포: 어린이의 공포나 두려움을 불러일으킬 수 있는 게임
섹스	섹스: 누드, 성적인 행동이나 성적인 내용을 묘사한 장면이 포함된 게임
폭력	폭력: 폭력묘사 장면이 포함된 게임
도박	도박: 도박을 조장하거나 가르치는 게임
온라인	온라인 게임플레이: 온라인에서 플레이될 수 있는 게임

그림 7-3 PEGI 연령등급 및 기술어 심벌 표시 적용 예

Ⅳ. 심의절차 및 비용

PEGI 시스템은 등급이 게임제공사업자 스스로에 의해 부여되고 운영되는 자율 시스템이다. 이 시스템은 사업자가 직접 '유럽 자발적 연령등급평가양식'이라는 자율평가양식을 온라인에서 작성·제출하는 방식으로 진행된다. 다시 말해 각 게임 제작업체는 해당 게임을 검토, 질문에 답을 하고 그 후 게임의 등급이 자동적으로 부여된다. 각 내용 카테고리를 위한 평가양식의 대답에 기초해 연령이 정해지는 방식이다. 이 평가서는 우편, 팩스, e-메일이 아닌 PEGI의 인트라넷 시스템을 통해서만 작성할 수 있으며, 각 회사의 ISFE 등록 코더(registered coder)에 의해서만 작성될 수 있다—각 등록 코더들은 고유 접근 코드를 부여받으며, 타인은 이를 사용할 수 없다. ISFE는 코더들을 위한 교육·훈련과정을 제공하고 있으며, 이 과정을 수료한 이들에게만 등록 코더로의 인증을 수여한다.[8)]

게임출판업자들에 의해 제시된 등급은 NICAM에 의해 검사를 받는다. 이때, 12세 이상 등급 게임물들은 등급이 부여되기 전에 NICAM에 의해 전수 검사를 받아야 한다. 한편 3세 이상, 7세 이상 등급의 게임물들은 등급이 부여된 이후 무작위 표본검사를 받는다. 심의절차의 마지막 단계로, ISFE를 대신하여 NICAM이 제품들에 특정 로고와 가능한 기술어들을 사용할 수 있는 라이선스를 제품들에 부여한다.

만약 해당 게임이 특정 국가의 법적 분류 대상이 된다면 PEGI 시스템은 해당국 내에서 적용될 수 없으며, 합법적인 공급을 위해서는 해당국의 법률에 따라야 한다. 영국이 그 예다. 영국 내에서 게임의 합법적인 판매, 보급을 위해서는 영국영화등급위원회(British Board of Film Classification, 이하 BBFC)에 의한 법적 분류를 받아야 한다.

ISFE는 PEGI 시스템의 심의인증비용을 다음 표 7-4와 같이 정하고 있다.

---

8) PEGI. 2008. Handbook for Coders & Contacts. <http://www.culture.gov.uk/images/publications/PEGIHandbook2007.pdf> [cited 2009. 6. 9].

표 7-4 PEGI 시스템 요금

제 품	일반 심의인증	급행 심의인증
새 게임(New Game)	€1000	€1500
부가 플랫폼 (Additional Platform)	€500	€750
지역제품(Local Product)	€100	€150

'새 게임'이란 PEGI 시스템 아래 최초로 등급이 부여되는 게임 타이틀을, '부가 플랫폼'이란 이미 등급을 받은 게임이 새로운 플랫폼에서 출시되는 경우를 말한다. '지역제품'이란 한정된 수의 국가들만을 위해 등급이 요청되는 경우에 적용된다. 일견, 심의비가 과도한 것으로 보일 수 있으나, PEGI 심의 결과가 유럽 전역 다수의 국가에서 활용될 수 있는 점을 간과해서는 안 될 것이다. 예를 들어, 2개국에만 출시할 경우 지역제품으로 분류되어, 심의비는 €200(각국 당 € 100)에 불과하다.

각 연령등급별 심의인증 처리기간은 다음 표 7-5와 같다.

표 7-5 PEGI 시스템의 일반 심의비(근로일 기준)

등급	일반 심의비	급행 심의비
+3, +7	3일 이내	5일 이내
+12 +16 +18	10일 이내	

Ⅴ. PEGI 온라인

1. PEGI 온라인의 등장배경

PEGI 온라인은 PEGI 시스템의 일환으로 온라인 컴퓨터게임을 다루기 위해 만들어졌다. 대부분의 부모들이 알기 어려운 온라인게임의 맥락에서 높은 수준의 청소년 보호를 달성하고, 온라인게임만의 특이한 환경에서 발생하는 위험과 잠재적인 유해성에 관한 교육활동의 활성화를 목표로 하고 있다. '유럽연합의 더 안전한 인터넷 프로그램(The EU Safer Internet Programme)'의 지원 하에 2005년 9월부터 2년간 수행된 PEGI 온라인 프로젝트는 2007년 최종보고서 출간을 끝으로 마무리되었다.[9)]

2. PEGI 온라인의 구성

PEGI 온라인은 'PEGI 온라인 안전규약(PEGI Online Safety Code)', 'PEGI 온라인 라벨(PEGI Online Label)', '등급신청인과 일반 대중을 위한 전용 웹사이트', '독립적 관리 운영, 상담, 분쟁조정 절차'라는 4가지 요소로 구성되어 있다.

PEGI 온라인은 PEGI의 메인 사이트와는 독립된 웹사이트(www.pegionline.eu)를 운영하고 있다. PEGI 온라인은 웹사이트를 통해 온라인게임의 특징, 종류, 잠재적 위험에 대한 정보와 안전한 온라인게임 이용에 관한 정보를 제공한다. 또한 소비자 불만 또는 유해정보 신고창구의 역할을 한다. PEGI 온라인은 회원사들을 위한 별도의 전문가 섹션을 제공하고 있다(그림 7-4 참조).

'PEGI 온라인 안전규약'의 조건들을 충족시킨 온라인게임 제공자에게 PEGI 온라인 라벨을 사용할 수 있는 권리를 부여한다. 14개 조항으로 구성된 'PEGI 온라인 안전규약'은 '연령등급 게임콘텐츠', '적절한 신고체계', '부

9) ISFE & NICAM. 2007. PEGI Online: Final Public Report.

적합 콘텐츠의 제거', '개인권 정책', '커뮤니티 규범', '책임 있는 광고정책' 등을 주요 내용으로 하고 있다.

그림 7-4 PEGI 온라인 웹사이트[10)]

규약에 의하면, PEGI 또는 여타 인증된 유럽 국가의 연령등급 시스템에 의해 적합한 등급이 부여된 게임 내용만이 사이트에 포함된다. 또한, 게임이용자들이 관련 웹사이트들에서 부적절한 내용을 제공하고 있는 있음을 신고할 수 있도록 하는 시스템이 제공되어야 하며, PEGI로부터 라이선스를 부여받은 게임 제공자들은 자신들이 제공하고 있는 온라인 서비스에 음란하거나 폭력적이거나 불법적인 내용들이 담기지 않도록 최선의 노력을 하여야 한다고 규정하고 있다. 가입자들부터 개인정보를 수집하는 PEGI 온라인 라이선스 소지자는 효과적이고 일관된 개인정보보호정책을 유지하여야 하며, 유럽연합과 각 회원국의 정보보호법을 따라야 한다. 규약을 준수하는 게임 제공자들은 온라인 가입자들이 커뮤니티 규범을 지켜 음란·폭력·불법 행위를 하거나 이러한 내용을 소개하는 것을 적극적으로 방지하여야 한다. 각 조항

10) <http://www.pegionline.eu>. [cited 2009. 5. 9].

의 내용은 다음 표 7-6과 같다.

표 7-6 PEGI 온라인 안전규약의 주요 내용[11)]

1조	범위
2조	목적
3조	PEGI온라인 안전규약 기구 A. PEGI 자문이사회 B. PEGI 불만처리이사회 C. PEGI 집행위원회 D. 법률위원회 E. 라이선스 시스템
4조	규약에 대한 ISFE의 책임
5조	ISFE 회원들의 의무
6조	법률 규제 환경
7조	연령 등급 및 라벨링
8조	라이선스 및 라벨링 절차
9조	주요 규정 - 콘텐츠 - 개인권 - 유해 콘텐츠 - 청소년보호 - 커뮤니티 규범
10조	광고 및 홍보
11조	자문이사회
12조	불만처리이사회
13조	집행위원회
14조	제재 규정

11) PEGI Online. 2007. PEGI Online Safety Code('POSC'): A Code of Conduct for the European Interactive Software Industry. <http://www,pegionline.eu/en/index/id/media/pdf/197.pdf>. [cited 2009. 5. 8].

3. PEGI 온라인의 표시

PEGI 온라인 라벨은 CD/DVD 등의 형태로 판매될 경우 패키지 위에, 웹사이트를 통해 판매될 경우 웹사이트에 표시되어야 한다. 라벨은 게임이 온라인에서 플레이될 수 있는지 여부를 나타내며, 특정 게임 혹은 사이트가 청소년보호를 위해 노력하는 제공자의 관리와 통제하여 있음을 표시한다. 그림 7-5는 NCSoft사의 'City of Heros' 유럽지역 서비스 사이트에 적용된 PEGI 온라인 라벨의 예며, 그림 7-6은 PEGI 온라인이 패키지 형태로 판매되는 온라인게임의 포장에 적용된 사례이다.

그림 7-5 PEGI 온라인 라벨의 웹사이트 적용 예[12)]

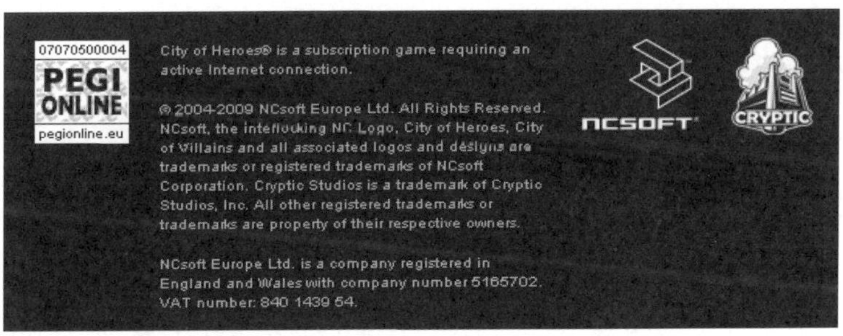

그림 7-6 PEGI 온라인 라벨의 패키지 적용 예

12) <http://eu.cityofheroes.com/en/> [cited 2009. 5. 9].

Ⅵ. 분 석

1. PEGI의 조직적 특성

PEGI는 유럽연합과 유럽 각국 정부의 적극적 지원 아래 이루어지는 유럽형 자율규제 조직의 전형적인 특성을 보이고 있다. 구체적으로는, NICAM과 PEGI 시스템이 정부의 적극적인 법제도와 재정 지원을 받으면서도, 운영에 있어 독립성을 최대한 보장받는다는 점을 들 수 있다. 이러한 민관의 상호협력관계는 'PEGI 온라인 프로젝트'가 유럽연합의 인터넷 내용규제정책 프로그램인 '더 안전한 인터넷 프로그램(Safer Internet Programme)'[13]의 일환으로 수행되었다는 점에서 극명하게 드러난다. 이 프로그램은 1990년대 중반으로 시작된 정부-산업체-이용자 간 공동규제라는 유럽연합의 큰 정책적 흐름을 대변하고 있다.

이러한 맥락에서 정부는 PEGI 운영에 있어서 자문이사회와 연간보고서 등을 통해 지속적인 관리감독을 실시하는 정도로 개입을 최소화하고 있다. 다시 말해, 합법적 영역인 유해정보에 대한 정부규제가 최소화되어 있는 규제 환경에 근거한 유럽식 공동규제의 전형을 보여준다고 할 수 있다. 유해정보는 산업체와 이용자의 자율규제 영역이지만, 불법정보는 정부의 직접적 규제 대상이 된다.

2. PEGI 등급체계와 운영상의 특성

ISFE는 PEGI를 통해 코더에 대한 훈련과 최적화·계량화된 질문서/평가양식을 통해 심의의 객관성을 최대한 향상시키고, 심의하는 사람의 주관성을 가능한 배제하고 있다. 반면, 등급에서부터 불만처리와 시정권고까지

---

13) Safer Internet Programme: Empowering and Protecting Children Online. <http://ec.europa.eu/information_society/activities/sip/self_reg/index_en.htm> [cited 2009. 6. 10].

등급시스템의 전과정을 단독적으로 책임지고 있다. 개별등급 사안에 대한 정부의 직접적인 간섭은 없으나, 각국 정부는 자문위원회를 통해 조직운영의 큰 틀을 제시하고, 연간 보고서 등을 통해 전체 등급시스템의 효율성을 리뷰하고 있다.

PEGI 시스템은 잘못된 등급에 대한 시정명령의 법적 근거를 가지고 있지는 않지만, 시장 강제력에 의해 사실상의 표준으로 작동하고 있는 것으로 보인다. 따라서 PEGI에 의해 부여된 등급이 회원국의 실정법과 상충될 때는 언제나 해당 지역 혹은 국가의 기존 법률이 우선한다. 하지만 PEGI가 법적 제재 권한을 갖고 있지 않은 민간자율 시스템임에도 불구하고 현재 유럽지역에서 유통되고 있는 게임물에 대한 단일한 등급서비스로서의 독보적 위상을 확보하고 있고, 이 힘은 유럽 각국 정부의 제도적 지원과 이용자들의 지지에 기반하고 있다고 할 수 있다. 실제, PEGI의 운영에는 정부와 산업체뿐만 아니라 학계, 소비자 조직까지 포함한 시민사회적 참여가 활발히 이루어지고 있다.

이는 강력한 국가적 규제기구로서 권위를 보장받는 우리나라 심의기구의 운영방식과 큰 차이가 있다 할 수 있다. PEGI는 군림하는 심의·규제기구가 아니다. PEGI는 게임에 관련된 정보를 유용하고 친절하게 제공함으로써, 게임물에 대한 이용자들의 현명한 선택을 돕는 공적 서비스기관으로 자리매김하고 있다. 불법이 아닌, 합법적으로 유통되는 게임콘텐츠에 대한 등급을 담당하고 있는 조직으로써, 규제 중심의 패러다임은 과거의 유물이 되고 있다. PEGI는 게임 이용자들의 리터러시 고양과 현명한 선택을 돕는 정보서비스 중심 패러다임으로의 변화를 주도하고 있다. 더구나, 'PEGI 온라인'은 해외 심의기관 사례 중에서 온라인게임을 독립된 전문 분야로 다루고자 하는 유일한 움직임으로써 많은 주목을 받고 있다. 'PEGI 온라인' 또한 PEGI 시스템의 연장선상에서 게임정보 서비스 제공을 우선으로 하고 있다.

이러한 PEGI의 운영 패러다임은 21세기 세계적 온라인게임산업을 주도하고 있는 우리에게 시사하는 바가 매우 크다.

게임콘텐츠에 대한 심의와 등급부여의 궁극적인 목적은 이용자 및 청소년보호에 있다. 불법 콘텐츠는 애초에 심의와 등급부여의 대상이 아니다. 이 목적에 더욱 가깝게 다가서기 위해 우리의 심의기구와 등급제도는 어떻게 변화해야 하는가? 규제중심의 심의 강화인가, 이용자중심의 서비스 강화인가? 패러다임의 전환점에서 많은 논의가 있어야 할 것이다.

사행성게임물 등급분류 거부제도의 검열 해당 여부

chapter 08

황승흠[*] · 정성재[**]

Ⅰ. 들어가며

「게임산업진흥에 관한 법률」(2007. 1. 19. 법률 제8247호)은 제2조 제1호 본문에서 게임물의 정의를 "컴퓨터프로그램 등 정보처리 기술이나 기계장치를 이용하여 오락을 할 수 있게 하거나 이에 부수하여 여가선용, 학습 및 운동효과 등을 높일 수 있도록 제작된 영상물 또는 그 영상물의 이용을 주된 목적으로 제작된 기기 및 장치를 말한다"[1)]라고 규정하고 있다. 게임물은 오락적 요소를 본질로 하는 것이나, 게임의 운영방법에 따라서는 언제든지 사행행위의 도구로 전락할 위험성을 내포하고 있는바, 구체적으로는 게임의 결과가 우연성에 의하여 지배되고, 게임의 결과에 대하여 게임의

* 국민대학교 법과대학 교수
** 법무법인(유한) 정평 변호사

1) 종전의 유기기구라는 명칭 대신 게임물이라는 용어를 최초로 도입한 법률은 1999. 2. 8. 법률 제5925호로 제정된 「음반·비디오물 및 게임물에 관한 법률」인데, 이 법에서는 종전의 기기 개념에 콘텐츠인 '오락영상물'을 더하여 게임물의 정의를 이원적으로 구성하였다. 한편, 정부의 전면개정 법률안은 게임물의 개념을 종전보다 확장하였고, '게임'을 새롭게 정의하여 종전의 게임물을 구분하였다.

흥미를 유발하는 차원을 넘어 투입금액과 비교하여 지나치게 큰 규모의 대가물이 주어지며 이 대가물의 환가성이 보장되면 이때부터는 사행행위의 도구로 변질될 수 있는 것이다.

한편, 「사행행위 등 규제 및 처벌특례법」(2008. 2. 29. 법률 제8852호)은 사행행위영업을 "영리를 목적으로 사행심을 유발할 우려가 있는 기구 또는 방법 등에 의한 영업"으로, 사행기구를 "사행행위영업에 이용되는 기계·기판·용구 또는 컴퓨터프로그램"으로 각 정의하면서, 사행행위영업 및 사행기구제조업에 대하여 허가제를 운영하고 있으며, 허가받은 사행행위영업이 아닌 사행성유기기구를 이용한 영업행위 및 사행성유기기구의 제조행위를 처벌하면서, 사행성유기기구를 "사행심을 유발할 우려가 있는 기계·기구 등"이라 정의하고 있다. 따라서 컴퓨터프로그램 등 정보처리 기술을 이용하여 오락을 할 수 있도록 제작된 기기에 해당하는 게임물 그 중 특히 아케이드게임물이 그 구체적인 운영방식에 따라 사행행위의 도구가 된다면, 이러한 게임물은 「사행행위 등 규제 및 처벌특례법」 소정의 사행기구 또는 사행성유기기구에 해당할 수 있게 되며, 이때부터 게임법제의 영역과 사행행위 관련법제의 교차점에 위치하게 된다.[2)]

그 동안 게임관련 법제는 사회현실과 정책의 변화된 기조를 반영하여 산업진흥의 측면과 규제강화의 측면이라는 상반된 법익관계에서 많은 변화를 겪어왔는데, 그 중 후자는 주로 사행성게임물의 문제에 집중되어 왔다고 볼 수 있다.

최근 헌법재판소는 제정 「게임산업진흥에 관한 법률」(2006. 4. 28. 법률 제7941호) 상의 사행성게임물 결정제도 및 게임물등급분류 거부제도의 위헌성 여부에 관하여 결정을 내렸는바, 이하에서는 헌법재판소의 결정 내용을 개관하고, 현행법의 사행성게임물 등급분류거부제도가 헌법에서 금지하는 검열에 해당하는지 여부에 관하여 주로 살펴보기로 한다.

---

2) 「사행행위 등 규제 및 처벌특례법」 소정의 사행행위영업에 해당하는 각 영업을 개별적으로 규율하고 있는 「한국마사회법」, 「복권 및 복권기금법」, 「경륜·경정법」 등 각 법률에서는 " …에 관해서는 「사행행위 등 규제 및 처벌특례법」을 적용하지 않는다"라고 규정함으로써 특별법의 형식을 취하고 있다.

Ⅱ. 사행성게임물에 관한 관련 법률의 변천

게임물을 규제하였던 법률은 「유기장법」, 「유기장업법」, 「공중위생법」, 「음반・비디오물 및 게임물에 관한 법률」(이하, "음비게법"이라 한다), 「게임산업진흥에 관한 법률」로 변화되어 왔다.

음비게법 이래의 내용만을 본다면, 구 음비게법(1999. 2. 8. 법률 제5925호) 제18조 제3항은 사행성이 지나쳐서 등급을 부여할 수 없다고 인정하는 게임물에 대해서 영상물등급위원회가 사용불가로 결정할 수 있도록 하였고, 2001년에 개정된 음비게법(전문개정 2001. 5. 24 법률 6473호) 제20조 제3항은 종전의 사용불가 결정을 이용불가 결정으로 변경하였다.

게임산업의 육성에 관한 새로운 법 체계가 요구됨에 따라 종전 음비게법에서 게임물에 관한 내용만이 분리되어 2006. 4. 28. 법률 제7941호로 「게임산업진흥에 관한 법률」이 제정되었는데(이하 "제정법"이라 한다), 제21조 제3항에서 종전의 게임물이용불가 결정제도를 사행성게임물 결정제도로 계승하여, 게임물등급위원회로 하여금 등급분류와 별도로 게임물의 이용에 따라 지급하는 경품 그 밖의 재산상 이익이 문화관광부령이 정하는 기준과 방법을 초과하는 게임물에 대하여 사행성게임물로 결정할 수 있도록 하였다.

제정법은 이른바 '바다이야기 사태'를 겪으면서 2007. 1. 19. 법률 제8247호로 일부 개정되었는데(이하 "개정법"이라 한다), 이 법에서는 사행성게임물을 게임물의 영역에서 제외하였으며(제2조 제1호 가목), 사행성게임물을 "베팅이나 배당을 내용으로 하는 게임물, 우연적인 방법으로 결과가 결정되는 게임물, 「한국마사회법」에서 규율하는 경마와 이를 모사한 게임물, 「경륜・경정법」에서 규율하는 경륜・경정과 이를 모사한 게임물, 「관광진흥법」에서 규율하는 카지노와 이를 모사한 게임물, 그 밖에 대통령령이 정하는 게임물로서 그 결과에 따라 재산상 이익 또는 손실을 주는 것"이라 정의하였다(제2

조 제1호의2). 그리고 종전의 사행성게임물 결정제도는 사행성게임물 확인제도로 변경되었고(제21조 제4항). 게임물등급위원회로 하여금 사행성게임물에 대하여 등급분류를 거부할 수 있도록 하였다(제22조 제2항).

제정법과 개정법의 내용 중 사행성게임물과 관련된 부분을 비교하면 아래와 같다.

표 8-1 게임산업진흥법 제정법과 개정법의 비교

제 정 법	개 정 법
제2조 (정의) 이 법에서 사용하는 용어의 정의는 다음과 같다. 1. "게임물"이라 함은 컴퓨터프로그램 등 정보처리 기술이나 기계장치를 이용하여 오락을 할 수 있게 하거나 이에 부수하여 여가선용, 학습 및 운동효과 등을 높일 수 있도록 제작된 영상물 또는 그 영상물의 이용을 주된 목적으로 제작된 기기 및 장치를 말한다. 다만, 다음 각 목의 어느 하나에 해당하는 것을 제외한다. 가. 「관광진흥법」 제3조의 규정에 의한 관광사업의 규율대상이 되는 것 나. 게임물과 게임물이 아닌 것이 혼재되어 있는 것으로서 문화관광부장관이 정하여 고시하는 것	제2조 (정의) 이 법에서 사용하는 용어의 정의는 다음과 같다. 1. "게임물"이라 함은 컴퓨터프로그램 등 정보처리 기술이나 기계장치를 이용하여 오락을 할 수 있게 하거나 이에 부수하여 여가선용, 학습 및 운동효과 등을 높일 수 있도록 제작된 영상물 또는 그 영상물의 이용을 주된 목적으로 제작된 기기 및 장치를 말한다. 다만, 다음 각 목의 어느 하나에 해당하는 것을 제외한다. 가. 사행성게임물 나. 「관광진흥법」 제3조의 규정에 의한 관광사업의 규율대상이 되는 것 다. 게임물과 게임물이 아닌 것이 혼재되어 있는 것으로서 문화관광부장관이 정하여 고시하는 것 1의2. "사행성게임물"이라 함은 다음 각 목에 해당하는 게임물로서, 그 결과에 따라 재산상 이익 또는 손실을 주는 것을 말한다. 가. 베팅이나 배당을 내용으로 하는 게임물 나. 우연적인 방법으로 결과가 결정되는 게임물

	다. 「한국마사회법」에서 규율하는 경마와 이를 모사한 게임물 라. 「경륜 · 경정법」에서 규율하는 경륜·경정과 이를 모사한 게임물 마. 「관광진흥법」에서 규율하는 카지노와 이를 모사한 게임물 바. 그 밖에 대통령령이 정하는 게임물
제21조(등급분류) ③등급위원회는 게임물의 이용에 따라 지급하는 경품 그 밖의 재산상 이익이 문화관광부령이 정하는 기준과 방법을 초과하는 게임물에 대하여 사행성게임물로 결정할 수 있다.	제21조(등급분류) ④등급위원회는 등급분류를 신청한 게임물에 대하여 사행성게임물 여부를 확인하여야 한다.
제22조 (등급분류 거부 및 통지 등) ②등급위원회는 「사행행위 등 규제 및 처벌특례법」, 「형법」 등 다른 법률의 규정에 의하여 규제 또는 처벌대상이 되는 행위 또는 기기에 대하여 등급분류를 신청한 자, 정당한 권원을 갖추지 아니하였거나 거짓 그 밖의 부정한 방법으로 등급분류를 신청한 자에 대하여 등급분류를 거부할 수 있다.	제22조 (등급분류 거부 및 통지 등) ②등급위원회는 「사행행위 등 규제 및 처벌특례법」, 「형법」 등 다른 법률의 규정에 의하여 규제 또는 처벌대상이 되는 행위 또는 기기에 대하여 등급분류를 신청한 자, 정당한 권원을 갖추지 아니하였거나 거짓 그 밖의 부정한 방법으로 등급분류를 신청한 자 또는 사행성게임물에 해당되는 게임물에 대하여 등급분류를 신청한 자에 대하여 등급분류를 거부할 수 있다.

Ⅲ. 관련 사건의 헌법재판소 결정

헌법재판소는 2009. 5. 7. 제정법의 위헌성 여부에 관한 2007헌바106 헌법소원심판청구 사건의 결정을 내렸다.[3] 결론부터 언급하자면 일부 각하, 일

3) 게임법의 제정 및 개정을 즈음하여 수백 명의 게임제공업자들이 이에 대하여 헌법소원

부 기각으로 나왔는데, 이 글에서 다루고자 하는 주제에 관해서만 국한[4]하여 본다면 아래와 같다.

1. 청구인들의 주장 요지

제정법은 게임제작업자 등에게 사전에 게임물에 관하여 등급분류를 받도록 하고 있고, 게임물등급위원회로 하여금 게임물을 사행성게임물로 결정하거나 게임물에 대한 등급분류를 거부할 권한을 부여하고 있으며, 등급을 받지 아니한 게임물의 이용제공 등을 금지하고, 이를 위반한 경우에 형사처벌을 가하고 있는바, 위 조항은 행정기관인 게임물등급위원회에게 표현물인 게임물에 대한 사전심사권한을 부여함으로써 행정기관의 의사에 의하여 표현행위 자체를 전면적으로 봉쇄할 수 있도록 한 것이므로 결국 표현물에 대한 검열을 절대적으로 금지한 헌법 제21조 제2항에 위배된다.

2. 피청구인의 주장 요지

제정법의 해당 조항에 따르면 게임물의 등급분류를 신청하는 주체는 게임 제작업자 또는 배급업자이므로 청구인들과 같은 게임 제공업자들은 동 조항의 수범자가 아니어서 자기관련성이 없고, 심판대상 조항은 사행성게임물에 관하여 게임의 결과물인 재산상 이익을 판단기준으로 하면서 그 구체적인 내용을 문화관광부령에 위임하였었는데, 이러한 사행성게임물의 정의는 개정법에 의하여 완전히 개정되었고, 개정된 조항에 의한 기본권 침해의

심판을 청구하였는데, 위 사건 이외에도 2006헌마1258, 2007헌마103 사건이 있으며, 이 사건들에 대해서는 유사한 시기에 일부 기각, 일부 각하 결정이 내려졌다. 그 외에도 2007헌마451 사건이 있으나, 이에 관해서는 아직 결정이 내려지지 않았는데, 이 사건은 개정법의 환전금지조항을 심판대상으로 한 것으로, 주된 쟁점은 환전금지제도의 실체적 위헌성에 있다기보다는, 입법절차의 절차적 위헌성 그리고 문구의 불분명함에 있다.

4) 2006헌마1258, 2007헌마103, 2007헌바106 사건에는 제정법 및 개정법에 관한 대부분의 쟁점이 있는데, 주요한 것으로는 사행성게임물 제공금지 조항, 사행성조장금지 조항, 일반게임제공업 허가조항, 게임물 운영정보표시장치 조항, 재 등급분류 경과 조항, 게임장 면적비율 조항, 상품권의 경품제공 금지, 18세이용가 게임물의 경품한도액 규제 등이 있다.

반복위험이 있다거나 위헌 여부의 해명이 헌법적으로 중요한 의미가 있는 경우라고 볼 수 없는 것이므로 권리보호의 이익이 없다.

3. 헌법재판소의 결정요지

사행성게임물 결정조항 및 등급분류 거부조항은 게임제작업자 또는 배급업자를 직접 수범자로 한 것으로서 특정 게임물의 등급분류 거부로 인하여 제공업자(청구인)에게 미치는 영향은 단지 유통이 금지된 게임물을 이용에 제공할 수 없다는 반사적 불이익에 불과하므로 자기관련성이 없다. 또한 심판대상 조항은 개정법에 의하여 그 내용이 완전히 변경되어 권리보호이익이 없다.

4. 평　　가

제정법의 등급분류 거부조항에 관한 각하결정은 헌법재판소가 그 동안 판례로 확립해 온 적법요건 판단에 기한 것으로 보인다. 다만, 현행 게임법에 의해서도 게임물등급위원회는 언제든지 등급분류 거부결정을 할 수 있다는 점, 게임 제작업자는 등급분류거부결정에 대하여 위헌법률심판청구의 형식으로 언제든지 위헌 판단을 구할 수 있다는 점, 특히 형법의 규정에 의하여 처벌대상이 되는 행위에 대한 등급분류의 거부결정이 가능하도록 한 조항부분은 해석에 따라 검열의 소지가 있다는 점에서 검열 및 그 판단기준에 대한 입장을 확고히 밝혀온 헌법재판소가 이 사건에서 객관적 권리보호이익을 적극적으로 판단하지 아니한 부분에 대해서는 아쉬움이 남는다.

Ⅳ. 사행성게임물 등급분류거부제도의 검열 해당 여부

1. 표현물에 대한 검열금지

헌법 제21조 제2항은 “언론·출판에 대한 허가나 검열과 집회·결사에 대한 허가는 인정되지 아니한다”라고 규정하고 있다. 헌법재판소는 헌법에서 규정하고 있는 검열을 ‘사전검열’로 파악하여 “행정권이 주체가 되어 사상이나 의견 등이 발표되기 이전에 예방적 조치로서 그 내용을 심사, 선별하여 발표를 사전에 억제하는, 즉 허가받지 아니한 것의 발표를 금지하는 제도”라고 정의하였고, 이러한 사전검열은 법률로써도 불가능한 것으로서 절대적으로 금지된다고 일관되게 판시해 왔다.[5]

사전검열이 허용될 경우에는 국민의 표현 및 예술 활동의 독창성과 창의성을 침해하여 정신생활에 미치는 위험이 클 뿐만 아니라 행정기관이 집권자에게 불리한 내용의 표현을 사전에 억제함으로써 이른바 관제의견이나 지배자에게 무해한 여론만이 허용되는 결과를 초래할 염려가 있고, 따라서 소위 ‘사상의 자유시장’이라고 하는 언론·출판의 자유의 이념에 정면으로 반하기 때문에, 헌법은 직접 검열 금지를 규정하고 있는 것이다.

헌법상 표현의 자유의 보호 대상이 되고 있는 의사표현의 매개체에 관하여 본다면, 의사표현의 매개체는 어떠한 형태이건 가능하며 그 제한이 없다고 하는 것이 헌법재판소의 확립된 판례라고 할 것이며, 나아가 헌법재판소는 2002. 2. 28. 99헌바117 사건에서 “게임물 역시 예술표현의 수단이 될 수도 있으므로 그 제작 및 판매·배포는 표현의 자유를 보장하는 헌법 제21조 제1항에 의하여 보장을 받는다”라고 명시한 바 있으므로, 게임물이 헌법상 보호되는 표현물에 해당함은 의문의 여지가 없다.

---

5) 헌재 1996. 10. 4. 93헌가13등(병합), 헌재 1996. 10. 31. 94헌가6, 헌재 1997. 3. 27. 97헌가1, 헌재 1998. 2. 27. 96헌바2, 헌재 2001. 8. 30. 2000헌가9 등.

한편, 표현물 유통으로 인한 실정법 위반의 가능성 사전차단 및 청소년 보호의 목적으로 연령층별로 접근을 제한하기 위하여 미리 등급을 분류하는 것은 사전검열에 해당하지 않으므로, 검열 여부가 문제되는 것은 게임물의 '등급분류' 자체가 아니라 사행성게임물로의 결정 또는 확인, 사행성게임물에 대한 등급분류거부 및 사행성게임물의 이용제공 및 유통의 금지에 있다고 할 것이다.

2. 검열의 판단기준 등

헌법재판소는 공연윤리위원회에 의한 영화 사전심의를 규정한 구 영화법 제12조에 대한 위헌결정사건(헌재 1996. 10. 4. 93헌가13)을 필두로 하여, 최근의 영상물등급위원회에 의한 비디오물 등급분류보류제도를 규정한 구 음반·비디오물 및 게임물에 관한 법률 제20조 제4항에 대한 위헌결정사건(헌재 2008. 10. 30. 2004헌가18)에 이르기까지, 검열에 관한 판단기준을 일관되게 유지하고 있다.

헌법재판소가 확립한 따르면, 헌법상 검열에 해당하기 위해서는 ① 허가를 받기 위한 표현물의 제출의무, ② 행정권이 주체가 된 사전심사절차, ③ 허가를 받지 아니한 의사표현의 금지, ④ 심사절차를 관철할 수 있는 강제수단이라는 네 가지 요건이 필요하다. 따라서 이 요건이 결여된 사전심사는 검열에 해당하지 않으며, 또한 헌법재판소는 사후적인 행정규제 또는 사법절차에 의한 표현금지조치는 헌법상 허용된다고 하였다.

영상물등급위원회의 행정기관성에 관한 최근 헌법재판소의 판례(헌재 2008. 10. 30. 2004헌가18)에 따른다면, 게임물등급위원회가 행정기관에 해당한다는 것에는 무리가 없다. 그리고 개정법은 게임제작업자 등에게 사전에 게임물에 관하여 등급분류를 받도록 하고 있고(제21조 제1항), 게임물등급위원회의 등급분류 거부결정권한을 인정하고 있으며(제22조 제2항), 등급을 받지 아니한 게임물 및 등급분류가 거부된 게임물의 이용제공 등을 금지하고(제32조 제1항 제1호, 제4호), 이를 위반한 경우에 형사처벌을 가하고 있기에(제44조 제1항 제2호), 사행성게임물의 '표현물' 해당 여부를 제외한 검열의 요건을 전부 갖추고 있다. 제정법 역시 등급위원회로 하여금 게임물의 이용에 따라 지급하는 경품 그 밖의 재산상 이익이 문화관광부령이 정하는 기준과 방법을 초과하는 게임물에 대하여 사행성게임물로 결정할 수 있도록 하고(제21조 제3항), 「사행행위 등 규제 및 처벌특례법」 등 다른 법률의 규정에 의하여 규제 또는 처벌대상이 되는 행위 또는 기기에 대해서는 등급분류를 거부할 수 있도록 하면서(제22조 제2항), 등급을 받지 아니한 게임물 및 사행성게임물로 결정된 게임물의 이용제공 및 유통을 금지하고(제32조 제1항 제1호, 제4호) 그 위반에 대한 처벌규정(제44조 제1항 제2호)을 두고 있으므로 개정법과 동일하다고 할 수 있다.

결국, 남은 쟁점은 사행성게임물을 표현물로 볼 수 있느냐 여부에 있다고 할 것인데, 헌법에서 금지하고 있는 검열제는 사상이나 의견 등이 담겨 있는 표현에 관하여 그 내용을 심사하여 발표를 사전에 억제하는 것일 뿐, 사상이나 의견이 담겨 있지 아니한 것(이는 표현의 자유의 영역에 포섭되지도 아니한다), 또는 당해 표현의 내용을 심사하는 것이 아니라 내용과는 무관한 표현방법 또는 표현행위 그 자체에 대한 사전심사 및 발표 억제는 헌법이 금지하는 검열에 해당하지 않는다고 할 것이다.[6)]

3. 사행성게임물 등급분류거부제도의 검열 해당 여부

여기서 '사행성게임물'의 의미를 구체적으로 살펴볼 필요가 있다. 먼저 개정법 제2조 제1호의2는 사행성게임물의 정의에 관하여 "사행성게임물이라 함은 다음 각 목에 해당하는 게임물로서, 그 결과에 따라 재산상 이익 또는 손실을 주는 것을 말한다. 가. 베팅이나 배당을 내용으로 하는 게임물, 나.

---

6) 헌법재판소 역시 96헌바2 사건에서, 광고물의 표시에 관하여 사전 허가제를 운영하고 있는 「옥외광고물등관리법」(1990. 8. 1. 법률 제4242호) 제3조에 관하여, "옥외광고물등관리법 제3조는 일정한 지역·장소 및 물건에 광고물 또는 게시시설을 표시하거나 설치하는 경우에 그 광고물 등의 종류·모양·크기·색깔, 표시 또는 설치의 방법 및 기간 등을 규제하고 있을 뿐, 광고물 등의 내용을 심사·선별하여 광고물을 사전에 통제하려는 제도가 아님은 명백하므로, 헌법 제21조 제2항이 정하는 사전허가·검열에 해당되지 아니한다"고 판시한 바 있다.

우연적인 방법으로 결과가 결정되는 게임물, 다. 「한국마사회법」에서 규율하는 경마와 이를 모사한 게임물, 라. 「경륜 · 경정법」에서 규율하는 경륜 · 경정과 이를 모사한 게임물, 마. 「관광진흥법」에서 규율하는 카지노와 이를 모사한 게임물, 바. 그 밖에 대통령령이 정하는 게임물"이라 규정하고 있으며, 헌법재판소는 위 규정과 관련하여 2007헌마103사건에서 사행성게임물을 "게임의 결과에 따라 재산상 이익 또는 손실을 줄 목적으로 게임 이용자로 하여금 돈을 걸게 하거나 게임 이용자에게 돈을 나누어주는 방식 그리고 당사자에 있어서 확실히 예견 또는 자유로이 지배할 수 없는 사실에 관하여 승패를 결정하는 방식으로 구동되는 게임물"이라고 판시[7]하였다.

'사행성게임물'이라는 문구만을 두고 본다면, 마치 '사행적인 성격'을 겸비한 '게임물'인 것처럼 해석될 소지가 있으나, 결론부터 언급하자면 사행성게임물은 '표현물'로서의 게임물이 아니라, 불법으로 평가되는 '도박이나 사행행위의 도구 내지 수단'이라 할 것이다. 여기서 '사행성'의 개념은 현행 법률상의 '사행행위' 개념의 해석을 통해서 그 의미를 유추할 수 있을 것이고, '사행행위' 또는 '사행성'의 개념 정립과 사행성게임물이 '게임물'에 해당할 수 있는지 여부를 규명하는 과정을 통하여 사행성게임물의 표현물 해당 여부를 판가름할 수 있을 것이다. 사행행위는 1961. 11. 1. 법률 762호로 제정된 「복표발행 · 현상기타사행행위단속법」 제2조 제3항에서 "종류, 명목, 방법의 여하를 불구하고 타인으로부터 금품을 모아 우연의 결과에 의하여 특정인에게 재산상의 이익을 제공하고 다른 참가자에게 손실을 가져오게 하는 일체의 행위"라고 정의된 이래, 「사행행위 등 규제 및 처벌특례법」(2008. 2. 29. 법률 제8852호) 제2조 제1항 제1호에서 "다수인으로부터 재물 또는 재산상의 이익을 모아 우연적 방법에 의하여 득실을 결정하여 재산상의 이익 또는 손실을 주는 행위"라고 규정된 것에서 알 수 있듯이, ① 다수인으로부

7) 여기서 사행성게임물의 정의규정('우연적인 방법', '베팅이나 배당으로 내용으로 하는' 등)의 명확성 위배 여부가 문제되는데, 헌법재판소는 "법 조항 중 베팅(betting)과 배당(配當)의 의미는 명확하며, 「복표발행 · 현상기타사행행위단속법」 및 「사행행위 등 규제 및 처벌특례법」은 '우연'을 사행행위의 법률요건으로 하여 왔으며, 대법원은 도박을 정의하면서 우연성판단의 기준을 제시하고 있으므로, 위 규정의 해석이 개인적으로 좌우될 가능성은 없다"라고 판시하였다.

터의 재물 또는 재산상의 이익의 수집, ② 우연적 방법에 의한 득실의 결정, ③ 재산상의 이익 또는 손실 야기[8)]라는 세 가지 구성요건으로 이루어져 있다. 사행행위 또는 사행성의 개념을 이와 같이 해석하고 이 기준이 순수한 게임물과 도박이나 사행행위에 이용되는 도구나 수단의 경계선 획정기준으로 작용한다면, 결국 '우연적 방법에 의한 이용결과에 따라 재산상 이익이 지급되는 기기'는 비록 게임물의 외형을 띤다고 하더라도, 순수한 게임물이 아닌 도박이나 사행행위의 도구 내지 수단에 해당한다고 할 것이어서,[9)] 적어도 개정법에서 게임물의 범주에서 제외시킴과 동시에 등급분류 거부의 대상으로 삼고 있는 사행성게임물은 사행적인 성격을 겸비한 '게임물'이라 아니라 '도박이나 사행행위의 도구 내지 수단'에 해당하는 개념이 된다고 할 것이다.

게임물이 표현물로서 표현의 자유의 보호의 대상이 된다는 점은 분명하지만 「게임산업진흥에 관한 법률」의 게임물에 대한 정의가 이원 구조로 되어 있다는 점 때문에 사행성게임물이 표현물인가는 따로 검토를 할 필요가 있다.

「게임산업진흥법」 제2조 제1호에서 정하는 게임물이란 "컴퓨터프로그램 등 정보처리 기술이나 기계장치를 이용하여 오락을 할 수 있게 하거나 이에 부수하여 여가선용, 학습 및 운동효과 등을 높일 수 있도록 제작된 영상물 또는 그 영상물의 이용을 주된 목적으로 제작된 기기 및 장치"를 말한다. 즉 게임물은 '영상물'과 '기기 및 장치'의 이원적 구조로 되어 있다. 개념적으로 볼 때, 영상물이면 충분한 것으로 보이는데 이의 이용을 주된 목적으로 하는 '기기 및 장치'를 별도로 규정한 이유는 무엇인가? 이는 게임물이 그것의 내용인 '영상물'과 그것을 구동시키는 '기기 및 장치'로 구성되어 있

8) 우연적 방법에 의한 결과(output)에 대해 금전적 이익 또는 손실의 형태로 보상을 하느냐의 문제이며, 금전적 보상 여부를 결정하는 중요한 기준은 '환가성'이라는 개념이다. 이는 금전의 형태가 아닌 경품 등의 재산적 가치가 있는 형태로 보상을 해주는 경우에 주로 의미있는 개념이 되는데, 그 경품이 가격이나 내용 면에서 통상적인 기념품 수준을 벗어나지 않고, 환전가능성이 없는 경우에는 사행행위성을 부인할 수 있다.

9) 대법원 역시 1990. 7. 13. 선고 90도604 판결, 1990. 11. 13. 선고 90도1848 판결에서 유사한 취지로 판시하였다.

기 때문이다.[10] 이와 같은 게임물의 정의에서 볼 때, 게임물은 '의사표현의 매개체'라 할 수 있는 영상물과 그렇지 않는 '기기 및 장치'로 구성되어 있음을 알 수 있다. 이렇게 보면, 헌법재판소가 판시한 "표현의 자유를 보장하는 헌법 제21조 제1항에 의하여 보장을 받는다"[11]하는 법리는 게임물 구성의 한 요소인 영상물에 적용되는 것이라 해석할 수 있다. 이는 이 결정의 대상이 된 사건에서 문제되었던 것이 "'다크스톤' 등 5종류의 컴퓨터 CD게임물"이라는 것에서 확인할 수 있다. 정리하면, 헌법재판소 판단의 대상이 되었던 것은 영상물인 컴퓨터 CD게임물에 국한 되며,[12] 그것의 이용을 주된 목적으로 하는 '기기 및 장치'에 대해서는 헌법재판소는 어떤 판단도 하지 않았다.

게임물 개념이 영상물과 '기기 및 장치'로 이원적으로 구성된 것은 입법연혁을 통해 확인할 수 있다. 법령에서 게임물 개념이 명문으로 정의된 것은 1999년에 제정된 「음반·비디오물 및 게임물에 관한 법률」(제정 1999. 2. 8 법률 제5925호)부터였다. 이 때 게임물은 "컴퓨터프로그램에 의하여 오락을 할 수 있도록 제작된 영상물(유형물에의 고정여부를 가리지 아니한다)과 오락을 위하여 게임제공업소 내에 설치·운영하는 기타 게임기구를 말한다(제2조 제3호)" 여기서 게임물 개념은 영상물과 게임제공업소에 설치·운영되는 '게임기구'로 완전히 이원화되어 있었다. 이는 이전의 유기장법·유기

10) 예를 들어, 아케이드게임의 경우 영상물과 그것의 전용구현기기로 구성되어 있으며, 콘솔게임의 경우도 영상물과 그것의 전용구동장치로 구성되어 있다. 개인용 컴퓨터(PC)로 구현되는 온라인게임의 경우는 영상물로만 구성되어 있다고 해야 한다. 일반 가정이나 회사에서 사용되는 개인용 컴퓨터가 특정 게임의 내용이 되는 영상물의 이용을 주된 목적으로 하지 않기 때문이다. 다만, 개인용 컴퓨터가 특정 게임의 구현만을 위하여 영상물과 일체화되어 있는 경우는 전용게임기기라 볼 수 있기 때문에 게임물의 정의에서 말하는 '기기 및 장치'라 볼 수 있다.

11) 「음반·비디오물 및 게임물에 관한 법률」 제30조 제1호 등 위헌소원(2002. 2. 28. 99헌바117 전원재판부) 『헌법재판소판례집』 제14권 1집, 124면.

12) 영상물이 이용자에게 전달되기 위해서는 특정 저장장치에 기록되어 있어야 한다. 여기서 컴퓨터 CD는 그러한 저장장치의 일종이다. '저장장치에 기록되어 있는 영상물'에서 저장장치는 게임물의 정의에서 말하는 '기기 및 장치'가 아니라고 해야 한다. 왜냐하면 저장장치(오프라인 게임의 경우는 플로피디스크나 CD, DVD 등이고 온라인게임의 경우는 서버컴퓨터의 하드디스크)는 영상물이 이용자에게 전달되기 위한 필수적인 수단이 될 뿐이지, 영상물의 구동을 위한 특정의 게임기기라 할 수 없기 때문이다.

장업법 · 공중위생법에서 규율되던 유기기구가 음비게법으로 이관되면서 이와 같은 규정이 만들어졌다. 이전에는 유기기구에 대한 검사제도가 운영되어 왔으며, 콘텐츠등급분류기관인 영상물등급위원회가 게임물을 담당하면서 콘텐츠에 해당하는 영상물의 경우는 등급분류의 범주에 넣고, 기존의 검사제도의 대상이었던 게임기구는 사행성을 이유로 하는 사용불가제도(음비게법 제1조 제3항)의 대상으로 한 것 때문에 게임물 개념이 이원적으로 될 수밖에 없었다.

게임물의 정의규정에서 볼 때, 적어도 영상물의 이용을 주목적으로 하는 기기 및 장치는 그 자체로는 의사표현의 매개체가 아니라는 점을 분명하다. 영상물이 의사표현의 매개체인 표현물이지, 기기 및 장치는 영상물과 구분되는 것이기 때문이다. 그렇다면 기기 및 장치에 대한 허가제는 사전검열에 해당하는가를 살펴볼 필요가 있다.

'기기 및 장치'에 대해서 일정한 기준을 설정하고 이에 대한 충족에 따라 허가 여부를 결정하는 것은 이것이 표현물이 아니기 때문에 얼마든지 사전허가의 대상으로 할 수 있다. 헌법재판소는 "「옥외광고물 등 관리법」 제3조가 일정한 지역 · 장소 및 물건에 광고물 또는 게시시설을 표시하거나 설치하는 경우에 그 광고물 등의 종류 · 모양 · 크기 · 색깔, 표시 또는 설치의 방법 및 기간 등에 대해서 사전에 허가를 받거나 신고할 것을 규정하고 있는 것은, 헌법상 금지되는 사전허가나 검열에 해당하지 아니한다"고 판시한 바 있다.[13] 헌법재판소는 옥외광고물의 내용이 아니라 그것의 '종류 · 모양 · 크기 · 색깔, 표시 또는 설치의 방법 및 기간 등'에 대한 허가제는 사건검열에 해당하지 않는다고 한 것이다. 이 법리에 따르면 기기 및 장치에 대해서 일정한 기준을 설정하고 이에 대한 충족 여부에 따라 허가하는 것은 결코 사전검열이라고 할 수 없는 것이다.

위에서도 살펴보았지만 사행성게임물의 정의는 베팅 · 배당 또는 우연적 방법의 요소가 있는 게임물로서 그 결과에 따라 재산상의 이익 또는 손실을 주는 것인데, 이는 표현물인 영상물에 해당하는 것이라 보기 어렵다. 실질적

13) 「옥외광고물 등 관리법」 제3조 위헌소원(헌재 1998. 2. 27. 96헌바2), 「헌법재판소판례집」 제10권 1집, 125면.

인 베팅·배당이 있어야 하고, 실질적인 재산상의 이익 또는 손실이 있어야 하는데, 이는 결코 영상물 그 자체로는 실현될 수 없는 것이다. 사행성게임물은 의사표현을 문제 삼는 것이 아니라 그것을 매개로 도박 또는 사행행위가 이루어지는가를 문제 삼는 것이다. 배팅·배당 또는 재산상의 이익 또는 손실은 기기 및 장치를 통해 이루어지는 것이지 영상물을 통해 이루어지는 것이 아니다. 그렇다면 사행성게임물제도는 법적으로 금지되는 도박 또는 사행행위의 요소가 있는가에 대하여 '기기 및 장치'를 규율하는 제도이지 결코 표현물인 영상물을 규제하는 제도가 아니다.

사행성게임물 등급분류거부제도가 '표현물'에 대한 사전통제장치가 아니라는 점은 등급분류제의 본질적 기능 및 속성에 비추어 보더라도 알 수 있다. 헌법재판소는 영화의 사전심의제에 관하여 "영화의 상영으로 인한 실정법위반의 가능성을 사전에 막고, 청소년 등에 대한 상영이 부적절할 경우 이를 유통단계에서 효과적으로 관리할 수 있도록 미리 등급을 심사하는 것"은 사전검열이 아니라고 판시하였는바, 이와 같은 실정법 위반가능성의 차단 및 청소년보호의 목적으로 표현물의 내용을 미리 심사하여 연령층에 따라 당해 매체물의 접근가능 등급을 분류하는 절차가 바로 매체물에 대한 내용심의 및 등급분류제인바, 이는 '콘텐츠의 내용'에 대한 통제시스템에 그 본질적 요소가 있는 것이다. 이러한 성격의 등급분류제는 영화, 비디오물, 게임물 등 대부분의 매체물에 적용되고 있으며, 주된 등급분류기준은 콘텐츠 내용의 폭력성·선정성 등이다. 여기 주목할 부분은 ① 당해 매체물 심의의 기준으로 적용되는 것은 그 내용의 선정성 등의 측면에서 '정도' 혹은 '강도'의 수준이지, '유무'의 판단이 아니라는 점이며, ② 매체물 내용심의 및 등급분류는 당해 매체물의 내용이 원칙적으로 현행법 하에서 '적법한' 것이라는 점을 전제로 한 것이며, '위법한(illegal)' 것인지 여부에 대한 종국적인 판단권한은 원칙적으로 사법부의 영역이어서 사전심의기구는 불법성에 대한 판단권한을 갖지 못한다는 것이다. 게임물 등급분류 및 사행성게임물의 확인(결정)을 두고 본다면, 사행성 판단은 '유무'에 관한 판단임에 반해, 등급분류는 콘텐츠의 '정도'에 관한 판단이 되고, 또한 사행성 판단은 게임물의 구체적인 운용방식에 대한 통제기제임에 반해, 등급분류는 게임물의 내용 그 자체에 대한 통제기제가 된다는 점이다. 그리고 사행성게임물 등급분류 거부제도는 당해 게임물이 도박이나 허가받지 않은 사행행위에 이용될 수 있는 불법행위 수단이라는 법적 평가(불법성 평가)를 행하는 제도에 해당하는 것으로, 게임물이 아닌 '불법행위수단' 혹은 '게임물등급위원회의 관할대상이 아닌 것'에 대한 등급분류신청이 이루어지는 경우 게임물등급위원회로 하여금 등급분류를 거부할 수 있게 함으로써 등급분류제의 본질적 성격을 유지하려는 취지로 제도화된 것으로 보인다.

이러한 점은 법률의 규정을 통해서도 충분히 알 수 있다. 개정법 제2조 제1호는 '사행성게임물'을 게임물의 범주에서 배제하고 있고, 제2조 제1호의 2는 사행성게임물이 우리나라에서 '원칙적 금지·예외적 허용'의 대상이 되고 있는 경마, 경륜·경정, 카지노와 동일하게 평가할 수 있다는 점을 보여고 있으며, 제2조 제6호는 「사행행위 등 규제 및 처벌특례법」에 의한 사행기구를 갖추어 사행행위를 하는 경우와 사행성게임물을 제공하는 경우를 공히 게임제공업에서 제외하면서 양자를 동일시하고 있고, 제22조 제2항은 사행성게임물을 「사행행위 등 규제 및 처벌특례법」의 규정에 의하여 규제 또는 처벌대상이 되는 행위 또는 기기와 동일하게 취급하고 있다. 그리고 제정법 제21조 제3항을 보더라도 "게임물의 이용에 따라 지급하는 경품 그 밖의 재산상 이익이 문화관광부령이 정하는 기준과 방법을 초과하는 게임물"을 사행성게임물로 결정할 수 있도록 하고 있다. 결국, 제정법에서의 사행성게임물 결정제도, 개정법에서의 사행성게임물 확인제도 및 등급분류거부제도는 원칙적으로 불법행위인 도박이나 사행행위의 도구 내지 수단을 규제하려는 취지에서 도입된 것이지, 언론·출판의 자유의 보호대상이 되는 '표현물'로서의 순수한 게임물의 유통을 사전에 통제하려는 취지에서 도입된 것은 아니라고 할 것이다

4. 소　　결

사행행위는 복표발행, 현상, 경마 등 여러 매개체를 이용하여 이루어 질 수 있는데, 게임물의 경우 온라인 접속 또는 게임장이라는 물리적 시설과

공간을 통하여 다수인의 참여가 가능하며 여기에 게임의 결과에 따라 지급되는 경품 등 재산상 이익이 제공되는 경우 언제든지 사행행위 영업의 수단으로 이용될 수 있으며 실제로도 그렇게 되어 왔다는 점에서, 사행성게임물에 대한 등급분류거부제도는 당해 게임물이 그 운영방식에 비추어 사행행위의 수단이 되는 경우 등급분류 단계에서 사행성게임물로 결정하겠다는 입법취지를 가진 것으로, 사행성게임물의 확인 또는 등급분류거부는 게임의 내용에 대한 심사가 아니라 게임의 운영 등 기술적 요소에 대한 심사에 따른 것이어서,[14] 결론적으로 헌법에서 금지하는 검열에 해당하지 않는다고 할 것이다.

V. 보　　론

개정법 제22조 제2항은 등급분류 거부의 대상으로 사행성게임물 이외에도 「사행행위 등 규제 및 처벌특례법」, 「형법」 등 다른 법률의 규정에 의하여 규제 또는 처벌대상이 되는 행위 또는 기기, 정당한 권원을 갖추지 아니하였거나 거짓 그 밖의 부정한 방법으로 한 등급분류 신청'을 규정하고 있는데, 그 취지는 앞서 본 바와 같이 사행성게임물에 있어서의 등급분류 거부와 동일하다고 보인다. 다만, 이러한 입법자의 의도와는 무관하게, 이를테면 "형법의 규정에 의하여 처벌대상이 되는 행위"에 관하여 표현물의 내용심사가 이루어지는 형법상 음란물 등이 이에 해당한다고 볼 소지가 있다고 할 것이어서, 문구의 정비가 필요하다고 보인다.

---

14) 개정법 제21조 제8항은 "등급위원회는 게임물의 사행성 여부 등을 확인하기 위하여 대통령령이 정하는 바에 따라 기술심의를 할 수 있다"라는 규정을 신설하여, 사행성게임물 여부는 내용이 아닌 기술심의에 따른 것임을 분명히 하고 있다.

게임아이템 거래와 형사법적 문제

chapter 09

이 정 훈*

Ⅰ. 들어가는 말

인터넷의 등장과 더불어 발전하고 있는 '가상세계'의 출현은 현실사회의 범죄자에게 새로운 신천지를 열어주고 있다. 현재 수많은 현실세계의 범죄들이 온라인상에 나타나고 있고 이에 대처하기 위한 형사적 대응의 정도도 강화되고 있는 것이 현실이다. 그 중 최근에 나타나고 있는 범죄현상 중 세계적으로 관심이 집중되고 있는 것은 온라인상으로 이루어지는 도박행위에 대하여 어떠한 대책을 마련하여야 하는가이다. 최근 영국이나 미국, 호주 등의 경우를 보면 그 법률의 명칭 여하에 불문하고 온라인도박에 대한 규제입법이 이루어지고 있는 것을 알 수 있다.[1] 이들 나라의 온라인도박에 대한 입법을 살펴보면 현실에서 도박에 대한 법적 규제의 방식이나 정도가 각기 상이함에도 불구하고 온라인도박의 규제 필요성에 대해서는 대부분 견해가 일치하고 있는 것으로 보인다. 이는 현실에서의 도박보다는 온라인상의 도

* 중앙대학교 법과대학 교수, 게임물등급위원

1) 호주의 「Interactive Gambling Act 2001」, 영국의 「Gambling Act 2005」, 미국의 「Unlawful Internet Gambling Enforcement Act of 2006」 참조.

박이 개인과 사회에 미치는 해악이 더욱 크다는 것을 반영하는 것이다.

온라인도박 혹은 사이버도박 내지 인터넷도박은 그 명칭 여부를 떠나 현실에서 도박으로 간주되는 행위가 인터넷이라는 가상공간의 출현과 더불어 새롭게 등장한 결제수단인 전자화폐 내지 전자금융거래를 통해 온라인상에서 이루어지는 범죄라고 할 수 있다.[2] 인터넷과 새로운 결제수단 내지 거래방식으로 인하여 현실에서보다 더욱 시간과 비용적 측면에서 도박참가에 대한 유발효과가 크기 때문에 온라인도박의 근절을 위한 대책은 우리나라의 상황에서도 시급히 해결해야 할 과제로 떠오르고 있다.

그런데 우리나라에서의 온라인도박에 대한 입법적 대응의 방식을 보면 현실에서의 도박이 온라인상에서 더욱 빈번하게 나타나고 있다는 점에 있기보다는 온라인게임에서의 사행성 문제와 관련이 있어 보인다. 최근 우리나라에서는 고스톱, 포커류의 온라인보드게임과 리니지 등으로 대표되는 온라인 MMORPG 게임을 통해 취득한 게임머니나 아이템 등을 중계사이트 등을 통하여 현금으로 환전하는 경우가 많다. 이러한 행위는 결국 게임을 사행화하고 시실상 게인행위와 온라인도박행위를 구별하지 못하게 하는 것으로서 강력히 규제해야 한다는 견해가 지배적이다. 이에 따라 최근 개정된 「게임산업진흥에 관한 법률」(이하 "게임산업진흥법"이라 한다)에서는 온라인게임의 이용을 통해 취득한 게임머니나 아이템을 환전하는 등의 행위를 하는 경우 형사처벌의 대상으로 삼고 있다.[3] 이에 대해 게임과 도박은 구별되는 것이며 온라인상의 게임머니나 아이템 등은 가상공간에서의 독자적인 경제행위수단으로 인정되어야 하며 이를 거래한다고 해서 불법으로 간주해서는 안된다고 주장하는 견해도 상당히 유력하다. 이러한 상황에서 온라인게임 아이템 거래가 게임의 사행성과 관련하여 어떠한 문제점을 가지고 있으며, 아울러 최근 개정된 게임산업진흥법의 환전업금지 조항이 온라인게임 아이템 거래에 미치는 영향에 대하여 분석할 필요성이 제기된다.

이하에서는 우리나라에서의 온라인게임 아이템의 거래에 대한 형사법적 문제점을 살펴보고 현행 게임산업진흥법상의 환전업금지조항의 적용범위에

2) 이정훈, "온라인도박의 형사책임," 「중앙법학」 제6집 제3호, 2004, p. 157.

3) 「게임산업진흥에 관한 법률」 제32조 제1항 제7호, 제44조 제1항 제2호.

대하여 검토하고자 한다.

Ⅱ. 온라인게임 아이템 거래의 형사법적 문제

1. 온라인게임 아이템 거래의 의미

게임아이템이란 온라인게임 내에서 게임을 플레이하기 위해 활용되는 여러 가지 유형의 항목을 의미하는데, 디지털 재화, 온라인 롤플레잉게임의 파생상품 등 다양한 개념으로 사용되기도 한다. 일반적으로는 게임 내에서 이용자가 생성한 캐릭터 내지 아바타(avatar)가 지니고 있는 게임도구를 통칭하는 말이기도 하다. 예컨대 RPG 게임 상의 칼, 활, 방패, 망토, 물약, 보석 등이 이에 해당하고, 게임에서 아이템을 구매하거나 게임배팅을 하는 데 사용되는 아데나(리니지게임), 한게임 등에서 사용되는 포커머니, 고스톱머니 등의 게임머니도 넓게는 아이템에 해당한다고 할 수 있다.

이러한 게임아이템은 원래 온라인게임 내에서 게임을 즐기기 위해서 사용되는 정보에 불과하지만 게임진행을 보다 효과적으로 함으로써 시간적 비용을 줄이고 게임 내에서의 캐릭터의 지위상승 등을 위하여 게임 내에서나 다른 외부의 경로를 통하여 직접 현금을 주고받음으로써 아이템을 취득하는 경우가 나타나고 있다. 일정한 비용을 지불하고 게임아이템을 취득하면 그러한 아이템을 소지하고 있는 것만으로도 게임 내에서의 위상과 게임의 승률을 효과적으로 높일 수 있기 때문에 대부분의 게임 이용자들은 아이템 거래를 일상적인 것으로 보고 그 거래의 규모도 커지고 있다.

2006년 현재 온라인게임 아이템의 현금거래 규모는 약 8,307억 원으로 추정되고 있다.[4] 그 중 중개거래사이트를 통한 거래는 6,692억 원, 이용자들간의 직거래는 1,615억 원으로 보고되고 있다. 온라인게임 초기에는 직접 유

---

4) 온라인게임 아이템 현금거래 실태조사, 한국게임산업개발원, 2006.

저들 간의 직거래가 대부분이었으나 직거래를 통한 거래는 사기피해의 우려가 있기 때문에 현재의 상황에서 거래의 안전을 보장하기 위하여 아이템 중계사이트를 이용하는 것이 일반적인 현상이 되고 있다.

그런데 온라인게임의 아이템 거래가 활성화되면서 게임 이용자들의 게임아이템에 대한 시각이 변모되어 가고 있다. 왜냐하면 게임아이템 자체가 경제적 가치를 지닌 것으로 평가되어 이제 이용자들은 게임을 게임 자체로 즐기기보다는 경제적 이익을 추구하기 위하여 게임을 이용하게 된 것이다. 이러한 상황에서 이른바 '작업장'[5]의 등장과 보다 효과적으로 많은 아이템을 취득하기 위하여 오토 프로그램을 이용하거나 계정 도용 및 해킹 등의 사회적 문제를 야기하고 있다. 특히 값싼 노동력을 바탕으로 한 중국 작업장의 등장은 우리나라의 아이템 거래의 구조를 왜곡시키고 외화유출이나 주민등록번호 도용, 나아가 우리나라 온라인게임에 대한 경제적 성장에 장애요소가 되고 있다.

현재 온라인게임 아이템 현금거래는 게임제공회사의 약관에 의하여 금지되고 있다. 따라서 정상적인 게임이용계약에 따르면 게임이용자는 아이템의 현금거래를 하여서는 안 되며 만약 현금거래를 한 경우 계약위반에 대한 책임을 부담해야 할 것이다. 그럼에도 불구하고 게임 이용자들은 아이템 거래를 일반적인 게임이용의 형태 내지 경제적 교환행위로 받아들이고 있고, 현금거래에 대한 게임회사의 제재조치에 반발하고 있는 것이 현실이다. 이러한 온라인게임 아이템 거래에 대한 게임제공회사의 정책과 이용자 간의 시각 차이는 아이템의 재산권에 대한 새로운 법적 문제점을 제기하고 있다.

2. 온라인게임 아이템 거래의 법적 성질

(1) 민사법적 측면

온라인게임 아이템이 현실에서 거래가 되고 있다는 점에서 게임아이템

---

5) 작업장이란 특정 온라인게임의 캐릭터를 키우면서 게임머니를 벌고 아이템을 수집해 이를 통해서 수익을 얻는 것을 목적으로 하는 장소와 사업체를 의미한다.

거래에 대한 법적 성질을 어떻게 파악할 것인가에 대한 논의가 존재한다. 민사적으로는 아이템 매매계약설, 아이템 이용권 양도계약설, 권리금계약설 등 견해가 나뉘고 있다. 그리고 게임아이템의 거래 및 현금거래는 새로운 경제시스템 및 사회적 가치의 창출이라고 보고 게임아이템 거래는 유저 간의 사적 자치 및 선택의 영역이며, 일정 부분 게임에의 몰입 및 게임의 발전에도 기여하고, 유저들의 게임 선택 및 새로운 게임 진출입의 용이성 확보 및 게임아이템 거래시장 및 시스템의 경험과 노하우(know-how)를 축적하여 해외수출 가능성 확보, 아이템 거래에 조세부과로 새로운 세원창출 등이 가능하므로 게임아이템 거래가 약관으로 금지되어서는 안 된다는 보는 견해도 있다.[6)]

(2) 형사법적 측면

온라인게임 아이템 거래를 형사적 측면에서 바라볼 때에는 그 거래의 유효성의 문제가 아니라 아이템 그 자체의 법적 성질이 무엇이며 이를 둘러싼 범죄현상에 대하여 어떠한 형사처벌 규정을 적용할 수 있는가가 중요하다.

게임아이템은 컴퓨터프로그램으로 구현되는 가상의 게임공간 내에서만 존재하기 때문에 현실의 물질 또는 에너지라고 볼 수는 없고 그것의 관계를 규명하는 패턴을 의미하는 광의적 의미의 '정보'에 해당하게 된다.[7)] 이러한 의미에서 현실에서 거래의 대상이 되고 있는 게임아이템에 대한 법적 성질은 결국 재산범죄에 있어서 '정보'의 재물성 내지 재산성에 관한 논의와 직결된다.

먼저 정보의 재물성에 대한 논의를 본다. 다수설[8)]과 판례에 따르면 정보는 절도죄나 횡령죄, 기타 장물죄에 있어서 '재물'로 포섭되지 못한다. 대

---

6) 정준모, "아이템 현금거래 대책 관련 발표문," 「아이템 현금거래 대책 토론회 자료집」, 문화관광부, 2006, p. 51.

7) 게임아이템의 법적 성질을 '정보'로서의 컴퓨터프로그램 저작물로 파악하는 견해로는 윤선희, "아이템 현금거래 현황 및 성격," 「아이템 현금거래 대책 토론회 자료집」, 문화관광부, 2006, p. 21.

8) 이재상, p. 228; 배종대, p. 347; 김일수, p. 235; 오영근, p. 333; 임웅, p. 248.

법원 2002. 7. 12. 선고 2002도745 판결에 따르면 "절도죄의 객체는 관리 가능한 동력을 포함한 '재물'에 한한다 할 것이고, 또 절도죄가 성립하기 위해서는 그 재물의 소유자 기타 점유자의 점유 내지 이용가능성을 배제하고 이를 자신의 점유 하에 배타적으로 이전하는 행위가 있어야만 할 것인바, 컴퓨터에 저장되어 있는 '정보' 그 자체는 유체물이라고 볼 수도 없고 물질성을 가진 동력도 아니므로 재물이 될 수 없다 할 것이며, 또 이를 복사하거나 출력하였다 할지라도 그 정보 자체가 감소하거나 피해자의 점유 및 이용가능성을 감소시키는 것이 아니므로 그 복사나 출력 행위를 가지고 절도죄를 구성한다고 볼 수도 없다"고 판시하고 있다. 비록 일부 견해에서 정보를 적극적으로 재물로 포섭해야 한다는 주장도 있지만[9] 여전히 학계나 판례상으로 전자적 정보는 재산죄에 있어서 '재물', 즉 유체물 및 관리 가능한 동력으로 인정받지 못하고 있다.

그런데 현행 형법체계는 재산범죄에 있어서 재산의 개념을 '재물'과 '재산상 이익'으로 구분하고 있고, 따라서 '정보'가 유체물 및 관리 가능한 동력은 아니지만 경제적 기치가 있다면 '재산상 이익'에 해당할 여지는 있다고 보여진다. 예컨대 서울지법 서부지원 2000. 11. 8. 선고 2000고단1366 판결에서 나타난 바로는 온라인 게임 상의 아이템을 재산상 이익으로 파악하고 있다. 본 사안은 '리니지'라는 온라인게임 상의 아이템을 취득하기 위하여 타인을 공갈하여 자신의 리니지 계정으로 아이템을 이전시킨 사건이다. 본 판결은 온라인 게임 상의 아이템에 대하여 재산범죄의 객체로 인정한 최초의 판결로서 의미를 가지고 있다고 볼 수 있는데, 이 판결에서도 직접적인 언급은 없으나 아이템은 재물이 아니라 재산상 이익으로 파악하고 있다. 리니지 아이템도 역시 전자적 '정보'라고 할 수 있으므로 결국 '정보'는 재

9) 이정원, "재산범죄에 있어서 재물간주규정에 대한 새로운 이해," 한국비교형사법학회 2003년 하계국제학술대회 자료집, p. 342; 하태영, "한국형법에 있어서 '재물개념'의 논쟁사," 2003년 한국비교형사법학회 하계국제학술대회 포스트 논문, p. 27 참조. 특히 하태영 교수는 현재의 형법해석상 재물개념에 '정보'가 해당된다고 보기 어렵다면 입법론으로 형법 제346조의 재물간주규정을 개정해야 한다고 한다. 그 개정안으로서 "형법 제346조 본장의 죄에 있어서 재물은 유체물, 관리할 수 있는 물리적 동력, 전파, 레이저, 광선에너지 그리고 전자형태로 된 아이템(item) 및 전자문서를 포함한다"를 제시하고 있다.

물이 아니라 '재산상 이익'으로서 재산범죄의 적용영역에 들어와 있다고 할 수 있다.[10)]

따라서 게임아이템이 '재산상 이익'으로서 재산범죄의 적용영역으로 들어오게 되면 게임아이템을 둘러싼 여러 가지 불법행위들에 대해 현행 규정으로 대처할 수 있다. 예컨대 권한 없이 타인계정에 접속하여 아이템을 자신의 계정으로 옮긴다면 정보통신망법 위반 내지 컴퓨터등사용사기죄가 성립할 수 있고, 타인을 폭행 또는 협박하여 아이템을 자신의 계정으로 옮기도록 한 경우에는 공갈죄 내지 강도죄가 성립할 수 있다. 물론 아이템 직거래에서 발생하는 기망행위에 대해서는 사기죄가 성립될 수 있다.

3. 온라인게임 아이템 거래의 사행성 문제

(1) 도박죄에 있어서의 온라인게임 아이템

형법 제246조의 도박죄는 "재물로써 도박한 자는 500만 원 이하의 벌금 또는 과료에 처한다"고 규정하고 있다. 이때 '재물'의 의미는 재산범죄에 있어서의 재물로 이해하는 것이 보통이며, 다만 본 죄의 특성상 재산죄에 있어서의 재물과 재산상 이익을 모두 포함하는 개념으로 파악하고 있다.

그런데 온라인게임을 하면서 취득한 게임아이템 내지 게임머니를 게임회사에서 직접 환전해 주거나 중계사이트를 통해 환전하는 경우에도 도박죄가 성립할 수 있을 것인가에 대하여 의문을 가지는 견해가 있다. 왜냐하면 게임아이템은 게임의 이용을 위해 이용되는 것이고 그 거래는 비록 약관에 의하여 금지되고는 있으나 결국 게임으로 투입되기 때문에 이용자나 게임회사 내지 중계사이트(환전상)에게는 재산상 손해는 없으며, 따라서 재산범죄에서 정보의 재물성에 관한 논의는 사회적 법익을 보호하고자 하는 도박죄에 있어서는 달리 해석되어야 한다는 주장도 가능하기 때문이다.

---

10) 한편, 이정원, "가상공간에서의 Cyber 물체에 대한 침해행위와 형법적 평가," 「중앙법학」 제6집 제1호, p. 139에서는 "사이버 물체는 유체물과 동일한 정도의 관리가 가능하고 유체물과 동일한 정도의 형법적 보호가 필요하다는 정도에 이를 때 재산상 이익의 관점이 아니라 재물의 관점에서 재산범죄의 대상으로 인정하는 것이 타당하다"고 한다.

즉 개인의 주관적 기준에 의한 재산상 이익이 아니라 사회적으로 통용될 수 있는 정도 또는 이와 유사한 정도 이어야만 본 죄의 객체로 인정될 수 있다고 보는 것이다. 따라서 게임머니 내지 아이템이 일부 극소수의 제한된 이용자 개인 간의 경제적 가치이거나 거래대상이 되는 경우가 있다 하더라도 도박죄 내지 도박개장죄가 목적으로 하는 사회적 법익 보호상의 통용될 수 있는 경제적 가치를 갖는 대상이라고는 볼 수 없고, 게임사이트의 게임 프로그램을 이용하기 위한 일정의 접근장치 내지 도구에 불과한 것이라고 해석하는 것이 타당하다고 주장할 수도 있다.

생각건대, 게임아이템 내지 게임머니는 그 자체 0과 1의 숫자의 조합인 디지털정보에 불과하며 게임의 진행 및 게임의 흥미를 높이기 위한 게임의 한 요소에 불과하다고 할 지라도, 현실에서의 교환가치를 가지는 한 도박죄에 있어서 '재물(재산)'로서의 성질을 잃지는 않는다고 보아야 한다.[11] 도박죄가 국민의 근로관념과 근로라는 사회의 경제도덕을 보호법익으로 한다고 하더라도 재산의 개념이 재산범죄와 달리 취급되어야 할 이유는 없으며, 개인의 주관적 가치 내지 소극적 가치도 인정하는 것이 지배적인 견해라는 것을 상기한다면 거래대상이 되고 있는 게임머니 혹은 게임아이템은 개인 간에 거래되는 '정보'라는 이유로 재산적 가치가 없다고 할 수는 없기 때문이다. 이러한 의미에서 게임아이템은 도박죄에 있어서 '재물'의 개념 속에 포함되며, 게임아이템 내지 게임머니를 걸고 도박한 경우에는 형법상 도박죄가 성립한다고 할 수 있다.[12]

(2) 위법성 조각의 문제

게임머니나 게임아이템이 현실적 교환가치를 지니고 있다고 하더라도 게임 내에서만 사용된다면 일률적으로 도박죄가 성립한다고 보기는 어렵다. 왜냐하면 도박이란 당사자가 재물을 걸고, 우연한 사정에 의한 승패의 결과

---

11) 같은 취지 대법원 2003. 9. 5. 선고 2002도6303 판결.

12) 온라인 보드게임에서 게임머니를 걸고 고표류의 게임을 하는 경우나 MMORPG 게임 내에서 유저들 간에 아이템을 걸고 가위바위보 게임을 하거나 경주게임을 하는 경우에도 마찬가지로 형법상 도박죄가 성립한다고 할 수 있다.

재물의 득실을 결정하도록 하는 것을 말하는데, 게임아이템을 건다고 하더라도 게임의 승패에 따라 획득한 아이템을 게임 외부에서 현금과 교환하지 않는다면 여전히 게임이용의 도구에 불과하므로, 이는 도박죄에 있어서 위법성 조각사유인 '일시 오락'에 해당될 수 있기 때문이다.

'일시 오락'에 해당하는지 여부는 재물의 가액의 대소 여부에 의하여 일률적으로 정할 것이 아니라 도박의 시간과 장소, 도박에 건 재물의 가액, 도박가담자들의 사회적 지위와 재산 정도, 도박으로 얻은 재물의 용도, 도박의 동기와 도박 자체의 흥미성 등 여러 사정을 참작해야 한다는 것이 다수설[13]및 판례[14]의 입장이다.

위의 입장을 온라인게임에 적용한다고 할 때 무료충전방식, 직·간접충전으로 획득한 아이템이나 게임머니의 비환전정책,[15] 게임 내에서 건 게임머니나 아이템에 대한 적절한 총액 통제시스템의 존재 및 청소년 접근 차단을 위한 인증시스템의 도입 여부는 일시 오락의 판단에서 중요한 요소로 작용될 수 있다. 서울지법 2002. 6. 20. 선고 2001노7858 판결에서 나타난 온라인보드게임에 대한 '일시 오락 정도'의 기준을 살펴보면 게임을 통해 취득한 게임머니의 액수가 하루 3,000원, 월 100,000원 이상[16]이며 게임회사가 직접 환전을 해주거나 추천격려금을 지급해 주는 경우 일시 오락의 정도에 불과하다고 보기는 어렵다고 판시하고 있다.

(3) 온라인게임 아이템 거래의 사행성에 관한 형사규제

위에서 살펴본 바와 같이 게임아이템이나 게임머니가 도박죄에 있어서

---

13) 김일수, p. 555; 오영근, p. 922; 배종대, p. 755; 임웅, p. 696 등.

14) 대법원 1985. 11. 12. 선고 85도2096 판결.

15) 아이템이나 게임머니를 거는 것만으로도 도박죄가 성립할 수는 있으나 도박의 결과물로써 획득된 아이템이나 게임머니가 게임시스템 밖에서 환전되지 않고 다시 게임으로 투입되는 구조로만 이루어진다면 이는 환전가능성이 없는 것으로서 오로지 놀이의 차원에 그친다고 할 것이다. 따라서 직접충전 내지 간접충전을 통해 게임머니나 아이템을 충전하더라도 게임의 결과 환전되지 않는다면 위법성이 조각된다고 보아야 한다. 다만 게등위의 사행성 게임물 기준에서 직접충전을 하나의 예시로 들고는 있으나, 도박죄가 성립한다는 것과 게임이 사행성을 가지고 있다는 것은 서로 다른 차원의 문제일 뿐이다.

16) 게임머니 100,000원이 현금 100,000원과 동일한 가치를 지니고 있는 경우를 말한다.

'재물'에 해당하므로 게임아이템 등을 걸고 우연한 승패의 결과 이를 획득하여 환전한 경우에는 도박죄가 성립할 수 있다. 그리고 이러한 게임을 제공한 게임회사에게는 도박개장죄가 성립할 수 있다.

그런데 형법 이외에 현행 법률상 게임의 사행성에 대한 별도의 규제체계를 가지고 있는바, 즉 사행행위특례법과 게임산업진흥법이 그것이다. 이들 법률은 사행성 유기기구를 이용한 사행행위 영업의 금지 내지 게임물을 이용한 도박 내지 사행행위를 금지하는 규정을 두고 있는데, 이용자가 게임머니나 게임아이템을 걸고 도박한 경우에는 이러한 게임을 제공한 게임제공회사에게 형법 이외에 이들 법률위반 여부도 검토해야 하는 것이다.

일단 온라인 게임은 사행행위특례법상 '사행성 유기기구'에는 해당하지 않으므로 사행행위특례법이 적용될 여지는 없다고 보여진다.[17] 그러나 게임산업진흥법 제28조 제2호는 "게임물을 이용하여 도박 그 밖의 사행행위를 하게 하거나 하도록 내버려 두지 아니할 것"이라고 규정하고 있으므로 온라인게임을 이용한 도박 내지 사행행위의 경우 게임산업진흥법이 적용될 수 있다.[18] 다만 본 법 제2조 '게임문'의 개념과 사행성 게임물의 개념 정의[19]에 따를 때 본 규정은 당해 온라인 게임이 사행성 게임물이어서는 아니 된다.[20]

그런데 MMORPG 등의 게임을 통해 획득한 게임아이템 등을 온라인 중개사이트를 통하거나 유저들 간의 직·간접적인 방식으로 현금 거래하는

---

17) 이정훈, 앞의 논문, pp. 46~47 참고.

18) 이정훈, 앞의 논문, p. 55 이하.

19) 게임산업진흥법 제2조(정의) 이 법에서 사용하는 용어의 정의는 다음과 같다.
1. "게임물"이라 함은 컴퓨터프로그램 등 정보처리 기술이나 기계장치를 이용하여 오락을 할 수 있게 하거나 이에 부수하여 여가선용, 학습 및 운동효과 등을 높일 수 있도록 제작된 영상물 또는 그 영상물의 이용을 주된 목적으로 제작된 기기 및 장치를 말한다. 다만 다음 각 목의 어느 하나에 해당하는 것을 제외한다.
가. 사행성게임물
(나. .....이하 생략)
1의2. "사행성게임물"이라 함은 다음 각 목에 해당하는 게임물로서, 그 결과에 따라 재산상 이익 또는 손실을 주는 것을 말한다.
가. 배팅이나 배당을 내용으로 하는 게임물
나. 우연적인 방법으로 결과가 결정되는 게임물
(다. .....이하 생략)

20) 이정훈, 앞의 논문, pp. 56~58. 같은 취지 황승흠, "사행성게임물제도와 환전업금지조항," 개정 「게임산업진흥에 관한 법률」 설명회, 한국게임학회, 2007, pp. 44~45.

경우, 게임의 사행성과 아이템의 현금거래는 차원이 다른 문제이므로 이를 결부시켜 게임산업진흥법을 적용하는 것은 무리가 있다는 주장이 제기되고 있다.

즉 현재 온라인게임의 아이템은 비록 게임회사 약관에 현금거래를 명시적으로 금지하고 있음에도 불구하고 사실상 유저들 간의 자유로운 계약에 의하여 거래가 되고 있으므로, 이러한 현실을 기초로 그 아이템의 사용 및 수익, 처분에 관하여 이용자가 자유롭게 거래할 수 있도록 양성화해야 한다고 주장하고 있다. 이러한 주장은 아이템 현금거래를 둘러싼 다양한 피해사례, 예컨대 사기나 해킹 기타 다양한 방법에 의하여 그 아이템을 소지한 이용자에게 손실이 발생하고 있으나 게임회사의 약관에 의하여 아이템의 소유권을 이용자에게 인정할 수 없으므로 그러한 피해가 발생하더라도 이용자가 적절하게 자신의 권리를 보호받지 못한다는 사정 때문인 것으로 보인다. 그리고 아이템 중개사이트는 이용자들 간의 아이템 거래의 안전을 보장하기 위한 새로운 비즈니스 모델로 보아야 한다는 것이다.

그리고 현행 사행행위의 개념정의에 의할 때 그 개념은 도박행위와 동일하고 그렇다면 우연적 요소가 거의 없는 MMORPG게임은 '사행성'이 없는 게임이므로, 이러한 게임을 통해 획득한 아이템은 비록 거래가 된다고 하더라도 그 게임 자체를 사행행위특례법이나 게임산업진흥법상의 사행성유기기구 내지 사행성게임물로 볼 수 없다는 것이다.

그러나 MMORPG게임의 경우 사행성이 전혀 없다는 주장은 MMORPG 게임도 우연성이라는 요소를 전혀 배제할 수는 없으며 아울러 '사행성' 내지 '사행행위'에 대한 입법연혁과 판례의 태도에 비추어 볼 때에도 설득력이 떨어지는 것으로 보인다. 사행행위와 도박행위는 그 개념적 유사성에도 불구하고 사실상 구별되는 것이고 이는 형사처벌의 범위와 입법자의 결단에 의하여 별도의 규제체계를 가지고 있음을 무시하는 것이다.

우리 형법은 도박죄를 규정하고 있으나 이와 별도로 사행행위특례법과 게임산업진흥법이라는 별도의 사행행위 관련 규정을 두고 있다. 특히 게임산업진흥법 제44조는 '도박'과 '사행행위'를 병렬적으로 규정하고 있으며, 사행행위특례법은 비록 그 행위가 형법상 도박에 해당되지 않더라도 사행행위로 처벌할 수 있도록 규정하고 있다. 사행행위특례법의 입법연혁을 살펴보면 다수자가 참여하지 않는 1인 게임의 경우에도 이를 '사행행위'의 개념 속에 포섭하여 소위 사행성 유기기구 등에 대한 전면금지 정책을 유지하고 있는 것이다.

그리고 그 사행행위 내지 사행성에 대한 법원의 일관된 판단기준은 '환전 가능성'이라는 기준이다. 즉 게임의 결과가 금전 등으로 보상이 된다면 이는 사행성 게임으로 판단한다는 것이다. 그리고 그 게임이 게등위의 등급분류에 의하여 사행성이 없는 게임으로 인정되더라도 법원은 독자적으로 사행성 여부를 판단할 수 있다고 보고 있다.[21] 따라서 MMORPG게임이 사행성 아케이드게임이나 온라인보드게임과 구별되는 것이라고 하더라도 게임의 결과물 즉 아이템이나 아데나 등이 환전 가능한 형태로 서비스되게 되면 사행성 유기기구 혹은 사행성 게임물과 마찬가지로 간주될 수 있다는 의미가 된다.

결론적으로 현행 게임산업진흥법의 입법취지나 규정의 내용을 살펴보면 비록 사행성이 없는 MMORPG게임이라고 할지라도 그 게임의 이용을 통해 획득한 게임아이템을 영업자가 환전해 주는 경우에는 형사처벌의 대상으로 하겠다는 입법자의 의지가 들어있음을 분명히 확인할 수 있다.[22]

Ⅲ. 게임산업진흥법상의 환전업금지조항

게임산업진흥법은 2007. 1. 19. 개정되었다. 이번 개정은 2006년 바다이야기 사태[23] 이후에 게임의 사행화를 근절하기 위한 목적으로 개정되었으며

---

21) 서울중앙지법 2006. 6. 20. 선고 2006노630 판결; 부산지법 2006. 7. 26. 선고 2006노1360 판결.

22) 제28조 제2호의 '게임물'은 사행성이 없는 게임물만을 의미하므로 MMORPG가 사행성이 없는 게임물이라고 하더라도 이 게임물을 이용하여 도박 내지 사행행위를 하게 하는 경우, 즉 게임아이템 등을 환전해 주는 경우에는 본 규정이 적용된다.

23) '바다이야기'는 사행성 성인게임물의 게임명을 의미하는데, 바다이야기 사태는 이 게임물

그 중 가장 큰 핵심은 제32조 제1항 제7호의 환전업금지조항이라고 할 수 있다. 본 조문은 "누구든지 게임물의 이용을 통해 획득한 유·무형의 결과물(점수, 경품, 게임 내에서 사용되는 가상의 화폐로서 대통령령이 정하는 게임머니 및 대통령령이 정하는 이와 유사한 것을 말한다)을 환전 또는 환전알선하거나 재매입하는 행위를 업으로 하여서는 아니 된다"고 규정하고 있다.

개정 게임산업진흥법에서 사행성게임물은 게임물의 범주에서 배제되었다. 그럼에도 굳이 환전업금지 조항을 따로 규정하는 이유는 게임 내에서 제공되는 보상이 게임 시스템 밖에서 현금으로 교환된다면 사실상 사행행위로 전환될 수 있기 때문에 이를 방지하기 위해서이다.[24)]

통상 도박죄의 경우 환전상이 처벌되기 위해서는 도박 내지 도박을 개장한 자와 공범관계가 성립하여야 한다. 그런데 게임사업자와 환전소 간에 이러한 관계가 없다면, 환전업자를 처벌하기는 어렵고, 게임사업자가 게임의 사행성과 무관한 경우에는 환전업자는 완전히 자유로운 영업을 영위할 수 있다. 그러나 게임이용자가 게임의 이용으로 취득한 아이템 등을 환전업자로부터 현금으로 구매하는 경우에는 결국 게임이 사행화된다는 것을 의미하므로 게임업자가 제공하는 게임물이 사행성이 없다고 할지라도 환전, 환전알선, 재매입 행위에 대하여는 게임의 사행화를 방지하기 위하여 규제할 필요성이 제기되는 것이다. 이러한 의미에서 게임산업진흥법 제32조 제1항 제7호는 환전, 환전알선, 재매입 행위를 독자적인 범죄구성요건으로 규정하였다는 데 의의가 있다.

1. 환전업금지조항의 도입배경[25)]

환전업금지조항의 입법배경에는 게임산업진흥법과 사행행위특례법과의 관계 속에서 입법자가 구상하였던 게임과 사행성의 분리정책이 배후에

을 이용한 성인게임장의 인허가 비리와 문화관광부의 상품권 발행 정책, 그리고 권력실세와의 연결 의혹 등으로 인하여 제기된 사행성 오락장의 남발에 대한 사회적 이슈를 지칭한다.

24) 황승흠, 앞의 논문, p. 41.

25) 황승흠, 앞의 논문, pp. 42~43 참조.

있다.

1999년 「음반·비디오물 및 게임물에 관한 법률」(이하 "음비게법"이라 한다)의 제정 이전의 유기장업법 및 공중위생법은 게임 이용의 결과 지급되는 경품이 환전가능성이 있다면 그 게임을 사행성 게임으로 간주하고 그 게임은 결국 유기장업법 내지 공중위생법상의 '유기기구'로 볼 수 없으므로 유기장업법 내지 공중위생법이 적용되지 않고 사행행위특례법에 의하여 규율된다고 보았다. 그런데 1999년 이후 음비게법은 사행성 게임물에 대한 사용불가결정 내지 이용불가결정제도를 도입하면서 '지나친 사행성'이라는 개념을 그 판단기준으로 제시하였다. 이에 따라 게임물이 환전가능성이 있더라도 그 정도가 지나치지 않는다고 판단되면 사행행위특례법이 아니라 음비게법에 의한 규제를 받게 되었다. 한편 1999년 음비게법 시행령(1999. 5. 15.) 제14조는 유통관련업자의 준수사항의 하나로 "게임의 결과에 따라 이용자에게 제공되는 경품은 연소자에게 유해하지 아니한 문구류·완구류·캐릭터상품류·액세서리류로서 통상적인 기념품의 범위를 벗어나지 아니하는 것이어야 하며, 이를 환전하거나 환전되도록 방치하여서는 아니 된다"고 규정하고 있는데[26] 이에 따르면 게임제공업자가 통상적인 기념품의 범위 한도 내에서 게임의 이용결과에 대하여 경품을 지급하고 그 경품을 환전해 주지 않는다면 비록 그 게임이 사행성이 있다고 하더라도 사행성게임으로 볼 수 없다는 결과가 된다.[27] 그런데 2001. 5. 24 개정된 음비게법은 통상적인 기념품을 경품으로 보던 시행령 규정을 폐지하고 경품의 종류와 제공방법을 문화관광부 고시에 의하여 정하도록 하였다(제32조 제3호). 그리고 '게임제공업소의 경품제공기준' 고시에서 경품의 종류를 통상적인 기념품에서 도서·문화상품권으로 확대하였는데, 이와 더불어 환전, 환전알선, 재매입행위의 금지까지 고시에 규정하고 있다.[28] 그러나 고시에 규정된 환전, 환전알선, 재매입 행위금지 규정은 게임의 사행성 판단에 대한 기준으로 제시될 뿐 환전, 환전알선,

26) 1999년 음비게법시행령 제14조 별표1 다호 참조.

27) 이러한 기준은 사행행위특례법상의 '사행성 유기기구'의 판단기준과도 거의 일치한다. 대법원 2001. 9. 25. 선고 2001도2355 판결.

28) 문화관광부고시 제2002-2호, 제2004-14호, 제2005-9호.

재매입 행위가 독자적인 형사처벌의 대상이 된 것은 아니다.

2006. 4. 28 제정된 게임산업진흥법에서도 경품제공의 원칙적 금지 조항(제28조 제3호)과 문화관광부고시(제2006-24호)를 통한 예외적 허용 및 경품의 환전 · 환전알선 · 재매입(재사용) 금지는 유지되었다. 그런데 본법 제28조 제3호는 “경품 등을 제공하여 사행성을 조장하지 아니할 것. 다만, 문화관광부장관이 정하여 고시하는 경품의 종류 · 지급기준 · 제공방법 등에 의한 경우에는 그러하지 아니하다”고 규정하고 있는데, 만약 게임제공업자가 문화관광부장관이 고시하는 경품의 종류나 지급기준, 제공방법에 따르지 않은 경우라면 본 법에 의하여 처벌될 수 있다(제45조 제3호). 문화관광부고시 제2006-24호는 경품제공방법의 하나로서 “경품을 환전 또는 환전알선하거나, 제공되어진 경품을 재매입(재사용)하는 행위를 하여서는 아니 된다”고 규정하고 있으므로 이에 위반한 행위를 하였다면 제45조 제3호의 규정에 의하여 2년 이하의 징역 또는 2천만 원 이하의 벌금에 처할 수 있게 되었다. 그러나 본 규정상의 의미는 게임제공업자의 환전 등의 행위를 처벌할 수 있을 뿐이며 게임제공업자와 무관한 환전업자에 대하여는 본 규정을 적용할 수 없다는 한계가 있었다.

그 후 2006년 8월부터 사회적 논란을 야기시킨 바다이야기 사태는 경품의 환전과 관련된 입법적 대응책을 요구하였다. 이에 따라 2007년 1. 19. 개정 게임산업진흥법에서는 경품제공의 원칙적 금지와 문화관광부장관고시를 통한 예외적 허용이라는 골격은 유지하였지만, 경품이 제공될 수 있는 범위를 제한하고(제28조 제3호), 아울러 고시에 규정되었던 게임제공업자의 환전 금지 조항을 본 법 제32조 제7호의 신설을 통하여 게임제공업자뿐만 아니라 ‘누구든지’ 환전, 환전알선, 재매입하는 행위를 하는 경우에는 형사처벌의 대상이 된다고 규정하였다(제44조 제1항 제2호). 이와 함께 경품의 환전금지뿐만 아니라 온라인게임의 게임아이템 내지 게임머니의 환전행위까지 명문으로 금지함으로써 게임이 사행화될 수 있는 근본적인 원인, 즉 환전 가능성을 철저하게 통제할 수 있는 법률적 근거를 마련하게 되었다.

2. 환전업금지조항의 내용 및 적용 범위

(1) 보호법익

게임산업진흥법 제1조는 "이 법은 게임산업의 기반을 조성하고 게임물의 이용에 관한 사항을 정하여 게임산업의 진흥 및 국민의 건전한 게임문화를 확립함으로써 국민경제의 발전과 국민의 문화적 삶의 질 향상에 이바지함을 목적으로 한다"고 규정하고 있다. 이러한 입법목적을 고려하면 본 죄의 보호법익은 게임의 사행화를 방지함으로써 "게임산업의 진흥 및 건전한 게임문화에 대한 사회적 신뢰"를 보호하고자 하는 것이라고 볼 수 있다. 즉 환전업을 영위하는 자를 처벌함으로써 건전한 게임문화형성에 기여하고 이용자가 게임을 이익 추구의 도구로 이용하는 것을 막고자 하는 것이다.[29)]

(2) 행위주체

본 죄의 행위주체에는 제한이 없다. 누구든지 본 죄의 주체가 될 수 있다. 다만 '업'으로 하여야 하므로 사실상 환전, 환전알선, 재매입을 업으로 하는 자만이 처벌된다. 예컨대 작업장, 아이템 중계사이트, 게임제공업자 등이 여기에 해당할 수 있다. 일반 이용자는 환전하더라도 '업'으로 하는 자라고 볼 수 없으므로 처벌되지는 않는다. 그러나 '업'으로 한다는 것이 반드시 영리를 목적으로 하여야 하는 것을 의미하는 것은 아니므로 일반 이용자라고 하더라도 '환전 등'을 계속 반복적으로 한다면 비록 영리의 목적이 없다고 할지라도 본 죄가 적용될 가능성이 존재한다.

(3) 행위객체

본죄의 행위객체는 "게임물의 이용을 통해 획득한 유·무형의 결과물(점수, 경품, 게임 내에서 사용되는 가상의 화폐로서 대통령령이 정하는 게임머니 및 대통령령이 정하는 이와 유사한 것을 말한다)"이다.

---

29) 황승흠, 앞의 논문, p. 44.

① 게임물의 이용을 통한 획득

환전업금지 조항이 적용되기 위해서는 유・무형의 결과물이 "게임물의 이용을 통한 획득"이어야 한다. 여기서 말하는 '게임물'은 이 법에서 규정하는 게임물을 말한다. 현행 게임산업진흥법이 게임물의 정의에서 사행성게임물을 배제하고 있으므로,[30] 사행성게임물은 환전업금지조항의 적용대상이 되지 않는다. 따라서 환전업금지위반죄의 적용대상이 되려면 사행성게임물이 아닌 '정상적인' 게임물이어야 한다.[31]

'게임물의 이용'은 게임이용자가 게임사업자 제공하는 게임물을 게임이용계약에 따라 이용하는 행위를 말한다. '획득'은 게임사업자가 정하는 방식으로 특정 게임이용자에게 귀속되어 게임 내에서 처분이 가능한 상태가 된 것을 의미한다.[32]

② 유・무형의 결과물

유・무형의 결과물이란 점수, 경품, 게임 내에서 사용되는 가상의 화폐로서 대통령령이 정하는 게임머니 및 대통령령이 정하는 이와 유사한 것을 말한다. 게임산업진흥법 시행령 제18조의3에서는 "법 제32조 제1항 제7호에서 '대통령령이 정하는 게임머니 및 대통령령이 정하는 이와 유사한 것'이란 다음 각 호의 어느 하나에 해당하는 것을 말한다. 1. 게임물을 이용할 때 베팅 또는 배당의 수단이 되거나 우연적인 방법으로 획득된 게임머니 2. 제1호에서 정하는 게임머니의 대체 교환 대상이 된 게임머니 또는 게임아이템(게임의 진행을 위하여 게임 내에서 사용되는 도구를 말한다. 이하 같다) 등의 데이터 3. 게임제작업자의 컴퓨터프로그램을 복제, 개작, 해킹 등을 하거나 게임물의 비정상적인 이용을 통하여 생산・획득한 게임머니 또는 게임아이템 등의 데이터"로 규정하고 있다.

점수란 "게임의 결과를 나타내는 숫자 내지 일체의 데이터"를 말하며,[33]

---

30) 게임산업진흥법 제2조 제1호 가목.

31) 사행성게임물은 사행행위특례법이나 형법의 적용대상이 될 뿐이다.

32) 황승흠, 앞의 논문, p. 44.

33) 한편 게임의 이용으로 발생은 하지만 게임 내에서는 사용할 수 없고 게임의 승패에 영향을 받지 않는 마일리지의 경우, 그것이 경품, 게임머니, 게임아이템 등과 동등하게 우

경품이란 “게임사업자가 게임 이용에 부수하여 게임 이용자에게 제공하는 경제적 이익”을 의미한다. 한편 게임머니는 “게임물을 이용할 때 베팅 또는 배당의 수단이 되거나 우연적인 방법으로 획득된 것”을 의미하는데 게임머니의 대체 교환 대상이 되는 게임아이템도 포함하고 있다. 따라서 우연성이 있는 베팅성 게임뿐만 아니라 MMORPG 또는 다른 유형의 게임으로 인하여 획득한 게임아이템의 경우에도 게임머니와 교환대상이 된다면 본 규정상의 게임머니로 보게 된다. 그리고 ‘게임물의 비정상적인 이용을 통해서 생산·획득된 게임데이터’는 게임제작업자의 컴퓨터프로그램을 복제, 개작, 해킹하여 생산, 취득할 수도 있고 소위 작업장이나 오토프로그램을 사용하여 게임물을 이용하여 게임머니, 게임아이템을 취득할 수도 있다. ‘게임물의 비정상적 이용’이란 게임이용약관에 위배되는 일체의 행위를 의미한다.

(4) 행위: 환전, 환전알선, 재매입

‘환전’이란 게임의 이용결과 획득한 유·무형의 결과물을 현실적인 의미에서 현금화하는 것을 말한다. 환전행위는 게임시스템 밖에서 이루어져야 하며, 만약 게임시스템 내에서 이루어진다면 본 규정이 적용되는 것이 아니라 제28조 제2호 위반과 형법상 도박개장죄가 성립하게 된다. 즉 게임제공회사가 직접 환전해 주는 구조가 되면 게임제공회사가 도박의 주재자가 되므로 게임제공회사는 도박개장죄가 성립하게 된다는 의미가 된다.

‘환전알선’은 유·무형의 결과물을 현금화하려는 양 거래 당사자 사이를 중개하는 일체의 행위를 말한다. 중개의 방법에는 제한이 없으므로 웹사이트를 개설하고 거래의 양당사자를 중개하고 일정한 수수료를 받는 영업은 환전알선행위를 한 것으로 볼 수 있다.

‘재매입’은 환전된 유무형의 결과물을 다시 매수하는 행위를 말한다. 재

연의 게임 결과 발생하는 것으로서 환전가능하다면 ‘점수’에 해당할 여지는 있으나, 통상 마일리지는 게임의 승패 결과에 따라 발생하는 것이 아니라 회사의 영업정책에 의하여 점수에 부수하여 지급되는 것으로서 이에 해당한다고 보기는 어렵다. 마일리지는 게임회사가 게임이용자에게 게임의 이용에 따라 차별적으로 지급하는 일신적속적 채권채무관계의 내용을 이루는 것으로 게임이용자가 제3자에게 이를 이전하였다고 하더라도 이는 채권채무관계의 변동에 불과하며, 게임의 사행성과는 무관한 것이다.

매입은 이미 환전된 게임의 결과물을 다시 매입하는 것인데, 아케이드게임의 경우에는 통상 게임제공업자가 재매입행위자일 가능성이 있다. 제임제공업자가 직접 게임이용의 결과물을 환전해 주면 앞에서 본 바와 같이 도박개장죄가 성립하게 되므로, 게임이용자와 게임제공업자 사이에 환전업자를 개입시키고 환전업자와 게임제공업자간의 연락관계가 없도록 하면서 환전업자가 사들인 게임의 결과물을 환전업자로부터 게임제공업자가 다시 구입하는 상황을 예로 들 수 있다. 즉 재매입금지는 간접 환전을 직접 환전과 마찬가지로 처벌하려는 것으로 볼 수 있다. 그러나 온라인게임의 경우에는 실제 게임제공업자가 재매입할 가능성은 거의 없고 게임아이템의 매집상, 도매상 등이 이에 해당될 가능성이 크다 할 수 있다.[34)]

3. 환전업금지조항의 적용상의 문제점

(1) 부분유료화모델의 경우

최근 온라인게임 중에서 부분유료화모델을 채택하고 있는 경우가 많다. 부분유료화모델이란 게임아이템이나 게임머니를 이용자가 미리 현금으로 구매한 후 그 아이템이나 게임머니를 이용하여 게임을 하는 시스템을 말한다. 이 경우 이용자가 처음 구매한 게임아이템을 게임제공회사가 현금으로 환불해 준 경우에 이 행위를 환전업금지조항에서 말하는 '환전'행위라고 볼 수 있는지의 문제이다. 그러나 부분유료화 모델에서 판매하는 게임아이템은 게임물의 이용을 통해 획득한 결과물이 아니므로 환전업금지조항은 적용되지 않는다고 보아야 할 것이다. 다만 게임회사로부터 구매한 게임아이템을 게임회사가 아니라 중계사이트를 통해 판매하고자 하는 경우에는 게임상에서 아이템을 넘겨주고 대금지급이 이루어지기 때문에 이 경우는 "게임의 이용결과 획득한 유무형의 결과물"이라고 볼 수 있으므로 환전업금지규정이 적용된다고 보아야 한다.

34) 황승흠, 앞의 논문, p. 50.

(2) 일반 게임이용자의 형사책임

환전업금지 조항은 '환전'을 업으로 하는 자를 처벌하는 규정이다. 따라서 일반 게임 이용자가 게임의 효율적 이용을 위해 일시적으로 아이템의 현금거래를 통해 환전하는 경우에는 본 규정이 적용되지 않는다. 그런데 환전은 판매자와 구매자가 모두 있어야만 처벌되는 범죄유형이다. 이른바 필요적 공범이라고 할 수 있다. 이러한 의미에서 환전을 업으로 하는 자, 즉 환전상의 처벌과는 별도로 게임아이템을 구매하도록 먼저 제의한 게임 이용자에게 환전업금지 조항 위반죄의 교사범으로 처벌할 수 있지 않는가 하는 의문이 제기될 수 있다.

생각건대 환전이 필요적 공범이라는 것에는 의문이 없지만 그렇다고 하여 본 규정이 판매자와 구매자 모두를 처벌하고자 하는 것은 아니다. 예컨대 형법상 음화판매죄의 경우에서 보듯이 입법자는 음화판매자는 처벌하되 음화를 구매하는 자를 처벌하지 않을 수도 있다. 본 규정은 환전하고자 하는 일반 게임 이용자를 처벌하고자 하는 조문이 아니라 이를 '업'으로 하는 자만을 처벌대상으로 삼고 있다. 일반 게임 이용자가 본 조항에 의하여 처벌되기 위해서는 그 이용자가 이를 '업'으로 해야만 한다. 소위 작업장의 경우가 대표적인 예가 될 수 있다. 필요적 공범은 필요적 정범이다. 이러한 필요적 공범의 특성 때문에 필요적 공범관계에 있는 사람들 상호간에는 형법 제30조 이하에 규정된 임의적 공범의 조문들이 적용되지 않는다.[35] 따라서 환전상과 게임 이용자 간의 환전이 이루어졌다고 하더라도 환전상만 처벌되며 환전을 업으로 하지 않는 일반 게임 이용자에게는 환전업금지조항위반죄의 교사범이 성립되지는 않는다.

그러나 필요적 공범 외부에 존재하는 제3자가 환전업자의 범죄실현에 관여하는 경우에는 임의적 공범, 즉 교사범이나 방조범의 성립이 가능하다. 예컨대 제3자가 환전업자의 환전을 위한 설비나 프로그램을 제공하거나 게임 이용자와 환전업자 사이에 개입하여 적극적으로 환전을 유도하거나 하는 경우에는 환전업금지조항위반죄의 교사범이나 방조범이 성립할 수 있을 것

35) 신동운, 「형법총론」, 법문사, p. 699.

이다. 그러나 제3자가 게임 이용자와 환전업자 사이에 개입하여 그 수수료를 받는 경우에는 공범이 아니라 본 조항의 '환전알선'에 해당하여 처벌받게 될 것이다.

(3) 게임제공업자의 형사책임

게임 제공업자가 자신이 서비스하는 게임의 이용 결과 획득한 게임아이템을 직접 환전, 환전알선 내지 재매입하는 경우에는 게임제공업자에게도 본 규정이 적용된다고 할 수 있다. 만약 자신의 서비스하는 게임이 고포류의 도박게임이고 그 결과 획득한 게임머니나 점수 등을 환전해 준다면 환전업금지조항과는 별도로 도박개장죄가 성립할 수 있다.

게임 제공업자가 직접 환전, 환전알선, 재매입행위를 하지 않았지만 제3의 중계사이트에서 환전할 수 있도록 광고를 하거나 홍보한 경우, 예컨대 게임사이트 내에 중계사이트의 광고창을 띄우거나 환전시스템을 구축해 놓은 경우에는 환전업금지위반죄의 교사 내지 방조범이 성립할 수 있다. 만약 중계사이트와 일종의 협약을 체결하여 게임이용자들이 게임의 이용결과물을 중계사이트에서 환전을 하도록 하였다면 환전업금지위반죄의 공동정범이 성립한다.

한편 환전업자와 아무런 관계가 없으나 사실상 게임 이용자들이 특정한 중계사이트에서 환전을 하고 있음을 알고도 이를 묵인한 경우에 게임 제공업자에게 환전업금지위반죄에 대한 방조범이 성립될 수 있는지에 대해서는 의문이 있다. 이 경우는 소위 부작위에 의한 방조가 인정될 수 있는가의 문제가 되는데, 방조가 되기 위해서는 게임 제공업자에게 환전업자의 환전업을 금지해야 할 작위의무가 인정되어야만 한다. 그러나 게임 제공회사가 이러한 의무가 있는지에 대해서는 의문이 있고 이러한 의미에서 게임 제공회사가 게임 이용자의 환전행위를 묵인하였다고 하여 환전업금지위반죄의 방조범이 성립한다고 볼 수는 없다.

Ⅳ. 나오면서

이상에서 온라인게임 아이템 거래의 형사법적 문제와 게임산업진흥법상의 환전업금지 조항의 의미와 적용상의 문제점에 대하여 살펴보았다. 온라인게임의 아이템 거래 규모를 살펴볼 때 게임아이템의 거래는 일부 게임 이용자들 간의 사적인 거래수준을 넘어 이른바 산업적 차원에서 논의해야 할 시점에 와 있다. 그러나 아이템 거래를 경제적 교환행위로만 인식하는 것은 게임의 사행화를 방지하고자 하는 차원에서는 새로운 의미를 가지게 된다. 즉 아이템의 거래가 건전한 게임문화의 조성에는 오히려 역기능을 초래한다는 점이다.

게임아이템의 경제적 교환가치는 결국 게임 이용자들로 하여금 게임을 놀이의 수단으로서가 아니라 이익추구의 대상으로 전락시킬 수 있는 강력한 유인력을 가진다. 이러한 이유로 게임아이템을 둘러싼 다양한 재산범죄가 발생할 가능성이 있고, 나아가 게임 자체를 도박화시키게 되는 결과를 낳게 되는 것이다. 그러한 의미에서 최근 개정된 게임산업진흥법의 환전업금지조항의 신설은 게임의 사행화·도박화를 막기 위한 최소한의 법적 규제 장치를 마련하였다는 점에서 의미 있는 일이라 할 수 있다. 이를 통해 게임업계는 바다이야기 사태 이후 초래된 게임의 사행성 시비에서 벗어나 안정적인 수익모델을 구축할 수 있는 계기가 될 수 있을 것이다.

불법 오토프로그램 근절을 위한 대응조치 및 개선방향

chapter 10

김 수*

Ⅰ. 오토프로그램의 개념 및 유형

1. 오토프로그램의 개념

오토프로그램이란, 게임 이용자로 하여금 게임 속에서 직접 캐릭터를 조작하지 않고도, 게임을 자동적으로 실행할 수 있도록 하거나, 게임 시스템 내에서 허락되지 않는 편법적인 방법으로 게임을 실행하도록 하는 프로그램 또는 기기·장치를 말한다. 오토프로그램은 'BOT프로그램'이라고도 불리는데, 이는 자동을 의미하는 'ROBOT'에서 뒷글자 'BOT'만을 떼어내 만들어진 신조어이다.

이러한 오토프로그램은 다음과 같은 특징을 가지고 있다. 첫째, 1인이 1대의 PC로 동시에 다수의 캐릭터 조작(제어)이 가능하고, 둘째, 하루 24시간, 1년 365일 계속 쉬지 않고 게임 플레이가 가능하며, 셋째, 초기에는 영리목적의 작업장[1]에서 사용하였으나, 최근에는 일반 이용자까지 사용하는 등 그

* (주)Ncsoft 대외협력팀 팀장

이용범위가 확장되었고, 넷째, 불법 기능이 추가되는 등 그 기능이 진화하여 자동사냥 기능 이외에 스피드 핵, 뚫어 핵, 기술적 보호장치 무력화, 게임플레이에 대한 기록저장 확인기능 등이 추가되는 등 그 기능이 다양해졌다.

2. 오토프로그램의 유형

(1) 기능에 따른 구분

가. 자동사냥 계열의 기능

게임 내 캐릭터가 자동으로 사냥하게 하는 기능을 가진 것으로, 이 기능을 이용하면 이용자의 조작 없이도 캐릭터는 아이템을 수집하고 몬스터를 사냥하며 생명 수치를 자동으로 복구한다.

나. 고스트 마우스 계열의 기능(일명 '쫄쫄이' 기능)

게임 내 캐릭터의 체력수치(HP: Health Point)를 자동으로 보충해 주는 기능을 가진 것으로, 게임내 캐릭터는 체력수치를 보충하지 않으면 죽게 되므로 게임 이용자는 수시로 체력 회복 물약을 복용하거나 생명수치를 유지해 주는 '힐' 계열 마법을 실행하여야 하는데, 이 기능을 이용하면 이용자가 게임을 직접 실행하지 않는 동안에도 체력수치가 자동으로 보충된다.

(2) 작동방식에 따른 구분

가. 게임 클라이언트 프로그램의 직접 변형 형

게임 클라이언트 프로그램을 직접 변형시켜서 부정한 명령을 전달하는 기능을 실행 하는 형태의 오토프로그램이다.

나. 그래픽 인식 & 매크로 실행 형

게임 실행과정에서 정보를 수집하여(그래픽 인식 - 게임화면을 캡쳐 하여 정

---

1) 온라인 게임의 캐릭터를 키우면서 게임머니를 벌고 아이템을 수집해 이를 통해서 수익을 얻는 것을 목표로 하는 장소 또는 사업체를 말함.

보를 읽어냄) 그 정보를 바탕으로 게임을 자동으로 실행하는 형태의 오토프로그램이다.

(3) 배포형태에 따른 구분

가. H/W **방식**(저장장치 형)

오토프로그램을 USB, 마우스 등에 탑재·저장하여 판매하는 방식이다.

그림 10-1 총 물류비 중 아웃소싱의 비중에 대한 현황과 전망

나. S/W **방식**(다운로드 형)

그림 10-2 S/W 방식 오토프로그램

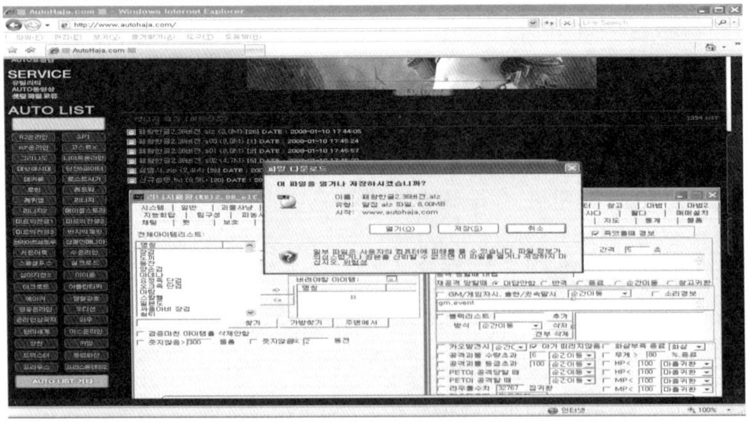

온라인을 통해 오토프로그램 배포·판매사이트부터 오토프로그램을 다운로드 받아서 PC에서 설치하여 사용하는 방식이다.

Ⅱ. 불법 오토프로그램의 제작/판매 현황

1. 판매형태

(1) S/W형식(다운로드형)

오토프로그램 판매업자는 판매사이트를 개설하고 동 사이트의 URL을 포털사이트의 게시판, 지식in, 카페 등을 통해 홍보/광고하며 가입자를 모집한다(별첨1). 이후 이러한 포탈에 노출된 URL을 보고 접촉하는 오토프로그램 구매 희망자에 대해 오토 판매업자는 타인의 명의를 도용하여 개설한 전화 또는 메신저를 통해 연락을 취하며 오토프로그램을 설치해주고 구매 설차를 안내한다(별첨2).

그림 10-3 S/W 형식 오토프로그램 유통/판매 현황

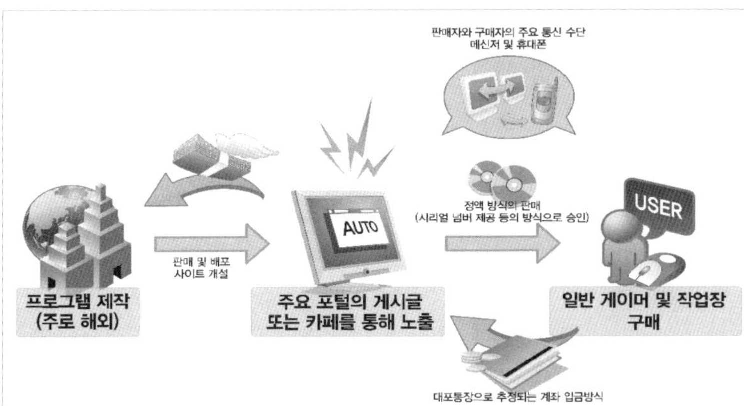

이 과정에서 오토판매업자는 수시로 오토프로그램을 업데이트하여 이용자에게 제공하고 있으며, 월정액 형태로 판매하고 있다. 게임 사업자는 오토프로그램을 단속·적발하는 시스템을 개발하여 지속적으로 업데이트 하고 있으나, 이에 대한 맞대응으로 오토판매업체는 오토프로그램을 수시로 업데이트하여 게임사의 오토단속시스템을 무력화하고 회피하고 있으며, 이러한 지속적인 업데이트와 회원관리 서비스를 제공하는 대가로 오토판매업체는 정액제 형태로 오토프로그램의 사용대가를 대포통장을 통해 수취하고 있다.

(2) H/W형식(다운로드형)

H/W형식의 오토판매업체는 자체 판매사이트를 개설하고 포털사이트의 검색광고 또는 오픈마켓을 통해 판매하고 있다. H/W형식은 S/W형식과 달리 공개적이고 적극적인 영업을 하고 있으며, 이는 S/W형식은 과거 형사처벌을 받은 선례가 존재하나 H/W형식은 형사처벌을 받지 않았기 때문인 것으로 추정된다. H/W형식은 USB나 마우스 형태로 판매하기 때문에 통상적으로 1회성 구매방식을 취하고 있다.

2. S/W형식 오토프로그램의 제작 및 판매의 분업화·국제화

오토프로그램의 제작과 판매행태를 보면 양자는 서로 분리되어 있으며, 지역적으로도 국내를 벗어나 중국 등 해외에서 제작과 판매가 국제적으로 이뤄지고 있다. 오토프로그램의 제작은 주로 중국 등 해외에서 이뤄지는 것으로 추정되며, 이들은 게임사업자의 게임프로그램과 오토프로그램 단속시스템을 분석하여 지속적으로 업데이트를 하고 있다. 오토프로그램 제작자는 도매상 또는 총판의 역할을 하는 판매업자에게 오토프로그램을 판매하고, 이들 도매상은 다시 소매업자를 모집하여 이들에게 오토프로그램을 판매하고 있다. 또한, 대부분의 오토프로그램 판매자는 수사회피 목적으로 서버를 중국 등 해외에 개설하고 중국인이 운영하는 작업장, 국내 작업장 및 일반

이용자를 상대로 영업을 하고 있다.

이렇듯 오토프로그램의 제작과 판매가 분업화되어 있고 국제화되어 있어 전문 브로커가 존재하고 외화 밀반출의 파생적인 범죄행위가 발생하고 있다.

Ⅲ. 오토프로그램의 폐해

1. 온라인게임의 본질 침해

온라인게임은 많은 이용자들이 네트워크를 사용하여 상호작용을 주고받는 게임으로, 이용자가 수 개의 사냥터를 돌아다니면서 몬스터와 싸워 미션을 완성하고 그 과정에서 레벨을 올리게 되는데, 이러한 이용자 참여 과정 자체를 생략하도록 하는 오토프로그램은 온라인세임의 본질 자체를 침해한다.

2. 온라인게임의 사행성 조장 및 범죄 유발

오토프로그램의 대표적인 사용자인 속칭 ‘작업장’은 게임을 즐기려는 목적이 아닌 사이버머니 획득 및 판매를 통한 현실 세계에서의 이익 추구를 목표로 하는 조직으로서, 자동프로그램 사용으로 얻은 게임머니, 아이템, 계정 등을 현금을 받고 판매 하여 건전한 오락의 수단이 되어야 할 온라인게임을 사행화시키고 또한 이렇게 판매된 거액의 금액이 중국으로 환치기 되어 유출되고, 대량의 명의도용 사태가 발생하는 등 악영향을 미치고 있다.

3. 선량한 이용자의 정상적인 게임이용을 방해

오토프로그램의 이용자가 여러 개의 캐릭터를 가지고(몬스터를 사냥할 수 있는) 사냥터를 점령하여 정상적인 이용자의 이용을 방해하는 결과, 선량한 이용자가 정상적인 방식으로 게임을 즐길 수 없게 되며, 이는 이용자의 게임에 대한 흥미를 상실하게 하는 원인이 되고, 결국 이용자가 게임을 그만두게 하여 게임사의 또 다른 손실로 이어지게 된다(별첨3).

4. 오토프로그램 단속에 따른 비용발생 및 매출손실

게임의 본질을 침해하면서 선량한 이용자의 정상적인 게임 이용을 방해하는 오토프로그램에 대해 게임 사업자는 부득이 이에 대한 단속 및 제재를 취할 수밖에 없으며 이로 인해 막대한 비용을 지출하고 있다.

한편, 오토 이용자에 대한 제재로 인해 게임 사업자는 심각한 매출감소가 발생할 뿐만 아니라 오토프로그램 사용으로 제재를 받은 이용자의 소비자원, 공정위 등 정부기관의 민원 제기 등으로 심각한 후유증에 시달리고 있다. 최근에 실시한 오토프로그램의 사용자에 대한 대대적인 이용제한으로 인한 매출 감소는 약 1,000억 원으로 추정되며, 오토 제재자를 근거로 불법 오토프로그램의 판매규모를 추산하면 약 1,000억 원을 초과한다. 오토프로그램의 사용에 따른 이용제재를 받은 이용자는 소비자원에 집단 소비자분쟁조정을 신청하고, 사업자의 오토프로그램 사용자에 대한 이용제한 약관규정에 대해 불공정약관 신고를 하고 있어 회사 이미지 손실 및 대외 신인도가 하락하고 있다.

Ⅳ. 오토프로그램에 대한 법적 책임

1. 형법상 업무방해죄(형법 제314조)

형법 제314조 제1항에서는 위계로써 사람의 업무를 방해하는 행위를, 제2항에서는 “컴퓨터 등 정보처리장치 또는 전자기록 등 특수매체기록을 손괴하거나 정보처리장치에 허위의 정보 또는 부정한 명령을 입력하거나 기타 방법으로 정보처리장치에 장애를 발생하게 하여 사람의 업무를 방해"하는 행위를 각 5년 이하의 징역 또는 1,500만 원 이하의 벌금에 처하도록 정하고 있다.

오토프로그램은 직접 게임을 실행하지 않고도 아이템을 취득할 수 있도록 함으로써 그 결과 게임사의 수익을 감소시키며 별도의 보안프로그램을 개발, 설치하도록 하는 부담을 지우는 자동프로그램을 개발·배포 또는 사용하는 행위는 위계로써 그 업무를 방해하는 행위에 해당된다할 것이다. 또한 오토프로그램은 실제로는 사용자가 직접 캐릭터를 조작하지 아니함에도 마치 직접 캐릭터를 조작하는 것처럼 허위의 정보를 입력하여 게임사의 게임 운영에 장애를 초래하는 것이므로, 자동프로그램을 사용하는 행위는 컴퓨터등장애업무방해죄에 해당된다 할 것이다.

실제로 법원은 오토프로그램의 수입·배포자에 대해서는 일반 업무방해죄(서울중앙지방법원 2006. 5. 4. 선고 2006고단1275 판결)를, 오토프로그램 사용자에 대해서는 컴퓨터장애등업무방해죄(전주지방법원 2005. 11. 17. 선고2005고단904 판결)의 성립을 인정한 바 있다.

2. 컴퓨터프로그램보호법위반죄

오토프로그램은 게임사가 프로그램저작권을 가지고 있는 게임 소프트웨어의 일부를 권한 없이 변경하며, 이는 권한 없이 타인의 프로그램저작물을 변경하는 것에 해당하므로 컴퓨터프로그램보호법위반죄(제46조 제1항 제1호, 제29조 제1항)에 해당하여 5년 이하의 징역 또는 5천만 원 이하의 벌금에 처하도록 규정하고 있다.

실제로 서울중앙지방법원은 자동사냥프로그램의 수입·배포자에게 형법상 업무방해죄의 책임과 별도로 위와 같은 컴퓨터프로그램보호법위반죄를 인정하였다(서울중앙지방법원 2006. 5. 4. 선고 2006고단1275 판결).

또한 최근 미국에서는 게임사가 허용하지 않는 방식으로 게임을 사용하도록 하는 것이 저작권 침해에 해당한다고 판시한 사례가 있다(2008. 7. 14.

선고 U.S. District court in Arizona, MDY Industries, LLC v Blizzard Entertainment, Inc.; Vivendi Games, Inc.,).

3. 민사상 손해배상책임

오토프로그램 판매업체와 사용자들은 게임 사업자와 이용자 사이의 게임이용계약에서 게임 이용자가 오토프로그램의 사용이 엄격히 금지되어 있다는 점을 알았거나 알 수 있음에도 불구하고 이러한 오토프로그램을 배포·판매·사용함으로써 게임 사업자의 영업상 이익을 침해하고 있다고 할 것이므로, 이러한 행위는 채권침해 또는 영업방해에 해당하는 불법행위로서 민사상 손해배상을 청구할 수 있다할 것이다.

Ⅴ. 오토프로그램에 대한 대응조치와 개선방향

1. 사법기관에 대한 수사의뢰

(1) 대응조치 현황 및 문제점

오토프로그램 판매자를 사법기관에 수사 의뢰하여 법원의 판결을 일부 이끌어낸 적도 있지만, 아래와 같은 어려움으로 인해 형사처벌을 받은 사례가 적어 오토프로그램 판매자에 대한 경고 및 예방효과가 매우 미약하다.

S/W형식의 오토프로그램 판매자의 경우 대부분 차명계좌와 대포폰을 사용하고 있고, 범죄자와 서버 또한 중국에 소재하고 있어 사법권이 미치지 않아 수사진행과 범인검거가 매우 어렵고, 그래픽 인식방식과 H/W형식의 오토프로그램의 경우, 게임프로그램을 변경하고 있지 않아 컴퓨터프로그램 보호법위반죄 구성에 어려움이 있고, 업무방해죄에 해당할 가능성이 매우 높지만 선례가 없어 수사 진행에 어려움이 있다.

(2) 개선방향

H/W형식의 오토프로그램은 S/W형식과 동일한 폐해를 유발하면서도 입법 미비로 인한 규제공백을 이용하여 게임사의 오토프로그램 판매중단 요청 등을 무시하고 공개적이고 적극적인 영업을 하고 있다.

그런데 현재 국회에 계류중인 「게임산업진흥에 관한 법률」 개정(안)은 S/W형식뿐만 아니라 그래픽 인식방식과 H/W형식의 오토프로그램의 판매자에 대해서도 처벌할 수 있는 근거규정이 신설되었다. 따라서 동 법안이 국회를 통과하여 효력을 발생하면 H/W형식의 오토프로그램의 판매자에 대한 형사처벌이 가능하고 오픈마켓 등을 통한 판매가 중단될 것으로 기대된다.

<게임문화 및 산업진흥에 관한 법률 개정(안)>

제61조(불법 게임물 등의 유통금지 등) 누구든지 게임물의 유통질서를 해치는 다음 각 호의 행위를 하여서는 아니 된다.

9. 게임의 정상적인 운영을 방해할 목적으로 게임물사업자가 제공 또는 승인하지 아니한 컴퓨터프로그램이나 기기 또는 장치를 배포하는 행위

2. 오토프로그램 판매사이트에 대한 접근차단

(1) 대응조치 현황 및 문제점

S/W 형식 오토프로그램 경우, 오토프로그램 판매사이트를 모니터링 및 적발하여 「게임산업진흥에 관한 법률」에 의해 게임물등급위원회에 접근차단을 요청하여 약 85개의 판매사이트가 차단되었다(2009. 5. 18. 현재). 그러나 접근차단된 오토판매사이트는 URL을 변경하여 사이트를 새로이 개설하고 있어 접근차단과 신규 사이트 개설의 악순환이 반복되고 있을 뿐만 아니라, 기존의 고객과 메신저 및 휴대폰 등을 통해 지속적으로 접촉하며 오토프로그램을 판매하고 있어 접근차단의 효과에 한계가 있다.

한편, 그래픽 인식방법 또는 H/W형식 오토프로그램 판매사이트는 현행 게임법령상 그 불법성이 명백하지 않아 접근차단에 어려움이 있다. 오토판매사이트 접근차단의 근거는 게임법 제38조 제3항 및 제7항이며, 동 조항에 따르면 오토프로그램이 게임물의 기술적 보호조치를 무력하게 만들기 때문이다. 그러나 최근에는 오토프로그램의 기술적 발전으로 인해 게임물의 기술적 보호조치를 무력하게 하거나 회피하지 아니하는 오토프로그램이 등장하여 동 조항에 의한 접근차단이 불가능한 경우가 발생한다.

(2) 개선방향

오토판매사이트에 대한 효과적인 접근차단이 이뤄지기 위해서는 오토판매사이트가 사용하고 있는 메신저 등에 대한 이용제한 조치가 반드시 수반되어야 할 것이다. 현재 국회에 계류 중인「게임산업진흥에 관한 법률」개정(안)에는 H/W형식의 오토프로그램의 판매사이트에 대한 접근차단 근거규정이 신설되어 오토판매사이트에 대해 효과적인 접근차단이 이뤄지고 검색광고도 중단될 것으로 기대된다.

<게임문화 및 산업진흥에 관한 법률 개정(안)>

제67조(폐쇄 및 수거 등) ③ 문화체육관광부장관 또는 시장·군수·구청장은 유통되거나 이용에 제공되는 게임물 또는 광고, 선전물 등이 다음 각 호의 어느 하나에 해당하면 이를 수거하거나 폐기 또는 삭제할 수 있다. 다만, 제2호의 경우「사행행위 등 규제 및 처벌특례법」에 따른 사행행위영업을 하는 경우는 제외한다.

8. 제61조 제7호부터 제9호까지의 규정에 따른 환전, 환전 알선, 재매입, 구매, 배포 행위에 이용되는 컴퓨터 프로그램

⑦ 문화체육관광부장관은「정보통신망 이용촉진 및 정보보호에 관한 법률」제2조 제1항 제1호의 정보통신망을 통하여 제공되는 게임물 또는 광고·선전물 등이 제3항 각 호의 어느 하나에 해당하는 경우「정보통신망 이용촉진 및 정보보호 등에 관한 법률」제2조 제1항 제3호의 정보통신서비스

> 제공자 또는 같은 항 제9호의 게시판을 관리·운영하는 자로 하여금 그 취급을 거부·정지 또는 제한하도록 명할 수 있다. 이 경우 사전에 등급위원회의 심의 및 시정 권고의 절차를 거쳐야 한다.

3. 오토프로그램 판매사이트 관련 불법게시물 차단

(1) 대응조치 현황 및 문제점

포털 내 블로그, 카페, 지식in 등을 통한 오토 판매사이트 홍보에 대응하여 불법게시물에 대해 지속적으로 포털에 요청하여 불법 게시물을 삭제조치하고 있다. 특히, 지난해 11월부터 현재까지 집중적으로 포털사업자 등에게 삭제 요청하여 불법 게시물 약 5만 8천 개를 삭제·폐쇄 처리하였다.

현재 오토프로그램의 불법홍보게시물에 모니터링 및 포털사업자에 삭제요청을 하기 위한 전담인력을 배치하고 외부용역 의뢰까지 하고 있으나, 포털사업자의 적극적인 협조가 부족하여 그 효과가 매우 미약하다. 구체적으로 불법홍보게시물은 자동등록프로그램(일명 도배프로그램)을 사용하여 홍보게시물을 반복하여 게재하고 있어 '모니터링 → 삭제 → 재(再)게시'의 악순환이 반복되고 있으나, 불법게시물의 반복 게시자에 대해 포털사업자의 제재가 솜방망이에 그치고 있고, H/W형식의 오토프로그램의 경우 불법성이 명백하지 않음을 이유로 검색광고가 행해지고 나아가 지식쇼핑 등을 통해 가격비교 서비스마저 제공하고 있는 실정이다(별첨4).

(2) 개선방향

포털사업자의 적극적이고 우호적인 협력 없이는 포털을 매개로 인한 오토프로그램 판매는 근절되지 않을 것이며, 이에 정부는 포털사업자의 자발적이고 적극적인 협력을 유도하는 정책과 제도를 마련하여야 할 것이다.

구체적으로 포털사업자에 대하여 ① 오토프로그램에 대한 금칙어 설정 및 검색광고 중단, ② 불법게시물의 반복 게시자에 대한 엄격한 제재조치, ③ 불법게시물에 대한 포털사업자의 자발적이고 적극적인 모니터링 및 삭제, ④ 불법게시물의 삭제요청에 대한 신속한 처리 조치가 즉시 이뤄져야 하며, 이에 대한 정부의 정책 및 제도 마련이 필요하다.

[별첨1] 오토프로그램 관련 불법게시물(예시)

블로그 1-10 / 281건

정확도 · 최신순 중복결과 제외 기간 전체

아이온 오토 다운로드 2008.11.11
아이온 오토 다운로드 (11월 11일 10시 수정완료) 오류있으면 제보 바랍니다 제보하기 다운로드 --- 자동물약 물약인식속도 조정가능 자동스킬 모든 슬롯...
http://blog.naver.com/bw6004/50037441558 블로그명 : bw6004님의 블로그

아이온 오토마우스 다운로드 2008.11.11
아이온 오토마우스 다운로드 (11월 11일 10시 수정완료) 오류있으면 제보 바랍니다 제보하기 다운로드 --- 자동물약 물약인식속도 조정가능 자동스킬 모든 슬롯...
http://blog.naver.com/bw6004/50037441584 블로그명 : bw6004님의 블로그

아이온 오토사냥 (11월 11일 10시 수정완료) 2008.11.11
아이온 오토사냥 (11월 11일 10시 수정완료) 오류있으면 제보 바랍니다 제보하기 다운로드 -- 자동물약 물약인식속도 조정가능 자동스킬 모든 슬롯 지원...
http://blog.naver.com/bgsw/20056919340 블로그명 : bgsw님의 블로그

아이온오토마우스 (11월 11일 10시 수정완료) 2008.11.11
아이온오토마우스 (11월 11일 10시 수정완료) 오류있으면 제보 바랍니다 제보하기 다운로드 --- 자동물약 물약인식속도 조정가능 자동스킬 모든 슬롯 지원 스킬연속 사용...
http://blog.naver.com/bw6004/50037441358 블로그명 : bw6004님의 블로그

아이온 오토마우스 (11월 11일 10시 수정완료) 2008.11.11
아이온 오토마우스 (11월 11일 10시 수정완료) 오류있으면 제보 바랍니다 제보하기 다운로드 -- 자동물약 물약인식속도 조정가능 자동스킬 모든 슬롯 지원...
http://blog.naver.com/bgsw/20056918442 블로그명 : bgsw님의 블로그

[별첨2] 오토프로그램 판매사이트(예시)

[별첨3] 오토프로그램에 대한 불만 및 신고 현황(예시)

오토제보·근절게시판

홈 ▸ 포럼 ▸ 오토제보·근절게시판

전체 | 신고 | 오토근절제안 | 기타 ‣ 게시판 운영안내

번호	분류	제목	작성자	작성일	조회수	추천수
-	-	**7만415개 오토(BOT) 계정 영구 정지 ...**	AION	2009-03-03	3006	-
-	-	**[필독] 오토 사용자/사이트 신고 양식**	AION	2008-12-18	28007	-
-	-	**[안내] 이 곳은 '오토제보•근절' 게...**	AION	2008-12-16	10033	-
26868	신고	프레기온 마족 Zzerg o미션o <~ ...	하단아	2009-02-10	4	0
26867	신고	오토제보요 [1]	천빈	2009-02-10	25	0
26866	기타	NC 너네들 머냐 단속하긴하냐?	이단아	2009-02-10	13	0
26865	신고	공짜게임도 오토방지 프로그램 있...	해룡	2009-02-10	34	0
26864	제안	페널티를 상대종족은 알도록 하는...	한메텔	2009-02-10	18	0
26863	제안	오토자동퇴장 이방법은 어떤가요..? [4]	반월령	2009-02-10	62	0
26862	신고	한마디만 [2]	나인테일즈	2009-02-10	29	0
26861	신고	도대체가 알수가 업내요 아이온운...	한방콕찔러	2009-02-10	19	0
26860	신고	한달보름간 하루도 빠짐없이 신고... [2]	해룡	2009-02-10	47	0
26859	기타	아 정말 오토 근절 안시키실겁니...	살성의혼령	2009-02-10	21	0
26858	신고	오토 어찌좀 해야하는거 아뇨?	프렐류드	2009-02-10	7	0
26857	제안	오토 근절 향이 전화 운동 [1]	전지현학생	2009-02-10	21	0
26856	기타	오토 너무 심하네영	천족대표법사	2009-02-10	17	0
26855	제안	오토 잡는법!! 꼭 필독!! [4]	엘프종족	2009-02-10	116	2
26854	신고	오토제보여	엽기쟁이	2009-02-10	16	0
26853	기타	오토 좀 잡아요 제발... 이러다 ... [1]	푸른향	2009-02-10	51	0
26852	기타	오토좀 어캐 해봐요,,,먼가요..이...	어둠의성녀	2009-02-10	42	0
26851	신고	오토신고요	반월령	2009-02-10	11	0
26850	기타	<필독>오토없애는방법 [9]	김응국	2009-02-10	170	0
26849	기타	제발 오토 좀 근절해서 일반유저 ... [1]	아마데우스	2009-02-10	39	0
26848	기타	엔씨에서 오토없애는방법...(100%) [7]	유귀	2009-02-10	204	0
26847	기타	아, 왜 오토들 단속안해요!!!! 때...	러버보이	2009-02-10	36	0

[별첨4] H/W형식의 오토프로그램 검색광고 및 가격비교 사이트(예시)

쇼핑하우 **오토 마우스 가격비교** - 가격비교 정보에서 전문가 리뷰, 쇼핑UCC, 인기 기획전까지 총집합

스폰서링크 스폰서링크 신청하기

- OTTO쇼핑몰 신상품
  OTTO 여름 신상품 , 유러피안 패션, 스타일 리빙,첫구매 5,000원적립.
  http://www,otto,kr
- 인터파크 **마우스**
  마우스, **마우스**, 키보드, 카드리더, 최대 20%할인, 배송비결제, I-포인트.
  http://www,interpark,com

쇼핑하우

오토마우스/리니지/쫄마우스/리니지2탱어시/다크에덴/삼성광마우스/총알배송...
컴퓨터/주변기기 > 입력장치 > 마우스 > 유선마우스
상품등록일: 2007.08.31
16,340원 | G마켓 무이자

[무료반품교환쿠폰]아이온 **오토마우스**/오토스틱/자동사냥/마우스/컴퓨터/게임/키보드...
컴퓨터/주변기기 > 노트북 > 휴대용(10 - 13형)
상품등록일: 2008.11.20 | 상품평: 11개
52,800원 | 빈터파크 부이자

[무료반품교환쿠폰] [아이온] 2009년형 아이온 아이칸153 GG+출시/초고속 자동사냥...
컴퓨터/주변기기 > 게임 > PC게임/조이스틱 > PC게임
상품등록일: 2009.03.19 | 상품평: 30개
52,800원 | 인터파크 무이자

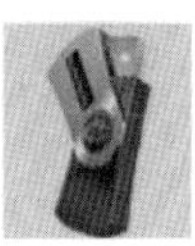

[무료반품교환쿠폰]메크로스윙오토/무제한녹화**오토마우스**,다크에덴,리니지2,대항해시대...
컴퓨터/주변기기 > 게임 > PC게임/조이스틱 > PC게임
상품등록일: 2008.10.08 | 상품평: 7개
53,900원 | 인터파크 무이자

게임포털의 현황과 미래

chapter 11

박 성 호*

한국의 온라인게임 업계는 1999년 세계 최초로 '온라인 게임포털'이라는 서비스 장르를 열었으며, 한국뿐 아니라 일본, 중국, 미국 등 거대 게임 시장으로 활발한 해외 진출을 거듭해 왔다. 2008년도 달성한 수출 10억불의 성과를 이끌어 낸 한국 게임업계의 쾌거는, 국내시장에서의 종합 게임 서비스를 바탕으로 한 다양한 실험과 비즈니스 모델의 혁신을 기반으로 하는 것으로 해석되기도 한다.

그러나 한국의 게임포털에 대한 인식은 아직 부정적 시각 일색이다. 다양한 장르의 온라인 게임을 종합적으로 제공하는 게임포털은, 저연령층 게임 및 고연령층을 타깃으로 하는 서비스를 포함하는 것이 자연스러움에도 불구하고, 청소년게임이 인기를 끌면 "왜 분별력 없는 초등학생들의 코 묻은 돈을 회사가 빼앗느냐?", 성인 대상 게임이 인기리에 매출을 발생하면 "왜 성인게임을 서비스를 하면서 회사가 돈을 버느냐?"라는 비난을 받기도 한다. 이러한 부정적 인식은 정부부처 간 경쟁적인 중복규제 입법으로 귀결되고 있으며, 이는 게임기업의 예측가능성을 저해함으로써 혁신을 통한 성장의 발목을 잡는 구조로 악순환된다.

* NHN 법제협력실 이사

이러한 악순환 속에, 게임포털이 절반 이상의 국민에게 건전한 오락 제공을 통해 신장시킨 후생지수라든지, 폭넓은 연령층을 대상으로 한 콘텐츠 매출의 저변확대, 게임산업 고용규모 신장 등 국민경제 전반에 미친 긍정적 경제효과는 놓쳐지고 있다.[1]

Ⅰ. 게임을 통한 문화콘텐츠산업 규모 및 저변확대

1. 대한민국 문화콘텐츠산업의 규모는 성장일로에 있음. 주요 선진국은 세계 문화콘텐츠시장의 선점을 위한 정책 경쟁에 나서고 있다(문화콘텐츠진흥원).

표 11-1 문화콘텐츠산업 성장현황

	00년	05년	연 성장률
매 출	21조 원	54조 원	20.8%
수 출	5억 불	12억 불	19.1%
고 용	36만 명	46만 명	5.0%

자료: 문화산업통계연보

표 11-2 콘텐츠산업 전망(세계, 10억 불)

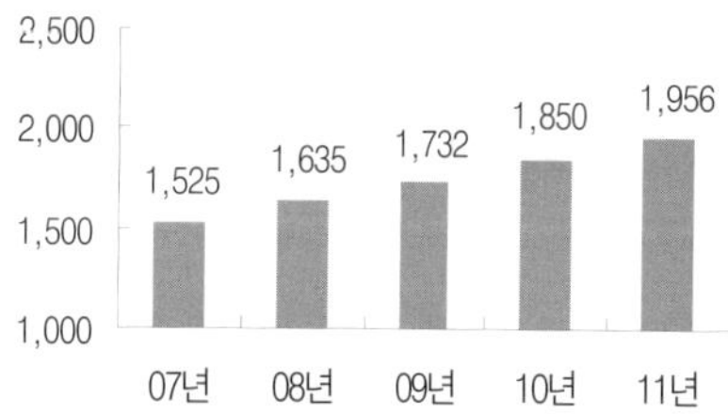

자료: PWC

2. 문화콘텐츠산업의 규모는 콘텐츠 매출규모에 비례. 콘텐츠 매출은 이용자의 콘텐츠 접근 가능성 및 구매만족도에 따라 저변확대를 통한 규모 성장의 추이를 보이고 있다(문화콘텐츠진흥원). 즉, 문화콘텐츠산

1) 이 글의 내용은 게임업계에 종사하여 오신 분이라면 누구나 소개하실 수 있는 성과를 정리한 것이다. 이러한 기본적인 성과의 의미들을 되새기면서 지난 10년을 반추해 보면, 앞으로 숱한 난관에서도 혁신을 거듭할 게임업계의 저력을 느끼실 수 있을 것이라 생각된다. 자료수집의 한계상 해외진출사례 등을 중심으로 한게임의 사례가 주로 제시되어 있다. 이 점 독자의 양해를 바란다.

업의 성장은 당연하게도, 보다 많은 이용자가 문화콘텐츠에 비용을 지불하고 보다 많은 구매를 하도록 유도해 내는 것이 관건이다.

3. 영화는 3백만 관객만 돌파하여도 흥행에 성공했다는 평가를 얻으며, 도서는 1백만 권만 돌파하여도 월드베스트셀러로 불리게 된다. 게임포털 플레이엔씨를 통해 서비스되고 있는 온라인게임 리니지는 단일 게임만으로도 전세계 6천만 명의 회원이 게임을 즐기고 있으며, 게임포털 한게임은 한국의 회원수만 2천9백만 명에 달하고, 동시에 접속하여 콘텐츠를 즐기는 회원수가 28만 명, 유료이용자수가 분기당 1백만 명을 넘어서고 있다.
4. 이처럼 온라인게임은 전통적인 문화콘텐츠인 영화나 도서에 비해 비교할 수 없을 정도로 큰 규모의 이용자와 구매층에 매출을 발생케 하고 있으며 이를 근간으로 한국의 문화콘텐츠산업은 지속 성장하고 있다.

Ⅱ. 문화콘텐츠 구매기회 확대의 주역

1. 한국의 온라인게임 업계는 1999년 세계 최초로 온라인게임포털을 개척하였고, 게임포털을 통한 종합게임 서비스는 디벨로퍼와 퍼블리셔의 상생을 통해 캐주얼, 웹보드, RPG, FPS, 전략시뮬레이션, 스포츠게임 등 다양하게 서비스 영역을 확대하고 있다.
2. '게임포털'은 콘텐츠의 재미 및 구매의 편리성을 바탕으로 문화콘텐츠 구매의 접점을 확대시킴으로써 산업매출 규모를 확장시키는 순기능을 하여 왔음. 가령 이용자의 2시간 콘텐츠 향유를 위한 극장영화 1편의 매출이 발생하기 위해서는 극장방문 및 7천 원 정도의 비용 지출이 필요하지만, 게임포털의 매출은 인터넷 접속 후 1천 원~1만 원 상당의 아이템을 구매하기만 하면 기본적으로 무료인 게임콘텐츠

를 장시간 재미있게 이용할 수 있다.[부분유료화 방식의 사례]

3. 이러한 구매 접근 가능성을 높인 결과 게임포털은, 단일 게임을 기반으로 한 콘텐츠 매출을 넘어, 폭넓은 연령층(전 연령층)의 다양한 게임기호를 기반으로 한 대규모 매출 발생을 가능케 하였으며(게임업계 2008년도 국내기준 1천억 원 이상의 매출을 기록한 모든 회사가 게임포털 방식의 서비스를 제공), 이용자에게는 다양한 게임콘텐츠의 향유 기회를 제공하게 되었다.

Ⅲ. 문화콘텐츠 판로확대 및 고용창출의 주역

1. 게임포털은 다양한 이용자층의 기호에 맞는 서비스를 제공하기 위해 노력하여 왔으며 따라서 단일 대작 게임의 성공을 목표로 하기보다 중소규모 게임의 고른 성장을 도모해 왔다. 이를 통해 능력 있는 중소규모 게임 개발사를 발굴하고 이들에 판로 확대의 기회를 제공함으로써, 게임콘텐츠산업이 장기적으로 지속 성장 가능토록 하는 기반을 마련하여 왔다.
2. 콘텐츠산업 전체의 시각에서 보면, 예를 들어 엔씨소프트가 리니지를 서비스하여 10년에 걸쳐 누적매출 1조 원을 기록한 것도 괄목할 만한 일이지만, 예를 들어 한게임이 40여 개 게임개발회사와 제휴를 맺고 280여 개 게임을 서비스함으로써 동기간 같은 수준의 누적매출을 기록한 것도 주목 받을 성과라 할 수 있다.
3. 종합서비스를 구성하는 개별 게임의 각 게임별 매출은 미미할 수 있지만, 게임포털은 개별 게임유통을 통한 개발사들의 공동 성장을 촉진함으로써, 지속 성장하는 콘텐츠산업의 선순환을 가능하게 하며 고용규모를 신장시켜 왔다(2007년도 게임백서 기준, 게임산업종사자 3만여 명, 업체당 평균 종사자수 22.5명. 예를 들어 한게임의 게임포털 제휴를

통한 고용창출 규모는 40개 업체 약 800명. 한게임의 자체인력 포함시 게임산업 종사자의 5~6%의 고용을 창출).

표 11-3 게임산업은 문화산업의 성장과 고용창출을 선도 2006 문화산업백서

구 분	시장 성장률 (2003~2005년)	종사자 증가율 (2003~2005년)
게임산업	**48.40%**	**63.50%**
영화산업	18.50%	-23.70%
방송산업	10.00%	-6.40%

Ⅳ. 게임포털은 대중문화 성장 및 문화향수권 확대에 기여

1. 게임은 TV, 영화와 함께 국민이 가장 일상적으로 이용하는 대중문화로 성장해 왔으며, 특히 외국인들이 가장 많이 접하는 한국의 문화콘텐츠로서, 국가브랜드의 이미지 제고에도 기여한다.
2. 게임포털은 국내외, 저연령층, 고연령층을 막론하고 누구나 자신이 플레이하기 적합한 수준의 게임을 쉽게 이용 가능하게 하고, 정보화 도구 인터넷을 보다 재미있게 활용할 수 있는 유인을 제공함으로써 정보화 확산에 기여한다.
3. 또한 누구나 인터넷만 접속 가능한 환경이면 무료로 즐길 수 있는 문화콘텐츠를 상시 제공함으로써 국민의 건전한 휴식을 통한 국민건강 및 문화향수권 신장에 기여하고 있을 뿐만 아니라 '즐거움'으로 인한 후생지수는 금전적으로 계산하기 어려울 정도이다.

Ⅴ. 한국 문화콘텐츠의 해외 진출 플랫폼

1. 예를 들어 일본 한게임(www.hangame.jp)은 일본 최고의 온라인 게임포털로 자리잡아 바둑, 대부호, 볼링 등 일본인이 좋아하는 게임을 현지화하였을 뿐 아니라 던전앤파이터(네오플), 스페셜포스(드래곤플라이) 등 한국에서 인기를 끌었던 온라인게임을 포함한 160여 개 게임을 서비스 중이며, 회원수 2천5백만 명, 동시접속자 13만7천 명을 보유하고 있다. 또한 한게임의 미국 서비스 www.ijji.com에는 건즈온라인(마이에트), 건바운드(소프트닉스), 루니아전기(올엠), 로한(YNK), 헉슬리(웹젠) 등이 제공되고 있다.
2. 이처럼 해외진출 게임포털은 한국 게임콘텐츠의 해외진출 플랫폼 역할을 수행하고 있다.

Ⅵ. 게임포털의 미래, 하나 … 새로운 장르!

1. 기능성 게임의 교두보: 게임포털은 웹보드, 캐주얼, 플래시, 다운로드, FPS, RPG 등 기존의 게임장르를 넘어 교육용 게임, 생활형 게임의 라인업을 강화하고 있다. 한게임, 엔씨소프트, CJ인터넷 등 게임포털에서의 기능성 게임의 성공 여부는, 세계적으로 급성장하고 있는 기능성 게임(2008년 추정치 690억 달러. 자료: 스트라베이스 2008. 10)의 주요 유통경로로서 '게임포털'이 성공적으로 기능할 수 있을 것인지에 대한 바로미터가 될 것이다.
2. 한게임의 교육용 게임 한자마루(http://www.hanjamaru.com)
   40억 원의 개발비, 2년여의 제작기간 동안 게임기획자들과 성균관대 한문교육학자, 그리고 하버드대 교육심리학자들이 기획을 맡고 온라인게임 전문가들이 개발을 진행한 국내 최초의 한자교육전용 MMORPG 게임은 플레이하는 동안 읽을 수 있는 한자가 자연스럽게 증가하며 이를 바탕으로 아이템과 스킬을 획득할 수 있다.

그림 11-1 한게임의 교육용 게임 한자마루

Ⅶ. 게임포털의 미래, 둘 … 새로운 플랫폼 !!

1. 새로운 게임플랫폼으로서의 오픈마켓: 이용자 개발 프로그램을 오픈마켓을 통해 유통하는 것이 글로벌 애플리케이션 시장의 트렌드로 이어지고 있다. 대부분이 특정 단말기 중심의 유통구조이나, 한게임은 온라인 게임 기반의 오픈마켓 최초 시도(7월 오픈 예정)를 통해 새로운 플랫폼으로서의 게임포털의 가능성을 시험할 예정이다.

<애플리케이션 오픈마켓 현황>

— 특정 단말기 기반
- 콘솔 게임기: Xbox, NintendoDS, Playstation, GP2X위즈..
- 휴대폰·모바일단말기: 앱스토어(애플), 안드로이드마켓(구글), 윈도 마켓 플레이스(MS), 블랙베리스토어(RIM), 오비스토어(노키아), 모바일 콘텐츠 오픈마켓(SKT), 삼성 애플리케이션 스토어(삼성) 등

— PC온라인 기반: 게임오픈마켓(NHN)

그림 11-2 한게임의 오픈마켓(아이두게임 IDoGame)

Ⅷ. 마치며 … 게임포털의 과제 … 역기능 방지를 위한 노력

1. 청소년 이용자 과몰입 방지를 위한 노력: 네오위즈게임즈, 넥슨, 엔씨소프트, 엠게임, 한게임 등 게임포털은 자녀관리서비스, 스쿨존 등의 서비스를 통해, 가정에서 청소년의 게임이용 지도가 이루어질 수 있도록, 이용현황제공, 결제현황제공, 게임이용시간설정 또는 제한 서비스를 제공하고 있다.

2. 게임의 사행적 이용 방지를 위한 노력: 한게임, CJ인터넷, 네오위즈게임즈, 엠게임 등의 게임포털은 성인 이용자의 게임 악용행위 차단을 위해 클린센터, 신고포상제 운영, 악용행위자에 대한 적극적인 형사조치 등을 진행하고 있으며, 문화부 행정지도의 준수 등을 통해 정부 당국과도 긴밀한 협조를 진행하고 있다.
3. 성인 이용자의 과몰입 방지를 위한 노력: 한게임은 성인 이용자의 과몰입 방지를 위해 이용자보호프로그램(UPP: User Protection Program)을 도입하여 운영하고 있다. UPP는 웹보드게임 과몰입이용자의 건전이용을 유도하고, 치유가 필요한 이용자의 5단계 게임차단 및 전문상담의 과정으로 이루어져 있다.

<한게임이 운영중인 이용자보호프로그램 UPP의 사례>

1. 개념: User Protection Program. 웹보드게임 과몰입 방지를 위한 프로그램
2. 취지: 과몰입이용자의 건전이용 유도. 치유 필요한 이용자의 게임차단 및 전문상담
3. 이용자보호프로그램 사이트(온라인): 게임과몰입 진단척도 운영. 별도의 상담전화 운영
4. 게임이용 제한 시스템(게임이용차단): 5단계로 게임이용을 제한 진행

제3부 게임 이용자 보호의 법적 문제

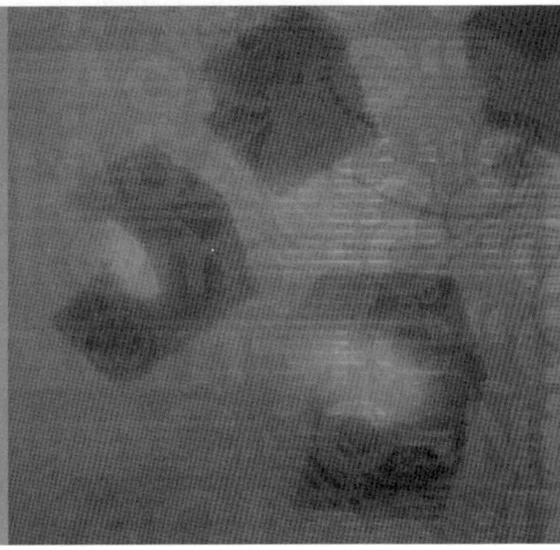

온라인게임 셧다운제의 법적 문제점

chapter 12

황 성 기*

Ⅰ. 온라인게임 셧다운제 관련 법률안의 내용

2005년도에 사회적으로 논란이 되었다가 수면 아래로 가라앉았던 온라인게임 셧다운제의 도입문제가 2008년도부터 다시 이것을 법제화하는 법률안들이 발의됨으로써 2009년 현재까지도 '현재진행형'의 문제가 되고 있다.

현재 국회에 발의되어 있는 온라인게임 셧다운제 관련 법률안은 두 가지로서, 두 가지 모두 청소년보호법의 내용을 일부 개정하는 방식으로 온라인게임 셧다운제의 입법화를 추진하고 있다.

첫째, 2008. 7. 10. 김재경 의원 등이 발의한 「청소년보호법 일부개정법률안」(의안번호: 1800213)을 들 수 있다. 2005년도에 김재경 의원이 제안한 적이 있던 온라인게임 셧다운제가 2008년도에 다시 동일한 의원에 의해 발의된 것이다. 그 내용을 비교해 보면, 2005년도의 경우에는 온라인게임 셧다운제가 적용되는 시간을 대통령령에 위임을 한 반면에, 2008년도의 경우에는 온라인게임 셧다운제가 적용되는 시간을 법률 자체에서 '오전 0시부터 오전

* 한양대학교 법학전문대학원 부교수

6시까지'로 규정하고 있다는 점 이외에는 차이가 없다. 김재경 의원이 제안하고 있는 셧다운제는 법률 자체가 시간대를 특정해서 그 시간대에는 청소년을 대상으로 게임물제공을 원천적·일률적으로 금지하고 있다는 점에서, '강제적 셧다운제'라고 부를 수 있겠다.

표 12-1 2005년에 발의된 김재경 의원안 및 2008년에 발의된 김재경 의원안의 비교

2005년도에 발의된 김재경 의원안의 내용	2008년도에 발의된 김재경 의원안의 내용
청소년보호법 제19조의2(게임물 제공시간 제한): 제7조 제1호에 해당하는 게임물 중 「정보통신망 이용촉진 및 정보보호 등에 관한 법률」 제2조 제1항 제1호의 규정에 따른 정보통신망을 통하여 실시간으로 제공되는 것은 이용청소년의 연령 등을 감안하여 대통령령이 정하는 심야시간에는 이를 청소년에게 제공하여서는 아니 된다.	청소년보호법 제19조의2(게임물 제공시간 제한) 제7조 제1호에 해당하는 게임물 중「정보통신망이용촉진 및 정보보호 등에 관한 법률」 제2조 제1항 제1호에 따른 정보통신망을 통하여 실시간으로 제공되는 것은 오전 0시부터 오전 6시까지는 이를 청소년에게 제공하여서는 아니 된다.
청소년보호법 제51조(벌칙) 다음 각호의1에 해당하는 자는 2년 이하의 징역 또는 1천만원 이하의 벌금에 처한다. 5의2: 제19조의2의 규정을 위반하여 청소년에게 게임물을 제공한 자	청소년보호법 제51조(벌칙) 다음 각호의1에 해당하는 자는 2년 이하의 징역 또는 1천만원 이하의 벌금에 처한다. 5의2: 제19조의2의 규정을 위반하여 청소년에게 게임물을 제공한 자

둘째, 2009. 4. 22. 최영희 의원 등이 발의한 「청소년보호법 일부개정법률안」(의안번호: 1804656)을 들 수 있다. 최영희 의원안의 특징은 국가에 의한 일방적이고도 강제적인 셧다운제가 아니라, '청소년이나 부모의 요청이 있는 경우'에 게임이용시간의 제한서비스를 제공하도록 하는 의무를 부과하는 방식을 취하고 있다는 점에서, '선택적 셧다운제'라고 부를 수 있겠다. 그런데 특이한 것은 최영희 의원안이 신설조항으로 포함하고 있는 제23조의4와 제23조의5의 내용이 사실상 중복된다는 점이다. 물론 제23조의5가 구체적인 야간시간대에서의 셧다운을 예정하고 있지만, 제23조의4에 의해서도 청소년

본인 또는 친권자 등의 요청이 있는 경우에는 '이용시간의 제한'을 통해 야간시간대의 셧다운이 가능하기 때문에, 내용이 중복된다고 할 것이다. 따라서 제23조의5는 불필요한 조항이라고 할 것이다.

제23조의4(청소년의 인터넷게임 이용시간 등 제한) ① 인터넷게임 제공자는 청소년의 인터넷게임 중독을 예방하기 위하여 청소년의 인터넷게임 이용시간, 이용방법 등 인터넷게임 이용제한에 관한 기술적 조치를 마련하여야 하며, 청소년 본인 또는 친권자 등의 요청이 있는 때에는 이를 제공하여야 한다.

② 제1항에 따른 기술적 조치에 대하여는 대통령령으로 정한다.

제23조의5(심야시간대의 게임물 제공 제한) 인터넷게임 제공자는 청소년 본인 또는 친권자 등의 요청이 있는 때에는 오전 0시부터 오전 6시까지 인터넷게임을 청소년에게 제공하여서는 아니 된다.

제51조(벌칙) 다음 각호의 1에 해당하는 자는 2년 이하의 징역 또는 1천만원 이하의 벌금에 처한다.

6의3. 제23조의4를 위반하여 청소년의 인터넷게임 이용시간 제한에 관한 기술적 조치를 하지 아니하거나 청소년 본인 또는 친권자 등의 요청에도 불구하고 일정시간 이상 인터넷게임을 제공한 자

6의4. 제23조의5를 위반하여 청소년 본인 또는 친권자 등의 요청에도 불구하고 야간시간대에 인터넷게임을 제공한 자

이하에서는 위와 같은 내용의 '강제적 셧다운제'와 '선택적 셧다운제'의 문제점 등을 검토해 보고, 합리적인 대안을 제시해 보고자 한다.

Ⅱ. 온라인게임 셧다운제의 특징

1. 강제적 셧다운제의 특징

강제적 셧다운제의 기본적 특징은 다음과 같이 정리될 수 있다.

첫째, 방식과 관련하여 법적 의무화방식을 채택함과 동시에 강제적 의무화방식을 취하고 있다는 점이다. 온라인게임 셧다운제를 게임사업자 내지 게임업계가 자율적인 청소년보호정책 혹은 사업경영정책의 일환으로 시행하는 것이 아니라, 국가가 입법을 통해서 강제한다는 점이다. 그것도 형사벌에 의해 담보되는 법적 의무를 사업자에게 부과하는 방식을 채택하고 있다.

둘째, 대상과 관련하여 사실상 청소년이용가로 등급분류를 받은 게임을 그 대상으로 한다는 점이다. 법률안 자체는 구체적인 등급구분을 예정하고 있지는 않지만, 게임물등급위원회로부터 18세 이상 이용가로 등급분류를 받은 게임은 원천적으로 청소년의 접근이 제한되기 때문에, 셧다운의 대상이 된다는 것은 무의미하다. 따라서 셧다운제가 적용되는 게암은 전체이용가, 12세이용가, 15세이용가로 등급분류를 받은 게임이라고 보아야 한다. 즉 국가기관인 게임물등급위원회로부터 청소년의 이용이 가능한 것으로 '법적 판단'을 받은 게임에 대해서 청소년의 접근을 차단하는 것이 셧다운제의 핵심 내용이라고 할 수 있다.

셋째, 적용영역과 관련하여 온라인게임 셧다운제는 현실적으로 사실상 '가정 내'에서의 게임이용의 경우에만 적용된다는 점이다. 왜냐하면 인터넷컴퓨터게임시설제공업에 해당하는 PC방의 경우에는 이미 「게임산업진흥에 관한 법률(이하 "게임법"이라 한다)」 및 게임법시행령에 의해서 밤 10시부터 그 다음날 오전 9시까지는 청소년의 출입이 금지되기 때문이다(게임법 제28조 제7호 및 게임법시행령 제16조 제2호 가목). 따라서 밤 10시 이후로는 청소년의 PC방 출입이 원칙적으로 금지되므로, 온라인게임 셧다운제는 가정 내에서의 게임이용의 경우에만 적용되는 경우에 그 취지가 살 수 있는 것이다.

2. 선택적 셧다운제의 특징

선택적 셧다운제의 주요 특징은 다음과 같다.

첫째, 방식과 관련하여 법적 의무화방식을 채택하고 있는 점은 위의 강제적 셧다운제와 동일하다. 다만 강제적 셧다운제가 게임사업자에 대해 일률적·강제적으로 적용되는 것에 반해, 선택적 셧다운제는 청소년이나 친권자의 요청이 있는 경우에만 의무가 발생하는 방식을 취하고 있다. 이러한 차이점은 온라인게임 셧다운제의 법적 문제점을 분석하는 데 유의미한데, 특히 아래에서 설명하는 가족의 자율성 혹은 자녀에 대한 부모의 교육·양육권의 맥락과 관련하여서는 중요한 기준이 된다.

둘째, 대상과 관련하여서는 강제적 셧다운제와 선택적 셧다운제는 동일한 공통점을 가지고 있다. 하지만 이러한 공통점에도 불구하고 '청소년이나 친권자의 요청'을 전제로 하느냐의 문제는 대상과 관련된 문제점을 분석하는 데에도 어느 정도 영향을 미칠 수 있다.

셋째, 적용영역과 관련하여서도 강제적 셧다운제와 선택적 셧다운제는 차이점을 발견할 수 있다. 지금까지 제안된 강제적 셧다운제는 전부 '시간대별' 규제이다. 하지만 선택적 셧다운제는 이러한 '시간대별' 규제뿐만 아니라 '시간총량' 규제도 포함할 수 있다. 따라서 선택적 셧다운제는 가정 내에서의 게임이용의 경우뿐만 아니라 PC방 등 기타 방법에 의한 게임이용의 경우에도 영향을 미칠 수 있다.

Ⅲ. 온라인게임 셧다운제의 문제점

1. 강제적 셧다운제의 문제점[1)]

(1) 청소년의 행복추구권의 침해

우선 강제적 셧다운제는 청소년의 행복추구권을 침해한다. 보다 구체적으로 이야기하면, 청소년의 '게임할 권리'를 침해하는 것이다. 일반인들은 '게임할 권리'라는 개념에 대해서 생소할지는 모르겠지만, '게임할 권리'도 엄연히 행복추구권으로부터 도출될 수 있는 중요한 기본권이다. 즉 우리 헌법 제10조에서 규정되어 있는 행복추구권의 '행복'이라는 의미는 포괄적이고 추상적인 개념이므로, 행복을 추구할 수 있는 수단 내지 방법의 제한은 있을 수 없다. 따라서 개별적이고 구체적인 행복추구수단을 모두 포섭할 수 있는 개념이 행복추구권이라고 할 수 있다. 결국 게임을 통해서 행복을 추구할 수 있다면, '게임할 권리'가 행복추구권으로부터 도출되는 것은 당연하다. 이러한 '게임할 권리'는 성인이 아닌 청소년에게도 당연히 인정된다. 그렇다면 청소년유해매체물이라고 할 수 있는 18세이용가 게임을 대상으로 하는 것이 아니라, '청소년유해매체물이 아닌 게임'을 대상으로 강제적 셧다운제를 적용하는 것은 청소년의 '게임할 권리'를 침해하는 것이 된다.

물론 행복추구권 내지 이로부터 도출되는 개별 기본권들이 절대적인 권리는 아니다. 따라서 일정한 공익을 위해서 제한할 수 있다. 예컨대 이러한 맥락에서 청소년의 경우에는 흡연과 음주가 제한된다. 하지만 이러한 제한 내지 금지는 다음과 같은 이유에서 강제적 셧다운제와 차원을 달리하는 문제이다.

흡연이나 음주의 경우, 청소년의 이용이 제한되고 따라서 청소년에 대

---

1) 강제적 셧다운제의 헌법적 문제점에 관해 자세한 것은 황성기, "온라인게임 셧다운제의 헌법적합성에 관한 연구," 「한림법학 FORUM」 제16권, 한림대학교 법학연구소, 2005. 11, pp. 139~156 참조. 여기서 소개하고 있는 문제점들의 상당 부분은 이 논문에서 전재하였음을 밝힌다.

해서 담배나 술을 판매하는 것은 처벌된다. 즉 흡연을 통해서 혹은 음주를 통해서 행복을 추구할 권리가 존재하지만, 청소년의 경우에는 청소년보호를 위해서 제한이 가능하다. 이러한 맥락에서 청소년의 게임을 할 권리도 청소년보호를 위해서 제한이 가능하다는 주장이 가능할 것이다. 하지만 이러한 주장은 다음과 같은 이유에서 타당하지 못하다.

즉 담배와 술의 경우, 아직 신체적으로나 정신적으로도 미성숙한 청소년에 미치는 악영향이 분명하다는 점이다. 따라서 담배와 술은 이미 청소년보호법에 의해 '청소년유해약물'로 규정되어 있고,[2] 담배와 술에 대한 청소년의 접근차단이나 청소년에 대한 담배와 술의 판매금지가 헌법적으로도 정당화될 수 있다.[3]

하지만 강제적 셧다운제의 대상인 '게임'은 오락적 요소와 운동적 요소를 모두 갖고 있는 것[4]으로서, 게임 그 자체가 청소년에게 미치는 악영향이 분명하지 않고, 더 나아가서 강제적 셧다운제의 대상은 청소년유해매체물이라고 할 수 있는 18세이용가 게임이 아니라, '청소년유해매체물이 아닌 게임'이므로, 담배 내지 술과의 단순한 비교는 타당하지 못하게 된다.[5]

---

2) 청소년보호법 제2조 제4호 가목 (1)과 (2)는 각각 주세법의 규정에 의한 주류와 담배사업법의 규정에 의한 담배를 청소년유해물로 규정하고 있다.

3) 헌재 2001. 1. 18. 99헌마555, 청소년보호법 제2조 등 위헌확인: "주점을 경영하는 청구인이 청소년보호법 제2조 제1호, 제26조 제1항의 규정에 의하여 만 19세 미만의 자에게 술을 팔 수 없어 그 직업수행의 자유가 부분적으로 제한을 받는 것은 분명하지만, 만 19세 미만의 청소년들은 우리나라의 교육제도에 따라 상당수가 고등학교 또는 대학의 저학년에 재학중인 학생들이고 그렇지 않은 경우에도 상당수가 생업이나 군복무에 갓 종사하기 시작한 사람들이어서 이들이 무절제한 음주를 할 경우 그 학업성취 및 직업 등에의 적응 그리고 심신의 건전한 성장과 발전에 중대한 지장을 받을 위험이 매우 크고, 그로 인하여 그 개인은 물론 국가와 사회가 모두 큰 피해를 입게 되므로 이들에게 술을 팔지 못하게 하는 위 법률조항은 그 합리성이 인정되고, 나아가 식품접객업자인 청구인이 위 법률조항으로 인하여 만 19세 미만의 자에게 술을 팔지 못하여 받게 되는 불이익의 정도와 청소년에 대한 술의 판매를 규제하여 청소년이 건전한 인격체로 성장하는 데 기여하게 되는 공익을 비교할 때에 전자의 불이익은 그렇게 크다고 볼 수 없는 반면, 후자의 공익은 매우 크고 중요한 것이라고 인정되어 위 법률조항이 청구인의 직업수행의 자유를 과도하게 제한하여 이를 침해하는 것이라고 할 수 없다".

4) 이러한 맥락에서 보면 게임은 당구와 유사하다고 할 수 있다. 게임의 운동적 요소는, 게임법에서 '게임물을 이용하여 하는 경기 및 부대활동'을 '이스포츠(전자스포츠)'의 개념으로 포섭하고 있는 것에서도 알 수 있다시피, 점차적으로 인정되고 있는 추세이다.

5) 헌재 1993. 5. 13. 92헌마80, 체육시설의설치·이용에관한법률시행규칙 제5조에 대한 헌법소원: "이 사건 소원심판청구인인 당구장 경영자의 입장에서 침해된 기본권은 직업선

한편 청소년 등에게 부적절한 내용의 게임에 대하여는 청소년에게 판매할 수 없도록 미리 등급을 심사하고 분류하는 등급분류제는 헌법상 절대적으로 금지되는 사전검열에 해당하지 않고 허용된다. 따라서 게임에 대한 영상물등급위원회의 등급분류 그 자체가 청소년보호를 목적으로 하는 것이다. 그런데 청소년보호의 목적을 가지고 있는 등급분류제 이외에 추가적으로 포괄적인 이용시간대 제한방식을 부가하는 것은 중첩적인 제한이라고 할 수 있다. 결국 등급분류제에 의해서도 충분히 청소년보호라는 공익을 달성할 수 있음에도 불구하고, 부가적으로 포괄적인 이용시간대 제한방식을 중첩적으로 적용하는 것은 과도한 제한으로서 과잉금지의 원칙에 위배된다고 할 수 있다.

한편 오프라인의 경우에 청소년의 보호를 목적으로 특정구역을 설정해서 일정한 시간대에 당해 구역에의 통행을 금지하거나 제한을 하는 경우가 있다. 예컨대 청소년보호법 제25조는 청소년통행금지·제한구역의 지정에 관한 사항을 규정함으로써, 지방자치단체가 청소년보호를 위하여 필요하다고 인정할 경우 청소년에게 정신적·신체적 건강을 해칠 우려가 있는 구역을 청소년통행금지구역 또는 청소년통행제한구역으로 지정하도록 하는 근거규정을 두고 있다(청소년보호법 제25조 제1항). 그리고 지방자치단체는 청소년

택의 자유 및 평등권임은 전술과 같은데 당구장을 이용하는 고객 중 출입이 제지되는 18세 미만 소년의 입장에서 침해되는 기본권은 무엇인지 잠시 살펴보고자 한다. 특히 어떤 소년이 운동선수로 대성할 수 있는 재질로 출생하였고 그 중에서도 당구에 선천적으로 비상한 소질이 있어 그 방면에서 자신의 능력을 발휘해 보고자 하는 경우 다른 종류의 운동 지망생과의 관계에서 평등의 원칙이 문제될 수 있음은 물론이다. 요컨대 당구장 출입자의 자숙이나 시설, 환경의 정화로 당구의 실내 스포츠로서의 이미지 개선은 가능한 것으로 사료되며 당구 자체에 청소년이 금기시해야 할 요소가 있는 것으로는 보여지지 않기 때문에 당구를 통하여 자신의 소질과 취미를 살리고자 하는 소년에 대하여 당구를 금하는 것은 헌법상 보장된 행복추구권의 한 내용인 일반적인 행동자유권의 침해가 될 수 있을 것이다. 그리고 체육시설의설치·이용에관한법률의 입법목적을 달성하기 위하여서는, 당구장에 18세 미만자의 정서함양이나 체력증진에 장애되는 요인이 있다면 그들의 출입을 봉쇄하기에 앞서서 가정과 학교, 그리고 사회가 합심 협력하여 그 요인의 제거에 주력함은 물론, 사랑과 대화와 이해로써 계몽하고 지도하고 보호함으로써 탈선을 예방하고 선도에 차질이 없도록 하여야 할 것이고(청소년기본법 제7조 제2항 참조) 아울러 미래사회의 주역이 될 청소년이 풍부한 지식을 바탕으로 건강하고 정서와 용기가 충만하며 밝고 능동적인 모습으로 자랄 수 있도록(위 같은 법 제2조 제2항 참조) 최선을 경주하는 노력이 우선되어야 할 것이다."

범죄 또는 탈선의 예방 등 특별한 이유가 있는 때에는 특정시간을 정하여 제1항의 규정에 의해 지정된 구역에 청소년의 통행을 금지하거나 또는 제한할 수 있도록 하고 있다(청소년보호법 제25조 제2항). 하지만 이러한 청소년통행제한구역의 실효성을 확보하기 위한 수단으로는, 청소년이 청소년통행금지·제한구역을 통행하고자 하는 때에 그 통행을 저지할 수 있으며, 통행하고 있는 청소년에 대하여는 해당구역 밖으로 퇴거시킬 수 있는 것으로 그치고 있을 뿐(청소년보호법 제25조 제4항), 청소년통행제한구역 내에 영업소를 운영하고 있는 사업자 등을 처벌하지는 않는다. 이러한 청소년통행금지·제한구역은 규제방식 중 일종의 'zoning'에 해당하는 것으로서 그 자체는 헌법적으로 정당화될 수 있다. 하지만 강제적 셧다운제의 경우에는 이러한 zoning에 해당하기 어렵다. 그 이유는 다음과 같다.

첫째, zoning의 경우에는 그 구역 내의 환경 자체가 청소년에게 유해하다는 것을 전제로 하지만, 강제적 셧다운제가 적용되는 게임은 원칙적으로 청소년이 이용할 수 있는 게임, 즉 청소년에게 유해하지 않다고 판단된 게임이기 때문에, 그 대상 자체가 다른 것이다.

둘째, zoning을 위반하는 경우에 있어서의 규제대상이 누구냐의 문제인데, 위에서 언급한 청소년통행제한구역제도의 경우에는 출입이 제한되는 대상, 즉 일반적 행동자유권, 이동권을 제한당하는 주체는 청소년이다. 따라서 zoning으로 인하여 기본권이 제한되거나 규제되는 대상은 청소년 본인이다. 즉 당해 구역 내에서 일정한 영업을 하는 자가 직접적으로 청소년에게 청소년유해행위를 하거나 혹은 청소년을 청소년출입금지업소에 출입을 시키지 않는 한, 처벌당하거나 제재를 받지 아니한다. 하지만 강제적 셧다운제의 경우에는 게임사업자 자체를 처벌하거나 제재를 부과하는 방식을 취하고 있다.

셋째, 위에서 언급한 청소년통행제한구역제도는 그 규제의 실효성을 확보하기 위한 규제수단으로서 단지 청소년의 출입을 막거나 통제하는 데에 그친다. 하지만 강제적 셧다운제는 위반시 게임사업자를 형사처벌하고 있다. 이러한 점에서도 두 제도는 동일하게 취급될 수 없다.

결론적으로 청소년유해매체물이라고 할 수 있는 18세이용가 게임을 대상으로 하는 것이 아니라, '청소년유해매체물이 아닌 게임'을 대상으로 강제적 셧다운제를 적용하는 것은 청소년의 행복추구권 내지 '게임할 권리'를 과도하게 제한하는 것으로서 과잉금지의 원칙에 위배된다.

(2) 가족의 자율성 및 자녀에 대한 부모의 교육·양육권의 침해

강제적 셧다운제는 가족의 자율성에 관한 헌법원리 내지 자녀에 대한 부모의 교육·양육권을 침해한다. 자연법상 청소년의 교육·양육에 있어서 제1차적인 권리·의무는 부모에게 존재하고, 자녀에 대한 부모의 교육·양육권은 자연권이다. 자연권으로서의 자녀에 대한 부모의 교육·양육권의 존재로 인해, 일반적으로 청소년보호 및 청소년의 권리에 관한 문제에 있어서 가장 중심이 되는 고려사항은 '청소년(혹은 아동), 부모, 국가 간의 3면 관계'라고 할 수 있다. 이러한 3면 관계에 관한 고려로 인하여, 청소년과 부모와의 관계에 국가가 너무 과도하게 개입하는 것은, 자율적인 사적 영역으로서의 가족관계의 형성(가족의 자율성: family autonomy)을 국가가 직접 규율하는 것을 의미하기 때문에, 헌법적 한계를 일탈한 것으로 파악해야 한다.[6)] 특히 청소년에 관한 부모의 교육·양육권의 침해 여부는 청소년보호를 위한 규제입법의 위헌성심사에 있어서 중요한 기준이 된다. 즉 청소년보호를 위한 규제입법은 청소년의 교육 및 양육에 있어서 우선적인 권리를 가지는 부모의

---

6) 헌법재판소가 과외금지에 대해서 위헌결정을 내린 것도 바로 이러한 헌법원리를 반영해서이다. 헌재 2004. 4. 27. 98헌가16등(병합), 학원의설립·운영에관한법률 제22조 제1항 제1호 등 위헌제청, 학원의설립·운영에관한법률 제3조 등 위헌확인: "자녀의 양육과 교육은 일차적으로 부모의 천부적인 권리인 동시에 부모에게 부과된 의무이기도 하다. '부모의 자녀에 대한 교육권'은 비록 헌법에 명문으로 규정되어 있지는 아니하지만, 이는 모든 인간이 누리는 불가침의 인권으로서 혼인과 가족생활을 보장하는 헌법 제36조 제1항, 행복추구권을 보장하는 헌법 제10조 및 '국민의 자유와 권리는 헌법에 열거되어 아니한 이유로 경시되지 아니한다'고 규정하는 헌법 제37조 제1항에서 나오는 중요한 기본권이다. 부모는 자녀의 교육에 관하여 전반적인 계획을 세우고 자신의 인생관·사회관·교육관에 따라 자녀의 교육을 자유롭게 형성할 권리를 가지며, 부모의 교육권은 다른 교육의 주체와의 관계에서 원칙적인 우위를 가진다. 자녀의 양육과 교육에 있어서 부모의 교육권은 교육의 모든 영역에서 존중되어야 하며, 다만 학교교육에 관한 한, 국가는 헌법 제31조에 의하여 부모의 교육권으로부터 원칙적으로 독립된 독자적인 교육권한을 부여받음으로써 부모의 교육권과 함께 자녀의 교육을 담당하지만, 학교 밖의 교육영역에서는 원칙적으로 부모의 교육권이 우위를 차지한다."

권리를 과도하게 침해해서는 안 된다는 점이다.

예를 들면, 자신의 자녀가 다른 청소년보다 신체적·정신적 성숙성의 정도가 높아 일정한 내용의 표현물에 대한 접근을 부모 스스로가 허용한 경우에는, 설령 허용한 표현물이 국가가 제시한 기준을 벗어난 것이라 할지라도, 국가가 법집행을 통하여 그러한 기준을 무조건 강요하는 것은 헌법적 한계를 일탈한 것으로 파악해야 하는 것이다. 이것은 결국 청소년보호를 위한 표현물의 규제입법에 있어서, 부모의 판단으로 자신의 자녀에게 적절하다고 부모가 인정한 경우에는 일정한 내용의 표현물(청소년에게 유해하다고 국가가 판단한 표현물)에 대한 청소년의 접근을 인정하는 예외조항을 두어야 한다는 것을 의미한다. 이에 따라 현행 청소년보호법은 제17조 제1항에서 "청소년유해매체물을 판매·대여·배포하거나 시청·관람·이용에 제공하고자 하는 자는 그 상대방의 연령을 확인하여야 하며, 청소년에게 이를 판매·대여·배포하거나 시청·관람·이용에 제공하여서는 아니 된다"고 하면서도, 위반시 벌칙이 적용되는 대상에 있어서는 '영리의 목적'에 국한시키고 있는 것(청소년보호법 제50조 제1호)도 바로 이러한 헌법원리를 반영하였기 때문이다.

강제적 셧다운제도 마찬가지이다. 즉 자신이 교육·양육하는 자녀에 대해서 게임이용시간의 조절과 관련된 교육을 실시하고 통제하는 것은 부모의 권리·의무이다. 이러한 맥락에서 보면, 강제적 셧다운제는 청소년보호법상의 청소년유해매체물제도와도 입법체계상 충돌하게 되는 것이다.

물론 가족의 자율성 및 자녀에 대한 부모의 교육·양육권이 절대적인 것은 아니다. 예외도 존재한다. 대표적으로 가정폭력의 경우라든지 아동학대의 경우에는, 가족의 자율성 및 자녀에 대한 부모의 교육·양육권이라고 하는 헌법원리에도 불구하고, 국가가 가정 내에 개입할 수 있다. 하지만 가정폭력이나 아동학대의 경우에는 가정폭력피해자나 피학대아동의 인권침해에 해당하기 때문에, 국가가 개입할 수 있는 것이다. 따라서 가정폭력이나 아동학대에 대한 국가의 개입과 강제적 셧다운제는 전혀 다른 차원의 것이다.

결론적으로 이야기하면, 자신이 교육·양육하는 자녀에 대해서 게임이용시간의 조절과 관련된 교육을 실시하고 통제하는 것은 부모의 권리·의무이고, 가정 내에서 자신의 자녀가 게임을 어느 정도의 시간 동안 혹은 언제까지 그리고 어떠한 방법으로 이용하는가에 관한 통제는 부모의 교육에 의해 이루어져야 한다. 따라서 이러한 부모의 교육에 관한 권리·의무를 배제한 채, 국가가 직접적으로 가정 내에 개입하여 법적으로 강제하는 것은 가족의 자율성에 관한 헌법원리에 위배되고, 자녀에 대한 부모의 교육·양육권을 침해하는 것이다.

2. 선택적 셧다운제의 문제점 – 여전히 '과도한' 국가의 개입

선택적 셧다운제는 청소년이나 친권자의 요청이 있는 경우에만 의무가 발생한다는 점에서, 강제적 셧다운제와는 분명히 차이가 있다는 것은 위에서 이미 언급하였다. 사실 청소년이나 친권자의 요청이 있는 경우를 전제로 한다는 점에서 강제적 셧다운제가 갖고 있는 치명적인 헌법적 문제점들이 '표면상'으로는 치유될 수 있을 것이다. 하지만 선택적 셧다운제 역시 '법적 의무화' 방식을 취하고 있다는 점에서, 국가의 과도한 간섭 내지 개입의 문제가 도사리고 있다.

사실 선택적 셧다운제와 같은 청소년보호시스템은 게임사업자들이 자율적으로 도입하는 것이 이상적이다. 그런데 게임사업자들이 청소년보호를 위해서 '선의로' 이러한 시스템을 도입할 가능성은 별로 없을 것이다. 물론 우리나라 게임산업이 지속적으로 발전하여 게임사업자들이 기업의 사회적·윤리적 책임을 제고하는 기업문화가 정착되어 있다면 모르되 그리고 현재 일부 사업자들이 자체적으로 셧다운시스템을 채택하고 있기는 하지만, 아직 자신의 '먹을꺼리'를 마련하기도 급급하고 규제당국과의 관계에 있어서는 '죄수의 딜레마'에 빠져 있는 우리나라 게임업계의 영세성을 감안하면 이러한 시스템의 전면적 도입가능성을 기대하기에는 아직 이르다.

위와 같은 '선의'의 차원이 아니지만 자율적으로 사업자들이 이러한 시스템을 도입하는 경우도 존재할 수 있다. 그러한 경우란 게임 과몰입 내지 게임중독으로 인한 피해자가 발생하고 이러한 피해의 발생을 '방조(?)'하거나 피해발생의 원인제공을 한 게임사업자를 대상으로 피해자가 제기한 손해배상청구소송에서 법원이 '징벌적 손해배상'과 같은 종류의 제재를 가하는 경향이 있다고 할 때, 이러한 법적 책임을 면하기 위해서 자율적으로 셧다운제를 채택하는 경우가 바로 이러한 경우이다. 사실 이렇게 입법을 통한 직접적인 개입이 아니라 법원을 통한 간접적인 개입이 어떻게 보면 私法과 公法 간의 구분을 무너뜨리지 않으면서도, 혹은 '과도한 공법의 개입'을 막으면서도 게임 과몰입 내지 게임중독 문제를 해결하는 효과적인 메커니즘의 하나가 될 것이다.

하지만 우리나라에서는 징벌적 손해배상제도가 인정되고 있지 않을 뿐만 아니라, 우리나라 민법상의 불법행위법리상 게임 과몰입 내지 게임중독으로 인한 피해에 대한 게임사업자의 법적 책임을 인정하기도 힘들 것이다. 사실 위에서 소개한 입법들은 이러한 한계를 갖고 있는 우리나라 私法체계 내지 제도로는 게임 과몰입 내지 게임중독의 문제를 법적으로 해결할 수 없다는 점을 전제로, 국가에 의한 보다 직접적인 개입을 추진하고 있는 것으로 보아야 한다. 그렇다면 이렇게 선해한다고 하더라도 선택적 셧다운제는 정당화될 수 있을까?

선택적 셧다운제 역시 '법적 의무화' 방식을 취하고 있다는 점에서, 국가의 과도한 간섭 내지 개입의 문제는 치유되지 않는다고 본다. 사실 엄밀하게 이야기하면, 청소년이나 친권자가 게임사업자에 대해서 게임이용시간의 통제 내지 제한서비스를 요청하는 경우, 만약 당해 게임사업자가 이러한 제한서비스를 제공하지 못한다고 한다면, 청소년이나 친권자는 당해 게임의 이용을 포기하는 것이 원칙이다. 즉 이러한 제한서비스를 제공하지 못하는 게임은 소위 '청소년보호'라는 맥락에서는 '경쟁력이 없는 게임'으로 인식되어야 하는 것이 원칙이다.[7]

그런데 여기서 모든 게임들이 이러한 제한서비스를 제공하지 못한다고 한다면, 자녀의 떼쓰기 작전이 성공한 경우라든지 아니면 고단한 맞벌이 가족의 어쩔 수 없는 자녀양육의 일 방편으로 게임이용을 허용할 수밖에 없는 상황에서는, 이러한 원칙은 애초부터 적용될 수 없는 것이 아니냐는 반론이

7) 물론 '재미'라는 맥락에서는 경쟁력이 뛰어날 수 있겠지만.

가능하다. 그리고 이의 연장선상에서 게임사업자에 대해서 게임이용시간의 통제 내지 제한과 관련된 기술적 조치를 의무화시키고, 청소년이나 친권자의 요청이 있는 경우에만 게임제공을 제한하는 의무를 부과시키는 것은 필요하고 과도한 개입이 아니라는 반론도 가능할 것이다.

하지만 여기서 고려해야 할 것이 비용의 문제이다. 즉 게임이용시간의 제한서비스를 제공하는데 만약 기술적으로 불가능하거나 혹은 기술적으로는 가능하다고 하더라도 현재의 상황에서 '과도한 비용'이 수반된다면, 이러한 의무를 게임사업자들에게 부과하는 것은 너무 큰 부담이 될 수 있을 것이고, 게임사업자들이 게임사업을 포기하게 만들 가능성도 존재한다. 이러한 경우 게임사업자들의 직업의 자유나 영업의 자유의 침해문제가 등장하게 된다.

결국 선택적 셧다운제 역시 그 명분은 부모의 parenting control을 지원하기 위해서 입법화되고 있지만, 사실상 법적 의무화방식을 취함으로 인해 국가의 과도한 개입 내지 게임사업자에 대한 과도한 규제라는 점에서는 강제적 셧다운제와는 차이가 없다고 할 것이다.

Ⅳ. 나오는 말 – 합리적 대안의 모색

지금까지 강제적 셧다운제는 헌법에 반한다는 점, 선택적 셧다운제도 여전히 국가의 과도한 개입의 문제가 존재하기 때문에 헌법적으로 논란의 여지가 있다는 점을 설명했다. 그렇다면 과연 대안은 없을까?

위에서 우리나라의 여러 가지 현실을 언급한 바 있다. 즉 우리나라의 게임산업은 성숙한 어른의 단계가 아니라 아직은 자기 자신조차도 추스르기가 힘든 청소년의 단계에 있다는 점, 게임 과몰입 내지 게임중독에 대한 우려가 실제로 현실로 나타나고 있어서 어떠한 형태로든지 국가의 개입을 요구하는 목소리가 점점 커지고 있다는 점, 하지만 공법적 방식을 통한 국가의 직접적인 개입은 헌법적 문제점을 노정시킬 수 있다는 점, 게임 과몰입 내지 게임중독의 일차적인 책임은 부모가 져야 한다는 점 등이 바로 그것이다. 이러한 여러 가지 현실을 고려할 때, 다음과 같은 대안을 제시해 본다.

일단 셧다운시스템을 채택할지 여부는 사업자가 자율적으로 결정할 문제이다. 즉 온라인게임에 셧다운시스템을 적용할지 여부의 문제는 시장의 문제로 보고, 시장의 논리에 맡겨야 한다. 따라서 셧다운시스템이 적용되어 있지 않는 온라인게임은 청소년이나 부모들이 이용하지 않는 문화가 형성될 필요가 있다. 즉 셧다운시스템을 채택하고 있지 않은 온라인게임은 시장에서 도태되는 문화와 시장메커니즘이 형성될 필요가 있는 것이다. 향후 셧다운시스템의 비용이나 기술적 상황이 호전되는 경우에는 이러한 문화는 형성될 가능성이 높다고 생각한다. 여기까지는 시장 혹은 자율의 영역이다.

여기에 필자는 다음과 같은 국가의 개입의 여지를 하나 만들어 줄 필요가 있다고 생각한다. 그것은 바로 부모에 대한 통지의무이다. 즉 자신이 제공하는 온라인게임에 셧다운시스템이 채택되어 있는지 여부 및 채택되어 있는 경우 어떻게 이용하는지의 절차나 방법에 대해서 청소년이나 부모에 대해서 통지를 의무적으로 하는 정도의 개입이다. 그리고 이러한 의무위반에 대해서는 지금까지의 온라인게임 셧다운제가 형사처벌을 전제로 하고 있는 것과는 달리, 낮은 정도의 과태료 부과의 제재가 적당하다고 생각한다. 이러한 통지의무도 부모의 parenting control을 지원하기 위한 중요한 수단이 될 수 있다고 생각한다. 그리고 헌법적 문제점도 거의 불식될 것으로 보인다. 이 방법이 게임 과몰입 내지 게임중독의 사회적 문제를 해결하는 단초를 제공해 주면서도, 이용자-사업자-국가 간의 합리적인 기능 및 권한분배를 고려한 win-win 전략이 아닐까?

독일 청소년보호법의 게임규제

chapter 13

김 정 환*

Ⅰ. 머 리 말

우리는 현재 게임에 대하여 독립적인 법률로 규율하고 있다. 과거 게임에 대하여는 「음반·비디오물 및 게임물에 관한 법률」에서 음반, 영화, 비디오물 등과 함께 규정하여 규제하여 왔다. 그러나 게임에 대한 고유한 특징을 고려하여 규정할 필요성 그리고 IT산업의 발달과 더불어 급속도로 성장하는 게임을 산업적으로 지원해야 할 필요성이 대두되었다. 그리하여 게임에 대하여는 규제 일변도가 아니라 진흥도 아울러 법률로서 규정하는 「게임산업진흥에 관한 법률」이 2006년 4월 제정되었다. 동법은 게임산업의 진흥부분(제2장), 게임문화의 진흥부분(제3장), 게임물의 등급분류부분(제4장), 게임물의 제작 및 배급과 관련된 영업질서에 관한 부분(제5장)으로 구성되어 있다. 이후 2006년 중반 바다이야기 사건으로 사행성 게임물에 대한 규제를 강화해야 할 필요성이 제기되어 2007년 1월 사행성 게임을 방지하기 위하여 게임영업에 대한 규제가 대폭 강화되었다.

* 국민대학교 법과대학 교수

반면 독일은 게임에 대하여 별도의 법규를 제정하지 않고, 다른 매체물과 동일한 차원에서 다루고 있다. 즉 게임에 대해서 방송, 영화나 비디오 등과 동일한 차원에서 다루고 있으며, 진흥의 차원보다는 규제의 차원에서 법규가 운영되고 있다. 방송과 영상물, 게임물에 대한 규제는 그들이 담고 있는 내용물(소위 콘텐츠)에 대한 규제가 되므로, 동일한 차원에서 법적 규제가 가능하게 된다. 그리고 내용물에 대한 규제는 청소년보호의 차원에서 행해지고 있으며, 이와 관련된 법규는 청소년보호법(Jugendschutzgesetz: JuSchG)이다.[1] 독일 청소년보호법에 따르면, 청소년보호를 위한 규제의 수단을 2원적으로 운영하고 있다. 하나는 '연령등급분류제도'이고 다른 하나는 '유해매체물목록제도'이다. 아래에서는 이에 대하여 구체적인 내용을 살펴보기로 한다.

다만 독일 청소년보호법의 게임규제를 이해함에 있어, 전제되어야 할 것은 2가지이다. 하나는 독일은 연방국가라는 점이다. 연방국가인 독일에서 지방의 주(州) 차원에서 규제하는 연령등급제도와 국가의 연방차원에서 규제하는 유해매체물목록제도 간에 있어, 연방과 주(州) 간의 판단이 상이할 경우에 생기는 연방과 주(州) 간의 갈등을 사전에 차단하도록 하고 있다. 다른 한 가지는 독일 청소년보호법에는 제2차 세계대전의 영향이 존재한다는 점이다. 독일은 다른 국가에 비하여 폭력이나 전쟁의 찬양, 인종차별 등의 내용에 대하여 규제 정도가 높다.

1) 이하에서 법명의 표시가 없는 조문은 독일 청소년보호법의 조문을 의미한다. 독일 청소년보호법의 번역문은 김정환, "독일 청소년보호법,"「법학논총」제21권 제2호, 국민대학교법학연구소, 2009. 2, pp. 393~422 참조. 독일 청소년보호법의 보호대상은 어린이와 청소년이고, 동법 제1조 제1항에 따르면 어린이는 14세 미만의 자를, 청소년은 14세 이상 18세 미만의 자를 의미한다.

Ⅱ. 연령등급분류제도

1. 연령등급분류제도의 배경

제2차 세계대전 후 당시 독일기본법(독일 헌법)은 표현행위에 대한 사전검열을 금지하였다. 독일기본법 제5조 제1항에 따르면, “누구든지 말, 글 그리고 그림으로써 자유로이 의사를 표현하고 전파하며 일반적으로 접근할 수 있는 정보원으로부터 방해를 받지 않고 정보를 얻을 권리를 가진다. 신문의 자유와 방송 및 필름을 통한 보도의 자유는 보장된다. 검열은 금지된다.” 독일 기본법은 제5조 제1항 셋째 문장에서, 검열금지를 규정하고 있는데, 이것은 소위 사전검열을 의미하는 것으로서 말, 글 혹은 그림을 통한 의견표명이 공표되기 이전에 관청의 허가를 위해서 제출되어서는 아니 되고, 의견표명은 단지 공표 이후에만 형법에 의해 평가되어져야 한다고 한다.[2] 이에 따르면 표현물에 대하여는 사후적으로만 심사ㆍ규제할 수 밖에 없게 된다.

그러나 사후심사로는 어린이와 청소년의 저해ㆍ유해적인 영화나 영상물의 접근을 막을 수 없다. 따라서 독일기본법 제5조 제2항에서 어린이보호와 청소년보호는 이러한 기본권(표현의 자유)의 명시적인 제한사유로 규정된다. “이 권리들은 일반 법률의 조항과 청소년보호를 위한 법률규정에 의하여 그리고 개인적 명예권에 의하여 제한된다.” 이에 따르면 청소년보호는 헌법적으로 보호되고 있으며, 효과적이고 효율적인 청소년보호에 필요한 경우라면 성인에게 그 기본권의 법률적 제한이 행해져야 한다. 사전심사제도는 표현의 자유의 영역에서 효과적이고 효율적인 청소년보호를 위한 필요하고 또한 정당화되는 조치인 것이다.[3] 사전심사만이 어린이와 청소년의 신체적ㆍ정신적ㆍ정서적 건강에 대한 침해를 적시에(rechtzeitig) 막을 수 있기 때문이다.

이러한 상황에서 국가의 영화사전검열을 피하고 동시에 영화자유의 남

---

2) Pieroth/Schlink, Grundrechte Staatsrecht II, 18. Aufl., 2002, Rn. 605.

3) Horst von Hartlieb, Handbuch des Film-, Fernseh- und Videorechts, 3. Aufl., 1991, p. 31.

용을 피하기 위하여, 1948년 영화산업 중앙조직(SPIO)의 한 분과로서 영화산업자율규제위원회(Ausschüsse der Freiwilligen Selbstkontrolle der Filmwirtschaft: FSK)가 설립되어 자율적으로 사전심사를 행했다.[4] 영화영역에서의 이러한 청소년보호는 이후 공공에서의 청소년보호에 관한 법률(JÖSchG) 제6조와 제7조에 따라 비디오영역으로 확대되고, 주법에도 받아들여졌다.

2. 연령등급제도의 관할

연령등급표시는 주(州) 최고관청의 관할이다. 즉 연방주의(das föderale Prinzip)가 적용된다.[5] 주 최고관청 내에서는 업무분담에 따라 해당 주의 청소년담당장관에게 관할이 있다. 대부분 주 최고관청은 어린이와 청소년복지에 대해서도 관할한다. 그러나 각 주(州)의 최고관청들은 협정을 통해서 이러한 활동을 공동으로 수행하거나 공동으로 승인한 기관을 통해 실행되도록 한다.[6] 이를 위해 각 주(州)는 1985년 4월 1일부터 효력을 갖는 필름상의 청소년보호에 대한 특별한 협정을 맺고, 구 공공에서의 청소년보호에 관한 법률(JÖSchG)[7] 제6조와 제7조에 따라 사전심사를 행했는데, 이러한 사전심사는 영화산업자율규제위원회(FSK)와의 협력으로 행해진다.[8] 게임과 관련해서 주(州) 최고관청은 2003년 3월부터 '오락소프트웨어자율통제대표(Unterhaltungssoftware Selbstkontrolle: USK)' 그리고 '독일 오락소프트웨어연합회(Unterhaltungssoftware Deutschland e. V.: VUD)'와 협력하고 있다.

이러한 독특한 체제에 의해 헌법상 사전검열금지의 명령을 피할 수 있도록 제도상·운영상의 묘가 도모되고 있다고 평가된다.[9] 이러한 주 최고관청들 간에서 결정된 행정협약에 근거한 영화산업자율규제위원회(FSK)의 심

4) Horst von Hartlieb, 앞의 책, p. 58.
5) Horst von Hartlieb, 앞의 책, p. 30.
6) Horst von Hartlieb, 앞의 책, p. 30.
7) 2002년 「공공에서의 청소년보호에 관한 법률」과 「청소년유해문서 및 매체의 배포에 관한 법률」이 통합되어 「청소년보호법(Jugendschutzgesetz: JuSchG)」이 되었다.
8) Horst von Hartlieb, 앞의 책, p. 56.
9) 박용상, "독일에서 청소년 보호를 위한 표현자유의 규제," 「권영성교수정년기념논문집」, 1999, p. 294.

사결과의 인수는, 이제 명백하게 법률상의 규정(청소년보호법 제14조 제6항)에서 뒷받침된다.

3. 연령등급제도상 '저해성'의 개념

독일 청소년보호법은 '연령등급'과 관련하여서는 "어린이와 청소년의 자기 책임적이며 공동체적 인격으로의 성장이나 이를 위한 교육을 저해하는(beeinträchtigen)"이라는 표현을 하고, '유해미디어목록'과 관련하여서는 "어린이나 청소년의 자기 책임적이고 공동체적 인격으로의 성장이나 교육을 위해하는(gefährden)"이라는 표현을 사용한다. 즉 매체물이 '저해성'을 나타내는 경우에는 연령등급제도로 규제하고, '유해성'을 나타내는 경우에는 유해미디어목록을 사용한다.

청소년보호법상 연령등급화의 보호목적으로서 저해성은 예전의 공개장소에서 청소년보호에 관한 법률(JÖSchG) 제6조 제2항의 "어린이와 청소년의 신체적 · 정신적 · 정서적 인녕의 저해"라는 개념에 대한 새로운 표현이다. 이 새로운 개념은 독일 사회법전 Ⅷ(Kinder-und Jugendhilfe: 어린이와 청소년복지) 제1조 제1항[10]에 연결된다. 현행규정의 입법이유서를 보면, 용어적 변경으로부터 실제적용에 있어 변경으로까지 이르지는 아니하므로,[11] 구법상의 개념과 동일한데, 구법인 공공에서의 청소년보호에 관한 법률(JÖSchG) 제6조와 제7조에서 저해성은 해당 어린이나 청소년의 신체적 · 정신적 · 정서적 건강에 부정적 영향을 주는 것을 의미했다.[12]

실무상으로는 저해성이나 유해성의 증명은 필요하지 않고, 적합성으로 충분하다고 한다.[13] 모든 어린이와 고려되는 연령층의 청소년 또는 그들 다수가 저해될 수 있었다는 것도 또한 필요하지 않으며, 이미 유해화된 어린

---

10) "모든 젊은이(Jeder junge Mensch)는 자신의 성장에 대한 요구권과 자기책임적이고 공동체적 인격으로의 교육권을 가진다."

11) Nikles/Roll/Spürck/Umbach, Jugendschutzrecht, 2. Aufl., 2005, § 14 Rn. 5.

12) Horst von Hartlieb, 앞의 책, p. 42.

13) Bundesministerium für Familie, Senioren, Frauen und Jugend, Jugendschutzgesetz und Jugendmedienschutz-Staatsvertrag der Länder, 2008, p. 45.

이와 청소년에 대한 가능한 작용도 적절하게 고려될 수 있다고 한다. 상대적으로 더 어린 어린이가 과도하게 겁을 먹는 것이나 영화·컴퓨터필름에서 폭력찬양적 혹은 그 외 사회윤리적으로 혼란시키는 경향들도 보통 성장저해성에 적합하다고 한다.

'저해성(Beeinträchtigung)'과 '유해성(Gefährdung)'의 어의로부터 유해성이 저해성보다 더 높은 작용강도를 보유한다는 것이 분명하게 해석되지는 못하나, 아무튼 저해성으로부터 유해성을 거쳐 성장이나 교육에 더 중한 유해성의 상승이 있다는 것이 법률체계로부터 추론될 수 있다.[14] 매체물의 청소년에 대한 저해성이 인정되는 경우에는 연령단계별로 규제되고, 연령등급제도에 대한 위반은 행정질서벌로서 처벌되는 반면, 매체물이 청소년에게 유해하다고 인정되는 경우에는 연령에 관계없이 규제되고, 경우에 따라 형사소추기관에 통지하여야 하며, 유해미디어목록제도에 대한 위반은 형사벌로서 처벌되기 때문이다.

4. 연령등급의 단계

독일 청소년보호법 제14조 제2항에 따르면, ① '연령제한 없이 허용', ② '6세 이상 허용', ③ '12세 이상 허용', ④ '16세 이상 허용', ⑤ '청소년 허용금지'로 등급을 구분한다.[15] 연령등급에 있어 특이한 것은 '18세 이상 허용'이라고 하지 않고, '청소년 허용금지(즉, 18세 미만 불가)'라고 표시하는

14) Nikles/Roll/Spürck/Umbach, 앞의 책, § 14 Rn. 5.

15) 동조항은 구상적인 물체에 문자, 영상 또는 음성형태의 매체물로서 배포에 적합하거나 직접적으로 지각되거나 재생기 또는 게임기 속에 설치된 '일반매체물'에 적용되는 것이다. 전자매체물법(Telemediengesetz: TMG)에 의거하여 전달되거나 접근되는 전자매체물의 경우에는, '방송과 전자매체물에서의 인간 존엄과 청소년보호에 관한 국가협약(Staatsvertrag über den Schutz der Menschenwürde und den Jugendschutz in Rundfunk und Telemedien)', 속칭 '청소년매체물보호국가협약'(Jugendmedienschutz-Staatsvertrag: JMStV)에서 규정되는데, 동협약 제12조 표시의무("청소년보호법 제12조에 따라 등급 표시되거나 개별 연령등급에 허용되는 녹화된 비디오카세트와 유포에 적합한 다른 영상물, 영화나 게임으로 프로그램된 저장기록물(영상물)에서의 재생이나 게임과 전부 혹은 그 주요부분의 내용이 동일하다면, 전자매체물 제공자는 제공물에 있는 기존의 등급표시를 명확하게 제시해야 한다")에서도 청소년보호법상의 연령등급규정을 준용하고 있다.

점이다. 처음에는 등급표시를 '18세 이상 허용'이라고 하였으나 후에 '18세 미만 불가'라고 변경하였는데, '청소년 허용금지(18세 미만 불가)'라는 표현이 청소년보호라는 요청에 더욱 상응하기 때문이며, 특히 검열(Zensur)로 사용될 수도 있는 '성인에게 허용'함이 아니라는 것을 역설하기 때문이라고 한다.[16)]

게임의 연령등급은 이렇게 5개의 범주로 분리되는데, 연령경계(6, 12, 16세)와 성년(18세)은 단계별로 큰 구별단계를 형성한다. 연령등급의 구분연령은 이미 오래된 논쟁의 대상이고, 특히 6세에서 11세까지의 범주에서는 매우 큰 간격이 존재한다. 그러나 더욱 세밀한 세분화는 아마 감정인들도 수행하기 어려운 반면, 반대로 더 작은 범주의 대략적인 분할로의 퇴보는, 입법자의 매체물유해성에 대한 강력한 통제의 배경 앞에서는 주장될 수 없다고 한다.[17)] 결국 일반화한 연령단계의 딜레마—즉 한편으로는 같은 연령기간에서 상당히 개인적 성숙의 차이와, 다른 한편으로 성적특성이나 사회환경과 같은 그룹관련적 차이들—는 만족스럽게 해결되지 못하고 있다.

5. 연령등급제도의 예외(제공자표시)

기술의 발전은 더 많은 매체물을 창출하고 배포하였고, 그 중에는 교육용의 컴퓨터게임도 있다. 이러한 경우에, 그 내용은 당연히 청소년에게 저해적이거나 유해적이지 않다. 독일 청소년보호법 제14조 제7항에 따르면, 정보목적, 교훈목적 혹은 교육목적용인 게임은 어린이와 청소년들의 성장과 교육을 명백히 저해하지 않는 경우에 한해서, 게임제공자에 의해 '정보프로그램' 또는 '교육프로그램'으로 표시될 수 있다. 정보프로그램이나 교육프로그램으로 표시된 경우에는 연령등급제도가 적용되지 아니하도록 규정되어 있다. 제공자표시를 통해서, 게임물이 명백하게, 즉 신속하고 의심여지 없이 인식가능하게, 어떤 연령등급의 청소년에게도 저해적이지 않는다는 것을 제공자는 보증한다. 따라서 이에 해당하는 게임은, 연령등급을 심사할 경우 의심여지 없이 '연령제한 없는 허가'로 청소년허용의 배포함이 표시되었던 게

16) Horst von Hartlieb, 앞의 책, p. 26.
17) Nikles/Roll/Spürck/Umbach, 앞의 책, § 14 Rn. 7.

임이어야만 한다.[18)]

다만 이러한 가능성을 제공자가 오인했다면, 주 최고관청은 제공자를 제외할 수 있다. 주(州) 최고관청은 상세한 심사가 적절하다고 판단하면, 제공자의 이러한 권리를 제거할 수 있다.[19)]

6. 연령등급제도의 효과

비디오게임과 같이 화상기에 게임의 작동이 프로그램화된 경우에는, 연령등급표시가 있어야 해당 어린이와 청소년의 접근이 가능하게 된다. 이러한 등급표시의 크기와 부착위치는 법에 규정되어 있고, 그 내용과 형태, 색상 등에 대하여는 주 최고관청에 위임되어 있다(제12조 제2항). 다만, 연령등급표시 중 '청소년 허용금지'가 표시된 경우나 어떠한 표시도 없는 경우에는, 어린이나 청소년에게 제공·양도·접근되어서는 아니 되며, 영업장소 이외의 소매점·가판점에서, 혹은 통신판매로 제공되거나 양도되어서는 아니 되도록 하고 있다(제12조 제3항). 그리고 연령등급표시된 게임물을 자동판매기로 판매하려고 하는 경우에는, 게임물이 기술적인 예방조치를 통해 해당 연령층에 허용되지 않는 어린이나 청소년들에 의해 이용될 수 없도록 보장되는 경우에만 설치될 수 있도록 한다(제12조 제4항).

또한 온라인게임과 같은 전자화상게임도 비디오게임과 같이 주(州) 최고관청이나 자율규제기관에 의하여 그 연령등급이 표시된 경우나 제공자가 '정보프로그램'이나 '교육프로그램'으로 표시한 경우에만, 친권자나 교육수임자의 동반 없이 어린이와 청소년에게 허용될 수 있다(제13조 제1항). 그러나 어린이나 청소년이 접근할 수 있는 공공의 도로나, 업무나 사무공간 이외의 장소의 경우에는, '6세 이상 허용'의 연령등급이 표시되었거나 '정보프로그램'이나 '교육프로그램'으로 표시된 경우에만 전자화상게임은 설치될 수 있

18) Bundesministerium für Familie, Senioren, Frauen und Jugend, 앞의 책, p. 47.

19) 청소년보호법 제14조 제7항 제3문: "주(州) 최고관청은 개별제공자 또는 특정 영화프로그램 및 게임프로그램에 대하여 제공자표시권을 배제할 수 있으며, 제공자에 의해 행해진 표시를 제거할 수 있다."

다(제13조 제2항).

연령등급제도에 따른 이러한 법률상의 조치를 위반한 경우에는 질서위반범으로 취급하여 5만 유로 이하의 과태료에 처할 수 있도록 되어 있다(제28조).

Ⅲ. 유해매체물목록제도

1. 의 의

사후검열에 의해 청소년에 유해한 매체물을 목록에 등재하고 유통을 제한하는 것이 유해매체물목록제도이다. 이러한 사후검열방식은 1953년 청소년유해문서 반포에 관한 법률(GjS)의 제정시부터 행해져 왔으나, 1985년 공공에서의 청소년보호에 관한 법률(JÖSchG)의 제정으로 사전등급심사제도가 행해지자 사후검열에 의한 중복적인 심사절차가 상당수 생략되어, 청소년유해문서 반포에 관한 법률(GjS)에 따라 심사의 관할권이 있는 연방심사소(BPS)는 단지 제한적인 관할만이 남게 되었다.[20] 이것은 청소년보호법에도 그대로 계수되어, 연방심사소의 관할은 성인용 매체물로 만들었기에 애당초 사전심의(연령등급심사)를 받지 아니하거나, 사전심의를 위해 제출하였으나 '청소년 허용금지'의 등급표시도 받지 못한 것에 국한된다.

2. 유해성심사의 관할(청소년유해매체물 연방심사소)

(1) 관 할 권

유해성심사는 법률에서 명백하게 연방의 관할로 하고 있으며, 연방의 '청소년유해매체물 연방심사소(BPS)'에서 관할한다(제17조). 연방심사소에서는

20) Horst von Hartlieb, 앞의 책, p. 36.

청소년유해매체물 목록의 등재와 삭제를 결정하게 된다.

그러나 청소년유해매체물 연방심사소는 온라인게임 등의 전자매체물과 관련해서는, 단독으로 권한을 행사하는 것이 아니라, 청소년매체물보호를 위한 주(州) 간 중앙감독청(Zentrale Aufsichtsstelle der Länder für den Jugendmedienschutz)과의 협력할 의무를 진다(제21조 제9항). 연방심사소는 전자매체물의 유해목록 등록을 위한 결정에 앞서, 이러한 청소년매체물보호를 위한 주(州) 간 중앙감독청에게 의견표명할 수 있는 기회를 부여하여야 하고, 연방심사소는 등록결정시 이러한 의견표명을 결정적으로 고려하여야 한다(제21조 제6항). 또한 청소년매체물보호를 위한 주(州) 간 중앙감독청이 청소년유해매체물 목록 등재시 그 조건이 갖춰지지 않는다고 결정을 내린 경우에는 유해목록에 등재할 수 없다(제18조 제8항). 청소년매체물보호를 위한 주(州) 간 중앙감독청은 청소년매체물보호 국가협약(JMStV) 제14조에 규정된 청소년매체물보호위원회(Kommission für Jugendmedienschutz: KJM)를 의미한다.[21] 청소년매체물보호위원회(KJM)는 주(州) 매체물관청의 합의를 거쳐 임명된 주(州) 매체물관청의 중역(Direktor)급 6인과 청소년보호 담당 주 최고관청의 4인 그리고 청소년보호 담당 연방 최고관청의 2인으로(총 12인) 구성된다.[22]

전자매체물과 관련해서 연방심사소에게 주(州) 간 중앙감독청과의 협력할 의무를 지우는 것은 온라인게임 등의 전자매체물의 영역에서는 인터넷을 통한 전파성이 강하므로, 이 영역에서의 청소년유해성의 확산을 방지하기 위하여 연방차원에서의 규제만이 아니라 주(州) 차원에서의 규제도 함께 하여, 규체체계가 통일적으로 이루어지도록 하는 것이다.[23] 청소년보호법 제16조에서는 이것을 명문으로 규정하고 있다.[24]

(2) 연방심사소의 인적 구성

청소년유해매체물 연방심사소는 우리의 심사기관과 유사하게 행정청 중

---

21) Nikles/Roll/Spürck/Umbach, 앞의 책, § 18 Rn. 16.

22) 청소년매체물보호 국가협약(JMStV) 제14조 제3항.

23) Nikles/Roll/Spürck/Umbach, 앞의 책, § 16 Rn. 1.

24) 제16조(전자매체물의 특별규정) 제18조에 의거하여 청소년유해매체물 목록에 등재된 전자매체물에 대한 규정은 주(州)법에 유보된다.

심으로 구성된다. 연방 가족 · 노인 · 여자 · 청소년부에서 임명된 위원장 1인, 각 주(州)정부에서 한 명씩 임명된 위원과 연방 가족 · 노인 · 여자 · 청소년부에서 임명된 그 밖의 위원들로 구성된다(제19조 제1항). 이때 위원장과 위원에게는 최소한 각 1인의 대리인이 임명되고, 연방 가족 · 노인 · 여자 · 청소년부에 의해 임명되는 위원은 예술, 문학, 도서판매와 출판단체, 영상물 제공자와 전자매체물 제공자, 민간 청소년복지단체, 공영 청소년복지단체, 교원단체, 종교단체에서 추천된다(제19조 제2항). 위원장과 위원의 임기는 3년이며, 임명단체의 지시에 구속되지 않도록 되어 있다(제19조 제3항과 제4항).

(3) 유해성 심사의 절차

연방심사소는 원칙적으로 신청권자의 신청에 의해 심사를 하게 되는데(제21조 제1항), 신청권은 연방 가족 · 노인 · 여자 · 청소년부, 주(州) 최고청소년관청, 청소년매체물보호를 위한 주(州) 간의 중앙감독청, 주(州) 청소년관청, 기타 청소년관청에 있다(제21조 제2항). 예외적으로 첫째, 게임이 이미 목록에 등재된 게임과 전부 또는 주요부분이 내용적으로 동일한지 여부가 의심스러운 경우, 둘째, 목록 등재의 조건이 더 이상 존재하지 않는다는 것이 인정된 경우, 셋째, 목록 등재 후 25년이 경과하여 더 이상 효력이 없게 되었으나 여전히 목록 등재의 조건이 존재하는 경우에는 위원장의 요청에 의해 직권으로 활동한다(제21조 제5항).

유해매체물 목록에의 등재를 위해서는 최소한 12인 이상의 위원(혹은 대리인)이 참석하여야 하고(제19조 제5항), 그 목록등재의 결정에는 참석자의 2/3 이상의 동의를 요하고 있다(제19조 제6항).

심사에서는 저작권자, 이용권소유자 및 전자매체물의 제공자에게 의견표명의 기회가 부여되어야 하고(제21조 제7항), 전자게임의 목록등재시에는 결정을 하기 전에 연방심사소는 청소년매체물보호를 위한 주(州) 간 중앙감독청에게 지체 없이 의견표명을 할 수 있는 기회를 부여하고, 결정시 그 의견표명을 결정적으로 고려하여야 한다(제21조 제6항).

심사결정은 저작권자와 이용권소유자, 제공자 그리고 신청관청과 연방 가족・노인・여자・청소년부, 주(州) 최고청소년관청에 송달된다(제21조 제8항).

3. 유 해 성

과거 청소년유해문서 반포에 관한 법률(GjS)의 적용시부터 청소년에 대한 유해성(Gefährdung)의 개념은 청소년에 대한 저해성의 개념보다 더 좁고 엄격하다.[25] 유해성 개념은 연령층에 따른 구분 없이, 원칙적으로 모든 어린이와 청소년을 포괄한다. 따라서 어린이와 청소년 전체에 대한 효과를 고려하게 된다. 즉, 단지 해당연령층 이하만을 고려하는 것이 아니라, 평균(Durchschnitt)을 고려하게 된다. 왜냐하면 그렇지 않을 경우, 상위 연령층에 속하는 자의 정당한 정보이익과 유희이익(Unterhaltungsinteresse)이 침해될 수 있기 때문이다.[26]

청소년유해성은 유해개연성(Wahrscheinlichkeit einer Gefahr)으로 충분하므로, 유해의 발생이 증명되어야 할 필요는 없으나, 이러한 개연성이 가까이 존재해야 한다. 청소년유해성의 검사에서는 본질적으로 16~18세 청소년에 대한 효과가 고려되어야 한다.[27] 청소년보호법에서는 유해성과 관련하여 "어린이나 청소년의 자기 책임적이고 공동체적 인격으로의 성장이나 교육을 위해"하는 것이라는 일반적 개념과 함께, 구체적으로 "비도덕적, 야만적, 폭력적 범죄나 인종차별을 충동"하는 것이라는 개념을 사용하고 있으며, 그 외에도 살인장면이나 도살장면과 같은 폭력행위들 그 자체가 목적이며 상세하게 묘사되는 것 또는 정당하다고 생각하는 것의 관철을 위하여 유일하게 증명되는 수단인 자기 판단이 가까이에 두어지는 것도 이에 해당한다고 규정하고 있다(제18조 제1항).

그 외에 온라인게임 등에 적용되는 '청소년매체물보호 국가협약(JMStV)' 제4조(허용되지 않는 제공물)에서는 유해물에 대한 상세한 규정을 하고 있다.[28]

---

25) Horst von Hartlieb, 앞의 책, p. 44.

26) Horst von Hartlieb, 앞의 책, p. 44.

27) Horst von Hartlieb, 앞의 책, p. 44.

28) (1) 형법적 책임과 상관없이 다음 각 호의 경우에 제공물은 허용되지 않는다.

1. 제공물이 자유민주주의적 기본질서 혹은 국제적 이해에 반하는 내용을 지향하는

4. 유해매체물목록

독일 청소년보호법 제18조 제2항에 따르면, 유해매체물은 4가지(A, B, C, D)로 구분되어 목록에 등재되는데, A와 B 목록은 공개되고, C와 D 목록은 공개되지 아니한다.

형법 제86조의 선전수단을 묘사하는 경우,

2. 형법 제86a조의 위헌적 단체의 표지를 사용하는 경우,
3. 일부 국민에 대한 혹은 국가적, 인종적, 종교적 또는 풍속을 통해 규정되는 그룹에 대한 증오를 유발하거나, 그들에 대한 폭력조치나 자의적 조치를 유발하거나, 일부 국민 혹은 앞서 특징된 그룹을 욕하거나 악의적으로 경멸 혹은 모욕하는 것을 통해 타인의 인간존엄성을 침해하는 경우,
4. 국제형법 제6조 제1항과 제7조 제1항에 규정된 형태의 국가사회주의 통치하에서 자행된 행위를 공공의 평화를 저해하는 방식으로 부정하거나 미화하는 경우,
5. 인간에 대한 잔인하거나 기타 비인간적인 폭력을 영웅화하거나 미화하는 방식으로 그리는 경우 또는 인간의 존엄성을 해하는 방식으로 사건의 잔인성과 비인간성을 묘사한 경우; 이는 가상적인 묘사에도 적용된다,
6. 형법 제126조 1항에 언급된 위법한 행위를 하도록 유도하는 경우,
7. 전쟁을 영웅시하는 경우,
8. 묘사나 보도에 대한 정당한 이익이 없음에도 죽어가는 사람이나 극심한 육체적 또는 정신적 고통에 처하거나 처했던 사람들을 묘사하여 실제의 사건을 재현함으로써 인간의 존엄성을 해하는 경우; 동의여부는 불문한다,
9. 부자연스럽게 성을 강조하는 신체자세로 어린이나 청소년을 묘사한 경우; 이는 가상적인 묘사에도 적용된다,
10. 음란물인 경우 또는 어린이나 청소년의 성적인 학대나 사람과 동물과의 성행위를 대상으로 하는 폭력물인 경우; 이는 가상적인 묘사에도 적용된다, 또는
11. 청소년보호법 제18조의 목록 B와 D에 등재되거나, 내용상 이러한 목록과 전부 혹은 주요부분이 동일한 경우.

제1호부터 제4호, 그리고 제6호의 경우에는 형법 제86조 제3항이 적용되고, 제5호의 경우 형법 제131조 제3항이 적용된다.

(2) 다음 각 호의 경우에는, 형법적 책임과 상관없이, 제공물이 또한 허용되지 않는다.

1. 기타 유형의 음란물인 경우,
2. 청소년보호법 제18조의 목록 A와 C에 등재되거나, 내용상 이러한 목록과 전부 혹은 주요부분이 동일한 경우, 또는
3. 전파매체물의 특별한 효과를 고려해볼 때, 어린이와 청소년의 성장 또는 그들의 자기책임적이고 공동체인 인격으로의 교육을 중대하게 유해하는 것이 명백한 경우.

제공물이 단지 성인에게만 접근 가능하도록(제한된 이용자그룹) 제공자 측에 의해 안전조치된다면, 첫째 문장과 달리 전자매체물의 경우에는 허용된다.

(3) 제1항과 제2항에 해당하는 허용되지 않는 제공물은 청소년보호법 제18조의 유해목록에의 등재 이후에는 본질적인 내용의 변경 이후라도 청소년유해매체물 연방심사소(die Bundesprüfstelle für jugendgefährdende Medien)의 결정시까지는 금지의 효력이 지속된다.

표 13-1 유해매체물의 공개와 비공개에 대한 구분

연방심사소 목록	일반매체물	전자매체물
공개(공시)	*A* 목록 *— B, C 또는 D 목록에 속하지 않는 경우*	
	B 목록 — 형법 제86조(위헌조직 선전물 판포), 제130조(국민선동), 제130a조(범죄조장), 제131조(폭력물 반포 등), 제184조(음란문서반포), 제184a조(동물음란물의 반포), 제184b조(아동음란물의 반포, 취득 및 소유) 또는 제184c조(라디오, 미어어 또는 전신업무를 통한 음란공연의 반포)이 실현되고 *〔절대적 배포금지〕,* ***제24조 제3항 제2문(전자매체물을 통해서만 배포되는 일반매체물이거나 공시가 청소년보호의 유지를 손상시킬 수 있는 경우)에 따라 공시가 제외되는 경우가 아닌 경우***	
비공개 (다만 저작권자, 법적권리자 또는 제공자에게는 통지)	*C* 목록 — 제24조 제3항 제2문에 따라 공시가 제외되는 경우	*C* 목록 — 형법 제86조, 제130조, 제130a조, 제131조, 제184조, 제184a조, 제184b조 또는 제184c조이 실현되지 않은 경우 *〔절대적 배포금지가 아님〕*
	D 목록 — 형법 제86조, 제130조, 제130a조, 제131조, 제184조, 제184a조, 제184b조 또는 제184c조이 실현되고 *〔절대적 배포금지〕*, 제24조 제3항 제2문에 따라 공시가 제외된 경우	*D* 목록 — 형법 제86조, 제130조, 제130a조, 제131조, 제184조, 제184a조, 제184b조 또는 제184c조이 실현된 경우 *〔절대적 배포금지〕*

전자게임의 경우에, 청소년유해매체물목록에 등재는 되지만, 등재된 그 목록은 공개되지 않는다는 점이 특이하다. 이는 인터넷의 경우 누구나 접근하기 쉬우므로, 오히려 공개함으로써 청소년유해정보의 위치를 국가가 알려주는 부작용을 막기 위한 것으로 보인다.

5. 유해매체물목록등재의 효과

게임물이 유해매체물 목록에 등재되거나 목록에서 삭제되는 경우에는 그 근거와 함께 연방공보에 공시되고(제24조 제3항), 등재된 게임물은 어린이나 청소년에게 접근할 수 없도록 여러 제한을 두고 있으며(제15조 제1항), 나아가 전자게임물의 경우에는 기타 유형의 음란물인 경우에도 어린이와 청소년에 허용되지 않도록 하고 있다(청소년매체물보호 국가협약 제4조 제2항).

이러한 제한을 위반한 경우에는 연령등급표시 위반의 경우와 달리 형사처벌을 하고 있다. 청소년보호법 제27조에 의하면, 1년 이하의 징역이나 벌금형이 규정되고 있으며, 특히 일부유형에 대하여는 과실범도 6월 이하의 징역이나 벌금형에 처한다. 청소년매체물보호 국가협약에서도 고의범에게는 1년 이하의 징역이나 벌금형에 처하고, 과실범에게는 6월 이하의 징역이나 벌금형에 처한다(제23조).

이때 연방심사소가 형법 제86조(위헌조직 선전물 판포), 제130조(국민선동), 제130a조(범죄조장), 제131조(폭력물 반포 등), 제184조(음란문서반포), 제184a조(동물음란물의 반포), 제184b조(아동음란물의 반포, 취득 및 소유) 또는 제184c조(라디오, 미어어 또는 전신업무를 통한 음란공연의 반포)에서 표시된 내용을 지닌 것으로 평가하여 B목록과 D목록에 등재한 경우에는, 관할형사소추기관에 통보하도록 되어 있다(제24조 제4항).

Ⅳ. 맺음말: 연령등급제도와 유해매체물목록제도의 상호 존중

앞서 보았듯이, 게임에 대한 규제는 2원적(연령등급제도와 유해매체물목록제도)으로 행해지고 있는데, 이 두 가지 제도는 서로 존중하며 배타적으로 운영되고 있다.

먼저 연령등급제도의 측면에서 살펴보면, 첫째, 연령등급심사에서 게임이 주(州) 최고관청이나 자율규제기관의 평가에 의거하여 유해매체물 해당(제15조 제2항 제1호에서 제5호까지 언급된 내용을 포함)하거나 이미 청소년유해매체물목록(제18조)에 등재되었다면, 연령등급은 표시되지 않는다(제14조 제3항 본문). 특히 '청소년 허용금지'의 등급표시도 행하여지지 않는다.

둘째, 게임이 유해매체물 목록에 등재된 기존의 매체물과 전부 혹은 주요부분이 동일한 내용이라면, 연령등급은 표시되지 아니한다(제14조 제4항 제1문). 유해매체물 목록에 등재된 매체물과 전부 혹은 주요부분이 동일한 내용인지가 의심스러운 경우, 주(州) 최고관청이나 자율규제기관은 청소년유해매체물 연방심사소의 결정을 구하도록 규정하고 있다(제14조 제4항 제3문).[29] 동법 제18조 제8항에 따르면 연령등급표시된 게임물에 대해서도 어떠한 징표절차가 허용되지 않기에, 게임물에 대한 연령표시의 부여시에 청소년유해성이 매체물을 통해서 배제될 수 있는지 여부가 고려되도록 한 것이다. 연령등급표시는 분명히 어떠한 청소년유해성도 존재하지 않는 경우에만 행해질 수 있기 때문에, 청소년유해성이 추정되거나 의심이 된다면 주 최고관청이나 해당 자율통제기관은 청소년유해매체물 연방심사소의 결정을 초래해야 한다. 이때 내용상 동일성의 확정은 특히 컴퓨터게임에서는 어렵다고 한

29) 의심스러운 사례들 경우에 연방심사소에의 제시의무는 단지 청소년보호법 제14조 제4항에만 존재하고, 제3항에는 존재하지 아니한다. 따라서 법률체계상 청소년보호법 제15조 제2항의 유해매체물에 해당하거나 제18조 유해매체물목록에 등재되었는지 여부에 대하여 의심스러원 경우에 있어서는 연방심사소에 제시의무는 부정된다(Nikles/Roll/Spürck/Umbach, 앞의 책, § 14 Rn. 15).

다.[30] 동일성의 판단을 누가 확정하는지, 언제 본질적인 내용상 동일성이 존재하는지는 법률에 규정되어 있기 않기에, 이러한 판단은 청소년유해매체물 연방심사소에서 확인할 수 있을 것이라고 한다.[31] 다만 독일 연방 가족·노인·부녀·청소년부의 일반해설에 따르면, 이미 등재된 매체물과 완전히 혹은 본질적으로 내용이 동일한지 여부의 심사에서, 적어도 부분적인 내용동일성을 시사하는 내용(예컨대 제목의 일치)이 존재해야 한다고 한다. 그러나 이미 등재된 모든 매체물과의 검정은 불가능하고 법률에 의해서 요구되지 아니한다고 한다.[32]

한편 유해매체물목록제도의 측면에서 보면, 연방심사소는 유해매체물에 대한 심사시에 청소년보호법 제14조 제2항 제1호에서 제5호에 따라 연령등급이 표시된 게임물에 대해서는 청소년유해매체물 목록에 등재하지 못하도록 규정하고 있다(제18조 제8항 제1문).

결국 이러한 규정들은 청소년보호와 관련하여 서로 다른 통제기관들(연방과 지방의 통제기관들) 간의 결정을 조화시키기(Harmornisierung) 위한 것으로서,[33] 연방국가의 특성이 반영된 것이라고 할 수 있다.

30) Nikles/Roll/Spürck/Umbach, 앞의 책, § 14 Rn. 14.
31) Nikles/Roll/Spürck/Umbach, 앞의 책, § 14 Rn. 14.
32) Bundesministerium für Familie, Senioren, Frauen und Jugend, 앞의 책, p. 46.
33) Nikles/Roll/Spürck/Umbach, 앞의 책, § 18 Rn. 19.

'폭력적 비디오게임'에 대한 미국 연방고등법원의 판결

chapter 14

- Video Software Dealers Association v. Arnold Schwarzenegger -

박 민*

Ⅰ. 서 론

미국 연방 제9순회항소법원은 폭력적인 비디오게임을 18세 미만 미성년자에게 판매하거나 빌려주는 것을 금지하는 캘리포니아주 법이 헌법에 명시된 미성년자의 권리를 침해한다는 판결을 내렸다.[1] 캘리포니아주는 지난 2005년 이 법안을 제정하였으나 비디오게임업계가 즉각 연방지방법원에 소송을 제기, 발효되지 못했다. 재판부는 결정문에서 청소년을 폭력게임으로부터 보호하는 방안으로 판매금지나 등급표시의무화처럼 강력한 방안 외에도 판매업자가 자율등급을 매기거나 부모가 콘솔을 통제하는 방법이 있다고 제안했다. 그러나 문제가 되었던 '폭력적 비디오게임'이라는 용어가 모호하다거나 평등권을 침해하여 해당 법률이 위헌이라는 주장에 대하여는 이미 표현의 자유를 침해하여 위헌이기에 심사하지 않는다고 판단하였다.

* 국민대학교 법과대학 교수

1) 2009 WL 415582(C.A.9(Cal.)).

이번 결정에 대해 마이클 갤러거 엔터테인먼트소프트웨어연합회 회장은 "캘리포니아주 법처럼 무턱대고 비디오게임 판매를 금지하는 조치는 세금과 주정부의 시간을 낭비하는 비효율적 방안이라는 것을 입증한 사례"라고 말했다. 반면 법안 입안자인 릴랜드 미 상원의원은 캘리포니아주 검찰이 연방대법원에 이를 상고해야 한다고 주장했다.[2)]

Ⅱ. 관련 법규정

일단 캘리포니아 폭력게임법(California Violent Games Law, California Civil Code §§ 1746-1746.5)에서 문제가 된 조항을 인용하면:

(d)(1) '폭력적인 비디오게임'이란 비디오게임을 하는 자가 인간의 행태를 띤 등장인물을 살해하거나, 불구로 만들거나, 토막 내거나, 성폭행하는 것을 선택할 수 있고, 이러한 행위들이 게임에서 묘사되어 다음 각 호의 1에 해당하는 것을 말한다.

(d)(1)(A) 다음 각 사항에 해당할 때

(i) 합리적인 사람이 전체적인 시각에서 판단하여 미성년자에게 허용되는 표준에서 벗어나거나 병적인 흥미를 발견할 때

(ii) 미성년자에게 적합한 공동체의 일반적인 기준에 분명히 반할 때

(iii) 전체적으로 게임이 미성년자를 위한 문학적·예술적·정치적·과학적 가치를 중대하게 결여한 때

(d)(1)(B) 게임을 하는 자로 하여금 가상적으로 인간이나 등장인물의 이미지에 대하여 고문하거나 중대한 신체학대를 포함하여 흉악하게, 잔인하게 또는 사악하게 중대한 상해를 가할 수 있도록 가능성을 주는 것

2) 이와 관련해서는 http://www.etnews.co.kr/news/detail.html?id=200902230069 참조(2009년 5월 9일 방문).

(d)(2) 본 조문들을 적용함에는 다음과 같은 정의가 적용된다.

(d)(2)(A) '잔인'이란 게임을 하는 자가 피해자를 살해하는 것을 포함하여 피해자에게 고문 또는 중대한 신체학대를 통하여 고도의 고통을 의도하는 것을 말한다.

(d)(2)(B) '사악'이란 게임을 하는 자가 피해자를 고문하거나 신체상 중대한 학대를 행하는 것과 같이 실질적인 살해에 대한 흥미를 나타내거나 피해자의 고통에 무관심함을 말한다.

(d)(2)(C) '흉악'이란 충격적인 극악을 말한다. 비디오게임에서 살해의 묘사가 흉악하기 위해서는 살해행위와 별도로 피해자를 고문하거나 신체 학대를 가하는 추가적인 행위를 포함해야 한다.

(d)(2)(D) '중대한 신체학대'란 실질적인 사망 위험, 무의식, 극도의 신체적인 고통, 실질적인 외형 손상, 또는 신체 일부의 기능, 기관, 정신 기능 등의 손상을 포함하는 피해자의 몸에 중대하거나 상당한 상해를 말한다. 고문과 달리, 중대한 신체학대에서는 행위 당시 학대에 대한 피해자의 인식을 필요로 하지 않는다. 하지만, 게임을 하는 자는 살해행위와 별도로 학대행위를 명확히 의도해야 한다.

(d)(2)(E) '고문'은 피해자에 대한 정신적 학대와 신체적인 학대를 모두 포함한다. 이 두 경우, 가상의 피해자는 행위 당시 학대에 대한 인식이 있어야 하고, 게임을 하는 자는 피해자를 살해하는 것과 별도로 사실상 중대한 정신적 또는 신체적 고통을 가하는 것을 명확히 의도해야 한다.

(d)(3) 비디오게임에서 살해행위가 흉악하거나 잔인하거나 사악하다는 판단하는 적절한 요인에는 피해자를 살해하기 위하여 필요한 폭력 이상의 이유없는 폭력을 가하는 것과 스스로 어떻게 할 수 없는 피해자의 신체를 불필요하게 절단하는 행위 등이다.

Ⅲ. 사안과 관련된 헌법조문 및 법규

1. 표현의 자유

미국 제1차 헌법개정조항(1st Amendment)에서는 "의회는 언론(speech), 출판(press), 집회(assemble) 및 청원(petition)의 자유를 제한(abridge)하는 법률을 제정할 수 없다"고 규정하여 언론, 출판, 집회 및 청원의 자유를 명문의 규정으로 보장하고 있으며,[3] 이를 줄여서 표현의 자유(Freedom of speech)라 한다.

2. 표현의 자유를 침해한 법률의 위헌법률 심사기준 (standard of review)

의회의 입법이 표현의 자유를 침해한 것인가를 판단하는 기준은 규제의 내용에 따라 두 가지로 구분된다. 즉 해당 규제가 내용과 직접적인 관련이 있는 경우(content-based)에는 엄격한 심사기준(strict standard)이 적용되며, 규제가 내용과 별다른 관련이 없는 경우(content-neutral)에는 중간심사기준(intermediate standard of review)이 적용된다.[4]

엄격한 심사기준 하에서 합헌성을 심사받는 경우에는 그 법률이 '간절한 국가목적(compelling governmental interest)'을 달성하기 위한 것이라는 것과 그러한 간절한 국가목적의 달성을 위해 '필요한(necessary)' 또는 '엄정하게 재단된(narrowly tailored)' 수단이라는 것을 입증하는 경우에만 합헌이라는 판단을 받을 수 있다. 반면에 중간심사기준 하에서 심사받는 경우에는 '중요한 국가목적(important governmental objective)'을 달성하기 위한 것이라는 것과 그 수단으로서의 '상당한 관계(substantial relationship)'가 인정되는 경우에 한하여

3) 미국 제1차 헌법개정조항은 종교의 자유도 포함하고 있다. 원문은 "Congress shall make no law respecting an establishment of religion, or prohibiting the free exercise thereof; or abridging the freedom of speech, or of the press; or the right of the people peaceably to assemble, and to petition the Government for a redress of grievances"이다.

4) Daniel A. Farber 외 2인, *Constitutional Law*, ch. 6 참조(West Publishing Co., 1993).

합헌이라는 판단을 받게 된다.

해당 규제가 내용과 직접적인 관련이 있으나, 규제의 대상이 되는 내용이 음란물(obscenity), 불법행위를 찬양·비호하는 언동(advocacy of imminent lawless behavior), 폭력유발언어(fighting words), 명예훼손(defamation) 등에 해당하면 엄격한 심사기준이 적용되는 것은 아니며, 중간심사기준이나 그보다 약한 합리성 기준이 적용된다. 합리성기준 하에서 심사받는 경우에는 법률의 합헌성이 강력하게 추정되고, 당해 법률이 추구하는 목적이 '합법적인(legitimate) 국가목적'일 것과 수단으로서의 그 법률과 국가목적 사이에 어떤 '합리적인 연관성(rational relation)'만 입증되면 합헌성이 인정되게 된다. 그리하여 '엄격한 심사기준'이 적용되는 경우에는 합헌성이 유지되는 법률이 거의 없는(strict in theory, but fatal in fact) 반면, '합리성 심사기준' 하에서는 위헌으로 판단되어 효력을 잃는 법률이 거의 없게 된다.

Ⅳ. 제 9 연방순회항소법원 판결의 논지

1. 사안에 적용될 위헌법률심사의 기준

기존의 판례에 의하면, 미성년자도 제1차 헌법개정조항에서 규정하는 표현의 자유를 보장받아야 하며, 표현의 자유를 침해하는 규정이 내용과 직접적인 관련이 있는 경우(content-based)에는 엄격한 심사기준(strict standard)이 적용된다. 따라서 해당 법률은 '간절한 국가목적(compelling governmental interest)'을 달성하기 위한 것이라는 것과 그러한 간절한 국가목적의 달성을 위해 '필요한(necessary)' 또는 '엄정하게 재단된(narrowly tailored)' 수단이라는 것을 합헌을 주장하는 당사자가 입증하여야 한다.[5] 또한 만약 입법의 목적을 달성할 수 있는 덜 제한적인(less restrictive) 수단이 존재한다면 입법부는

5) *United States v. Playboy Entertainment Group, Inc.*, 529 U.S. 803, 813 (2000).

그러한 수단을 사용하여야 한다.[6]

캘리포니아주도 미성년자에게도 표현의 자유가 있다는 점과 해당 법률의 규제가 내용과 직접적인 관련이 있는 경우라는 점에 대하여는 동의하였으나, 엄격한 심사기준이 적용되어야 한다는 점에 대하여는 반대하였다.

2. 캘리포니아의 주장 – 합리성 심사기준의 적용

캘리포니아주는 1968년에 결정된 Ginsberg판결에서 사용되었던 합리성 심사기준을 적용하여야 한다고 주장하였다. Ginsberg판결은 성적으로 노골적인(sexually-explicit) 잡지를 미성년자에게 판매하는 것을 금지하는 뉴욕주 법률이 표현의 자유를 침해한 것은 아니라고 한 연방대법원판결이다.[7] 동 판결에서 연방대법원은 내용과 직접적인 관련이 있는 규제의 경우 엄격한 심사기준이 적용되지만, 규제의 대상이 되는 내용이 음란물(obscenity), 불법행위를 찬양・비호하는 언동, 폭력유발언어, 명예훼손 등에 해당하면 엄격한 심사기준이 적용되는 것은 아니라, 중간심사기준이나 그보다 약한 합리성 기준이 적용된다고 판단하였다.

연방대법원은 해당 잡지가 일반적인 성인에게는 음란물이 아닐지라도 미성년자에게 성적으로 노골적인 잡지의 판매를 금지할 수 있으며, 이러한 경우에는 합리성 심사기준이 적용된다고 판결하였다. 연방대법원은 판단의 근거로 부모가 자신의 아이의 건전한 성장을 위하여 필요한 결정을 하는 것이 원칙이지만 개별 주정부도 미성년자의 건전한 성장을 도모하여야 할 독립적인 이익을 갖고 있다는 것을 제시하였다.[8]

캘리포니아 주정부는 Ginsberg의 논리는 성적으로 노골적인 내용에만 적용되는 것이 아니라 폭력적인 내용에도 적용되어야 하며, 해당 입법에 대한 위헌법률심사의 기준은 엄격한 기준이 아니라 합리적 기준이 되어야 한다고 주장하였다.

---

6) *Sable Commc'ns of Cal., Inc. v. FCC*, 492 U.S. 115, 126 (1989).

7) *Ginsberg v. New York*, 390 U.S. 629 (1968).

8) *Erznoznik v. City of Jacksonville*, 422 U.S. 205, 212-13 (1975).

3. 연방순회항소법원의 결정 – 엄격한 기준

제 9 연방순회항소법원은 캘리포니아 주정부의 주장을 받아들이지 않았으며, Ginsberg의 논리는 성적으로 노골적인 내용에만 한정적으로 적용되는 것이며, 폭력적인 내용에는 적용될 수 없다는 점을 분명히 하였다. 따라서 해당 입법에 대한 위헌법률심사의 기준은 합리적 기준이 아니라 엄격한 기준이 된다고 판단하였다.

제 9 연방순회항소법원은 자신의 판결을 정당화하기 위하여 연방대법원과 연방순회항소법원의 판결들을 인용하였다. 우선 연방대법원은 내용과 직접적인 관련이 있는 규제의 경우, 규제의 대상이 되는 내용이 음란물(obscenity)인 경우에만 엄격한 심사기준을 적용하였다.[9] 또한 제 2, 6, 7, 8 연방순회항소법원들도 음란물의 범주를 폭력적인 내용물로 확대하려는 지방정부의 노력을 거듭 부정하였었다.[10]

4. 엄격한 기준의 적용

(1) 간절한 국가목적 여부

엄격한 심사기준(strict standard)이 적용되는 경우에, 캘리포니아 주정부는 해당 법률이 '간절한 국가목적(compelling governmental interest)'을 달성하기 위한 것이라는 것과 그러한 간절한 국가목적의 달성을 위해 '필요한(necessary)' 또는 '엄정하게 재단된(narrowly tailored)' 수단이라는 것을 입증하여야 한다. 캘리포니아 주정부는 간절한 국가목적으로 i) 폭력적이고, 공격적인 그리고 반사회적인 행동을 억제하여야 할 필요성, ii) 폭력적인 비디오게임을 행한 미성년자들에게 심리적 · 신경학적 위해가 발생될 것을 예방하여야 할 필요성을 제시하였다.

우선 캘리포니아 주정부가 제시한 첫번째 목적인 폭력적이고, 공격적인

---

9) *Memoirs v. Massachusetts*, 383 U.S. 413 (1966); *Miller v. California*, 413 U.S. 15,24 (1973).
10) 판결문에서는 해당 법원의 판결을 제목으로 제시하였다.

그리고 반사회적인 행동을 억제하여야 할 필요성에 대하여는 법원은 긍정적인 판단을 하였다. 폭력적이고, 공격적인 그리고 반사회적인 행동으로 공중을 보호하는 것이 해당 법률의 목적이라는 주장에 대하여는 다소 논쟁이 있을 수 있으나 미성년자가 폭력적이고 공격적인 행동을 보이지 않고 성장하도록 하는 것은 간절한 국가목적에 해당한다는 점에 대하여는 동의하였다.

그러나 폭력적인 비디오게임을 행한 미성년자들에게 심리적·신경학적 위해가 발생될 것을 예방하여야 할 필요성에 대하여는 부정적인 견해를 밝히고 있다. 즉 폭력적인 비디오게임을 많이 한 미성년자는 성인이 되어 폭력적이고 공격적인 그리고 반사회적인 행동을 보인다는 주장에 대하여 근거가 약하다는 결론을 도출하였다.

캘리포니아 주정부는 "폭력적 비디오게임의 영향(An update on the effects of playing violent video games)"이라는 Craig Anderson 박사의 논문들을 근거로 제시하였으나, 법원은 분석의 대상이 되는 사례의 수가 충분하지 않아 유의미한 결과를 추론할 수 없다는 이유로 받아들이지 않았다. 또한 캘리포니아 주정부는 Douglas Gentile 박사의 "폭력적 비디오게임이 청년기의 적대감, 공격적 행동, 학교성적에 미치는 영향(The effects of violent video game habits on adolescent hostility, aggressive behaviors, and school performance)"이라는 논문을 제시하였다. 그러나 이 논문에 대하여도 법원은 논문의 서문에서 이야기한대로 "어린 시절에 폭력물에 많이 노출되었던 사람이 성인이 되어 좀더 공격적이고 적대적인 사람이 되는가?란 질문에 대하여는 명확히 답변할 수 없다"는 것이며, 양자의 인과관계를 명확히 증명할 수 없는 것이라고 판단하였다. 결과적으로 연방법원은 주정부에서 제출한 증거들은 어린 시절에 폭력적 비디오 게임을 즐긴 사람은 심리학적·신경학적 위해를 받아 좀더 공격적이고 적대적인 사람이 된다는 주장을 증명하기 못하였다고 판단하였다.

(2) 필요한 또는 엄정하게 재단된 수단 여부

법원은 폭력적 비디오게임이 미성년자들에게 심리적·신경학적 악영향을 준다는 주정부의 주장을 인정한다고 하더라도, 선택된 규제수단이 꼭 필요하며 엄정하게 재단되었다는 점을 주정부가 입증하여야 한다고 하였다. 이와 관련하여 연방법원은 덜 제한적인 방법이 존재하기 때문에 해당 법률에서 규정된 규제수단이 필요하며 엄정하게 재단된 수단이라는 점을 입증하지 못하였다고 판단하였다.

주정부는 ESRB 등급제나 부모의 통제는 폭력적 게임의 문제를 해결하는 덜 제한적인 방법이 아니며 판매금지만이 가장 효율적인 방법이라고 주장하였다. 캘리포니아 주정부는 등급제는 민사형사상 책임이 없는, 사업자들의 자율규제이기 때문에 효율적이지 못하며, 부모의 통제도 별다른 효과를 기대할 수 없다고 주장하였다.

이러한 주장에 대하여 연방법원은 덜 제한적인 방법이라는 것은 가장 효율적인 방법과는 다른 개념이며, 비록 덜 효과적이라도 목적을 달성할 수 있으면 그러한 수단을 선택하여야 헌법상의 자유를 보장하는 것이라는 점을 분명히 하였다. 따라서 캘리포니아 법률은 꼭 필요하지도, 엄정하게 재단되지도 않은 규제수단을 선택하였기 때문에 제1차 헌법개정조항을 위반한 법률이다.

5. 등급표시제(Labeling) 규정의 합헌성 여부

항소법원이 마지막으로 판단한 문제는 폭력적 비디오게임에는 '18'이라고 표시되는 약 10㎠의 라벨(4 square-inch label)을 부착하도록 한 규정의 합헌성 여부이다. 캘리포니아 주정부는 등급표시제는 일반적인 표현의 자유와는 다른 것으로 비디오게임의 소매와 관련된 광고를 규제하는 것이기에 합리적 기준에 따라야 한다고 주장하였다. 이에 대하여 연방법원은 일반적인 표현의 자유와 상업적 광고의 자유는 다른 것이며, '완전히 사실이며 논쟁이 없는 정보(purely factual and uncontroversial information)'를 광고에 포함시키도록 강제하는 법률은 합헌이라는 캘리포니아의 주장을 인정하였다.

항소법원은 상업적 광고(commercial speech)와 관련된 위헌법률심사에 적용될 기준을 확정하기 위해서는 우선 등급표시제가 완전히 분리된 상업적 광고인지 아니면 일반적인 표현의 자유에 의하여 보호되는 영역과 분리될 수 없이 서로 연결되어 있는(inextricably intertwined) 상업적 광고인지를 구별하여야 하며, 그 결과에 따라 서로 다른 심사기준이 적용되어야 한다고 판단하였다. 그러나 연방항소법원은 이번 사건에서는 이에 대한 판단을 하지 않아도 사안을 해결할 수 있기에 등급표시제가 상업적 광고에 해당하는지 여부를 심사할 필요가 없다고 판결하였다. 위에서 언급한 대로, 미성년자에게 폭력적 비디오게임을 판매하거나 임대하는 것을 금지하는 법률이 이미 표현의 자유를 침해하여 위헌인 것으로 판결되었기 때문에 등급표시제를 통하여 전달하는 정보는, 즉 '18'이라는 정보는 이미 '완전히 사실이며 논쟁이 없는 정보'가 될 수 없기에 등급표시제도 위헌을 면하기 어렵다고 판단하였다.

Ⅴ. 결　　어

유사한 여러 번의 항소법원들이 동일한 결론을 도출하고 있음에도 문제된 캘리포니아 법률이 합헌이라는 주장이 제기되고 있으며, 법안 입안자인 릴랜드 미 상원의원은 캘리포니아주 검찰이 연방대법원에 이를 상고해야 한다고 주장하고 있다. 따라서 연방대법원에 상소 또는 절차재심명령을 통하여 상고가 이루어질 것으로 예측한다. 그러나 가벼운 욕설마저도 표현의 자유에 포함된다고 해석하는 연방대법원이 연방항소법원의 판결을 파기하기는 어려울 것으로 예상한다.[11)]

11) Houston v. Hill, 107 S.Ct. 2502 (1987)에서 연방대법원은 친구를 체포하는 경찰관에 대하여 가벼운 욕설을 한 자에 대하여 경찰관의 공무상 업무집행방해죄를 적용하도록 규정한 법률에 대하여 공무의 개념 및 방해의 개념을 너무 광범위하게 규정하였다는 이유로 위헌이라고 판결하였다.

게임 이용자의 불만처리방안

chapter 15

- 온라인게임을 중심으로 -*

이 헌 욱**

Ⅰ. 서 론

우리나라의 온라인 게임시장은 정보통신기술의 발전과 함께 비약적으로 성장하여 세계 최대 규모의 시장을 형성하고 있으나, 그러한 성장의 이면에서는 많은 사회적인 부작용이 발생하고 있다. 예를 들어 명의도용, 주민등록번호 부정사용, 미성년자 보호 문제, 사행성 문제, 게임중독, 아이템 현금거래, 사기, 절도 심지어는 사망사고에 이르기까지 사회적으로 적지 않은 문제를 야기하고 있고 이러한 문제가 사회적 의제로 등장할 때마다 게임산업계는 그 전체가 무슨 불법집단이기라도 한 것처럼 여론의 몰매를 맞아야 했다.

그리고 현재 온라인게임을 이용하는 이용자들은 온라인게임사업자가 제

---

* 이 글은 KAOGI 연구보고서 "온라인게임 이용자불만의 처리방안에 관한 연구"(2008. 2)를 요약한 후, 최근 국회에 제출된 「게임산업진흥에 관한 법률」 개정안을 반영하여 일부 수정한 글입니다.

** 법무법인 로텍 변호사

공하는 서비스에 대하여 많은 불만을 가지고 있어 그 불만 또한 위험수위에 이르고 있다.

이용자의 불만은 다른 이용자를 향해 나타나기도 하고, 게임사업자를 향해 나타나기도 한다. 이런 불만은 쉽게 해결되기도 하지만, 해결이 쉽지 않은 경우도 많다. 이렇다 보니 온라인게임 현장에서 발생하는 불만이 정책적 문제로 비화되기도 하고, 범죄수사의 대상이 되기도 한다. 나아가 사법적 판단의 대상이 되기도 함은 물론이다.

실제로 2006년도 국민고충처리위원회의 접수민원 중 1,863건이 게임관련 민원이고 이는 국민고충처리위원회가 온라인 고충민원을 접수하기 시작하면서 더욱 폭발적으로 증가하고 있다. 온라인게임에서 발생하는 불만사항이나 분쟁의 해결을 위하여 온라인게임 이용자가 이용이 용이한 인터넷 분쟁해결창구를 섭렵하고 있는 것이 현실이다.

온라인게임에서 불법적 방법으로 게임캐릭터를 해킹하거나, 명의를 도용한다거나, 금전적 손실을 입히는 등의 범죄행위도 증가하면서 사이버범죄 수사대에도 민원은 급증하고 있다. 2006년 접수사건이 모두 138,272건인데 이 중 61,187건이 게임관련 민원으로 전체의 44.3%를 차지하고 있다. 이 중에는 수사 대상인 범죄행위인 경우도 있지만, 불만사항이나 민원사항인 경우도 많이 있다. 결과적으로 게임민원의 처리를 위하여 일반 민원의 처리나 수사 등에 전념하여야 할 국가기관이 전문성이 떨어지는 일에 매달리고 있는 상황이 발생하고 있다. 더구나 시스템의 과부하로 인하여 발생하는 비효율도 무시할 수 없는 단계에 있다.

더 큰 문제점은 이러한 게임관련 분쟁이나 민원은 게임산업이 성장하고, 게임 이용자가 더 많아질수록 증가한다는 점이다.

이용자들의 불만이 제기되는 경우, 사업자들은 고객만족 부서를 통하여 적절한 응대를 하려고 노력하고 있으나, 이 단계에서 걸러지지 않는 불만은 사회적으로 표출되게 된다. 일반적으로 사업자와 소비자 간의 분쟁에 대하여는 소비자분쟁조정기구나 민사소송을 통하여 해결을 모색하게 되나, 온라인게임 이용자와 사업자 사이에 게임 이용과 관련된 분쟁이 발생하는 경우 기존의 분쟁해결기구들이 합리적이고 효율적으로 분쟁을 해결하기는 어렵다. 이는 우선, 게임 사업자와 이용자가 아닌 제3자는 게임을 이해하기가 어렵다는 것에 기인하는 것이겠지만, 본질적으로는 우리 사회에 마련되어 있는 분쟁해결시스템이 온라인게임 관련 분쟁을 해결하기에는 너무 많은 비용과 시간을 요한다는 데 근본적인 이유가 있다.

온라인게임이라는 새로운 사회현상에 대하여 현실의 법이 효과적인 규율체계를 갖추지 못하고 있고 또한 현실의 법과 가상세계의 법이 가진 영역의 한계도 불분명하다.

온라인게임 산업계와 감독관청은 이용자들의 불만을 최소화하고 분쟁해결을 위한 합리적인 규율을 정립할 것을 요구받고 있다.

그럼에도 불구하고 신속한 분쟁해결체제는 미흡한 것이 현실이다. 국민고충처리위원회나 사이버범죄수사대, 한국소비자원 등 다양한 창구를 통해 분쟁의 해결을 시도하지만, 이들 기관에서 분쟁을 해결하는 비율은 매우 낮아서 이용자들은 지속적으로 여러 기관의 문을 두드리는 현상을 나타낸다.

유사기관의 경우 정확하게 게임분쟁이 스스로의 관할이 아닌 경우와 적절한 해결책을 찾지 못하면서 어려움을 겪고 있다. 또한 게임산업진흥이나 게임산업규율에 관하여 일반적 권한을 갖고 있지 못하다 보니 문화관광부, 게임산업진흥원, 게임산업협회, 게임 사업자 등이 분점하고 있는 권한에 의한 속시원한 해결책도 제시하지 못하는 경우가 다반사이다.

온라인게임 산업계 내부에서 합리적인 규율이 성립하지 못할 경우, 온라인게임 산업계에 요구되는 규제 위주의 일방적인 사회적 규율을 감내하여야 하는 상황이 발생할 우려도 있고, 규제 위주의 규율은 온라인게임 산업의 성장에 큰 장애가 될 수도 있을 것이다.

이용자들의 지나친 이기심, 사업자들의 근시안적인 이윤추구, 행정관청의 행정편의와 규제 위주의 행정에 의하여 온라인게임이 왜곡되지 않도록 이용자와 사업자, 감독관청 나아가 우리 사회가 동의할 수 있는 합리성과 효율성이 보장되는 규율체계와 분쟁해결 체계를 구축하는 것이 모처럼 찾아온 온라인게임 산업발전 기회를 반석 위에 올려놓는 일이 될 것이다.

Ⅱ. 게임분쟁의 현황 및 분석

1. 게임분쟁의 현황

(1) 게임관련 민원접수현황

가. 경찰청사이버수사대 접수현황

경찰청 사이버수사대의 자료에 의하면, 2006년 사이버수사대 접수사건은 총 138,272건이며, 그 중에서 게임관련 사건은 모두 61,187건(44.3%)이다.

사이버수사대에 접수된 사건을 분석해 보면, 정보통신 기반을 무너뜨리는 해킹, 바이러스 범죄 및 전자상거래 신뢰기반을 해치는 인터넷 사기범죄가 주종을 이루며 특히 해킹·바이러스의 경우, 게임 등 계정에 대한 사용자 도용이 대다수를 차지하고 있다.

이러한 게임 관련 해킹 및 바이러스 관련 사건이 최근 급증한 것은 PC방 및 각 가정까지 구축된 초고속인터넷 환경이 범죄환경으로 작용하였다는 점이 주요한 이유로 보인다. 세계 1위의 초고속네트워크 환경을 기반으로 한 신종범죄에 각국 사이버수사관 및 언론의 관심이 집중되고 있다.

나. 국민고충처리위원회 접수현황

2006년 고충위에서 접수한 전체 민원 중 1,863건이 게임 관련 민원이다.[1] 특이한 점은 고충위에서 접수되고 있는 민원은 행정기관의 작위 또는 부작위에 대한 민원임에도 불구하고 행정기관의 행위와는 무관하거나 관련성이 적은 게임관련 민원이 1,863건이나 제기되고 있으며 그 수가 계속 증가하고 있다는 것이다. 2006년의 경우 소위 바다이야기 사건으로 인한 게임관련 민원이 급증하였다는 점은 있으나 이를 제외하더라도, 실제 민원의 수는 게임관련 민원에 집중되어 있다. 실제 사행성 게임장, 도박 PC방으로

1) 2006년 총 접수민원은 모두 27,757건이다(고충위 홈페이지 민원처리 현황 참조 http://www.ombudsman.go.kr/bbs/board_view.asp?menu_code=111417&config_code=117&offset=10&board_code=1275).

야기되는 국민불만이 국민고충처리위원회 민원 급증 형태로 표면화되고 있다. 고충위에 따르면 접수된 민원의 주 내용은 본인 또는 가족의 금전적 피해, 사행성 게임장 영업으로 인한 자녀 교육환경 문제, 시장개선을 위한 제도적 대책 마련 등이었다. 고충위는 일단 이번 취합된 민원을 해당 문화관광부와 지자체로 넘기고 있는 실정이며 자체적인 처리 등은 거의 시행되고 있지 않다.[2)]

다. 한국소비자원 접수현황

온라임게임 이용자가 2003년부터 2005년 11월까지 게임 중 발생한 피해나 불만에 대해 한국소비자원에 상담을 요청한 건수는 총 6,151건이다. 이 중 소비자상담은 5,667건이고, 사업자가 피해보상을 거절하여 피해구제로 접수된 것은 484건에 달하고 있다.[3)] 연도별 추이를 살펴보면 2003년 소비자상담 및 피해구제가 2,293건으로 가장 많았으며 2004년에는 1,800건으로 감소하였으며 2005년은 11월까지 1,707건이 접수된 것으로 나타났다.[4)]

라. 시 사 점

정부 접수민원 중 게임관련 민원의 비중이 급증하여 민원대응 체계에 부담을 가중시키고 있는 실정이다. 특히 사이버수사대의 경우 전체 사건접수의 절반 정도가 게임 관련 민원이라는 점은 심각한 상황이라는 것을 보여준다. 다시 말해서 사이버수사대 역량의 절반 정도가 사회적으로 '사소하게' 보이는 게임 관련 민원에 투입되고 있다는 현실은 자원배분의 심각한 불균형 현상이 일어나고 있다고 볼 수 있다.[5)] 명의도용, 게임아이템 현금거래 등 게임관련 민원에 대한 정책담당기관, 사법당국 등의 체계적 대응 부족으로 불필요한 사회적 비용이 발생하고 있다고 볼 수 있다

2) 연합뉴스, 2004년 2월 19일자.
3) 「게임관련 소비자피해실태 및 개선방안 연구」, 한국소비자보호원, p. 126.
4) 「게임관련 소비자피해실태 및 개선방안 연구」, p. 128.
5) 사이버수사대 관계자는 게임관련 민원의 거의 대부분이 무혐의로 처리된다고 하였다.

(2) 주요 게임사의 게임 관련 불만접수현황

주요 게임사의 고객만족 담당부서를 통하여 게임사에 접수된 게임 관련 불만의 유형과 접수현황을 파악하였다.

가. A사

표 15-1 A게임사의 불만접수현황

불만유형	접수건수		비 율
1. 해킹	계정해킹	4	7%
	아이템해킹	12	21%
	기타 해킹	0	0
2. 사기	2		3%
3. 불법프로그램 사용	3		4%
4. 개인정보 제공	1		2%
5. 아이템 현금거래	9		16%
6. 기타	25		47%
총 계	56		100%

나. B사

표 15-2 B게임사의 불만접수현황

불만유형	접수건수		비 율
1. 해킹	계정해킹	0	0.0%
	아이템해킹	1	1.4%
	기타 해킹	0	0.0%

2. 사기	2	2.7%
3. 불법프로그램 사용	8	11.0%
4. 개인정보 제공	6	8.2%
5. 아이템 현금거래	5	6.8%
6. 기타	51	69.9%
총 계	73	100.0%

* 기간: 2007년 3~9월 민원기관 접수내역.

다. C사

표 15-3 C게임사의 불만접수현황

접수 유형 분류	접수건수	비 율
계정 해킹(계정 삭제)	42	1.5%
아이템 및 게임머니 분실	714	23%
기타 해킹 (캐릭터 삭제/비밀번호 분실)	610	20%
불법프로그램 사용자 이의제기	370	12%
개인정보 제공(계정 공유)	8	0.5%
현금거래(계정 거래)	148	5%
기타 (일반복구/해킹 이의제기/ 기타 등등)	1163	38%
Total	3055	100%

* 2007년 1~8월 통계자료.

라. D사

표 15-4 D게임사의 웹보드게임 불만접수현황

불만유형	접수건수		비 율
1. 해킹	게임머니 유실신고	19143	63.53%
	해킹처벌	2370	7.87%
2. 사기	382		1.27%
3. 불법프로그램 사용	2		0.01%
4. 개인정보 도용	2856		9.48%
5. 아이템 현금거래	303		1.01%
6. 기타	5077		16.85%
총 계	30133		100.00%

* 2007년 7월 1~31일까지의 접수건수임.

표 15-5 D게임사의 퍼블리싱(MMORPG) 불만접수현황

불만유형	접수건수	비 율
1. 해킹	168	4%
2. 사기	234	6%
3. 불법프로그램 사용	1050	27%
4. 개인정보 도용	1	0%
5. 아이템 현금거래	76	2%
6. 기타	2298	60%
총 계	3827	100%

마. E사

표 15-6 E게임사의 불만접수현황

<table>
<tr><th>불만유형</th><th colspan="2">문의건수</th><th>비 율</th></tr>
<tr><td rowspan="3">1. 해킹</td><td>계정해킹</td><td rowspan="3">3170</td><td rowspan="3">25%</td></tr>
<tr><td>아이템해킹</td></tr>
<tr><td>기타 해킹</td></tr>
<tr><td>2. 사기</td><td colspan="2">335</td><td>3%</td></tr>
<tr><td>3. 불법프로그램 사용</td><td colspan="2">180</td><td>1%</td></tr>
<tr><td rowspan="2">4. 개인정보 관련</td><td>개인정보
(주민번호도용)</td><td>7882</td><td>62%</td></tr>
<tr><td>요금도용</td><td>103</td><td>1%</td></tr>
<tr><td>5. 아이템 현금거래</td><td colspan="2">317</td><td>3%</td></tr>
<tr><td>6. 기타</td><td>DM/SMS 발송</td><td>658</td><td>5%</td></tr>
<tr><td>총 계</td><td colspan="2">12645</td><td>100%</td></tr>
</table>

* 불만유형 통계(기간: 2007년 3월 1일~8월 31일, 6개월간).

바. F사

표 15-7 F게임사의 불만접수현황

<table>
<tr><th>불만유형</th><th colspan="2">접수건수</th><th>비 율</th></tr>
<tr><td rowspan="3">1. 해킹</td><td>계정해킹</td><td>60</td><td>14%</td></tr>
<tr><td>아이템해킹</td><td>300</td><td>63%</td></tr>
<tr><td>기타 해킹</td><td>60</td><td>14%</td></tr>
<tr><td>2. 사기</td><td colspan="2">10</td><td>3%</td></tr>
</table>

3. 불법프로그램 사용	1	1%
4. 개인정보 제공	5	2%
5. 아이템 현금거래	10	3%
6. 기타	0	0%
총 계	446	100%

사. 시 사 점

위의 자료에서 볼 수 있듯이 게임사별로 불만이 나타나는 양상에 차이가 있는 것은 서비스하는 게임의 성격이 다르기 때문이다. 전체적으로 보아 가장 높은 빈도를 보이는 것은 아이템해킹 문제이고, 계정해킹, 불법프로그램사용이 발생빈도가 상당히 높은 항목이다. 개인정보와 관련한 주민등록번호의 도용도 높은 발생빈도를 보이고 있다. 위의 조사 자료는 게임사가 직접 접수한 불만사항이 아니라, 민원기관에 접수되어 해당 게임사로 통보된 내용이다. 따라서 위의 자료가 게임사에 제기되어 처리된 불만사항은 배세되어 있기 때문에 실제로 게임사의 고객관리차원에서 접수되는 불만사항과는 차이가 있다. 또한 민원기관에 접수되는 민원은 동일한 사항이 여러 기관에 중복 접수되는 경향이 강하기 때문에 실제 민원발생건수와도 차이가 있다. 민원기관에 접수되는 대부분의 불만사항은 전단계로 게임사를 거쳐서 가기 때문에 위의 자료에 나타나는 통계치는 게임사 차원에서 처리가 되지 못하는 불만사항이 민원기관에 접수되는 양상을 구체적으로 보여준다고 볼 수 있다.

게임사에 대한 불만사항이 민원기관으로 가는 것은 게임사가 이 문제를 처리해 주지 못하지 때문이다. 불만사항을 처리하지 못한다는 것은 그것이 게임사가 일방적으로 자사의 입장을 '강요하는' 것이라 보기보다는 문제의 사안이 게임사가 처리할 수 없는 이용자와 이용자 간 분쟁 또는 법령을 위반한 문제, 게임의 규칙을 위반한 문제이기 때문에 게임의 공정한 운영을 하여야 할 게임사의 입장에서는 불만제기자의 입장을 일방적으로 편들 수 없다는 것이라는 데 있다고 볼 수 있다.

보다 중요한 점은 상당한 수의 불만사항이 게임사 밖의 민원기관으로 접수되고 다시 게임사로 피드백되는 악순환이 계속되고 있다는 점이다. 게임분쟁의 적절한 처리시스템이 부재하다는 것이 공적 민원처리시스템의 부담을 가중시키는 것은 물론이고 게임사 자체에도 상당한 업무부담이 되고 있다는 것을 말해준다.

2. 게임분쟁의 주체 및 유형분석

(1) 게임민원의 주체별 분석

게임민원이나 분쟁은 게임 이용자, 게임서비스제공 사업자, 정부를 주요 당사자로 하는 것으로 다음과 같은 분류가 가능하다.

표15-8 게임민원의 주체별 분석

당사자	게임 사업자	정부	게임 이용자
게임 이용자	제1유형	제2유형	제3유형

제1유형은 게임 이용자와 게임 사업자 간의 분쟁이다. 주로 게임서비스에 대한 불만사항이거나 게임룰의 제정 및 집행자로서의 지위에 대한 요구사항이 이에 해당한다. 소비자불만사항과 유사하지만, 게임의 형태가 주로 회원제 서비스에 의한 경우가 많아 일반 상거래와는 다른 모양을 띠기도 한다.

제2유형은 게임 이용자와 정부(게임물등급위원회 포함) 간의 분쟁이다. 이는 대체로 게임사업에 대한 규제권한을 이용해 달라는 민원으로 나타나는 경우가 많다. 정부의 정책권한이 불분명한 부분에 대해서도 민원이 발생하고 있다는 점도 간과하여서는 안 될 부분이다.

제3유형은 게임 이용자와 게임 이용자 간의 분쟁이다. 게임 이용 중에 발생하는 불법행위가 원인이 되는 경우가 많다. 때로는 게임룰이나 상황에 대한 증명이 매우 어려워져서 이 문제가 제1유형이나 제2유형으로 전개되기도 한다.

(2) 게임민원의 법적 유형

게임민원(분쟁)의 법적 유형은 계약법적 분쟁, 행정법적 분쟁, 형사법적 분쟁 및 게임내부규칙 관련 분쟁 등으로 분류가능하다.

표 15-9 게임민원의 법적 유형

법적 유형	주요 내용
행정법적 분쟁	소비자보호규제, 통신이용자보호규제 등 이용자에 의한 사업자 불만사항이 주요 민원사항
계약법적 분쟁	이용약관의 실체적·절차적 정당성의 문제로서 이용자에 의한 사업자 불만사항이 주요 민원사항
형사법적 분쟁	형법, 정보통신망법, 게임법, 주민등록법 위반 등 이용자에 의한 다른 이용자 고발이 주요 민원사항
게임규칙 관련 분쟁	게임코드, 게임규칙 등 게임이용자 간 분쟁이 대다수로 주로 게임 사업자에게 제기하는 민원사항

그림 15-1 게임민원의 법적 유형

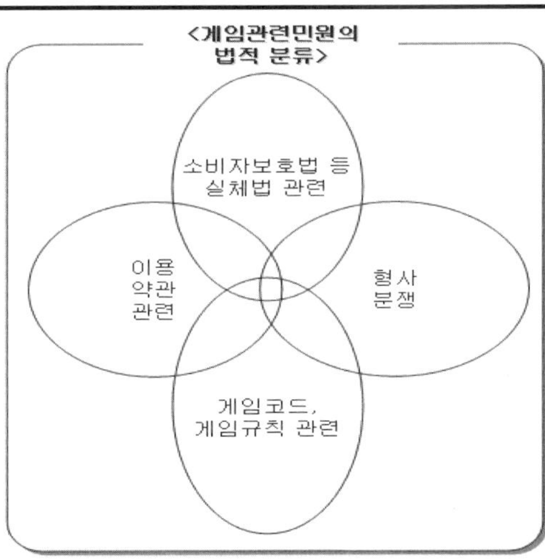

(3) 내용별 유형분석

게임관련 민원·불만을 그 내용에 따라 유형을 분석하면 해킹, 사기, 불법프로그램 사용, 아이템 현금거래, 개인정보 유출 및 제공문제, 환불정책, 미성년자 보호문제(미동의, 탈퇴, 환불) 및 기타(버그로 인한 손실 등) 문제로 분류할 수 있다. 이러한 유형에 따른 구분은 해당 유형별로 정형화된 해결책을 모색할 수 있는 단서를 제공해 준다는 점에서 큰 의의가 있다. 이를 보다 세분하여 그 내용을 살펴보면 다음과 같이 정리할 수 있다.

표 15-10 게임민원의 내용별 유형

분쟁유형	구체적 유형
해킹	실제 해킹당한 경우
	해킹피해를 가장한 경우
사기	실제 사기가 발생한 경우
	사기피해를 가장한 경우
불법프로그램 사용	이용자 본인이 사용한 경우
	타인이 사용한 경우
개인정보 제공	본인의 정보를 요청한 경우
	타인의 정보를 요청한 경우
아이템 현금거래	사기와 관련된 피해신고
	아이템, 계정 등의 현금거래 발견시 제재 여부
기타	제3자의 선의취득
	운영정책상 제재에 대한 불복

이용자 불만유형 중 다수를 차지하는 해킹과 사기 유형에 대하여는 게임 이용자들이 사용하는 용어의 의미를 중심으로 구체적인 내용을 분석해

보면 다음 도표와 같이 나타낼 수 있다. 특이한 것은 법률적으로 사용되는 해킹 또는 사기 이외에도 이를 가장하는 경우 등 실제로 게임 이용자들이 당해 용어를 사용하고 있다는 것이다. 게임 이용자들이 사용하는 해킹이나 사기라는 용어는 법률적 의미의 정보통신망 침입이나 재산범죄로서의 사기죄와는 다른 의미로 사용되는 경우가 많으며 이는 단순히 게임상에서 자신이 입은 피해의 정도를 극대화하기 위한 표현으로 보인다.

표 15-11 해킹 및 사기유형의 구체적 사례

유형	구체적인 사례(내용)	
해킹	게임사를 해킹하여 이용자의 정보를 도용하여 계정을 삭제하거나 아이템 등을 유출시키는 행위	해킹이란 의미에 가장 잘 부합
	이용자의 개인 컴퓨터를 해킹하여 이용자의 정보를 도용하는 경우	전형적인 해킹사례로 생각되나 해킹임을 입증하기가 쉽지 않음
	우연히 알게 된(또는 계성을 공유하여) 이용자의 정보를 도용하는 경우	기술적으로 해킹에 해당하지 않는 타인의 불법행위 유형에 해당하지만 해킹으로 가장 많이 표현되는 유형임
	이용자에게 접근하여 이용자의 정보를 알아내어 이용자에게 피해를 주는 행위	사기로 분류하는 것이 타당함
	해킹피해를 가장한 사용사의 불법행위	게임사를 기망하려는 이용자의 불법행위에 해당
사기	자신을 시스템관리자로 오인하게 하여 이용자의 정보를 빼내어 아이템 또는 재산상의 피해를 입히는 경우	형법상의 사기 또는 컴퓨터 등 사용사기에 해당(기망 & 지급)
	이용자의 지인과 유사한 아이디를 사용하여 이용자에게 피해를 가하는 경우	위와 같음

	아이템 현금거래에서 일방이 상대방의 아이템 또는 금전상의 이익만을 취하고 반대급부를 제공하지 않는 경우	형법상의 사기에 해당하는 경우와 단순한 채무불이행에 불과한 경우가 혼재되어 있음
	직접적으로 기망하여 피해를 가하는 경우	형법상의 사기에 해당하는 경우가 많음

(4) 게임분쟁해결시스템의 구축필요성

게임분쟁의 현황자료에서 주는 가장 중요한 시사점은 게임민원·분쟁해결시스템 및 게임정책체계의 시급한 개선이 필요하다는 점이다. 게임관련 민원·분쟁의 해결은 신뢰를 바탕으로 한 게임산업 발전의 기본적 인프라로 기능한다. 게임 이용자와 제도·정책담당자는 물론 일반 여론의 긍정적 형성을 위하여서도 민원·분쟁에 대한 적극적인 대응이 필요하다.

게임산업은 차세대 성장산업으로서의 잠재가치에 비해 역기능에 대한 사회적 우려가 지나치게 강조되어 정책적 대응에 어려움이 존재하는 것도 사실이다. 이에 대한 적절한 정책추진체계 및 사회적 대응시스템을 구성하기 위하여 관·산·학·연 등 범국가적 논의체계의 가동이 필요하다. 현안문제인 게임 민원·분쟁의 체계적 분석과 대응방안의 우선적 검토와 정책체계 개선이 시급하다.

분쟁해결 현황 및 분쟁분석 결과에 비추어 현재의 분쟁해결시스템으로는 게임분쟁을 적정하고 신속하게 해결하기 어렵다는 점은 분명하다. 따라서 게임분쟁 해결을 위하 전문성과 신속성이 담보되는 분쟁해결시스템을 구축할 필요가 있다고 할 수 있다.

Ⅲ. 게임 이용자 불만처리기구 구성 및 운영방안

1. 대체적 분쟁해결절차의 도입

게임분쟁의 경우 일반적으로 소액이고, 게임 내부의 규칙이나 게임산업에 대한 전문성을 갖고 대응하여야 하며, 신속한 구제의 필요성이 매우 높다는 특성을 갖고 있다. 또한 게임산업이 성장기에 있다는 점도 간과할 수 없는 사항이다. 신속하게 게임관련 분쟁과 민원 및 불만사항을 처리할 수 있는 체계가 형성된다면 불필요한 사회적 비용을 상당부분 줄일 수 있을 것이다.

가장 효율적인 방법은 분쟁 당사자가 스스로 참여하여 조기에 분쟁을 해결하는 것이다. 이러한 관점에서 볼 때 가장 적합한 방안으로 대체적 분쟁해결절차(ADR)를 도입할 수 있다. 게임 관련 기관과 관련 전문가가 폭넓게 참여할 수 있고, 게임 사업자가 이를 수용하고 이용자와 합의에 도달하여 분쟁을 조기에 종식할 수 있도록 하는 방안으로 이보다 더 적합한 제도는 찾아보기 어렵다.

나아가 온라인에서 발생한 분쟁을 온라인에서 자료제출 및 조사와 판단까지 모두 이루어지고 그 집행도 온라인게임회사에서 처리가 된다고 한다면 금상첨화가 될 것이다. 공적 기관에 의하여 처리하는 절차가 복잡하고, 대부분 게임분쟁 당사자에게 만족스런 결과를 가져오지 못한다는 점을 고려할 때 이 분쟁의 특성에 가장 맞는 ADR시스템을 갖추어 주는 것이 꼭 필요한 시점이라고 할 수 있다.

2. 게임분쟁조정위원회

현재 정부안으로 국회에 계류 중인 「게임산업진흥에 관한 법률」 개정안에서는 게임분쟁조정위원회에 관하여 규정하고 있다.

게임분쟁조정위원회 설치에 관한 「게임산업진흥에 관한 법률」 개정안의 내용을 살펴보면, 게임물과 관련한 분쟁을 해결하기 위하여 게임분쟁조정위원회를 두고, 게임분쟁조정위원회는 위원장 1인을 포함하여 10명 이상 30명 이하의 위원으로 구성하며, 위원은 대통령령으로 정하는 자격을 갖춘 사람 중에서 문화체육부장관이 위촉하며, 위원장은 위원 중에서 호선하도록 하였다. 위원은 비상임으로 하고 위원의 임기는 2년이며 1회에 한하여 연임할 수 있다. 게임분쟁조정위원회의 업무를 지원하기 위하여 「문화산업진흥기본법」 제31조에 따른 한국문화콘텐츠진흥원에 사무국을 두고, 게임분쟁조정위원회의 운영 등에 필요한 사항은 문화체육관광부령으로 정한다.

게임물과 관련된 분쟁의 조정을 받으려는 자는 게임분쟁조정위원회에 분쟁의 조정을 신청할 수 있고, 게임분쟁조정위원회는 분쟁조정신청을 받은 날로부터 30일 이내에 조정안을 작성하여 분쟁 당사자에게 제시하여야 한다. 조정위원회는 분쟁 당사자, 게임물 사업자 또는 참고인에게 분쟁조정을 위하여 필요한 자료를 제공하여 줄 것을 요청할 수 있고, 필요하다고 인정하면 분쟁 당사자 등으로 하여금 위원회에 출석하여 그 의견을 들을 수 있다. 게임분쟁조정위원회의 조정안을 제시받은 분쟁 당사자는 그 제시를 받은 날로부터 15일 이내에 수락 여부를 조정위원회에 통보하여야 하고, 분쟁 당사자가 조정안을 수락하면 게임분쟁조정위원회는 분쟁 당사자 사이에 합의된 사항을 기재한 조정서를 작성하며, 조정서는 재판상 화해와 동일한 효력을 가진다. 게임물 관련 분쟁의 조정방법과 절차, 조정업무의 처리 등에 필요한 사항은 조정위원회가 정한다.

게임분쟁조정위원회는 분쟁의 성질상 게임분쟁조정위원회에서 조정하는 것이 적합하지 아니하거나 부정한 목적으로 신청되었다고 인정하는 경우에는 그 조정을 거부할 수 있고, 조정사건의 진행 중에 한쪽 분쟁 당사자가 소송을 제기하면 조정을 중지하고 그 사실을 다른 분쟁 당사자에게 통보하도록 하였다. 분쟁조정 신청인에게는 대통령령이 정하는 바에 따라 조정 비용을 부담하게 할 수 있고, 정부는 예산의 범위에서 조정위원회의 운영에 필요한 경비를 보조할 수 있다.

3. 게임분쟁조정위원회의 위원과 사무국

개정안에서는 게임분쟁조정위원회의 설치에 관하여 문화체육부장관의 위촉, 위원 수, 위원장 호선 등에 대하여 규정하고 있을 뿐, 위원의 자격에 관하여는 대통령령에 전적으로 위임하고 있다. 위원의 자격요건에 관하여 법률안에서 아무런 규정을 하지 않고 전적으로 대통령령에 위임한 것은 다소 부적절한 측면이 있다.

게임분쟁조정위원회는 분쟁의 해결을 목적으로 하는 기관이므로 법률전문가의 참여가 당연히 예상된다. 그러나 게임분쟁의 발생 양태를 고려할 때, 법률전문가로만 구성된 분쟁조정위원회는 게임분쟁을 효과적으로 다루기 어려울 것이다. 분쟁해결을 위하여 적용되는 규율은 우선 게임분쟁이 게임세상 내에서 어떠한 내용을 가지는가를 충분히 이해하지 않으면 무용지물이 되기 쉽다. 게임분쟁이 실체법상의 문제보다는 게임규칙과 관련한 문제인 경우에는 더욱 그러하다. 따라서 게임분쟁조정위원회에는 게임문화와 게임산업에 대한 외부전문가가 최대한 참여할 수 있도록 하여야 한다. 이러한 외부전문가로는 법률전문가, 정책입안자, 관련 학계의 전문가와 관련 산업종사자 중 자격이 있다고 인정되는 자 및 게임산업과 관련이 있는 민간단체의 추천을 받은 바뿐 아니라 당해 게임분야에서 게임 이용자들로부터 게임상의 규칙·관습과 운영의 균형에 관한 지식과 경험이 인정된 자까지 포함될 수 있도록 하여 현실세계와 다른 게임세계의 공정성을 실현할 수 있도록 해야 한다.

「게임산업진흥에 관한 법률」 개정안은 게임분쟁조정위원회의 업무를 지원하기 위한 사무국을 한국문화콘텐츠진흥원에 두도록 하고 있다. 이처럼 사무국을 게임분쟁조정위원회 산하에 직접 설치하지 않고 다른 기관에 사무국을 두도록 하는 것은 기존의 인력과 시설을 활용할 수 있다는 비용효율의 측면뿐 아니라, 분쟁해결의 공정성을 강화하는 데도 도움이 되는 방식이라고 할 수 있다. 사무국을 한국문화콘텐츠진흥원에 두는 것은 게임분쟁조정위원회로 하여금 게임산업 분야의 최신 동향과 관련 정책의 발전에 신속하게 대응할 수 있도록 하고 한국문화콘텐츠진흥원으로 하여금 분쟁조정결과와 산업현실의 조화를 꾀할 수 있게 함으로써 사무국이 단순한 조정위원회의 행정기관에 그치지 않고 관련 산업 전체의 균형적 발전을 위하여 분쟁사례와 장래의 정책 형성과정을 연계할 수 있도록 하는 조직적인 배려라고 할 수 있다. 그러나 게임분쟁조정위원회의 위원을 비상임으로 하면서 게임분쟁조정위원회에 자체 사무국도 두지 않는 결과, 게임분쟁조정위원회가 사무국의 소속기관인 한국문화콘텐츠진흥원의 하부기관과 같이 취급될 우려가 크고, 정책적 필요에 의하여 분쟁조정결과가 좌우된다는 인식을 분쟁 당사자에게 심어줄 우려도 있다. 이러한 위험요소를 불식시키는 방안이 게임분쟁조정위원회 운영과 분쟁조정절차의 설계에 반드시 반영되어야 할 것이다.

4. 운영위원회의 구성

「게임산업진흥에 관한 법률」 개정안은 게임분쟁조정위원회 위원을 비상임으로 하고 있으므로 게임분쟁조정위원회 업무의 연속성이 떨어지고 조정위원간의 유기적인 협력이 어려우며 조정위원회의 운영과 관련된 업무에 효율적으로 대처할 수 없고 사무국에서 일반적으로 결정되는 업무수행방침에 따라 조정이 이루어질 경우 업무수행의 탄력성을 기대하기 어렵다. 따라서 소수의 위원들로 하여금 조정위원회의 운영을 위한 운영위원회를 구성하게 하여 사무국의 업무를 지휘·감독하고, 조정부의 구성을 결정하며 필요한 경우 조정결과에 대한 사후집행을 감독하는 기능을 수행하게 하여야 할 것이다.

5. 조정부의 구성

게임분쟁은 그 유형이 다양하고 발생빈도가 매우 빈번하며 그 분쟁가액이 소액이라는 특성을 가진다. 이러한 점을 감안할 때, 일정 수의 조정위원이 수많은 분쟁을 효율적으로 해결한다는 것이 매우 어렵다. 연간 수만 건 이상의 게임분쟁이 발생하므로 이를 1개의 조정위원회에서 분쟁을 해결하는 방식을 취하는 것은 물리적으로 불가능하다. 따라서 필수적으로 수 개의 조정위원회를 두어야 하고, 비상임의 조정부 여러 개를 두고 각각의 분쟁에 대응할 수 있도록 하여야 한다. 게임산업진흥에 관한 법률 개정안은 조정위원을 10인 이상 30인 이하로 규정하고 있는데, 2인 또는 3인의 소수로 구성된 조정부를 여러 개 구성하여 조정사건에 대한 신속한 조정안을 제시하는 것이 바람직할 것으로 생각된다.

6. 온라인 분쟁해결

온라인 분쟁해결제도(ODR: Online Dispute Resolution)는 여러 가지 형태로 발전해 오고 있는데, 현재는 주로 이메일과 문자채팅 그리고 게시판 등을 활용하여 분쟁을 해결하고 있으며, 온라인분쟁의 특성인 국제성을 고려하여 다양한 언어툴 개발과 보안승인문제 해결에 주력하고 있다. ODR은 신속성과 경제성을 확보해 주고 관계를 보존해 주며, 각 분야의 전문가에 의한 문제해결이 가능하다는 이점이 있다. 현재 우리나라에서 운영되고 있는 대표적인 ODR기관으로는 전자거래분쟁조정위원회와 도메인이름분쟁조정위원회 그리고 대한상사중재원에서 세공히고 있는 사이버알선을 들 수 있다.

게임분쟁에 있어서도 여타의 온라인분쟁 조정을 실시하고 있는 분쟁조정기구와 마찬가지로 온라인 중재의 필요성은 매우 높다고 할 것이다. 분쟁의 신속성에 기여함은 물론, 게임의 특성상 이용자는 분쟁의 당사자로서 자신을 드러내는 것을 원치 않는 경우가 많고 이에 따라 분쟁조정위원회에 출석하여 자신의 주장을 펴는 것보다 온라인 채팅이나 화상을 이용하여 주장을 하고자 하는 경우가 많을 것이며 게임상의 분쟁의 경우에는 다른 분쟁과는 달리 모든 객관적인 자료를 온라인에서 게임 사업자의 협조를 통하여 충분히 확보할 수 있는 것이 대부분이기 때문에 게임상의 분쟁조정에 있어서 ODR의 중요성은 매우 크다.

7. 약관에 의한 분쟁조정제도 도입

「게임산업진흥에 관한 법률」 개정안에 의한 게임분쟁조정신청은 법률에 의한 분쟁조정제도라고 할 수 있다. 이러한 조정절차에서는 신청인과 피신청인이 조정부의 조정안을 수락하여야만 조정이 성립한다. 그러나 피신청인의 동의 없이도 일정한 경우 조정제도를 이용할 수 있도록 하는 것이 바람직하다. 따라서 게임분쟁이 발생한 경우 게임분쟁조정위원회의 조정을 받도록 약관에 명시한 경우, 이러한 약관에 의하여 조정신청이 가능하도록 하는 것이 타당하다. 현재 국내에서는 인터넷주소분쟁조정위원회가 이러한 약관에 의한 조정신청을 인정하고 있다.[6]

게임분쟁이 발생하는 경우 게임 이용자가 게임사를 상대로 약관에 의한 조정신청을 하는 경우, 조정부는 법률에 의한 조정신청과 동일한 절차에 따라 조정안을 제시하고 이렇게 제시한 조정안에 따라 분쟁이 원만하게 해결되면 당사자의 합의와 동일한 효력을 인정하면 된다. 그러나 조정을 거부하거나 조정이 이루어지지 않는 경우 조정부는 조정결정을 하고, 피신청인은 그 결정문을 송달받은 날로부터 14일 이내에 신청인을 상대로 관할 법원에 제소하지 않거나 당사자 합의에 의한 중재신청을 하지 않는 경우 신청인은 위원회에 그 결정 내용의 실행을 요청할 수 있도록 한다.

이러한 약관에 의한 분쟁조정을 위해서는 게임 이용자와 게임사 사이에 게임 이용자가 약관에 의한 분쟁조정을 신청할 수 있고 게임사는 약관에 의한 분쟁조정시 게임분쟁조정위원회의 조정결정에 따른다는 내용이 게임약관 또는 분쟁해결약관의 내용으로 채택되어야 하고, 게임분쟁조정위원회와 게임사 사이에도 게임사가 서비스하는 게임의 이용자가 약관에 의한 분쟁조정 신청을 하는 경우, 그 조정결정에 따른다는 내용을 포함하는 분쟁조정계약을 체결하여야 한다.

Ⅳ. 결　　론

온라인게임 이용자불만을 처리하는 적절한 시스템을 구축하는 것은 비약적으로 성장하는 온라인게임산업의 중요한 인프라이다. 온라인게임 이용

6) 자세한 것은 http://www.idrc.or.kr/ 참고.

자불만을 게임산업 내에서 해결할 수 있는 있는 방안을 마련하는 것은 게임 산업의 지속적인 성장을 위하여 꼭 필요하다.

온라인게임 이용자불만에 대한 유형분석 결과, 온라인게임은 몇 가지 유형으로 정형화될 수 있으며, 특히 게임 이용자와 게임 이용자 사이의 게임코드, 게임규칙, 게임관습 등 가상세계의 질서와 관련한 분쟁이 다수를 차지한다는 사실을 알게 되었다. 이러한 온라인게임 이용자불만은 현재 우리 사회가 가지고 있는 분쟁해결절차와 기구를 통하여 해결될 것을 기대하기에는 너무나 많은 비용과 시간을 소요할 뿐 아니라, 기존의 분쟁해결시스템으로는 적절한 해결책을 찾기도 어려운 상태에 놓여 있다.

온라인게임 이용자불만을 신속하고 적절하게 처리하기 위해서는 온라인게임과 온라인게임 이용자들의 특성을 충분히 반영하여 별도의 이용자불만 처리를 위한 절차와 기구를 정립할 것이 요구된다. 온라인게임 이용자불만 처리를 절차와 기구는 소비자보호법 등 실체법적 영역의 이용자불만에 대한 대응뿐 아니라 게임규칙 등 가상세계의 질서와 관련한 분쟁을 효율적으로 다룰 수 있도록 설계되어야 하고, 가상세계의 질서와 관련한 분쟁은 그 분쟁의 실질적 내용에 대한 규율뿐 아니라, 분쟁해결을 위한 절차적 규율까지도 게임약관에 근거하여 규율될 수 있도록 할 수 있다. 가상세계의 질서와 관련된 분쟁을 게임약관에 근거하여 적절하게 규율한다면 다수의 온라인게임 이용자불만을 게임산업계 내부에서 처리할 수 있게 될 것이며, 이는 단순히 게임관련 분쟁이 사회적 문제로 비화함으로써 게임산업계에 대한 부정적 인식을 불식시키는 계기로 작용할 뿐만 아니라, 가상세계의 질서가 현실세계에 의하여 무차별적으로 침범되는 것을 막음으로써 온라인 게임제작자들이 창조한 환타지 세계를 지킬 수 있게 해줄 것이다.

> “가상세계를 설계하는 사람들에게는 그들이 만드는 새로운 창조물에 적용되는 법을 이해할 의무가 주어지며, 이러한 법을 만들고 해석하는 사람들 또한 가상세계를 이해해야 한다는 의무가 주어진다. 자신이 규율하는 것조차 이해하지 못하고 있다면, 어떻게 그것을 규율할 수 있을 것인가?”(Richard A. Bartle의 *Virtual Worldliness* 중에서)

온라인게임 이용약관 관련 법적 쟁점의 소재와 분석

chapter 16

신 영 수*

Ⅰ. 온라인게임 이용약관, 무엇이 문제되고 있는가?

주지하다시피 약관이란 계약의 일방당사자(一方性)가 다수의 상대방과의 계약체결을 위하여(一般性), 일정한 형식에 의하여 미리 마련한(事前性) 계약의 내용(약관의 규제에 관한 법률 제2조 제1항)을 말한다. 현대적 계약관계에 있어서 약관이 차지하는 비중과 역할이 어떠한 지에 대해서는 별도의 설명이 필요치 않을 것이다. 특히나 온라인게임의 이용을 위한 계약에 있어서는 그것이 가지는 비대면의 상태에서 대량적, 반복적으로 체결된다는 특수성으로 인해 약관에 대한 의존도가 가히 절대적이라 할 수 있다. 계약의 신속한 체결수단으로서 약관은 사업자와 이용자 간의 분쟁시 해결의 기준을 제시하는 역할을 수행하는 동시에 양자 간 분쟁의 시초가 되기도 한다. 따라서 약관 운영에 있어서 실체법적 쟁점의 이해와 준수는 건전한 게임문화조성과 게임산업 발전을 위해 매우 중요한 전제가 아닐 수 없다.

현행 법체계상 게임이용약관을 포함한 모든 약관거래 규율의 기본적 틀

* 경북대학교 법학전문대학원 조교수

은 「약관의 규제에 관한 법률」이 제공하고 있다. 동법에서는 계약의 초안으로서 약관의 내용을 이용자에게 명시하고, 설명하며, 이용자의 요청이 있을 경우 이를 교부하는 조치를 요구함(제3조)과 아울러, 약관해석의 기본원칙(제4조, 제5조) 약관의 내용을 신의성실의 원칙에 위배되지 않는 공정한 것으로 구성해야 할 의무(제6조, 제7~14조)를 사업자들에게 부과하고 있다.

게임이용약관을 둘러싼 법적 쟁점도 기본적으로는 약관규제법상 통제유형별을 중심으로 형성되어 왔다고 볼 수 있다. 특히 최근에는 명시설명의무의 이행과 표준약관의 제정 그리고 게임이용계약의 특성에 기인한 각종의 불공정성 관련 이슈들이 새롭게 대두되고 있다. 이하에서는 온라인게임이용약관 분야에서 이제껏 제기되어 왔거나 향후 대두될 가능성이 있는 쟁점들의 소재를 파악해 보고 그 해석의 동향과 전망을 관련 법리와 사례를 통해 분석해 보기로 한다.

Ⅱ. 온라인게임 이용약관의 명시 · 설명의무 관련 이슈

약관규제법 제3조 제1항 및 제2항에서 제시되어 있는 명시 · 설명의무의 내용은, 사업자가 계약체결시 고객에게 약관의 내용을 계약의 종류에 따라 일반적으로 예상되는 방법으로 명시하여야 하고, 특히 중요한 내용은 고객이 이해할 수 있도록 설명해야 한다는 것이다. 여기서 '일반적으로 예상되는 방법'은 어떤 방법을 말하는지 그리고 '중요한 내용'이란 무엇인지는 법령에 제시되어 있지 않다. 다만 약관의 설명방법에 관해서는 수건의 판례를 통해서 부분적이나마 최소한의 윤곽을 추출해 볼 수 있는 기준이 제시되어 있다. 이를테면 보험자가 보험계약자에게 보험계약의 청약을 유인하는 안내문만 송부한 것으로는 설명의무를 다하였다고 볼 수 없다는 것이다.[1)]

---

1) 대법원 1997. 9. 26. 선고 97다4494 판결; 대법원 1999. 3. 9. 선고 98다43342,43359 판결.

아울러 설명의무의 대상으로서 '중요한 내용'의 판단기준에 관해서는, 고객이 당해 내용에 대해 설명을 들었다면 계약을 체결하지 아니하였을 정도가 될 때[2] 중요한 것으로 인정된다고 보았다. 반면 내용상으로는 계약의 핵심적 사항이라고 하더라도, 당사자 사이에서 그에 대한 설명의무가 제대로 이행되었더라도 그것이 계약의 체결 여부에 영향을 미치지 않을 만한 사정이 있다면 설명의무의 대상이 되는 중요한 내용으로 인정되지 않는다.[3]

이러한 의무를 위반한 사업자에 대해서는 공정거래위원회가 500만 원 이하의 과태료를 처할 수 있으나, 고객의 약관에 대한 인식가능성이 없었다는 것을 입증하는 일이 쉽지 않아서 실제 과태료를 부과·징수한 사례는 없는 것으로 나타났다.[4]

한편 약관규제법에 의한 규제내용 가운데 제3조의 명시·설명의무에 대해서는 지난 2007년에 주목할 만한 법개정이 있었다. 약관의 내용을 단순히 고객에게 명시하는 조치만으로는 명시의무를 이행했다고 보기에 충분치 않으며 내용을 현실적으로 이해할 수 있을 수준으로 약관의 형식, 글자체, 색체 등을 명확히 할 것을 의무화한 것이 그것이다. 단지 명시했는지 여부가 아니라 현실적으로 알아볼 수 있도록 성의 있는 조치를 했는지가 의무의 이행 여부를 가늠하는 기준으로 설정되었다는 의미이다. 이해의 용이성이 떨어지는 약관이 오히려 사업자들에게 명시설명의무 이행에 대한 항변사유로만 활용될 수 있는 맹점을 보완하기 위한 취지로 볼 수 있다. 따라서 고객에게 인터넷 웹사이트를 통해서 게임이용약관을 제시하되, 글자의 크기가 지나치게 작거나 내용이 일목요연하게 파악되기 어려운 형식으로 이루어진 경우에는 약관의 명시 내지 설명이 이루어졌다고 보기 어렵게 되었다.

다만 현행 약관관련 법령에는 약관에 사용되는 글자크기에 대한 규제는 존재하지 않는다. 일반인들이 가장 쉽게 접할 수 있는 일간신문의 활자크기

2) 대법원 1996. 6. 25. 선고 96다12726 판결; 대법원 1995. 12. 12. 선고 95다11344 판결.
3) 대법원 2005. 10. 7. 선고 2005다28808 판결; 대법원 1994. 10. 25. 선고 93다39942 판결.
4) 감사원, 「소비자보호시책추진실태」, 2004. 6, p. 72 참조.

는 통상적인 컴퓨터 문서프로그램을 기준으로 약 10포인트로 하고 있다. 약관거래 고객과 겹쳐질 수 있는 여타 소비자군을 상정한 타법이나 매체에서 운용되고 있는 기준들을 참고해 보자면, 할부거래에 관한 법률 시행규칙 제3조에서는 할부거래계약서의 활자크기를 9포인트 이상으로 하되 중요사항에 대해서는 붉은 글씨로 기재하고 테두리를 치도록 의무화하고 있다. 아울러 식품의약품안전청이 제정, 고시한 '식품 등의 표시기준'[5] 제5조 3호에서는 식품의 제조연월일, 유통기한, 원재료명, 성분 및 함량표시 글자는 7포인트 이상으로 할 것을 정하고 있다.

게임이용약관에 대해서도 구체적인 글자크기 등의 기준이 제시되어 있지 않아서 일률적으로 말하기는 어려우나, '흔글'프로그램 기준으로 글자크기 4~6포인트 정도의 글씨를 사용하는 '깨알약관'에 대해서는 이미 공정거래위원회가 소비자들의 인식가능성을 떨어뜨릴 뿐만 아니라 고객에게 불리한 규정에 대한 주의력과 관심을 분산시키는 효과가 있어서 사실상 명시·교부의무가 이행된 것으로 보기 어렵다고 본 바가 있다. 다만 온라인게임이용약관의 경우는 사업자가 작성한 글자의 크기가 이용자의 모니터 크기에 따라 달라질 수 있어서 크기 자체가 절대적인 기준이 되기는 어려운 측면이 있다. 따라서 색채나 글자체 등 이용자에 대한 시각적인 효과를 통해 가독성을 높일 수 있는 적절히 보완하는 조치가 병행되어야 할 것이다. 아울러 청소년 등 저연령층을 주된 고객으로 확보하고 있는 게임업계에 있어서는 이용자의 입장에서 해독성을 제고시킬 수 있도록 약관의 표기를 정비하는 노력이 뒤따라야 할 것으로 전망된다.[6]

5) 식품의약품안전청고시 제2003-27호.
6) 깨알약관에 대해서는 이미 공정거래위원회가 지난 2005년 3월에 10개 신용카드사에 대해 시정조치를 내린 바가 있다. 명시·설명의무 위반행위에 대해서는 최초의 시정조치이기도 했다.

Ⅲ. '운영정책'과 표준약관 관련 이슈

1. 게임이용약관의 개념적 외연과 소위 '운영정책'의 문제

게임이용약관의 개념적 외연과 관련하여 현행법상으로는 명칭이나 형식 등에 관계없이 다수의 거래상대방을 상정하고 일방적으로 미리 작성한 계약의 내용이 되는 모든 것을 약관으로 보고 있다. 따라서 약관의 내용에 담지 않고 사업규칙 등에 위임한 거래조건은 비록 약관이라는 명칭을 사용하지 않았어도 당국에 의해 약관으로 간주된다는 점에 유의해야 한다. 따라서 이런 내용들을 명시하지 않거나 적법절차를 거치지 않고 개정한 경우에는 약관규제법 위반이 될 수 있다. 현재 각 게임사들이 이용약관과는 별도로 작성하여 운영하고 있는 '운영정책'도 명칭 여하에는 관계없이 약관으로 보게 되며, 그 내용에 대한 명시, 설명은 물론 변경시에도 이 점을 이용자들에게 공지해야 할 의무가 있다는 점에 유의해야 한다. 문제는 약관에 비해 운영정책은 수시로 변경되기 때문에 이를 일일이 이용자들에게 공지하는 것이 현실적으로 용이치 않다는 점이다. 운영정책의 변경시마다 빠짐없이 이를 알려야 할 운영정책의 내용이 약관에서 정한 바와 근본적으로 다르지 않고 이용자들의 예측가능한 범위 내에서 변경이 이루어진 경우에는 별다른 변경공지를 하지 않더라도 그에 따른 제재 등의 조치를 취하는 것이 허용될 수 있다. 법원(서울중앙지방법원) 역시 최근 판결(사건번호 2007가합61415)을 통해 이를 확인한 바가 있다.

2. 표준약관의 기능적 효용과 온라인게임을 둘러싼 법리적 쟁점

한편 현재 게임업계 차원에서 표준약관의 마련을 위해 노력을 강구중에 있는 것으로 알려진다. 표준약관제도는 지난 1995년 약관규제법 개정을 통해 동법 제19조의2에 도입되었다. 한편 「온라인 디지털콘텐츠 산업발전법」(이하, 온디콘법) 제16조의3에서도 사업자의 자의적인 거래약관 방지를 위해, 과오금 환불방법·절차, 이용계약 해지·해제 방법, 온라인콘텐츠 하자 등에 따른 이용자 피해보상의 기준·범위 등을 거래약관에 규정하도록 하고 있으며, 아울러 문화체육관광부장관으로 하여금 디지털콘텐츠이용자보호지침 및 콘텐츠거래표준약관·표준계약서를 제정, 사업자에게 자율적 준수 권고토록 하였다. 이에 따라 약관규제법에 의한 표준약관과는 별도로 온디콘법에 의한 표준약관도 개별 사업자의 게임이용약관을 대체하여 활성화될 것으로 전망된다.

표준약관은 사업자가 작성하여 공정거래위원회의 승인을 받은 것이든 공정거래위원회가 자체적으로 마련한 것이든 불공정성에 대한 일차적 검증을 마친 것이 되므로 약관의 불공정성성 시비로부터 벗어날 수 있다는 장점이 있다. 여기에 게임이용약관 작성에 소요되는 비용이나 시간을 절감할 수 있다는 점도 기대될 수 있다. 게임업체 입장에서 기대할 수 있는 효용이다. 이용자 입장에서도 적지 않은 기대효과가 있다. 무엇보다 거래에 대한 신뢰를 높이는 역할을 수행한다. 표준약관은 소비자정책의 집행기관인 공정거래위원회의 눈높이에 맞게 설정된 것인 만큼, 그 내용은 소비자에 가급적 유리한 것으로 구성되어 있을 것이 예상된다. 따라서 표준약관을 통한 거래에 대해 이용자는 불공정성을 우려하지 않아도 되며, 게임이용약관의 내용을 확인하는 데 드는 유무형의 비용을 줄일 수가 있다. 불공정한 약관을 사용하는 사업자로부터 억울한 피해를 당했을 때 손해보상을 받을 수 있는 근거로 활용할 수도 있다.

한편, 게임이용약관 내용의 명시나 설명이 충분히 이행되지 못했더라도 표준약관을 채용한 거래에서는 이용자에게 불공정한 결과의 발생가능성이 대폭 줄어들게 된다. 이 점에서 표준약관은 게임이용약관 편입통제의 현실적 한계를 보완하는 기능을 수행하는 것으로도 볼 수 있겠다.

하지만 표준약관이 가진 기능적 효용에도 불구하고 법리적인 측면에서 문제의 소지를 내포한 제도라는 점도 지적하지 않을 수 없다. 사적자치 영역에 대한 지나친 침해나 경쟁제한의 우려가 존재하기 때문이다. 표준약관은 용어 그대로 거래계의 표준을 담고 있어야 하며, 약관 속에 소비자보호적 가치를 지나치게 많이 담는 것은 사적자치는 물론이고 표준약관의 보급 및 활성화를 위해서도 바람직하지 않다. 일부 업종에서 사업자들이 표준약관을 외면하여 사용률이 현저히 저하되는 이유 가운데는 이들 표준약관이 사업자의 입장에서 과도한 거래조건을 담고 있기 때문이라는 추측도 해볼 수 있다.[7]

약관정책적 측면에서 공정위의 현행 표준약관정책에 대해서는 비판의 여지가 없지 않다고 보며, 게임이용에 관련한 표준약관의 작성에 있어서도 법이 허용하고 있는 한계와 표준약관의 기능적 효용을 조화한 합리적인 방안강구가 필요하다.

Ⅳ. 게임이용약관의 유효성(불공정성) 관련 이슈와 사례분석

공정거래위원회는 온라인게임을 중심으로 이용약관의 실태파악과 불공정약관의 적발을 위한 조사를 주기적으로 실시해 오고 있다. 또한 각급 법원을 통해서도 게임이용약관 불공정성에 관한 의미 있는 사법해석이 내려지고 있는 상황이다. 이를 통하여 게임이용약관 조항들 가운데 현행 약관규제법 제6조 내지 제14조의 이른바 불공정약관규제 조항을 통해 불공정성 여부가 가늠된 사례들이 대략적으로나마 추출이 되어 있다. 이하에서는 법원의 판결 및 공정거래위원회의 약관심사과정에서 문제가 되었거나 향후 문제가 될 수 있는 사례들을 예시하고 이들 조항의 불공정성에 관한 분석결과를 제시해 보기로 한다. 서술의 순서는 약관규제법상 관련조문을 열거하고 유관사례를 소개한 후, 분석결과를 제시하는 방식으로 전개키로 한다.

---

7) 공정거래위원회, 「2006년판 공정거래백서」, 공정거래위원회, 2006. 10, p. 356.

1. 고객에게 부당하게 불리한 조항(약관규제법 제6조 제2항 제1호)

(1) 계정의 영구압류 조항

[관련 약관조항의 예]

게임이용약관상 제재 대상 항목

분 류	1차 제한
아이템/계정의 현물/현금거래	영구 계정 이용 제한

온라인게임 계정의 영구압류는 이용자의 입장에서 보면 실질적으로 계약의 해지에 해당되는 효과(해당 계정으로 게임을 할 수 없게 됨)가 있다. 따라서 비록 아이템의 현금거래 행위가 제재대상에 해당된다고 하더라도, 사안의 경중을 구별하지 않고 1차 적발시 곧바로 계정을 영구압류 조치하는 것은 과다한 제재로 볼 여지가 있다. 단, 1차 적발시 일정기간만 계정의 이용을 제한하거나 해당 캐릭터나 아이템을 영구 제한하는 정도라면 문제되지 않을 것이다.

한편 영구압류와 관련하여 법원은 최근에 의미 있는 판결을 내린 바가 있었다. 인터넷 게임상의 악성 불법소프트웨어를 설치하는 경우에 계정을 영구제재토록 한 약관조항에 대하여 서울지방법원은, 이용자가 마우스나 키보드를 조작하는 방식으로 명령하지 않더라도 자동으로 몬스터선택, 공격할 방법 등을 선택함으로써 하루 24시간 지속적으로 사냥할 수 있게 해주는 자동사냥 프로그램이 악성 불법소프트웨어 게임사 이용약관에서 정한 악성 불법소프트웨어에 해당한다고 하여 합법이라는 판결을 내린 것이다. 인터넷 게임 내의 불법 프로그램 사용실태 및 공정한 게임질서 유지의 필요성과 그에 따른 규제필요성에 비추어 볼 때 해당 약관조항은 위반행위 및 제재의 내용에 관하여 그 의미를 충분히 파악하고 예측할 수 있을 정도의 것으로 보인다고 하면서, 자동 사냥프로그램의 폐해 등을 고려할 때 이러한 약관 위반행위에 대하여 사전경고 등의 조치 없이 계정을 영구제재하더라도 이용자의 정당한 이익과 합리적인 기대에 반하는 것으로 보기 어렵다는 것이 법원의 판단이었다.

(2) 입증책임의 전가 조항

[관련 약관조항의 예]

"회사는 회사에서 명백히 인지할 수 없는 사유로 인한 접속지연과 서비스 이용자들이 통칭하는 랙으로 인한 손해(아이템 분실, 경험치 손실)에 대해서 책임을 지지 않습니다."

게임이용약관 가운데는 단순히 게임사업자가 명백히 인지할 수 없는 사유로 인한 접속지연과 통상 랙으로 인한 손해에 대해서는 책임을 지지 않는다는 내용의 규정들이 적지 않다. 이런 조항들은 사실상 입증이 곤란한 접속지연 등의 책임을 이용자들에게 일방적으로 부담시킨 것으로 불공정성한 것으로 인정될 가능성이 크다.

(3) 채팅내용의 열람 조항

[관련 약관조항의 예]

"회사는 게임서비스 내에서 이용자 간에 이루어지는 모든 채팅내용을 저장·보관합니다. 회사는 이용자 간의 분쟁조정, 민원처리 또는 게임질서의 유지를 위하여 회사가 필요하다고 판단하는 경우에 한하여 본 정보를 열람하도록 할 것이며, 본 정보는 회사만이 보유하고 법령으로 권한을 부여 받지 아니한 제3자는 절대로 열람할 수 없습니다."

게임 특성상 이용자들의 분쟁해결을 위한 입증자료로 채팅내용을 저장·보관하는 것은 불가피하지만, 열람사유를 사업자가 판단하도록 규정하고 있고, 열람하는 경우 이용자들에게 통보절차를 규정하고 있지 않을 경우에는 문제가 될 수 있다. 이용자들은 자신의 채팅내용(개인정보 등)을 누가 언제 열람한다는 사실을 인지할 수 없고, 예상치 못한 개인정보의 유출로 불측의 피해를 입을 수도 있다고 판단될 수 있기 때문이다.

2. 고객이 계약의 거래형태 등 제반 사정에 비추어 예상하기 어려운 조항(약관규제법 제6조 제2항 제2호)

(1) 포괄적 제재조치 권한부여 조항

[관련 약관조항의 예]

"각 건에 대한 제재는 운영정책 기준 혹은 GM의 객관적인 판단 아래 차등적용되며 누적시 가중처리될 수 있습니다."
"명시된 조치사항은 상황에 따라 변경되어 가중처벌될 수 있습니다."

대부분의 운영정책 규정들은 의무위반행위 유형과 그에 대한 제재조치 기준 및 내용을 자세하게 분류하여 열거하고 있다. 하지만 위의 약관조항과 같이 게임매니저(GM)에게 포괄적·자의적인 제재권한을 부여하는 경우에는 이용자들에게 전혀 예상치 못한 조치를 당하게 할 가능성이 있어서 불공정한 것으로 판단될 가능성이 있다.

(2) 운영규칙 위반시 구속조항

[관련 약관조항의 예]

"게시판이나 사자후로 욕을 하였을 경우는 아이디를 최대 240시간 구속할 수 있고, 음담패설, 타인의 부모님에 대한 욕설 등을 하였을 경우에는 720시간까지 구속할 수 있습니다."

약관조항에 의한 이용자 아이디의 구속요건이 불확정적이고 불명료하며 추상적이어서 명확성의 원칙에 위배되는 경우들이 발생하곤 한다. 위 사례에서는 경고 등의 절차 없이 곧바로 720시간이란 장시간 동안 구속수감 한다고 하여 이용고객에게는 가혹한 제재로 보인다. 약관규제법 제6조 제2항 제1호와 제2호에 모두 저촉될 수 있다.

3. 사업자, 이행보조자 또는 피용자의 고의 또는 중대한 과실로 인한 법률상의 책임을 배제하는 조항(약관규제법 제7조 제1호)

(1) 사업자 면책조항

[관련 약관조항의 예]

"회사는 전시, 사변, 천재지변, 국가비상사태 기타 불가항력적 사유로 서비스를 제공할 수 없는 경우에는 책임이 면제됩니다."
"회사는 기간통신 사업자가 전기통신서비스를 중지하거나 정상적으로 제공하지 아니하여 손해가 발생한 경우에는 책임이 면제됩니다."

사업자의 고의 또는 중대한 과실로 인한 법률상 책임을 배제하는 조항은 이른바 절대적 무효조항으로서 부당성 여부를 판단하지 아니한다. 다만, 상기 사례와 같이 천재지변의 경우는 고의나 중대한 과실이 있다고 인정되기 어려운데다, 전기통신사업법 제33조의2(손해배상)에서는 "전기통신사업자는 … 손해를 입힌 경우에는 배상을 하여야 한다. 다만, 그 손해가 불가항력으로 인하여 발생한 경우 … 에는 그 배상책임이 경감 또는 면제된다"고 규정하고 있다는 점에 비추어 불공정조항으로 보기 어렵다.

(2) 이용자 간 분쟁에 대한 책임

[관련 약관조항의 예]

"회사는 이용자 상호 간 또는 이용자와 제3자 간에 서비스를 매개로 발생한 분쟁에 대해 개입할 의무가 없으며 이로 인한 손해를 배상할 책임도 없습니다."

이용자 상호 간의 분쟁 또는 이용자와 제3자 간의 분쟁은 기본적으로 당사자 간의 문제이며, 특별히 회사에게 이용자 간의 분쟁을 해결해야 할 법률적 의무가 있다고 보기도 어렵다. 따라서 사례와 같은 약관조항 역시 허용될 가능성이 크다.

4. 상당한 이유 없이 사업자의 손해배상범위를 제한하거나 사업자가 부담하여야 할 위험을 고객에게 이전시키는 조항(약관규제법 제7조 제2호)

(1) 서비스 중지 장애에 대한 책임

[관련 약관조항의 예]

“회사는 회사의 귀책사유로 인하여 4시간 이상 연속해서 서비스가 중지되거나 장애가 발생한 경우에 정액 계정에 한해 서비스 중지/장애시간의 3배에 해당하는 이용시간을 무료로 연장합니다.”

게임사업자의 귀책사유로 게임서비스를 제공하지 못한 경우는 사업자 측이 손해배상의무를 져야 하는 것이 원칙이다. 위의 사례에서 회사의 귀책사유로 3시간 연속중단된 뒤에 1시간 제공 후 다시 3시간 연속중단 현상이 반복될 경우, 회사는 하루에 6시간만 게임서비스를 제공하더라도 아무런 책임을 지지 않게 된다. 이 같은 약관조항은 사업자책임의 일반원칙에 반하는 것으로 불공정한 것으로 평가될 가능성이 크다.

(2) 무료제공 서비스에 대한 책임

[관련 약관조항의 예]

“회사가 제공하는 서비스 중 무료서비스의 경우에는 손해배상의 대상에서 제외됩니다.”

회사가 제공하는 '무료서비스'란 이벤트 행사시 발급되는 무료이용권 등을 의미한다고 하겠다. 실제로 게임 사업자가 제공하는 무료서비스들이 적지 않은데, 이에 대한 손해배상책임을 부담시킬 경우에는 자칫 사업자가 무료서비스 제공 자체를 축소 내지 폐지할 가능성이 있어서 이용자의 편이나 후생에 기여하지 못하는 결과가 될 수 있다. 따라서 이런 경우의 책임배제는 불공정 조항에 해당하지 않는다고 본다. 다만 이 조항은 약관규제법 제7조 제1호, 즉 계약 당사자의 책임에 관하여 사업자, 이행보조자 또는 피용자의 고의 또는 중대한 과실로 인한 법률상의 책임을 배제하는 조항으로 볼 여지도 없지 않다.

5. 사업자에게 법률에서 규정하고 있지 아니하는 해제권·해지권을 부여하는 조항(약관규제법 제9조 제2호)

> [관련 약관조항의 예]
>
> "회사는 이용자가 제○○조의 이용자의 의무를 위반한 경우 및 고의 또는 중대한 과실로 회사에 손해를 입힌 경우에는 사전 통보 없이 이용계약을 해지하거나 또는 기간을 정하여 서비스의 이용을 중지할 수 있습니다."

통상적으로 불이행을 이유로 계약을 해제하기 위해서는 상당한 기간을 두고 상대방에게 이행을 최고하는 조치가 선행되어야 한다. 그런 점에서 이용자의 의무사항 중에는 사전통보 없이 해지를 해야 할 만큼 중대한 위반행위가 아닌 경우(예: 홈페이지의 공지사항 수시확인 의무 등)가 있음에도 불구하고 의무위반행위의 경중을 구별하지 아니하고 일률적으로 사전통보 없이 해지할 수 있도록 한 위 약관조항은 불공정성을 내포하고 있다.

6. 계약의 해제 · 해지로 인한 사업자의 원상회복의무나 손해배상의무를 부당하게 경감하는 조항(약관규제법 제9조 제4호)

(1) 환불의 제한 조항

[관련 약관조항의 예]
"등록 후 어떠한 경우에도 환불되지 않음." "입금 후 등록신청이 없는 상태로 3개월 경과시에 환불요청하여도 인정 안 됨." "회사의 귀책사유로 계약해지시 기간만료일 10일이나 15일 전에 반환신청의 경우에만 반환됨."

계약의 해제 · 해지로 인한 사업자의 원상회복의무나 손해배상의무를 부당하게 경감하는 조항이자 법률의 규정에 의한 고객의 해제권 또는 해지권을 배제하거나 그 행사를 제한하는 것으로 불공정하다.

(2) 약관임의변경 및 개정약관 부동의로 인한 서비스 중지시 원상회복의무 경감

[관련 약관조항의 예]
"필요에 따라 변경할 수 있으며 동의서에 동의하지 않으면 서비스는 중단됩니다."

이 같은 약관조항은 사업자는 약관을 필요에 따라 변경할 수 있도록 한 것으로서, 이용고객이 동의하지 않아 계약이 해지될 경우에는 그에 따른 환급규정을 별도로 두고 있지 않으므로 불공정하다.

7. 상당한 이유 없이 급부의 내용을 사업자가 일방적으로 결정하거나 변경할 수 있도록 권한을 부여하는 조항(약관규제법 제10조 제1호)

[관련 약관조항의 예]

"게임 내 각종 이벤트와 아이템 등 게임내용에 수정이 필요할시 회사가 임의로 변경할 수 있습니다."

온라인게임 프로그램의 저작자는 컴퓨터프로그램보호법 제9조 내지 제11조의 규정에 의해 프로그램을 복제·개작·번역·배포·발행 및 전송할 권리를 가지며(동법 제8조), 프로그램은 특정한 기능을 수행하는 데 그 의미가 있는 기능저작물이라 기술발달에 따라 끊임없이 개량되는 특성을 가지고 있어 개량은 프로그램의 본질적 속성이라고 볼 수 있으므로, 게임 사업자가 게임이라는 프로그램 내의 각종 이벤트와 캐릭터 등의 게임내용 자체에 대한 변경권을 갖는 것은 프로그램 저작권의 속성상 정당한 것으로 볼 수 있다.

8. 상당한 이유 없이 사업자가 이행하여야 할 급부를 일방적으로 중지할 수 있게 하거나 제3자로 하여금 대행할 수 있게 하는 조항(약관규제법 제10조 제2호)

[관련 약관조항의 예]

"이용자의 계정은 게임의 기획이나 운영상 필요하다고 판단될 경우 당사에서 이용정지 등의 조치를 취할 수 있습니다."

* 관련 참고조항

"회사는 새로운 게임내용의 추가, 각종 버그 패치, 기타 게임운영상 필요한 경우에 게임의 내용을 온라인 및 오프라인 업데이트를 통해 상시로 변경할 수 있습니다."

위의 사례는 소위 MMORPG(Massive Multiplayer Online Role Playing Game)라고 불리는 대규모 다중이용자 온라인 롤플레잉 게임의 이용약관에서 쉽게 발견되는 조항이라 할 수 있다. 이용약관에는 흔히 새로운 게임내용의 추가·각종 버그 패치 등 게임운영상 필요한 경우에 게임의 내용을 상시로 변경할 수 있는 권한을 부여하는 조항들이 나타나고 있는데, 이에 더하여 게임의 기획이나 운영상의 필요로 사전고지도 없이 이용자들의 계정을 일방적으로 이용정지(정지기간도 불명확)시킬 수 있는 권한을 부여한 경우에는 상당한 이유 없이 사업자가 이행하여야 할 급부를 일방적으로 중지할 수 있게 한 조항에 해당한다고 볼 여지가 크다.

반면에 한국PC통신이 정보서비스이용약관 중에서 이용자가 게재한 내용물이 제3자의 명예손상, 공공질서 등에 위반한 경우 회사가 이용자에게 사전통지 없이 게시물을 삭제할 수 있도록 한 것은 제10조 제2호에 위반하지 않는다는 대법원 판례도 있었다.[8)]

9. 고객이 제3자와 계약을 체결하는 것을 부당하게 제한하는 조항(약관규제법 제11조 제3호)

[관련 약관조항의 예]

"이용자는 다음 각 호에 해당하는 행위를 해서는 안 됩니다."
- 계정, 캐릭터(경험치), 아이템 등을 유상으로 매매하는 행위

온라인게임과 관련해서 아이템 거래 중개사이트를 통해 아이템 현금거래가 활발하게 이루어지고 있다.[9)] 이에 대하여 게임사들이 아이템 현금거래를 엄격하게 금지하는 규정을 약관에 속속 규정하여 오고 있다. 유상매매에 관한 약관조항에 대해서는 공정거래위원회가 2000년도에 이미 유효로 판단한 바 있었다. 하지만 그 이후에도 이용자들로부터 끊임없이 심사청구되어 오고 있으며 현재도 찬반양론이 대립하는 상황이다.

8) 대법원 1998. 2. 13. 선고 97다37210 판결.
9) 아이템 거래시장의 규모는 1조 원 이상에 달할 것으로 추정되고 있다.

현재로선 아이템 현금거래에 관한 법률이 없으므로, 사적자치의 원칙에 따라 현금거래 허용 여부는 사업자들이 자체적으로 결정할 사항이며, 이를 무효로 판단할 만한 약관법 조항이 있다고 보기도 곤란한 측면이 있다. 특히나 현금거래 허용시 청소년범죄 증가 등 사회적 문제가 발생할 가능성이 높다는 점 등을 고려할 때, 아이템 현금거래 금지조항을 불공정 조항으로 보기 어렵다고 본다.

10. 사업자가 업무상 알게 된 고객의 비밀을 정당한 이유 없이 누설하는 것을 허용하는 조항(약관규제법 제11조 제3호)

[관련 약관조항의 예]

사전에 개인정보를 제공할 제휴업체를 미리 명시하지도 않은 채 서비스 도중에 약관상에 제휴업체명을 첨기만 하면 얼마든지 이용자의 개인정보를 제3자에게 제공할 수 있도록 규정.

자의적인 개인정보 제3자 제공조항에 관한 문제라 할 수 있다. 사업자가 업무상 알게 된 고객의 비밀을 정당한 이유 없이 누설하는 것을 허용하는 조항이자 일정한 작위 또는 부작위가 있을 때 고객의 의사표시가 표명되거나 표명되지 아니한 것으로 보는 조항으로 제12조 제4호와 제1호에 동시에 위배될 수 있다.

11. 일정한 작위 또는 부작위가 있을 때 고객의 의사표시가 표명되거나 표명되지 아니한 것으로 보는 조항(약관규제법 제12조 제1호)

[관련 약관조항의 예]

“회사는 만 20세 미만인 자가 이용요금을 납부한 행위 이후 이용요금을 법정대리인이 지불했다면 사후 동의가 있는 것으로 보아 약관 제19조에 의거한 환불규정대로 처리합니다."

민법상 미성년자의 법률행위는 취소할 수 있는 것이 원칙이다. 따라서 법정대리인이 이용요금을 지불한 경우, 일방적으로 사후동의(취소권의 포기)한 것으로 의제하는 것은 부당한 조항으로 볼 수 있다.

12. 고객의 의사표시의 형식이나 요건에 대하여 부당하게 엄격한 제한을 가하는 조항(약관규제법 제12조 제2호)

[관련 약관조항의 예]

"문제발생시 복구신청은 게임 안에서 편지로만 가능하며, 방문, 전화복구 신청은 받지 않습니다."
"손해배상청구는 게시판 또는 전자우편으로만 청구가능합니다."

복구신청이나 손해배상청구방법을 제한하는 약관조항에 관한 문제라 할 수 있다. 사례의 경우는 이용자가 불만을 제기할 기회를 사실상 제한하는 결과를 야기할 우려가 있다. 따라서 고객의 의사표시의 형식이나 요건에 대하여 부당하게 엄격한 제한을 가하는 조항으로 볼 수 있다.

13. 고객에 대하여 부당하게 불리한 소제기의 금지조항 또는 재판관할의 합의조항(약관규제법 제14조)

[관련 약관조항의 예]

"사업자의 소재지를 관할하는 법원을 관할법원으로 함."

보통 거래약관상에 사업자의 소재지를 관할하는 법원을 재판적으로 하고 있는 현행 약관조항은 민사소송법상의 규정보다 고객의 응소상 불이익을 초래할 우려가 있는 조항으로 불공정하다.

게임업계 자율규제 실행현황과 그린게임 캠페인 추진전략

chapter 17

이 승 철*

Ⅰ. 온라인게임업계 자율규제 현황

우리나라 온라인게임 산업은 그 역사가 짧음에도, 전세계 온라인게임 시장 1위, 수출 10억 불 달성(2008년) 등 글로벌시장에서의 경쟁에서도 충분한 비교우위를 검증 받은 우리나라의 '신 성장동력'으로서 그 동안 괄목할 만한 성과를 거두어 왔다.

그러나 이러한 성과의 다른 면에는 '청소년의 과몰입', '게임상에서의 불법-부정행위', '게임의 사행화 변질' 등에 관한 사회적 이슈가 지속적으로 발생해 왔다.

전체 인구의 8.8%가 인터넷 중독이며 연령별로는 청소년 중독률이 14.3%로 성인에 비해 2배 이상 많다.(한국경제 2009. 4. 8) NC소프트의 온라인게임 '아이온'에서 오토 프로그램 이용자를 추방하였더니, 50만

* 한국게임산업협회 운영위원장, CJ인터넷 대외협력실장

> 여 명의 게임 이용자가 단숨에 43만여 명으로 줄었다. 하지만 잠시 뿐이었다. 한두 달이 지나자 문제는 더 커졌다.(동아일보 2009. 4. 7.)
>
> 재미삼아 하려고 만들어진 인터넷 게임들이 도박으로 변질되고 있습니다. 이른바 인터넷 타짜에게 걸려들어 집까지 날린 사람이 있습니다.(SBS 2009. 4. 14.)

이러한 사회적인 우려에 대해 온라인게임업계에서는 게임의 부정적인 인식의 해소를 위해 '청소년보호', '소비자보호', '개인정보 보호' 등 3대 영역에서의 자율적 규제모델과 건강한 게임이용 문화정책을 위한 제도 등을 시행하여 왔다.

1. 게임업계 자율규제모델 추진현황

(1) 장시간 게임 이용시간 경고문구 제공

게임 이용자들이 게임 시작 전 장시간의 게임이용에 따르는 부작용에 대한 경고문구를 게임 시작 프로그램 구현시, 화면 중앙 하단 또는 가독성이 좋은 로그인 전 화면에 게시하고 있다.

> · "장시간의 게임이용은 건강을 해칠 수 있습니다."
> · "공부와 일에 휴식이 필요하듯이, 게임이용에도 적절한 휴식이 필요합니다."

※ 게임세대의 특성상 부정적인 문구보다는 긍정적인 문구의 효용성이 더 높다는 점을 감안하여 두 가지 문구를 번갈아 게시한다.

(2) 게임 이용시간 알림서비스 제공

게임 이용자들이 게임 플레이 화면에서 얼마 동안 게임을 하고 있는지 게임 이용시간을 인지할 수 있도록 경과시간과 경고문구를 게임상 공지를 통해 게시하고 있다.

- "%시간이 경과했습니다 "(게임이용 개시 후 1시간 단위로 고지)
- "%시간이 경과했습니다. 잠시 쉬었다 하시기 바랍니다"(게임이용 개시 후 3시간 경과부터 매시간 시간고지)

(3) 자녀 게임시간관리(법정대리인에 대한 정보제공, 시간제한 등)[붙임1)]

청소년의 게임 이용시간 제한 등 게임을 이용함에 있어 활동사항(게임 이용시간 제한 요청, 유료서비스 이용현황, 평균 게임 이용시간)을 법정대리인이 언제든지 확인이 가능하도록 하여, 청소년의 게임 과몰입을 방지한다.

(4) 피로도 시스템

게임사가 일정시간 이상 게임을 이용하는 경우, 해당 이용자에게 게임 플레이와 관련한 일정한 패널티를 부여하여 게임 이용시간의 조절을 돕는 서비스이다.

예를 들어 일정시간(예: 하루 6시간) 이상 게임 이용시간이 누적(또는 연속 사용)된 게임이용자에게 경험치 · 아이템 드롭율 하락, 캐릭터의 회복치 하락 등 패널티를 부여하는 것이다.

2. 웹보드게임 사행화 방지 노력

(1) 월 결제금액 제한

주민등록번호당 월 결제액 제한을 통해 웹보드게임에 과도한 이용요금이 투입되지 않도록 규제.

(2) 사행화에 악용될 수 있는 비즈니스 모델 제거

아바타 판매금액 상한제 도입, 고레벨방 채팅창 서비스 중지 등.

(3) 웹보드게임 머니 환전사이트 신고포상제 시행

지난 2006년 8월 한국게임산업협회는 '아이템베이', '아이템매니아' 등 주요 아이템 거래업체와의 업무협약을 통해 웹보드 게임머니 거래중지조치를 시행하였다.

당시 전체 172개(게임산업협회 추산)에 달하는 게임머니 거래업자 중 145개 업자들이 영업 중단하였고, 업무협약 및 서비스 중지요청을 거부한 24개 업체에 대해서 서울지방경찰청에 '업무방해' 등으로 형사고발조치를 진행하였다.

이러한 업계의 조치 등에도 불구하고 게임머니 거래업자들은 거래사이트[1] 등을 통해 게임머니 거래를 해오고 있어, 2008년 4월 한국게임산업협회에서는 웹보드 4개사(nhn, CJ인터넷, 네오위즈게임즈, 엠게임)가 출연한 민간기금 운영을 통해 게임머니 환전과 도박을 목적으로 운영되고 있는 웹사이트에 대한 불법 환전사이트 신고포상제도(http://www.shingo.or.kr)를 시행해 오고 있다.

불법환전 신고포상제도는 효과적인 후속 조치를 위해 '문화부', '게임물등급위원회', '경찰청' 등이 참여하여, 사이트 접속차단, 형사고발조치 등을 진행해 왔다.

표 17-1 불법환전신고센터 신고접수 현황

(기간: 08년 5월~09년 4월, 단위: 건수)

구 분	1차	2차	3차	4차	5차	6차	7차
도박	55	110	243	576	1,077	1,239	1,094
환전	105	38	129	93	48	64	63
구 분	8차	9차	10차	11차	12차	합 계	
도박	1,431	1,346	999	534	912	9,616	
환전	46	48	74	41	67	816	

1) 불법환전신고센터 업무가 시작된 이후, 웹보드 게임머니 환전사이트들은 일반 아이템 거래사이트, 전자상거래(귀금속) 사이트 등으로 위장하는 등 실거래를 하지 않고서는 위법성을 밝히기 어려운 운영방식으로 변질되고 있다.

Ⅱ. 그린게임 캠페인 추진배경

이러한 업계의 다양한 자정 노력에도 불구하고 '게임'의 반작용 대한 사회의 부정적 인식은 쉽게 개선되지 않고 있어 게임산업의 지속적인 성장에 부정적인 영향을 주고 있다. 이는 게임업계의 적극적인 문제해결 노력이나 올바른 대안제시 부족에서 기인하는 측면도 있겠으나, 한편으로는 책임 있는 사회 각 구성원의 문제해결을 위한 공동의 노력이 부족했던 것이 원인임을 인정하여야 한다.

이러한 '게임'에 대한 사회 전반의 부정적인 인식은 게임산업의 지속적인 성장을 가로막는 가장 중요한 요인으로, 산업계와 정부정책에 대한 비판 여론을 확대하고 내수환경 전반에 위축을 초래할 수 있을 뿐만 아니라, 국내기업들의 해외 진출시 현지 기업과의 경쟁에 있어서도 좋지 않은 영향을 줄 수 있는 요인이 될 것으로 생각된다.

또한, 각각의 기업들이 개별적으로 추진해 온 역기능 해소를 위한 정책 등은 산발적으로 추진됨에 따라, 지속적 성과도출 및 사회적 홍보 그리고 이용자의 인식개선으로 이어지지 못했던 한계가 있었다.

올바른 게임 이용문화 정착, 그리고 여가문화로서의 게임 가치제고를 통해 '게임'산업의 지속적인 발전을 도모하기 위해서는 지금까지 제기되어 온 문제점에 대한 개선방안을 제시함과 동시에 사회 각 구성원들이 공동으로 노력하고자 하는 적극적인 책임의식을 공유하도록 유도할 수 있는 체계적이고 종합적인 계획의 수립과 실행이 필요한 시점이다.

Ⅲ. 그린게임 캠페인 추진개요

1. 추진목적

(1) 게임 역기능에 대한 부정적 여론과 인식을 개선하고 지금까지보다 더 강력한 '자율규제' 모델의 도입과 실행을 통해 게임산업의 사회적 신뢰도 제고

(2) 게임산업과 관련한 사회 각 주체들이 함께 참여하는 게임산업 인식 개선을 위한 추진 체계의 구축

2. 추진목표

(1) 건강한 게임문화: 청소년 보호시책 강화, 과몰입 예방

(2) 올바른 게임문화: 사행행위 방지, 이용자의 불법 · 부정 이용행위 방지, 개인정보 보호

(3) 배우는 게임문화: 올바른 게임문화 이용의 학습 및 유도

3. 개　　요

(1) 명칭: '그린게임 캠페인'

(2) 기간: 2009년 5월 ~ 2009년 12월

(3) 추진체: 한국게임산업협회, 문화체육관광부, 한국콘텐츠진흥원, 게임물등급위원회

(4) 추진체 구성: 추진위원회를 수립하고 산하 실무추진단을 구성
→ 추진 이후, 성과 등을 점검하여 보완, 발전방안을 종합적으로 고려하여 지속적으로 성과를 점검

Ⅳ. 추진목표별 세부 추진계획

1. Campaign 1 건강한 게임문화

(1) 청소년 보호

가. 본인 인증[2)] 강화를 통해 이용등급에 적합한 게임서비스 제공
나. 욕설, 명예훼손, 타인의 권익침해, 사술 등 이용자가 지켜야 할 불법·부정 이용행위에 대한 교육과 보상을 통한 청소년의 자발적 참여 유도
다. 올바른 게임이용을 위한 아동·청소년 전문가의 '게임이용 가이드' 연재

(2) 과몰입 예방 및 교육

가. 선택적 게임 이용시간 제한 시스템 도입 및 운영
나. 게임에 대한 이용패턴 분석 등을 통해 과몰입 이용자 선별 툴 개발, 선별된 과몰입 이용자에 대한 게임서비스 안내·경고 및 서비스 제한
다. 과몰입 가능성이 높은 특정게임 이용제한 시책의 추진
라. 과몰입 이용자에 대한 예방, 상담치료 등에 대한 지원
마. 이용자 자신의 과몰입 정도를 판단할 수 있는 툴 제공, 스스로 개선할 수 있는 방안의 제공

2. Campaign 2 올바른 게임문화

(1) 사행행위 방지

가. 이용자 본인인증을 통한 게임머니 거래업자, 게임머니 환전업자에

---

2) 이름과 주민등록번호의 일치 여부만을 확인하는 '실명인증'이 아닌 '공인인증서', '신용카드', '핸드폰'의 소유 여부를 확인하는 인증방식.

대한 계정 제재 강화 – 처벌/근절 활동과 연계

나. 이용패턴 및 내역분석 등을 통한 짜고치기 근절대책의 시행

다. 과몰입 이용자들에 대한 게임 이용제한, UPP(User Protection Program) 적용을 통한 건강한 게임이용 유도

라. 사행성을 부추길 수 있는 아이템, 기능 등에 대한 전면적인 재검토

마. 불법 도박 PC방으로 변질된 PC방에 대한 이용제한 및 제재강화

바. 머니 거래업자, 환전업자, 불법 도박 PC방 등에 대해 사법기관과 공조를 통한 대대적인 근절활동 추진

3. Campaign 3 배우는 게임문화

(1) 올바른 게임이용문화 정착

가. 청소년들의 올바른 게임이용 습관을 위한 가이드 및 교육콘텐츠 제공

나. 온라인게임에 대한 부정적인 인식을 개선할 수 있는 각종 자료의 제공

다. 학부모와 교사 대상 청소년의 게임이용 지도교재 제공

라. 청소년의 게임 과몰입 예방을 위한 기관 연락처 및 이용방법 안내

(2) 교육용 기능성 게임의 적극적 이용 유도

가. 각종 교육 및 기능성 게임에 대한 소개 및 서비스 제공

나. 기능성 게임관련 연구 및 소개자료 제공

다. 문화부의 기능성 게임 포럼과 연계를 통한 활동의 소개 및 홍보

V. 게임의 사회적인 인식제고를 위한 제언

온라인게임을 새로운 매체로 볼 것인지에 대한 논란은 있을 수 있으나, 역사적으로 돌아볼 때 새로운 매체의 등장은 사회 전반의 부정적인 인식을 동반하면서 성장·발전해 온 측면이 있는 것으로 보여진다.

프랑스의 작가 볼테르(1694~1778)는 "책은 많은 대중들을 어리석게 하는 물건이다"라고 이야기한 바 있으며, 1949년 *Newyork Times*는 "영화는 우리 아이들의 창조적인 능력과 독창성 그리고 그들 자신을 위한 사고능력과 그들의 하는 모든 일을 강탈하고 있다"라고 쓰기도 했었다.

온라인게임 또한 새로운 매체로서 이와 유사한 평가를 받고 있는 시기라고 여길 수도 있으나, 글로벌 경쟁에서 가장 성공 가능성이 높은 '게임산업'을 한 단계 성장시키기 위해서는 현재의 사회적인 부정적 인식에 대하여 업계 스스로가 거시적인 관점에서 비판을 수용할 수 있어야 한다고 생각한다.

하지만, '게임'에 대한 사회적인 인식제고는 게임업계의 노력만으로는 이룰 수 없으며, 업계, 가정, 정부, 이용자 모두가 게임의 진정한 가치를 찾기 위해 공동의 노력과 지속적인 관심을 기울일 때만이 가능하다.

이런 점에 있어서 건강한 게임문화 정착을 위한 게임산업계의 '그린게임 캠페인' 성공과 이를 통한 한국 '게임'산업의 업그레이드를 위해서는 사회 각계각층의 건강한 비판 및 필요 규제의 제도화와 함께, 현실적인 산업 진흥정책의 수립과 시행이 균형 있게 이루어져야 할 것이다.

[붙임: 자율규제조치 예시]

□ 넥슨 스쿨존

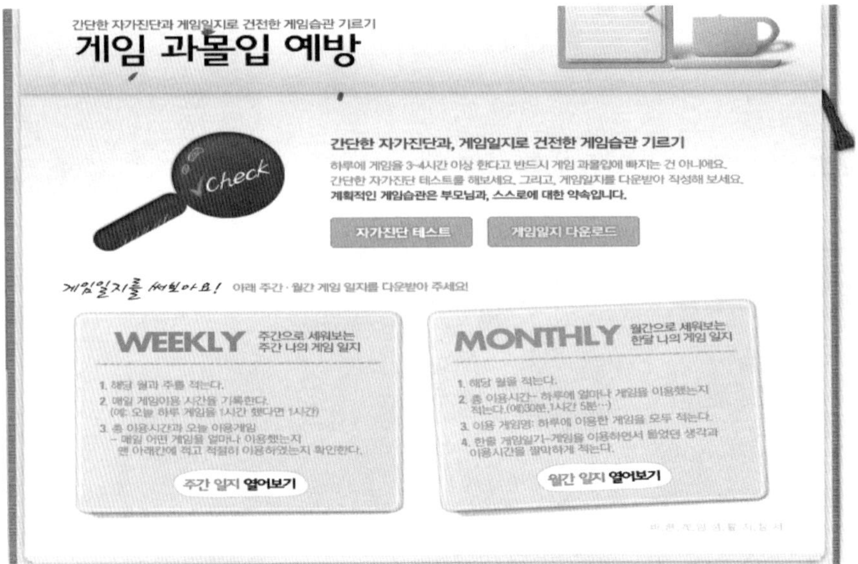
간단한 자가진단과 게임일지로 건전한 게임습관 기르기
게임 과몰입 예방
Check
간단한 자가진단과, 게임일지로 건전한 게임습관 기르기
하루에 게임을 3~4시간 이상 한다고 반드시 게임 과몰입에 빠지는 건 아니에요.
간단한 자가진단 테스트를 해보세요. 그리고, 게임일지를 다운받아 작성해 보세요.
계획적인 게임습관은 부모님과, 스스로에 대한 약속입니다.
자가진단 테스트
게임일지 다운로드
게임일지를 써봐요! 아래 주간 · 월간 게임 일지를 다운받아 주세요!
WEEKLY 주간으로 세워보는 주간 나의 게임 일지
1. 해당 월과 주를 적는다.
2. 매일 게임이용 시간을 기록한다.
(예: 오늘 하루 게임을 1시간 했다면 1시간)
3. 총 이용시간과 오늘 이용게임
- 매일 어떤 게임을 얼마나 이용했는지
맨 아래칸에 적고 적절히 이용하였는지 확인한다.
주간 일지 열어보기
MONTHLY 월간으로 세워보는 한달 나의 게임 일지
1. 해당 월을 적는다.
2. 총 이용시간- 하루에 얼마나 게임을 이용했는지
적는다.(예)30분,1시간 5분…)
3. 이용 게임명: 하루에 이용한 게임을 모두 적는다.
4. 한줄 게임일기-게임을 이용하면서 들었던 생각과
이용시간을 짤막하게 적는다.
월간 일지 열어보기

Check
간단한 자가진단과, 게임일지로 건전한 게임습관 기르기
하루에 게임을 3~4시간 이상 한다고 반드시 게임 과몰입에 빠지는 건 아니에요.
간단한 자가진단 테스트를 해보세요. 그리고, 게임일지를 다운받아 작성해 보세요.
계획적인 게임습관은 부모님과, 스스로에 대한 약속입니다.
자가진단 테스트
게임일지 다운로드
게임 과몰입 자가진단 테스트 각 항목의 해당사항에 체크하세요. 여러개를 선택하셔도 돼요!
친구들과 노는 것이 게임을 하는 것보다 재미있어요.
실제의 내가 게임 속의 나보다 좋아요.
게임 말고도 재미있는 일들이 많아요.
게임 때문에 숙제를 안 하거나 해야 할 일을 안 하지는 않아요.
부모님께 게임 때문에 거짓말을 하지 않아요.
정해진 시간에만 게임을 해요.
게임을 하는 것 때문에 야단맞는 것은 싫어요.
누군가가 게임을 못하게 한다고 해서 화가 나지는 않아요.
게임을 한다고 해서 평소보다 욕을 많이 하거나 짜증을 더 부리지 않아요.
학교 수업시간이거나 가족들과 있을 때 게임생각은 거의 나지 않아요.
내 캐릭터가 다치거나 죽는다고 해서 너무 슬프거나 힘들지는 않아요.
게임 때문에 잠을 안 자거나 밥을 거르지는 않아요.
게임 때문에 가족들과 사이가 나빠지거나 하지 않았어요.
게임을 할 수 없다고 해서 내 생활이 재미없거나 지루하지는 않아요.
게임 속 친구들과 사귀는 것보다 학교 친구를 사귀는 게 편하고 좋아요.

부모님과 함께해서 즐거운 게임습관
자녀사랑 캠페인
자녀사랑 캠페인
자녀들이 사용 중인 넥슨 게임 아이디를 입력하세요!
자녀사랑 캠페인에서 자녀들이 사용 중인 넥슨 게임 아이디를 등록하세요.
해당 아이디의 일, 주, 월별 게임 이용시간은 물론 주·일 평균 이용시간까지 알 수 있습니다.
아이디 등록하기
이용시간 조회
결제 사용내역 보기
게임을 선택하시고, 자녀의 게임 아이디와 비밀번호를 등록하시기 바랍니다. 게임 이용시간은 아이디를 등록한 시점부터 집계됩니다.
카트라이더인 경우, 넥슨아이디로 등록, 조회가 가능합니다.
게임이용시간 조회를 위해 아이디를 등록하실 게임을 선택하세요.
바람의나라
바람의 나라
서버
연
게임 아이디
비밀번호
+추가
등록 아이디
게임
서버
아이디
삭제
등록된 아이디가 없습니다.

부모님과 함께해서 즐거운 게임습관
자녀사랑 캠페인
자녀사랑 캠페인
자녀들이 사용 중인 넥슨 게임 아이디를 입력하세요!
자녀사랑 캠페인에서 자녀들이 사용 중인 넥슨 게임 아이디를 등록하세요.
해당 아이디의 일, 주, 월별 게임 이용시간은 물론 주·일 평균 이용시간까지 알 수 있습니다.
아이디 등록하기
이용시간 조회
결제 사용내역 보기
게임 별로 자녀의 월 이용시간 확인이 가능합니다. 매일 오전 10시 이후 전날까지의 게임 이용시간을 조회할 수 있습니다.
조회기간
2008
년
8
월
조회
2008년 8월 게임이용시간
게임 이용시간이 없습니다.

제4부

게임산업의 법적 과제

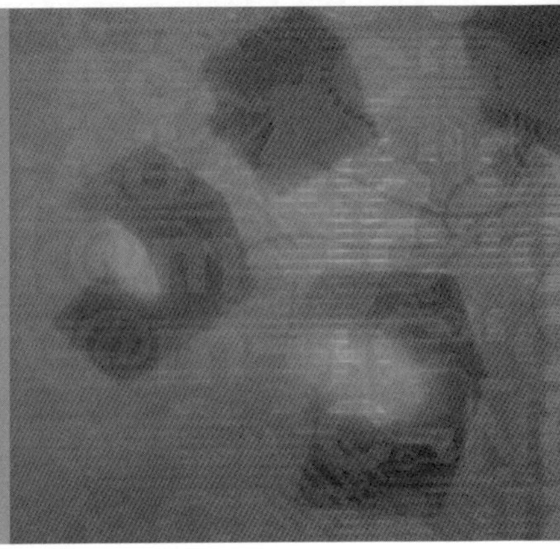

온라인게임 보호를 위한 게임 개념의 정립

chapter 18

이 종 필*

Ⅰ. 게임과 게임물의 구별

게임물이 저작권의 보호대상임에 대하여는 현재 아무런 의견이 없는 듯하다. 즉, 게임의 시나리오는 어문저작물로서, 게임의 그래픽 화면은 미술저작물로서, 게임음악은 음악저작물로서, 게임영상은 영상저작물로서 보호의 대상이 된다고 한다. 그런데 이렇게 게임에서 게임물만을 따로 떼어내어 게임물만을 보호하는 것만으로 충분히 게임을 보호할 수 있는 것인지는 의문이다. 게임물은 게임에서 중요한 부분을 차지하기는 하나, 게임의 일부분일 뿐이고 게임과 동일시될 수 없는 개념이다. 이하의 논의과정에서 알 수 있듯이 게임물은 실제 게임에 있어서 매우 작은 부분만을 차지할 뿐이다. 따라서 필자의 생각으로는 게임물에 대한 보호만으로는 게임을 충분히 보호할 수 없다고 생각한다. 게임을 충분히 보호하기 위해서는 먼저 게임이란 무엇을 의미하는 것인지, 게임과 게임물은 어떻게 구별되는 것인지, 게임의 개념에 대한 논의부터 선행되어야 한다고 생각한다.

* 집현전법률사무소 변호사, 게임물등급위원

Ⅱ. 게임물의 개념 정의

「게임산업진흥에 관한 법률」에는 게임물에 대하여만 규정할 뿐이고, 게임에 대해서는 아무런 규정을 하고 있지 않다. 「게임산업진흥에 관한 법률」(시행 2008. 2. 29 법률 제8852호, 2008. 2. 29, 개정) 제2조 제1호에서는 '게임물'이라 함은 "컴퓨터프로그램 등 정보처리 기술이나 기계장치를 이용하여 오락을 할 수 있게 하거나 이에 부수하여 여가선용, 학습 및 운동효과 등을 높일 수 있도록 제작된 영상물 또는 그 영상물의 이용을 주된 목적으로 제작된 기기 및 장치를 말한다"고 정의하고 있다.

위 게임물의 정의규정은 그 규정 자체의 의미를 파악하는 것조차도 어렵게 모호하게 규정을 하고 있는데, 일단 위 정의규정에서 핵심적인 문구만을 추려내면 다음과 같다.

"…(전략)… 오락을 할 수 있게 하거나 이에 부수하여 …(중략)… 있도록 제작된 영상물 …(후략)…"

그런데 위 문구 중에서 "이에 부수하여 …(중략)… 있도록"은 "오락을 할 수 있게 하거나"를 뒤에서 수식하는 말로서 단지 부수적인 효과를 언급하고 있을 뿐이므로 이 수식어 부분을 생략하면 위 문장은 다음과 같이 된다.

"…(전략)… 오락을 할 수 있도록 제작된 영상물 …(후략)…"

이제 전략된 부분과 후략된 부분을 보완하여 보자.

"컴퓨터프로그램 등 정보처리 기술이나 기계장치를 이용하여 오락을 할 수 있도록 제작된 영상물 또는 그 영상물의 이용을 주된 목적으로 제작된 기기 및 장치"

위 '게임물'의 정의규정에서 알 수 있는 것은 '게임물'을 오락을 할 수 있도록 제작된 영상물과 그 영상물을 이용할 수 있는 기기 및 장치를 말하는 것임을 알 수 있다. 즉, '게임물'은 '오락'을 할 수 있도록 제작된 도구이다.

Ⅲ. 게임의 개념 정의

위에서 우리 법은 '게임물'은 "오락을 할 수 있도록 제작된 도구"를 의미하는 것으로 규정하고 있음을 알 수 있었다. 그런데 국어사전 및 영어사전을 살펴보면 우리말에서는 오락[1]과 놀이[2]와 게임[3]은 모든 동일한 개념으로 사용되고 있음을 알 수 있다. 따라서 '게임물'은 결국 "게임을 할 수 있도록 제작된 도구"를 의미하고 있음을 알 수 있다.

그렇다면 이 '게임'의 개념은 어떻게 정의되어야 할까? 필자는 '게임'에 대한 개념 정의로는 호이징거의 놀이에 대한 개념 정의[4]와 로제 카이와의 '놀이'에 대한 개념 정의[5]를 참고하여 여기서 사용된 개념 정의들을 다음과 같이 재구성하고자 한다. '현실세계와 분리'를 게임의 성립할 수 있는 전제적 조건으로 구성하고, 게임의 3대 구성요소로 규칙, 도구, 놀이꾼을 들고자 한다. 즉, 게임은 다음과 같이 정의할 수 있다.

"즐거움을 얻기 위하여 현실세계와 분리되어서 플레이어[6]들이 정하여진

---

1) 네이버 국어사전, 오락: 쉬는 시간에 여러 가지 방법으로 즐겁게 하는 일.
2) 네이버 국어사전, 놀이: 즐거움을 얻기 위하여 자발적으로 행하는 모든 활동.
3) 네이버 영어사전, 게임: 놀이, 유희, 게임, 오락, 재미있는 일.
4) 그러므로 형식이라는 각도에서 보면, 놀이는 허구적인 것으로서 일상생활밖에 있음에도 불구하고, 놀이하는 자를 완전히 사로잡을 수 있는 자유로운 행위로 간단하게 정의할 수 있다. 그것은 어떠한 물질적 이익도 효용도 없는 행위로서, 명확하게 한정된 시간과 공간 속에서 행해지며, 주어진 규칙에 따라 질서정연하게 진행되는데, 기꺼이 자신을 신비로 둘러싸거나 아니면 가장을 통해 평상시의 세계와는 무관하다는 것을 강조하는 집단관계를 생활 속에 생기게 한다.
5) 로제 카이와 저, 이상률 번역, 「놀이와 인간」, 문예출판사, p. 34 참조.
로제 카이와는 놀이를 다음과 같은 활동으로 정의하고 있다.
(1) 자유로운 활동, (2) 분리된 활동, (3) 확정되어 있지 않은 활동, (4) 비생산적인 활동, (5) 규칙이 있는 활동, (6) 허구적인 활동.
6) 우리말로 표현하자면 경기자, 선수, 노는 사람 등의 용어를 사용할 수 있는데, 그 어느 용어도 게임을 하는 사람이란 포괄적인 의미로 사용하기에는 부적합하다. 포괄적인 의미를 강조할 수 있는 우리말로는 놀이꾼이라는 개념이 가장 적합할 것이다. 그러나 놀이꾼 단어는 일상적으로 사용되는 단어가 아니라 아직은 생소한 개념이다. 생소한 개념을 사용하는 것은 오히려 필자의 논지를 이해하는 데에 방해를 준다고 생각하여 여기서는 일단 '플레이어'라는 영어단어를 그대로 사용하고자 한다. 만일, '플레이어'란 용어를 법률에 사용하고자 한다면 '이용자'로 번역하는 것이 가장 무난할 것이다. 다만, 이용자란 개

일정한 규칙에 따라 정하여진 일정한 도구를 사용하여 행하는 모든 활동.”

Ⅳ. 게임의 전제조건

게임이 게임으로서 성립하기 위해서는 먼저 그 전제조건으로서 ‘현실세계와 분리’될 것이 요구된다. ‘현실세계와 분리’될 것을 전제조건으로서 하여서 ‘게임’ 내에서는 모든 것이 허용된다. 살인, 상해, 폭행, 재물손괴, 사기, 강도, 절도, 도박, 등등. 단, 이 모든 일들은 ‘현실세계와 분리’된 게임 내에서만 발생하여야 하며, 그 결과가 ‘현실세계’에 영향을 미쳐서는 안 된다. ‘현실세계’에 영향을 미치는 순간, 그것은 더 이상 ‘게임’으로서 면책을 주장할 수 없으며, 현실세계의 냉엄한 법적용을 받아야만 한다. 즉, ‘게임’ 내에서의 ‘살인’은 ‘게임’ 내의 가상의 행위로만 그쳐야 하며, ‘현실세계’로 복귀하는 순간 ‘살인’의 결과는 곧바로 재기되어야 한다. 만일 ‘현실세계’로 복귀한 후에도 ‘살인’의 결과가 남는다면, 위 행위에 대해서는 더 이상 ‘게임’으로서의 면책을 주장하지 못하고, 현실세계의 형법에 따라 ‘살인죄’의 처벌을 받아야 한다.

이러한 게임의 전제조건에 대한 이해를 바탕으로 하였을 때, ‘아이템 현실거래의 금지’ 입법화의 정당성을 수긍할 수 있을 것이다. 아이템의 현실거래는 게임을 ‘현실세계와 분리’하는 것을 방해하고, 끊임없이 ‘게임’의 결과가 현실세계에 영향을 미치도록 한다. 따라서 현실세계와 분리될 경우 단순한 게임 내의 행위에 불과하였을 ‘도박’, ‘강도’, ‘절도’ 등이 행위가 ‘현실세계’에 그 영향을 미침으로써 현실세계의 ‘도박죄’, ‘강도죄’, ‘절도죄’ 등과의 연결고리를 남겨 놓게 되는 것이다. 즉, 게임을 게임으로서 보호하기 위해서는 ‘현실세계와 분리’될 것이라는 전제조건이 보호되어야 한다. ‘아이템 현실거래의 금지’는 바로 이 ‘현실세계와의 분리’라는 전제조건을 보호하기

념은 너무 포괄적인 의미로 사용되기에 ‘게임’과 관련한 논의의 전개에서 사용하는 개념으로서는 부적합하다.

위한 입법으로 이해할 수 있다.

V. 게임의 3대 구성요소 혹은 2대 구성요소

1. 규　　칙

게임은 미리 정하여진 일정한 규칙에 따라 진행되어야 한다. 이 규칙은 게임을 만든 사람에 의해서 제공되는 것이 일반적이며, 게임을 하기 전에 미리 정하여져야 한다. 게임에서의 규칙의 변경은 곧 게임의 변경을 의미하게 된다. 어느 한 게임을 다른 게임과 구별하게 하는 것은 바로 이 '규칙'이다. 똑같은 바둑도구를 가지고서 '바둑'의 규칙을 따를 때에는 '바둑'게임이 되고, '오목'의 규칙을 따를 때에는 '오목'게임이 되며, '알까기'규칙에 따를 경우에는 '알까기'게임이 된다. 또한 다음에서 살펴보는 바와 같이 '도구' 없이도 게임은 성립할 수 있으나, '규칙' 없이는 게임이 성립할 수 없다는 점에서 게임에서의 '규칙'은 가장 중요한 요소라 할 것이다.

2. 도　　구

게임에 있어서 '도구'는 반드시 필요한 것은 아니다. 때로는 '도구' 없이도 게임은 성립할 수 있다. 가령 '술래잡기'를 예로 들어보면 '술래잡기'라는 게임에는 일정한 규칙과 그 규칙에 따라 게임을 하는 플레이어만이 있을 뿐이고, 게임을 위한 도구는 찾아볼 수 없다. 엄밀하게 말하자면 게임의 '도구'는 사실상 게임의 '규칙'의 일부분으로만 의미가 있을 뿐이라고 말할 수 있다. 이미 위에서 동일한 바둑이라는 게임'도구'에 의해서도 다양한 게임이 가능하다는 것을 살펴보았고, 동일한 게임'도구'에서 그처럼 다양한 게임이 탄생할 수 있는 것은 바로 게임'규칙'에 의하여 가능하다는 것도 살펴보았다. 따라서 게임도구를 게임규칙을 구현하는 하나의 수단의 의미로서 파악하고, '규칙'과 '플레이어'만을 게임의 2대 요소로도 파악하여도 무방하다.

그러나 게임이 발전하면서 다양한 게임도구들을 탄생시키고 발전시킨다는 현실을 무시할 수는 없다. 더욱이 오늘날에는 컴퓨터 및 컴퓨터 프로그래밍 기술의 발달로 인하여 게임도구 자체에 게임규칙을 내재하는 것이 가능하게 되었다. 즉 컴퓨터 프로그래밍에 의하여 게임규칙을 컴퓨터 프로그램으로 만들어서, 플레이어는 게임규칙에 대한 별다른 이해 없이도 단지 컴퓨터 프로그램을 구동시키는 것만으로 게임을 하는 것이 가능하여졌다. 따라서 오늘날처럼 게임에서 게임도구의 역할이 증대한 시점에서는 게임도구를 게임규칙, 플레이어와 함께 게임의 구성요소의 하나로 보아도 좋을 듯하다.

그런데 게임규칙을 컴퓨터 프로그램으로 만드는 위와 같은 컴퓨터 프로그래밍 기술의 발달이 게임규칙과 게임도구에 대한 오늘날의 오해를 낳게 한 주범이기도 하다는 점을 간과하여서는 아니 될 것이다. 게임도구에 게임규칙이 회체됨에 따라 많은 사람들이 게임도구, 즉 게임물만 보호하면 게임이 보호되는 것으로 오인하고 있다. 게임도구에 게임규칙을 모두 포함한다면 게임물만 보호함으로써 게임을 보호할 수 있다. 그러나 게임도구에 게임규칙을 모두 포함하는 경우는 오히려 이례적인 경우라 할 것이고, 대부분의 게임에서는 게임도구에 화체되지 못하는 게임규칙들이 존재하게 된다. 이때에는 게임을 보호하기 위해서는 게임도구 외에 별도로 게임규칙을 보호하는 것이 필요하게 된다. 따라서 여전히 게임규칙과 게임도구는 구별하여 인식할 필요가 있다.

3. 플레이어[7)]

위에서 게임을 일정한 도구를 사용하고 일정한 규칙에 따라 행하여지는

7) 플레이어란 영어단어를 사용한 이유는 이미 앞의 각주에서 설명하였다. 그런데 게임을 하는 사람이란 의미의 영어단어는 게이머가 보다 더 정확하다. 그럼에도 불구하고 굳이 플레이어란 단어를 사용한 이유는 게이머란 단어는 프로게이머란 용어의 사용에서 볼 수 있듯이 어떤 전문성을 요하는 것으로 오해할 소지가 있다고 판단하였기 때문이다.

플레이어의 '모든 활동'으로 정의를 하였다. 이와 같이 게임을 정의한 것은 바로 게임의 내용이란 것이 따로 정하여지지 않았기 때문이다. 흔히들 게임의 대표적인 예인 스포츠를 보면서 '각본 없는 드라마'라는 표현을 많이 쓰는데, 바로 이것이 게임의 내용이다. 게임의 내용에는 각본이 없다. 미리 정하여진 것이 없다. 게임의 즐거움은 바로 여기에서 나오는 것이다. 누구도 게임은 진행과정과 결과를 예측할 수 없어야 한다. 다시 말하여 진행과정과 결과에 대해서는 아무 것도 정해진 것이 없다. 진행과정과 결과는 오로지 게임에 참여한 플레이어들의 플레이내용에 따라 달라진다.

따라서 게임에 있어서 플레이어는 게임의 구체적인 내용을 결정하는 주체이다. 게임에 주어진 규칙과 주어진 도구를 가지고 구체적인 각본을 쓰는 사람이다. 게임의 구체적인 내용들은 바로 이 플레이어들에 의하여 만들어진다.

이해를 돕기 위하여 '바둑'이란 게임을 예로 들어보자. 바둑의 규칙과 바둑에 사용되는 도구는 모든 사람들이 모두 잘 알고 있다. 그런데 바둑이란 구체적인 게임의 진행은 플레이어에 따라 천차만별로 진행되어지고, 미리 정하여진 것이 아무 것도 없다. '바둑'이란 게임의 구체적 내용인 '기보'는 바로 플레이어에 의하여 만들어진다. 따라서 '플레이어'가 없이는 '게임' 자체가 성립할 수 없게 되고, '플레이어'야말로 게임의 규칙과 더불어 게임을 구성하는 2대 구성요소라 할 것이다.

Ⅵ. 저작권법에 의한 게임보호의 한계

1. 규칙에 대한 보호의 한계

위에서 살펴보았듯이 어떤 게임을 보호할 필요가 있다는 것은, 즉 그 게임의 '규칙'을 보호할 필요가 있다는 것이고, 어떤 게임을 모방하였다는 것은 그 게임의 규칙을 모방하였다는 것임을 알 수 있다. 그런데 이 '규칙' 그 자체는 '표현'이라기 보기 어렵고, '아이디어'에 가깝다는 데에 문제가 있다. 게임에서는 '규칙'의 내용인 '아이디어'가 중요한 것이지, 그 규칙이 '표현'된 형태는 오히려 중요하지 않다. 그런데 이렇게 되면 저작권법의 전통적인 이념, 즉 저작권은 아이디어를 보호하는 것이 아니라 표현을 보호하여야 원칙에 따를 경우, 사실상 게임은 저작권에 의해서는 보호할 수 없게 되는 것이다.[8]

물론, 게임규칙이 게임 프로그램으로 표현된 한에 있어서는 게임 프로그램을 보호함으로써 게임규칙, 즉 게임을 보호할 수 있게 된다. 그러나 그 경우에도 게임규칙 자체를 보호하는 것이 아니라 게임 프로그램을 보호하는 것으로, 게임규칙을 모방하여 프로그램을 새로이 작성한 경우에는 이에 대하여는 저작권법에 의해서는 아무런 보호를 받을 수가 없게 된다.

따라서 게임 자체를 보호하고자 한다면 '게임 저작물'이란 개념을 새로이 구성하고, 그에 걸맞은 보호를 주는 입법을 할 필요성이 제기되게 된다. 또는 「저작권법」에 의한 보호가 아닌 「온라인디지털콘텐츠산업발전법」과 같은 별도의 입법[9]에 의해서 게임을 보호할 필요성이 제기된다.

---

8) 서울중앙지방법원 2007. 1. 17. 선고 2005가합65093, 2006가합54557호 판결에서는 "추상적인 게임의 장르, 기본적인 게임의 배경, 게임의 전개방식, 규칙, 게임의 단계변화 등은 게임의 개념, 방식, 해법, 창작도구로서의 아이디어에 불과하므로 그러한 아이디어 자체는 저작권법에 의한 보호를 받을 수 없고"라고 하고 있으며, 아이디어의 표현의 경우에도 "나아가 어떠한 아이디어를 표현하는데 실질적으로 한 가지 방법만 있거나, 하나 이상의 방법이 가능하다고 하더라도 기술적인 또는 개념적인 제약 때문에 표현방법에 한계가 있는 경우에는 그러한 표현은 저작권법의 보호대상이 되지 아니하거나 그 제한된 표현을 그대로 모방한 경우에만 실질적으로 유사하다고 할 것이어서 위와 같은 아이디어를 게임화하는 데 있어 필수불가결하거나 공통적 또는 전형적으로 수반되는 표현 등은 저작권법에 의한 보호대상이 될 수 없다"고 판단하고 있다.

9) 아이디어 자체를 보호한다는 점에서 본다면 「저작권법」보다는 「특허법」에 의한 보호가 더 적합할 수 있다. 즉, 게임을 하나의 발명으로 보아 게임 자체를 보호하는 방법을 생각해 볼 수 있다. 다만, 특허법은 '영업비밀'로 보호할 수 있는 것을 특허권이라는 권리를 주어 일반에게 공개하도록 촉진하는 것임에 반하여 게임은 이를 비밀로 유지할 수 있는 것이 아니라는 점에서 특허와는 차이가 있다.

2. 플레이어가 만들어낸 구체적 내용에 대한 권리보호 및 권리귀속의 문제

다음으로 위에서 살펴보았듯이 게임의 구체적인 내용은 플레이어에 의하여 만들어진다는 점에 대하여 살펴보자. 저작권법에 의하여 보호를 받는 다른 저작물들은 저작권자에 의하여 이미 '저작물의 내용'이 만들어져서 이용자에게 제공되어진다. 그러나 게임을 만든 사람은 단지 게임의 규칙과 게임의 도구만을 제공할 뿐이고, 게임의 구체적인 내용은 '플레이어'에 의하여 만들어진다.

게임의 구체적 내용은 규칙과 도구 자체에 있는 것이 아니라 위 규칙하에서 위 도구를 이용하여 플레이를 하는 플레이어에 의하여 만들어진다. 즉, '바둑'에서 흔히들 명승부전이란 이름 붙여진 '바둑'이란 게임의 구체적인 내용인 '기보'는 바둑의 규칙과 도구를 만든 사람이 아니라 구체적으로 바둑을 두는 플레이어에 만들어지는 것이다.

위 경우에 '기보'에 대하여 어떤 권리를 인정할 수 있는지가 문제가 된다. '기보'는 두 사람의 플레이어의 플레이과정을 기록한 것이기는 하나, 기록자의 사상이나 감정을 표현하는 것이라 보기도 곤란하고, 플레이어의 사상이나 감정을 표현하는 것이라 보기도 곤란하다는 것이 일반적인 입장인 듯하다. 즉, 기보는 플레이어의 플레이과정을 기록한 사실의 기록에 불과할 뿐이라고 보는 것이다. 우리 법상 사실의 기록에 불과한 기보에 대하여 저작권을 인정하기는 곤란하다.

그러나 한편으로 '묘수풀이'나 '기보해설'에 있어서는 해설자나 묘수를 만들어내고 묘수의 해법을 찾아낸 사람의 '사상이나 감정'이 표현되었다고 보는 것이 일반적이다. 그렇다면 '기보'에 대해서도 플레이어 두 사람의 '사상이나 감정'이 표현되었다고 볼 여지는 없을 것인가? 비록 플레이어 스스로가 바둑의 한수 한수에 대하여 구체적인 설명을 하지는 않았으나, 플레이어가 한수를 두기까지 플레이어는 무수한 고민을 하였고, 그 고민 끝에 플레이어는 그 한수를 선택한 것이다. '기보'는 이러한 플레이어의 한수 한수를 기록한 것이고, 결국 '기보'는 플레이어의 사상이 표현된 것이라고 볼 수도 있지 않을까? 즉, 플레이어가 게임을 하면서 창작한 구체적 내용은 이를 하나의 저작물로 보아서 그에 대하여 권리를 부여하는 방안도 고려하여 보아야 할 것이다.

그런데 만일 플레이어가 창작한 구체적 내용에 대하여 권리를 부여한다면 그 권리의 귀속을 어떻게 정할까하는 문제가 제기될 수 있다. 권리귀속의 간명화를 위하여 일단 대외적으로는 게임의 발명자에게 권리를 귀속시키되, 플레이어에게는 '실연자'와 비슷한 권리를 주어서 플레이어는 내부적으로 게임의 발명자와의 사이에서만 보상을 청구할 수 있는 권리를 주는 방안이 적당할 것으로 보인다.

Ⅶ. 결　　론

이제 한국과 중국은 명실상부 세계 최강의 온라인게임 강국으로 부상하고 있다. 세계 최강의 온라인게임의 강국에 걸맞게 온라인게임 보호를 위한 법적 제도의 정비가 필요한 시점이다. 이 시점에서 기존의 법제도에 의한 권리보호의 한계를 살펴보고, 새로운 법제도를 고민하는 것도 의미가 있을 것이다. 새로운 법제도를 고민함에 있어서 선행되어야 할 것이 바로 게임 개념의 재정립이다. 그러나 그 동안 게임 개념 자체에 대한 논의는 별로 없었던 것이 현실이다. 본고는 문제제기의 차원에서 온라인게임 보호를 위한 새로운 법적 제도를 고민함에 있어서 필요한 게임 개념을 제안하여 보았다. 본고의 문제제기를 계기로 하여 온라인게임 보호를 위한 새로운 법적 제도 및 그에 필요한 게임 개념에 대한 많은 논의가 있기를 기대한다.

게임저작권과 공정이용

chapter 19

최 종 철*

Ⅰ. 들어가며

최근 디지털기술의 급속한 발전에 따른 IT사회의 전개에 수반하여 저작권의 제한, 요컨대 저작권자와 그 저작물의 사용 내지 이용자와의 이해상반 관계나 그 조화도 계속적으로 변화하고 있으며, 양적으로나 질적으로도 변화하고 있다. 특히 기술의 발달로 인한 저작권 침해에 대응하여 최근의 저작권 법제가 저작권 보호 일변도로 경도되고 있다는 비판을 감안할 때 저작권자의 권리를 지나치게 저해하지 않으면서 일반인의 저작물 이용환경을 배려하는 정책적 조치 또한 필요한 것으로 보인다.

저작권제도의 존립 목적은 저작권법 제1조에서 명시하고 있는바, 목적을 달성하기 위한 수단으로써 '저작자의 권리보호'와 '저작물의 공정한 이용'을 들고, '문화의 향상·발전에 이바지함'을 목적론적 가치로 정하고 있다. 즉 저작권자 및 저작인접권자의 보호를 축으로, 다른 한편으로는 저작물 등의 공정한 이용을 도모하여 문화의 향상·발전에 이바지하는 것을 근본

* 문화체육관광부 제2차관실 비서관

목적으로 하고 있다. 여기서 공정한 이용을 도모한다는 것은, 저작물 등의 이용자인 일반 국민의 이익(public interest)을 염두에 두고서 저작권자 등의 권리보호가 도모되어야 함을 의미한다 할 것이다.

공정이용을 도모하기 위한 한 방법으로 우리 저작권법은 제23조에서 제38조까지 저작재산권의 제한 혹은 예외를 정하여 일반인이 보다 자유롭게 저작물의 이용을 확보하는 길을 열어두고 있다. 그런데 일반적으로 저작권법상의 권리제한규정은 권리자의 본래의 권리내용을 공익성 등 특별한 관점에서 예외적으로 제한하는 것이기 때문에, 그 해석의 방법으로서는 '엄격성'이 요구되는 것이며, 또 본래 권리가 작용되어야 할 저작물의 이용행위에 대한 제한은 '한정적'이어야 한다는 점을 염두에 두어야 한다. 이러한 권리제한은 규정이 마련될 당시의 저작물 이용환경과 현재의 발전된 디지털환경하에서의 적용에는 간극이 발생할 수밖에 없어 이에 대한 고려가 매우 필요하다 할 것이다.

한편 저작권은 정책적 입장에서 법률로 부여한 권리이며 저작재산권이 가지는 의미는 저작자나 저작물의 유통사업자 등에게 저작물의 시장에서 누군가 그 저작물에 무임승차(free ride)함으로써 부당하게 자신의 이익을 침해당하지 않도록 하거나 저작자가 자신의 저작물로부터 취득할 수 있는 이익을 상실하지 않도록 하는 것이라는 점은 저작재산권 보호의 목적, 나아가 저작재산권을 제한하는 경계를 결정하는 데 참고할 수 있을 것으로 보인다.

주지하다시피 게임산업은 우리나라 문화콘텐츠산업의 핵심 영역으로 성장하고 있으며 전체 문화콘텐츠산업 수출액의 50% 가까이를 차지하고 있다. 다른 콘텐츠산업과 마찬가지로 게임산업에 있어서도 저작권의 문제는 중요한 문제로서 게임물에 대한 효율적인 권리보호가 게임산업 성장의 기반이 된다고 할 것이다. 다만 저작권 전반에 걸쳐 권리보호와 더불어 이용자를 배려하는 제도적 마련이 필요하다는 인식의 변화를 감안할 때, 게임저작물의 공정한 이용을 위한 법적·제도적 검토 또한 필요하다고 본다. 본고에서는 게임저작권의 보호가 중요하다는 전제 하에, 보다 효율적인 권리보호와 이용증진을 위해 최근 저작권 분야에서 이슈화되고 있는 공정이용 문제가 게임저작물에 있어서는 어떤 의미로 해석되어야 할지에 대하여 논의하고자 한다. 이를 위해 게임물에 있어서의 저작권 문제, 게임저작물의 공정이용과 관련한 저작재산권 제한의 법리 및 새로운 유형의 공정이용 이론에 대하여 알아보고, 게임저작물의 공정이용과 관련하여 가장 밀접하고 현실적인 문제점으로 대두된 e스포츠와 관련한 게임저작권에 제한에 대하여 알아보고자 한다.

Ⅱ. 게임과 저작권

게임의 저작물성과 관련하여서는 게임의 규칙이나 진행방식 등은 아이디어에 해당되어 저작권법적 보호가 어려우며 게임을 하는 사람이 일정한 규칙에 의해 이루어지는 게임의 실행에 저작물성을 인정하기 어렵다는 반대의견도 있다. 하지만 최근에는 게임물이 영상저작물과 컴퓨터프로그램저작물임을 인정하는 것이 다수의 견해이다. 즉 게임의 경우 이용자의 조작에 따라 영상과 음향이 달라진다고 해도 본질적인 부분은 게임이 반복될 때마다 동일한 것이므로 그 전체적인 이미지가 다른 게임과 구별될 수 있는 창작적 표현일 경우 해당 게임물은 영상저작물이며, 게임도 특정한 결과를 얻기 위해 컴퓨터 등 정보처리능력을 가진 장치 안에서 직접 또는 간접으로 사용되는 일련의 지시명령으로 표현되는 컴퓨터프로그램저작물에 해당한다는 것이다.

이처럼 게임의 저작물성을 인정할 때 당연히 저작권 문제가 발생한다. 하지만 게임물의 특성과 관련하여 다른 저작물에서는 볼 수 없는 저작권 문제가 발생하기도 한다. 먼저 기본적으로 게임저작물의 불법복제와 관련된 문제가 있다. 특히 온라인 게임상의 '불법서버'의 존재가 중요한 이슈가 되고 있는데, 불법서버는 일반적으로 '프리서버'라고도 하며 게임 제작사의 허락 없이 본래의 온라인게임을 복제하거나 유사하게 제작하여 서비스하는 것을 말한다. 따라서 불법서버란 온라인게임 자체의 불법복제에 해당한다 할 것이다. 이와는 달리 비디오콘솔게임의 경우 게임물이 담긴 매체를 불법복제하는 경우가 많다. 즉 게임소프트웨어를 허락 없이 메모리장치나 개인 컴퓨터의 하드에 복제하는 것으로 이러한 경우 이용자들은 게임소프트웨어의 불법 카피를 이용하여 게임을 하고 다시 불법복제물을 배포하게 된다. 비디오콘솔게임과 관련하여 비록 직접적인 게임물의 불법복제는 아니지만 사실상 불법복제를 조장하는 행위로 '모드 칩'의 제작이 있다. 모드 칩은 정품 게임소프트웨어만이 구동될 수 있도록 한 기술적 보호장치를 회피한 기기로서 게임기가 불법복제된 소프트웨어 디스크를 작동하도록 되어 있다. 이러한 모드 칩이 없으면 불법복제된 게임팩은 구동되지 않는다.

최근에 게임저작권과 관련하여 가장 이슈가 되는 것은 '오토프로그램'의 사용과 관련한 문제를 들 수 있다. 오토프로그램이란 게임 제작업체에서 제공하지 않은 프로그램 또는 기기를 이용하여 게임을 자동적으로 진행할 수 있도록 하는 것으로서 이는 이용자가 부재중에도 홀로 게임을 진행하여 아이템을 획득하는 수단으로 사용되기도 한다. 이러한 오토프로그램의 제작을 위해서는 많은 경우 원 게임의 소스를 역분석하는 문제가 발생하게 되어 저작권 침해의 소지가 높다는 것이 중론이다.

'게임 아이템'도 저작권과 관련한 문제가 있다. 게임 아이템이란 게임 속에서 이루어지는 디지털 이미지를 말하는 것이나, 일반적으로는 게임 아이템을 얻거나 구입하는 경우가 있어 마치 물건처럼 취급되고 있다. 게임 아이템의 거래로 아이템이 현금화될 수 있다는 점은 온라인게임의 중독성, 사행성 문제로 이이지게 되었다. 아울러 전술한 오토프로그램의 출현도 아이템의 거래와 깊은 관계가 있다. 아이템의 소유권과는 별개로 이러한 아이템은 기본적으로 게임사에서 창작한 프로그램으로 구현되는 것이니만큼 게임사에서 저작권을 가질 가능성이 높다. 다만 게임사에서는 아이템을 만들 수 있는 도구만 제공하고 실제 아이템의 제작을 이용자가 할 경우 아이템과 관련한 저작권이 누구에게 있는지가 논란이 생길 수 있다.

다음으로는 최근 활성화되고 있는 'e스포츠'와 관련한 저작권 문제를 들 수 있다. 국내의 경우 발달된 정보통신망을 이용한 pc방의 등장과 함께 세계적인 수준의 e스포츠문화가 발전하였으며, 12개의 프로구단과 게임전문케이블 TV의 등장으로 더욱 활발해진 e스포츠산업은 작년에는 '국제e스포츠연맹'을 조직하여 세계 e스포츠계의 주도권을 행사하기 위한 단추를 꿰었다. 하지만 e스포츠경기의 개최 및 이의 방송과 관련하여 저작권 문제가 돌출될 가능성이 높다. 이는 기본적으로 e스포츠의 경우 게임물의 공연을 통해 일반인들이 게임하는 과정을 관람할 수 있도록 함으로써 저작권법상 공연권이나 게임내용을 TV를 통해 중계할 경우 방송허락의 문제 등이 발생하게 되기 때문이다.

Ⅲ. 저작물의 공정이용

1. 저작재산권 제한의 근거

저작재산권은 저작물의 이용으로부터 생기는 경제적 이익을 보호하기 위한 권리이다. 이 같은 저작재산권이 저작권자가 전유하는 배타적 지배권이라는 점에 대하여는 이론이 없으며, 그러한 배타적 지배권으로서의 저작재산권은 기본적으로 저작권법에서 규정하고 있는 종류에 한하여 인정된다.[1)] 즉 저작재산권은 배타적 지배권이지만 저작권법에서 규정한 한도 내에서 인정된다는 의미이다. 이처럼 저작권법이 인정하는 배타적 권리임에도 일정한 부분에 있어 권리제한을 하고 있는데 그 제한을 합리화하는 근거로는 여러 가지를 들 수 있다.

(1) 국제협약상의 3단계 테스트

저작권관련 국제협약의 기본이라 할 수 있는 베른협약에서는 특별한 경우에 있어서 각국의 입법으로 저작물의 복제를 허용하되 그러한 복제가 저작물의 통상적인 이용과 충돌하지 아니하여야 하며, 저작자의 합법적인 이

1) 이해완, 「저작권법」, 박영사, 2007, p. 301.

익을 부당하게 해치지 않아야 한다고 규정(이하 이 조건을 3단계 테스트라 칭한다)하고 있다. TRIPS 협정 제13조에서도 저작권의 제한과 예외를 규정하고 있는데, 회원국은 배타적 권리에 대한 제한 또는 예외를 저작물의 통상적 이용과 충돌하지 아니하고 권리자의 합법적인 이익을 부당하게 해치지 아니하는 일부 특별한 경우로 한정한다고 하고 있다.

여기서 '특별한 경우'란 권리제한의 대상이 되는 특별한 이용행위를 입법조치에서 특정하는 것을 의미하며, 이하의 조건은 그러한 이용행위가 해당 저작물의 통상적 이용과 충돌하지 아니하는 것과 그러한 이용행위가 저작자의 정당한 이익을 부당하게 해치지 않아야 함을 의미한다. 통상적 이용과 충돌하지 않기 위한 이용으로는 첫째 헌법적 가치나 저작권법의 목적 등 우월적 가치를 위해 필요한 이용이 해당될 것으로 재판절차에서의 이용이나 수업목적의 이용이 그 예이다. 두 번째로는 저작권자에게 피해를 입히지 않는 행위로서 재생을 위한 일시적 저장이 그 예이며 세 번째로는 시장의 실패에서 비롯된 이용인데 도서관에서의 복사서비스를 예가 될 수 있다. 한편 저작자의 정당한 이익을 부당하게 해치지 이니하는 것의 요건으로는 재판상의 복제처럼 이용행위가 경제적 가치를 창출하지 않거나 이용에 대한 보상청구권을 부여하는 경우이다.[2)]

저작재산권 제한을 위한 3단계 테스트를 충족하느냐는 판단에서 다소 문제가 되는 것은 두 번째 요건과 세 번째 요건과의 관계이다. '통상적인 이용'과 충돌하는지 여부를 너무 경제적인 측면에서 접근한다면 세 번째 테스트를 적용할 여지가 없게 되므로 이 요건을 검토할 때에는 비경제적이고 규범적인 요인, 즉 문제된 이용방법을 저작권자의 통제권 하에 두는 것이 바람직한가를 고려해야 한다고 한다.[3)]

저작재산권의 제한은 기본적으로 저작권자의 이익이 저해된다는 것을 전제로 하고 있는 것으로 저작권자에게 아무런 손해도 발생하지 않을 것을

2) 山本隆司, "權利制限の法理と私的複製の限界," 「知的財産權法と競爭法の現代的展開」, 社団法人 發明協會, 2006, 886面.

3) Sam Ricketson, *WIPO Study on Limitations and Exceptions of Copyright and Related Rights in the Digital Environment*, WIPO/SCCR/9/7, 2003, at 22.

요건으로 하는 것은 아니다. 국제협약에서도 이러한 전제는 인정하고 다만 손해가 여러 가지 요소를 감안할 때 저작자가 수인할 만한 것인지를 판단하는 것에 초점이 맞추어져 있는 것이라 하겠다.

(2) 헌법적 근거

배타적 준물권인 저작재산권을 제한하는 법적 근거로는 먼저 헌법상 근거를 들 수 있을 것이다.

헌법 제22조 제1항에서는 모든 국민은 학문과 예술의 자유를 가진다고 규정하고 있고, 제2항에서는 저작자·발명가·과학기술자와 예술가의 권리는 법률로써 보호한다고 규정하고 있다. 헌법에서 기본적으로 저작자의 권리를 보호한다고 규정하면서 이를 학문과 예술의 자유와 같은 조문에 규정한 것에서 어떤 의미를 찾을 수 있을까? 저작권을 단순한 재산권으로 보았다면 이는 헌법상 재산권 보호조항[4]에서 함께 규정하는 것이 바람직했을 것이다. 그러나 저작권과 같은 지적재산권의 보호를 재산권 보호조항이 아닌 학문과 예술의 자유보장에 대한 조문에 함께 규정한 것에서 지적재산권을 일반적인 재산권과 다른 측면에서 파악한다는 추정이 가능한 것이다. 즉 학문과 예술의 자유와 그 결과물의 보호는 다소 배치되는 개념으로서 지적재산권의 보호는 학문과 예술의 자유와 연계하여 보호의 수준을 정해야 하는 것으로 보아야 할 것이다. 이는 학문과 예술의 자유를 위해서는 다양한 형태의 정보가 필요할 수밖에 없고 이러한 활동을 위해서는 타인의 저작물을 이용하는 것이 불가피한 것이므로 학문과 예술의 자유와 지적재산권의 보호는 상호 반비례적인 관계에 있을 수도 있기 때문이다.

저작권의 보호규정은 헌법 제21조상의 언론·출판의 자유조항과도 관계가 있다. 정보유통의 자유와 저작권의 보호는 상호 상충될 수 있기 때문이다. 언론출판의 자유는 자신의 의사를 표현·전달하고, 의사형성에 필요한 정보를 수집·접수하고, 객관적인 사실을 보도·전파할 수 있는 자유를 그 내용으로 한다. 또 정보매체를 이용해서 자기의 입장을 밝히고 여론형성에

4) 헌법 제23조 ① 모든 國民의 財產權은 보장된다. 그 내용과 限界는 法律로 정한다.

기여할 수 있는 이른바 Access권도 언론·출판의 자유에 속한다고 볼 수 있다.[5)]

한편 헌법 제23조 제2항에서는 재산권의 행사는 공공복리에 적합하여야 한다고 규정하고 있다. 저작재산권도 재산권의 일종이므로 이러한 공공복리의 목적 하에 행사의 제한을 받을 수 있다고 할 것이다.

(3) 저작권제도의 특성상 제한

저작재산권이 제한되는 근거로는 저작권제도의 목적에서도 찾을 수 있다. 저작권법 제1조에서는 저작자의 권리와 이에 인접하는 권리를 보호하고 저작물의 공정한 이용을 도모함으로써 문화의 향상 발전에 이바지하는 것을 저작권법의 목적으로 하고 있다. 이는 저작권이 인간의 지적창작물의 표현에 대하여 상업적으로 이용할 수 있는 권리를 설정함으로써 창조적 활동을 자극하여 아이디어를 창출해 내고, 그 표현물을 전파하여 공공복리에 기여하는 것을 이념으로 하고 있기 때문이다.[6)] 저작권제도의 최종 목적은 문화의 향상 발전이며 이를 위한 수단으로 저작권을 보호하는 것이고 그 한편으로 공정한 이용을 도모하는 것이다. 따라서 공정한 이용 도모와의 균형이나 문화의 향상 발전이라는 목표의 달성을 위해서도 합리적인 범위 내에서의 저작재산권 제한이 가능하다는 것으로 해석될 수 있다.

다른 한편으로는 저작재산권의 내재적 한계를 들 수 있다. 대부분의 유체물은 한 번에 한 사람만 사용할 수 있지만 지적재산은 다르다. 지적재산은 얼마든지 복제할 수 있으며 복제를 해도 원본이 손상되는 것은 아니므로 원본을 가진 사람 또한 여전히 그것을 온전히 사용할 수 있다.[7)] 저작권도 지적재산으로 저작물의 이용에 있어서도 반드시 독점적일 필요가 없는 것이다. 따라서 일반적인 재산권의 이용과는 차이가 있으므로 보호에 있어서도 차이가 있을 수 있는 것이다.

5) 허영, 「헌법이론과 헌법」, 박영사, 1997, p. 656.
6) 장은익, "인터넷상의 공정이용(fair use)에 대한 소고," 「저작권연구」 제4호, p. 114.
7) 김송옥, "지적재산권의 제한 원리," IT법연구회 워크숍 발표문, 2003. 7, p. 9.

2. 저작물의 공정이용

저작권법상 저작재산권 제한의 한 유형인 공정이용은 영미법계에서 시작되어 권리의 보호와 공정한 이용의 도모에 있어서 많은 관심을 받는 저작재산권 제한의 일반적인 원칙이다. 공정이용의 법리는 최초 영국의 판례법에서 시작되어 발전되었으며 미국의 판례에 처음 나타난 것은 1841년 Folsom v. Marsh 사건에서 Story 판사의 결정문에 공정이용의 원칙이 나타났고, 구체적으로 법제화한 것은 1976년 미국 저작권법[8)9)]에서였다. 공정이용이 지금은 미국 저작권법에 명시되어 있지만 이 이론은 200년 이상 판결에 의해 형성된 것으로 공정이용의 항변은 저작권 침해 문제 제기에 대하여 확실하게 대응할 수 있는 제도이다. 이것은 모든 형태의 저작물에 대하여 어떠한 매체를 이용하던, 불법이용 제기에 대한 방어기제로 사용할 수 있는 것이다.[10)]

공정이용의 근거로서 경제학자들은 기본적으로 지적재산권법을 저작물 등의 공공재적 성격에서 오는 시장 실패를 치료하기 위한 것으로 보는 것이 일반적이다. 즉 저작물 등은 공공재적 성격이 있는데 공공재는 한 번 생산되어 소비되더라도 소진되지 않는다는 것, 즉 다른 사람의 새로운 이용으로

---

8) 미국 저작권법 제107조 배타적 권리에 대한 제한: 공정사용:
제106조 및 제106조의 A의 규정에도 불구하고 비평, 논평, 시사보도, 교수(학습용으로 다수 복제하는 경우를 포함), 학문 또는 연구 등과 같은 목적을 위하여 저작권으로 보호되는 저작물을 복제물이나 음반으로 제작하거나 또는 기타 제106조 및 제106조의 A에서 규정한 방법으로 사용하는 경우를 포함하여 공정사용하는 행위는 저작권 침해가 되지 아니한다. 구체적인 경우에 저작물의 사용이 공정사용이냐의 여부를 결정함에 있어서 다음을 참작하여야 한다.
(1) 그러한 사용이 상업적 성질의 것인지 또는 비영리적 교육목적을 위한 것인지 등 그 사용의 목적 및 성격
(2) 저작권으로 보호되는 저작물의 성격
(3) 사용된 부분이 저작권으로 보호되는 저작물 전체에서 차지하는 양과 상당성 그리고
(4) 이러한 사용이 저작권으로 보호되는 저작물의 잠재적 시장이나 가치에 미치는 영향.
위의 모든 사항을 참작하여 내려지는 결정인 경우에, 저작물이 미발행되었다는 사실 자체는 공정사용의 결정을 방해하지 못한다.

9) 미국 의회사법위원회는 보고서에서 "제107조의 목적은 현재의 판례원칙을 다시 확인한 것으로, 이것을 확대하거나 축소할 수 없다고 하고 있다.": 土井輝生, インテレクチュアル プロパティ, 商社法務研究會, 424面.

10) Bruce A. Lehman, *The Conference on Fair Use*, Dec.1996, at 7.

기존 이용자의 이용을 감소시키지 않는다는 것이 특색이며 다른 한편으로는 공공재를 무상으로 이용하는 것을 즉시 중단시키기 어렵다는 것이다.[11] 공공재의 경우 일반 시장경제에 맡길 경우 충분하게 공급되기 어려우므로 국가 등에서 공급하는 것이 일반적인데 이러한 경우 일반인들이 공공재를 무료로 이용하더라도 이를 금지하는 것은 비용이 많이 들거나 어려운 경우가 대다수이므로 무상 이용에 대한 적절한 제재 역시 어렵다는 것이다.

Gordon 교수는 공정이용과 시장 실패와의 관계에 대하여 보다 면밀하게 검토하고 있는바, 공정이용을 시장을 통해서는 달성되지 않으나 사회적으로 바람직한 거래를 허용하기 위한 이론, 시장의 실패를 치유하기 위한 이론으로서 파악하고 있다. 아울러 그 요건으로 (1) 시장의 실패가 존재하는 것, (2) 이용을 허락하는 것이 사회적으로 바람직한 것, (3) 공정이용을 인정하는 것이 저작자의 창작동기를 실질적으로 저해하지 않는 것이라고 하는 경제학적 분석에 근거한 공정이용을 위한 3단계 테스트를 제창한 바 있다.[12]

시장실패 이론과 관련하여 새로운 기술의 발달로 저작물의 모든 이용에 대하여 모니터하거나 보상을 하는 것이 가능하므로 공정이용이 더 이상 유용하지 않다는 극단적인 주장도 있다. 이에 대해 새로운 기술의 보급이 거래를 용이하게 할 수는 있지만 이러한 주장이 기술의 능력을 과신한 것으로 특별한 이용과 관련하여 시장실패가 일어나는 것에 대해서는 모호하다[13]는 비판도 있다.

한편 공정이용의 근거를 시장 실패에서만 찾을 경우 여러 가지 제약이 따를 수밖에 없다. 공정이용의 근거는 단순한 시장실패만이 아니라 헌법상 보장된 더 큰 가치의 실현을 위해서거나 저작자에게 무해한 저작물의 이용행위까지 포함하는 것이 바람직할 것이다. Gordon 교수도 이후 그의 이론을

---

11) Wendy J. Gordon, "Fair Use as Market Failure: A Structural and Economic Analysis of the Betamax case and its Predecessors," *Columbia Law Review*, Dec.1982, at 5.

12) 村井麻衣子, "著作權市場の生成とfair use—Texaco判決を端緒として—," 知的財産法政策學研究 北海道大學大學院法學研究科21世紀～プログラム, 新世代知的財産法政策學の國際據点形成事務局, 2005. 5. 173面.

13) Matthew Africa, "The Misuse of Licensing Evidence in Fair Use Analysis: New Technologies, New Markets, and the Courts," *California Law Review*, July 2000, Wendy J. at 16.

수정하여 시장의 실패가 실제로 시장의 실패가 발생할 수 있는 것만이 아니라 사회적인 경제적 후생을 조절할 수 없는 경우도 포함한다고 하여 비경제적 기준의 중요성으로부터 시장에 의존할 수 없는 경우를 '정당화'라고 하여 공정이용이 성립될 수 있음을 인정하였다.[14)]

Ⅳ. 새로운 형태의 공정이용 이론

1. 관용이용 이론

'관용이용'이란 저작물의 이용과 관련 최근의 광범위한 기술적 침해에 대하여 저작자가 사소한 불법이용을 문제 삼지 않는 유형의 이용을 말한다. 관용이용의 대상은 대부분 디지털시대에 적합한 이용일 수 있다. 관용이용 이론은 저작권에 있어 확실하지는 않지만 침해라고 할 수도 있는 수백만의 이용으로 이루어지고 있는 매우 큰 회색지대의 존재에서 비롯된 것으로, 이러한 현상의 핵심적인 측면은 거래 가치가 낮은 저작물의 다량의 이용이고 이러한 이용이 관용이용의 항목을 구성하고 있는 것이다.[15)]

관용이용 이론은 기본적으로 과다한 거래비용을 감소시키고 실제 이용자나 권리자에게 효율적일 수 있는 권리 행사의 '사후고지' 체계에서 발전한 이론이다. 이는 권리행사에 있어 사후고지가 권리의 침해에 대하여 사후에 권리자가 문제를 제기하면 그 때부터 이용자는 이용을 중단하기만 하면 침해 책임에서 면책되는 것으로 관용이용에 있어서도 저작권자가 일반인의 침해적 이용에 대하여 문제를 삼지 않는 유형의 이용을 말한다.

즉 관용이용 이론에서 많은 수의 이용자는 그들이 저작자에게 해를 끼치는 것이 아니라 사실상 저작자를 간접적으로 돕는다는 점에서 그들의 권

14) 村井麻衣子, 前揭 論文, 185面 이하 참조.

15) Tim Wu, "Tolerated Use, Symposium: Fair Use : 'Incredible Shrinking' or Extraordinarily Expanding?," *Columbia Journal of Law & the Arts*, Summer 2008, at 1.

리 침해적 이용이 양해되고 있는 것이다.

2. 묵시적 이용허락

'묵시적 이용허락(implicitly licensed use)'이란 관용이용처럼 기존의 저작물 이용허락 형태와 다른 새로운 이용형태로 출현한 것인데 명확한 계약에 의해 저작물의 이용이 허락된 것이 아니라 행동이나 고지에 의하여 묵시적으로 저작물의 이용허락을 받은 계약으로 간주되는 것을 말하며, 법적 문제가 생겼을 경우 저작자에게 허락받았음을 주장할 수 있다는 점에서 그러한 항변이 불가능한 관용이용과 차이가 있다.[16)]

묵시적 이용허락은 저작자가 명시적으로 이용허락의 표시를 하지 않았으나 행동으로 저작물의 이용허락을 하였다고 추정할 수 있는 경우로 관용이용의 경우 저작자가 이용자에게 아무런 조치를 하지 않은 점과는 차이가 있다.

3. 무조치 정책

관용이용 이론에 의하더라도 이용자의 입장에서는 불안정한 상태가 지속될 수 있다. 즉 언제 권리자가 자신의 권리를 주장할지 알 수 없는 상태가 지속되는 것이다. 관용이용 이론이 보다 발전한 것이 '무조치 정책(no action policy)'이다. 이는 저작자가 경제적으로 가치가 큰 침해에만 대응하는 것으로 하고 자신들이 받아들이고 조장하고 싶은 저작권의 무상이용에 대하여서는 일반인들이 이용하는 것을 보장한다는 것을 공표하는 것이다.[17)]

무조치 정책은 특히 방송사 등 많은 저작물을 소유한 주체가 되어 할 수 있는 것으로 예를 들어 방송 드라마와 관련하여 일반 이용자들은 방송사가 공표한 범위 내의 이용 방법과 조건을 충족하는 한 자유롭게 이를 이용할 수 있도록 하고 만일 필요하다면 정책을 변경하여 이후에라도 다시 허락

16) *id*, at 2.
17) *id*, at 11.

을 얻도록 할 수 있는 것이다. 이처럼 사용 허락의 조건이나 기한을 둘 수도 있다는 점에서 그리고 철회가 가능하다는 점에서 저작자와 이용자 간의 권익을 적절히 조정할 수 있는 방법이 될 수 있다.

Ⅴ. 게임물의 공정이용 문제

게임 저작권과 관련한 공정이용의 문제는 현재로서는 e스포츠 분야에서 이슈가 중요하다고 본다. e스포츠경기의 개최는 저작권법 제29조에 의한 비영리목적의 공연·방송 요건을 갖추는 경우 저작권 문제에서 자유로울 수 있으나, 현행 저작권법이나 게임법 개정안에서는 기본적으로 저작권법 제29조 제1항의 한도 내에서의 저작재산권 제한을 생각하고 있다. 하지만 게임의 특성이 단순한 영상저작물이 아닌 컴퓨터프로그램저작물의 속성도 가지고 있으며, 컴퓨터프로그램의 경우 공연권이나 방송권이 없는 점, 게임이 본래 인터랙티브하게 상호 작용하는 것을 목적을 한 것이지 단순한 관람이나 시청을 목적으로 하지 아니한 점 등을 감안한다면 일반적인 저작물의 공연·방송보다는 보다 넓은 범위의 저작재산권 제한이 필요하지 않을까 생각한다.

먼저 게임이 e스포츠의 활성화를 위해 보다 자유롭게 이용되기 위한 방법으로 저작권법에 개별 저작재산권 제한 규정이 가지고 있는 경직성을 타파하기 위해 미국의 공정사용에 관한 일반 법리를 도입하여 저작자와 일반이용자간의 형평을 도모하는 방법을 생각할 수 있다. 공정이용에 관한 규정을 도입한 경우 이 규정과 기존의 저작재산권 제한규정 간의 관계에 대하여는, 공정이용에 관한 규정을 일반적 보충적 규정으로 하여 저작권을 제한하거나 저작권에 대한 침해책임을 면제하는 규정과의 관계는 적용의 우선순위에 있어서 저작권의 제한 내지 면제를 위한 개별적인 규정이 없는 경우에 일반 규정을 적용하는 것을 토대로 하여야 할 것이다.[18)]

---

18) 이대희, 「S/W 지적재산권의 남용방지와 공정이용 활성화 방안에 관한 연구」, 프로그램심

하지만 공정이용은 이용의 목적이나 이용의 방법 등이 제한되므로 게임에서 논의되고 있는 e스포츠의 경우 해당 가능성이 적을 수도 있다. 이러한 한계를 감안한다면 Tim Wu 교수가 제안한 관용이용의 인정이 오히려 바람직할 것으로 보인다. 관용이용은 법적으로 저작물의 이용을 허용하는 것은 아니지만 소소한 저작물의 이용이 오히려 저작자에게 직·간접적으로 도움을 준다는 점을 고려한 배려이므로, 일정한 저작물의 이용에 대하여는 권리자로 하여금 사후고지 체계를 기반으로 이용을 용인하는 제도가 바람직하기 때문이다.

보다 이용자의 편의를 도모하고자 한다면 무조치 정책의 제도적 도입도 가능하다고 본다. 관용이용과 무조치 정책 간에는 관용이용의 경우 사후고지를 하는 것이고, 무조치 정책의 경우 사전에 이용을 허락하되 사후에 철회를 할 수 있도록 함으로써 처음 이용단계의 불확정 사항만을 제외한다면 큰 차이는 없지만, 관용이용이 이용자에게 다소 불안정한 상황을 제공하는 측면을 감안할 때에는 무조치 정책을 활용하는 것이 이용자의 입장에서는 안정적인 방법일 수 있기 때문이다. 이처럼 보다 진전된 저작물 이용형태의 정착은 기존의 사용허락 시스템이나 보상금 시스템보다 오히려 저작물의 이용시장을 활성화할 수 있는 방안이 될 수도 있다. 특히 무조치 정책의 경우 철회가 가능하다는 점, 적용대상의 선정이 가능하다는 점 등으로 인하여 게임제작사로 하여금 그러한 조치를 하도록 유인하는 효과가 강할 것으로 보인다.

결국 무조치 정책은 저작자의 입장에서 특정 그룹이, 특정한 형태로 자신의 저작물을 자유롭게 이용토록 하는 것이 오히려 자신의 저작물을 홍보하거나 판매를 촉진하는 긍정적인 효과가 있다는 점을 고려한 결과이므로, 게임제작사가 자사의 게임과 관련하여 저작권법 제29조의 범위를 벗어난 형태의 e스포츠대회에 대하여서도 사용을 자유롭게 하는 것은, 이용자들의 다양한 욕구를 충족하면서도 권리자의 권익을 게임홍보 등 다른 방향으로 보전하는 제도로서 기능할 것으로 보인다. 관용이용이나 무조치 정책은 비록

의조정위원회, 2002, p. 180 이하 참조.

법적인 저작재산권 제한은 아니나 권리자가 자신의 권한에 기하여 제도적으로 시행할 수 있다는 점에서 보다 유연하고 현실적인 공정이용의 방법이 아닐까 생각한다.

한편 게임물의 e스포츠에의 이용에 대하여 단기적으로는 저작권법 제29조 제2항을 적용하는 방법을 고려하는 것도 생각해 볼 수 있다. 게임물이 영상저작물의 일종이며 일반적으로 게임물도 판매용 영상저작물로 간주할 수 있으므로, 제2항을 적용하는 것이 가능할 것이며 이렇게 함으로써 보다 쉽게 게임물을 e스포츠대회에 이용할 수 있을 것이다.

디지털시대 매체의 융합과 다양한 저작물 이용형태의 출현에 따라 이제 저작권제도를 대하는 우리의 마음가짐을 저작자 보호라는 기존의 틀에서 벗어나 저작물의 이용활성화를 통한 저작자 보호라는 새로운 패러다임으로 변화하여야 할 시점이다. 새로운 비즈니스 모델이 세상에 등장하였다면, 우선 거절할 것이 아니라 어떻게든 저작권시스템에 끼워 넣고, 이용 유통의 촉진과 거기서 권리자의 이익을 어떻게 환원시킬 것인가 하는 점을 생각하여야 할 것이다.[19)]

---

19) 이수진 역, "21세기의 저작권법의 과제," 「계간 저작권」 2008 여름호, p. 94, 저작권위원회, 원저자: 中山信弘.

게임산업과 세제

chapter 20

안 경 봉[*]

Ⅰ. 서　　론

게임산업은 고부가가치 중심의 산업이며, 문화콘텐츠 선도산업으로 게임산업의 지속 성장의 필요성에 대한 범정부 차원의 관심을 확대하여 게임산업 및 게임콘텐츠의 창작 및 제작활동을 실질적으로 지원하여야 한다.

우리나라의 조세특례제한법에서는 중소기업에 대한 조세특례, 연구 및 인력개발에 대한 조세특례, 투자촉진을 위한 조세특례, 지역 간의 균형개발을 위한 조세특례, 외국인투자 등에 대한 조세특례 등으로 나누어 기업에 대한 세제지원을 하고 있다. 게임산업과 관련하여 세제지원을 상정한다면 이러한 특례 중에서 중소기업에 대한 조세특례, 연구 및 인력개발을 위한 조세특례, 투자촉진을 위한 조세특례 정도이다. 게임산업진흥을 위한 간접지원책으로서 게임산업에 대한 세제개선을 통해 콘텐츠 개발에 적극적으로 재투자될 수 있는 구조를 마련하여야 한다. 기존의 단편적이고 개별적인 세제지원 조항들로는 지원 효과의 한계가 분명히 드러난 상태이며, 보다 현실

* 국민대학교 법과대학 교수

적이고 구체적인 산업현황을 반영한 획기적인 세제지원 개선방안을 도출하여야 한다. 게임산업에 대해 중소기업·연구인력개발·투자촉진을 위한 세제지원에 대한 구체적인 대안을 제시하고자 한다.

Ⅱ. 게임업계의 현황과 세제개편 관련 검토사항

1. 게임업계의 현황

2007년 국내 게임시장은 전년에 비해 30.9% 감소한 5조 1,436억 원의 규모이나, 바다이야기 사태 이후에 나타난 성인용 아케이드게임 시장의 붕괴를 제외한다면 그 이외의 분야는 오히려 큰 폭으로 성장하고 있다. 온라인게임의 경우 2006년에 비해 26% 이상 성장한 2조 2,403억 원이며, 비디오게임은 무려 208% 가까이 성장한 4,201억 원이다.

국내 전체 게임시장규모 5조 1,436억 원 중에서 온라인게임 시장은 2조 2,403억 원 규모로 전체 게임산업의 43.5%에 달한다(2007년도 조사결과). 2002년 시작된 한국의 비디오게임 시장은 2007년 닌텐도 DS가 출시됨으로써 전년대비 세 배 이상으로 시장이 확대되어 현재 국내 비디오게임 시장규모는 4,201억 원이다. 2007년 국내 게임 수출액은 2006년에 비해 16.2% 증가한 7억 8,100만 달러로, 수입액 3억 8,955만 달러의 두 배이며, 온라인게임은 2007년도 전체 수출의 95.5%를 차지하여 성장이 예상된다. 온라인게임과 비디오게임은 향후 국내 게임시장의 성장을 견인할 것으로 예상되며, 2006년부터 2010년까지 연평균 성장률이 각각 22.0%와 49.7%에 이를 것으로 예측하고 있다.

2007년 게임산업 총 종사자는 36,828명이며 이는 2006년의 32,714명에 비하여 4,114명 증가하여 약 12.6% 증가한 것으로 추정되며, 업체당 평균 종사자수도 2006년의 22.5명에서 2007년 28.7명으로 6.2명 증가하여 약 28%의 성장률을 보이고 있다.

2. 게임산업 세제관련 검토사항

업계와의 간담회 결과, 게임업계의 요구 중 현실적이고 타당성이 있다고 인정되는 부분은 게임산업 R&D 관련 세제지원(게임개발인력에 대한 세액공제), 게임산업 투자관련 세제지원(수도권 게임기업에 대한 투자세액의 공제, 임시투자세액공제대상의 범위 확대)이다. 또한 게임업의 중소기업 해당성은 게임업계에서 구체적으로 요구하지 않은 내용이나 연구진의 판단으로는 가장 현실적이고 효과적인 부분이라 생각되었다.

그러나 게임업계의 요구사항 중 현실적으로 개정하기 어렵거나 외국과의 국제협약으로 인하여 도입이 어렵다고 판단되어 당장 검토에서 배제한 것들은 해외 진출 장려를 통한 국가경쟁력강화를 위한 세제지원안, 해외현지법인 지분투자에 대한 세액공제, 외국납부세액공제대상의 범위 확대, 특허실용신안취득에 대한 세액공제, 문화콘텐츠 개발 '성공불 융자제도' 시행 등이나, 이 중 몇몇은 향후 검토할 필요가 있어 후술한다.

3. 조세지원관련 이론적 검토

(1) 조세지원관련 이론적 검토

조세지원이란 일반적으로 정부가 특정 정책목표를 달성하기 위하여 기업이나 개인이 납부해야 할 세금을 감면해 주는 것으로 특히 경제성장과정에서 금융지원과 더불어 정부의 산업정책을 수행하기 위한 하나의 수단을 말한다. 정부가 조세지원을 하는 이유는 사회적 형평을 달성하거나 경제적 효율성을 달성하기 위해서이다.

조세지원의 대상이 되는 부문에서는 시장이 제대로 기능하지 못하고 있으므로, 시장이 모든 비용과 편익을 포함하지 못하여 시장의 실패가 발생하기 때문에 이에 대한 정부정책이 필요하다. 조세지원과 가장 관련이 깊은 시장의 실패는 외부효과이다. 일반적으로 사회적 또는 경제적으로 긍정적인 파급효과(External Economy)가 있는 부문에로 조세지원이 행해지고 있다. 예컨대 한 기업의 연구개발에 대한 투자확대는 기업의 연구개발능력을 향상시키는 것 외에 부차적인 이득으로 연구능력의 향상, 연구개발인력의 증가, 다른 산업으로의 이전을 통한 응용개발, 외국의 로얄티 축소 등이 발생하게 되나, 기업의 입장에서는 이러한 외부효과를 감안하지 않는 것이 합리적 경제행위이므로 정부는 조세지원을 통하여 이러한 재화에 대한 투자나 지출을 유도하게 된다.

모든 조세제도가 형평성, 효율성, 단순성의 원칙을 추구하여야 하듯이 조세지원제도 역시 이에 따라야 한다. 형평성 원칙은 동일한 소득에 대해 동일한 세금이 부과되어야 한다는 것이고, 효율성 원칙은 산업 간, 자산 간 세율차이로 자원의 효율적인 배분을 훼손하지 않아야 한다는 것이다. 단순성 원칙은 세무당국의 행정비용을 줄이는 동시에 납세자의 납세협력비용을 최소화하여야 한다는 것이다. 종전 우리나라의 세제개편 방향은 효율성보다 형평성, 단순성을 중심으로 하여 왔으나, 최근 방향은 효율성, 단순성을 강조하는 방향으로 변하고 있다.

조세지원의 대상은 형평성과 외부효과의 여부를 가지고 결정하게 된다. 조세지원시기에 관해 소득의 발생 이전에 조세유인을 하는 것이 바람직한지, 아니면 소득의 발생이후에 조세지원을 부여하는 것이 바람직한지 여부가 쟁점이다. 예컨대 디지털콘텐츠기업을 창업하는 경우에 등록세 및 취득세 등을 감면해 주는 제도는 소득발생 이전에 조세유인을 제공하는 것이며, 소득세 또는 법인세의 인하는 소득발생 이후의 조세지원이다.

조세지원의 규모는 외부효과에 비례하는 것이 합리적이나, 정확한 외부효과의 계산은 현실적으로 불가능하다. 그리하여 조세감면 신청기업 수, 감면세액의 규모, 설문조사 등을 고려한 강학상 연구결과에 의하여 결정할 수밖에 없다. 구체적으로 투자금액 중 소득공제를 하는 것이 옳은지, 아니면 세액공제를 하는 것이 옳은지는 이와 같은 연구결과에 달려 있다.

정부가 정책목표를 달성하는 데 있어 예산을 통한 직접 지출과 조세를 통한 간접지원 중 어떠한 것이 더 적은 비용이 드는가가 조세지원의 유무를 결정하는 중요한 요인이 된다.

(2) 조세특례제한법상 게임산업 활성화를 위한 조세지원제도 개관

조세특례제한법은 조세의 감면 또는 중과 등 조세특례와 이의 제한에 관한 사항을 규정하여 과세의 공평을 기하고 조세정책을 효율적으로 수행함으로써 국민경제의 건전한 발전에 이바지함을 목적으로 한다. 조세특례제한법은 조세의 감면 및 중과 등의 조세특례에 관한 사항을 규정한 공통법이며, 조세특례에 관한 규정의 일관성 및 통일성을 기하고 조세감면의 사전·사후 관리를 엄격히 하고 있다. 특정한 조세감면이 지속되어 기득권화되는 것을 방지하기 위하여 개별적인 조세감면사항에 대하여 별도의 적용시한을 규정하고 있다(개별일몰법).

게임산업에 적용될 수 있는 조세특례제한법상 조세특례의 내용을 요약하여 보면 표 20-1과 같다.

표 20-1 조세특례제한법상 게임산업 관련 조세지원제도 개관

세액공제의 종류	감면제도	내 용	이월공제	최저한세 적용	수도권과밀억제로 인한 조세감면 배제
조세특례제한법상 세액공제	(1) 연구 및 인력개발비 세액공제				
	① 중소기업(대기업핵심인력)이 적용받는 연구 및 인력개발비 세액공제		○	×	
	② 그 외 연구 및 인력개발비 세액공제		○	○	
	(2) 성실신고자에 대한 세액공제		×	○	

	(3) 투자세액공제				
	① 중소기업투자 세액공제	투자금액의 3%	○	○	×
	② 연구인력개발을 위한 설비투자에 대한 세액공제	투자금액의 10%	○	○	×
	③ 생산성향상시설투자에 대한 세액공제	투자금액의 3%/7%	○	○	×
	④ 환경, 안전설비투자 등에 대한 세액공제	투자금액의 8%/10%	○	○	×
	⑤ 에너지절약시설투자에 대한 세액공제	투자금액의 20%	○	○	
	⑥ 임시투자 세액공제	투자금액의 10%/3%	○	○	
	⑦ 근로자복지증진을 위한 시설투자에 대한 세액공제	취득금액의 7%	○	○	
	(4) 기타 세액공제				
	① 어음제도개선을 위한 세액공제		○	○	
	② 기술취득에 대한 세액공제		○	○	
	③ 화물운송위탁시 운송비에 대한 세액공제		○	○	
	④ 전자신고에 대한 세액공제	1건 2만원	○	○	
	⑤ 지급조서에 대한 세액공제	1건 100원, 연200만원 한도	○	×	

Ⅲ. 게임업 중소기업 관련 세제지원

1. 중소기업의 요건과 조세특례의 내용

(1) 중소기업의 요건

게임업이 중소기업에 대한 조세지원을 받기 위해서는 우선 세법상 중소기업에 해당하여야만 한다. 조세특례제한법상 중소기업의 요건: ① 업종기준, ② 규모기준, ③ 독립성기준의 세 가지 요건을 모두 충족한 경우에 한하여 중소기업에 대한 세제지원을 적용받을 수 있다. 이러한 요건 중 ① 업종기준이 가장 중요하다. 이는 업종에 따라 조세지원을 하고 있는 다른 감면이나 세액공제에 영향을 주기 때문이다.

구 조세특례제한법 시행령 제2조 제1항에 의하면 세법상 중소기업에 대한 세제지원을 적용받기 위해서는 세법이 정한 다음의 업종을 주된 사업으로 영위하고 있는 기업이어야 한다.[1)]

① 제조업 ② 광업 ③ 건설업 ④ 엔지니어링사업 ⑤ 물류산업 ⑥ 선박관리업 ⑦ 여객운송업 ⑧ 어업 ⑨ 도매업 ⑩ 소매업 ⑪ 전기통신업 ⑫ 연구 및 개발업 ⑬ 방송업 ⑭ 정보처리 및 기타컴퓨터운영관련업 ⑮ 자동차정비공장을 운영하는 사업 ⑯ 의료기관을 운영하는 사업 ⑰ 폐기물처리업 ⑱ 폐수처리업 ⑲ 분뇨수집·운반업 및 개인하수처리시설관리업 ⑳ 가축분뇨수집·운반업 ㉑ 가축분뇨 처리업 및 가축분뇨 시설관리업 ㉒ 작물재배업 ㉓ 축산업 ㉔ 과학 및 기술서비스업 ㉕ 포장 및 충전업 ㉖ 영화산업 ㉗ 공연산업 ㉘ 전문디자인업 ㉙ 뉴스제공업 ㉚ 광고업 ㉛ 무역전시산업 ㉜ 직업기술분야학원 ㉝ 관광사업 ㉞ 노인복지시설을 운영하는 사업 ㉟ 토양정화업

---

1) 구 조세특례제한법[2009. 2. 4, 21307호로 개정되기 전의 것] 시행령 제2조 제1항.

위의 업종기준을 충족한 후 상시 사용하는 종업원수·자본금 또는 매출액이 업종별로 다음의 표 20-2의 규정[2]에 의한 중소기업 규모기준 이내이어야 한다. 다만, 업종기준에 해당하더라도 상시 종업원수가 1천 명 이상, 자기자본 1천억 이상, 매출액이 1천억 원 이상, 또는 자산총액이 5천억 원 이상인 경우에는 중소기업으로 보지 아니한다.[3][4]

표 20-2 중소기업의 업종별 상시 근로자수·자본금 또는 매출액의 규모기준

해당업종	분류부호	규모기준
제조업	C	상시 근로자 수 300명 미만 또는 자본금 80억 원 이하
광업	B	상시 근로자 수 300명 미만 또는 자본금 30억 원 이하
건설업	F	
운수업	H	
출판, 영상, 방송통신 및 정보서비스	J	상시 근로자 수 300명 미만 또는 매출액 300억 원 이하
사업시설관리 및 사업지원서비스업	N	
보건 및 사회복지사업	Q	
농업, 임업 및 어업	A	상시 근로자 수 200명 미만 또는 매출액 200억 원 이하
전기, 가스, 증기 및 수도사업	D	
도매 및 소매업	G	
숙박 및 음식점업	I	
금융 및 보험업	K	
전문, 과학 및 기술서비스업	M	
예술, 스포츠 및 여가 관련 산업	R	

2) 중소기업기본법 시행령 별표 1을 말한다.
3) 조세특례제한법 시행령 제2조 제1항 단서.
4) 중소기업기본법 시행령 제3조 제1호.

하수처리, 폐기물처리 및 환경복원업	E	상시 근로자 수 100명 미만 또는 매출액 100억 원 이하
교육서비스업	P	
수리 및 기타 서비스업	S	
부동산업 및 임대업	L	상시 근로자 수 50명 미만 또는 매출액 50억 원 이하

※ 해당 업종의 분류 및 분류부호는 「통계법」 제22조에 따라 통계청장이 고시한 한국표준산업분류에 따른다.

(2) 조세특례의 내용

기업이 중소기업 요건에 해당하는 경우에는 다음과 같은 조세특례가 적용된다. 중소기업투자세액공제(조특법 제5조), 중소기업정보화지원산업에 대한 조세특례(조특법 제5조의2), 창업중소기업 등에 대한 세액감면(조특법 제6조), 중소기업에 대한 특별세액감면(조특법 제7조), 기업의 어음제도개선을 위한 세액공제(조특법 제7조의2), 중소기업지원설비에 대한 손금산입의 특례(조특법 제8조)의 규정을 적용받을 수 있다.

2. 게임업계의 업종현황

(1) 세법상의 업종분류

세법상의 업종분류는 세법에 특별한 규정이 있는 경우를 제외하고는 「통계법」 제22조의 규정에 의하여 통계청장이 고시하는 한국표준산업분류에 의한다(조세특례제한법 제2조 제3항). 2008년 한국표준산업분류의 체계에 의하면 산업분류를 대분류·중분류·소분류·세분류·세세분류로 구분한 다음, 대분류에는 제조업·건설업 등 21개 업종으로 대분류하고 이를 다시 76개의 중분류, 228개의 소분류, 487개의 세분류, 1,145개의 세세분류 업종으로 구분하고 있었다.[5)]

---

5) 통계청, 「한국표준산업분류(2008)」, 통계청고시 제2007-53호, 2008. 2, p. 19.

세법상의 업종분류는 원칙적으로 통계청의 한국표준산업분류 체계에 따르지만 제조업 등 종목이 다양하고 사업자 수가 많은 업종은 추가세분하고 사업자 수가 극히 적은 업종은 통폐합하는 등 적용상의 유용성을 갖도록 하기 위해 신축적으로 업종을 분류하고 있다. 이에 따라 구 세법상의 업종분류는 제조업·건설업·도·소매업 등 15개의 업종으로 대분류(영문1자리)한 다음 중분류(2자리숫자), 소분류(3자리숫자), 세분류(4자리숫자), 세세분류(5자리숫자)하고 있었다.[6)]

게임업계의 선도기업(leading company) 8개사를 설문조사한 바에 따르면 게임기업을 운영하고 있는 업종별 현황은 대부분의 기업의 업태가 서비스업으로 분류되어 있는데, 세법상의 업종분류에 의한다면 중분류의 '정보처리 및 기타 컴퓨터 운용관련업'인 다음의 하나에 해당되어 세제지원을 받고 있었다.

가. 사업서비스업(대분류 K), 정보처리 및 기타 컴퓨터 운용관련업(중분류 72), 소프트웨어자문개발공급업(소분류 722), 소프트웨어자문·개발공급(세분류 7220) 중 범용성 및 주문형 컴퓨터소프트웨어에 관하여 자문, 제작 및 공급을 수행하는 산업활동으로서 시스템 및 운영, 응용소프트웨어 제작, 게임소프트웨어 제작(제작한 게임소프트웨어를 인터넷으로 제공하는 사업체 포함), 웹디자인(프로그래밍수반)이나 컴퓨터프로그램 번역, 임대, 공급.

나. 사업서비스업(대분류 K), 정보처리 및 기타 컴퓨터 운용관련업(중분류 72), 온라인정보제공업(소분류 724), 온라인정보제공업(세분류 7240)의 1차 자료를 수집·조합하여 일정 포맷에 따라 컴퓨터에 수록 후 주문에 따라 온라인, 자동응답전화, 디스켓 등의 전자매체로 제공하는 산업활동인 온라인정보제공업 중 온라인검색 정보제공, 온라인정보제공(IP).

6) 한국세무사회, 「2007년귀속 기준경비율·단순경비율」, 2008. 4, p. 27.

과세관청의 행정해석에 의하면 세법상 세제지원을 적용받기 위한 정보처리 및 컴퓨터관련 운영업을 컴퓨터설비자문업, 소프트웨어자문·개발·공급업과 자료처리업·데이터베이스업을 말하는 것이며, 컴퓨터소프트웨어를 분석·설계하는 산업활동을 포함하는 것으로 해석하고 있으며,[7] 실제 세제지원을 함에 있어서도 조세감면규제법 제7조의 규정에 의하여 특별세액감면을 적용받을 수 있는 '정보처리 및 컴퓨터운용관련업'이라 함은 컴퓨터설비자문업, 소프트웨어 자문·개발 및 공급업, 자료처리업, 데이터베이스업을 말하는 것으로 하고 있다.[8]

(2) 세법상 업종분류의 문제점

우리나라에서는 게임업의 정의에 대한 명문의 규정은 존재하지 않으며, 문화산업진흥기본법 제2조에서 문화산업의 한 종류로 규정하고 있다. 문화산업진흥기본법에 의하면 '문화산업'이라 함은 다음과 같이 규정하고 있다. 즉 문화상품의 기획·개빌·제작·생산·유통·소비 등과 이에 관련된 서비스를 행하는 산업으로서 다음을 포함한다(문화산업진흥기본법 세2조 제1호).

① 영화와 관련된 산업
② 음반·비디오물·게임물과 관련된 산업
③ 출판·인쇄물·정기간행물과 관련된 산업
④ 방송영상물과 관련된 산업
⑤ 문화재와 관련된 산업
⑥ 만화·캐릭터·애니메이션·에듀테인먼트·모바일문화콘텐츠·디자인(산업디자인은 제외한다)·광고·공연·미술품·공예품과 관련된 산업
⑦ 디지털문화콘텐츠 및 멀티미디어문화콘텐츠의 수집·가공·개발·제작·생산·저장·검색·유통 등과 이에 관련된 서비스를 행하는 산업
⑧ 그 밖에 전통의상·식품 등 전통문화 자원을 활용하는 산업으로서

---

7) 법인 46012-1511, 2000. 7. 6.
8) 법인 46012-62, 1999. 1. 7.

대통령령으로 정하는 산업에 해당하는 것

한편 문화산업진흥기본법에 의하면 '문화상품'이라 함은 예술성·창의성·오락성·여가성·대중성(이하 '문화적 요소'라 한다)이 체화되어 경제적 부가가치를 창출하는 유·무형의 재화(문화콘텐츠, 디지털문화콘텐츠 및 멀티미디어문화콘텐츠를 포함한다)와 서비스 및 이들의 복합체를 말한다(문화산업진흥기본법 제2조 제2호). 이에 의하면 문화산업 중 음반·비디오물·게임물과 관련된 산업(②), 모바일문화콘텐츠 관련된 산업(⑥), 디지털문화콘텐츠 및 멀티미디어문화콘텐츠의 수집·가공·개발·제작·생산·저장·검색·유통 등과 이에 관련된 서비스를 행하는 산업(⑦)이 게임업과 관련된 것이다.

발전단계 초기산업인 문화산업에 대한 종합적·체계적 지원을 위해서는 문화산업에 대한 제도적 일관성이 필요하나 세법상 또는 국내산업분류체계 등에서는 「문화산업진흥기본법」상의 문화산업(문화산업 현장에서의 산업분류를 중심으로 구분)과 다르게 정하고 있다. 문화산업진흥기본법상 같은 문화산업임에도 불구하고 영화산업,[9] 광고업, 공연산업,[10] 전문디자인업[11]은 세법상 중소기업 업종에 포함되어 있는 반면, 게임업은 중소기업 대상 업종으로 분류되어 있지 않은 관계[12]로 선도기업 중에서도 예컨대 중소기업특별세액감면의 경우에는 그 적용대상인지를 알지 못해 세액감면 혜택을 받지 못하는 경우도 있었다.

9) 조세특례제한법 제7조 제1항 제1호 카목에서는 중소기업에 대한 특별세액감면 업종으로 '영화·비디오물 및 방송프로그램 제작업, 영화·비디오물 및 방송프로그램 제작 관련 서비스업, 영화·비디오물 및 방송프로그램 배급업, 오디오물 출판 및 원판녹음업'을 들고 있다.

10) 조세특례제한법 제7조 제1항 제1호 서목에서는 중소기업에 대한 특별세액감면 업종으로 '창작 및 예술관련 서비스업(자영예술가는 제외한다)'을 들고 있다.

11) 조세특례제한법 제7조 제1항 제1호 버목에서는 중소기업에 대한 특별세액감면 업종으로 '전문디자인업'을 들고 있다.

12) 한국표준산업분류(2007. 12. 28.고시)에 의하면 '온라인·모바일 게임업'은 중분류 '출판업(58)'에 속하고, 다시 세분류 '소프트웨어 개발 및 공급업(582)', 세세분류 ''온라인·모바일 게임 소프트웨어 개발 및 공급업(58211)'에 속한다. 한편 조세특례제한법 제7조 제1항 제1호 차목에서는 중소기업에 대한 특별세액감면 업종으로 '출판업'을 들고 있다.

(3) 개선방안

문제점을 해결하기 위한 방안으로 다음과 같은 두 가지를 생각해 볼 수 있다. 즉 조세특례제한법 시행령 제2조에 문화산업의 정의조항을 신설하고, 문화산업 중 개별 업종별로 일부 포함되어 있던 부분(즉, 영화산업(영화 및 비디오 제작업, 영화 및 비디오 제작관련 서비스업, 영화 배급업에 한하며, 이하 '영화산업'이라 한다), 공연산업, 전문디자인업 등)을 삭제하고 조세특례제한법 제6조, 제7조 등 관련규정에 있어서도 동일하게 처리하는 안(제1안)과, 정부가 문화산업 전체를 중소기업 해당업종으로 분류하지 않는 경우를 대비하여 온라인게임업만이라도 중소기업 해당업종에 규정되도록 영화산업 등과 같이 개별적으로 온라인게임업(온라인게임 소프트웨어 제작업, 온라인게임소프트웨어 제작관련 자문서비스업, 온라인게임 소프트웨어 유통판매업, 온라인게임 소프트웨어 온라인 제공업에 한함)을 조세특례제한법시행령 제2조, 조세특례제한법 제6조, 제7조 등에 추가하는 안(제2안)을 제시할 수 있다.

(4) 현행 규정

조세특례제한법 시행령 제2조는 종전 제8차 한국표준산업분류에 따르던 중소기업 해당업종 명칭을 제9차 한국표준산업분류에 따라 재분류하였다. 그리하여 아래 표 20-3에서 보는 것처럼 '정보처리 및 기타 컴퓨터운영 관련업'이 제9차 분류에서 '컴퓨터프로그래밍, 시스템통합 및 관리업'과 '정보서비스업'으로 세분화되고, 뉴스제공업은 정보서비스업에 포함됨에 따라 각각을 중소기업 해당 업종으로 규정하고 있다.

또한 제조업을 4개 분야로 재분류하였다. 즉 제조업, 출판업, 영상·오디오 기록물 제작 및 배급업, 하수·폐기물 처리, 원료재생 및 환경복원업으로 분류하였다. 출판업에는 '서적, 잡지 및 기타 인쇄물 출판업(581)'과 '소프트웨어 개발 및 공급업(582)'으로 나누고, '소프트웨어 개발 및 공급업'은 다시 '게임소프트웨어 개발 및 공급업(5821)' 및 '시스템·응용 소프트웨어 개발 및 공급업(5822)'으로 나누어진다. '게임소프트웨어 개발 및 공급업'에는 '온라인·모바일 게임소프트웨어 개발 및 공급업(58211)'과 '기타 게임소프트웨어 개발 및 공급업(58219)'이 포함되어 게임업의 경우 중소기업 관련 조세특례의 적용이 가능하게 되었다.

표 20-3 조세특례제한법상 중소기업의 업종범위

舊 조세특례제한법	중소기업의 범위(시행령2조)	창업중소기업에 대한 세액감면(법6조)	특별감면의 범위(법7조)	제9차 한국표준산업 분류
제조업(출판업포함)	제조업(제조업과 유사한 사업으로서 기재부령이 정하는 사업 포함)	제조업	제조업	식료품제조업 등 14업종
폐기물처리업 등	하수·폐기물 처리(재활용포함)·원료재생 및 환경복원업	-	-	하수, 폐수 및 분뇨처리업
				폐기물 수집운반, 처리 및 원료재생업
				환경 정화 및 복원업
도매업, 소매업	도매 및 소매업	-	도매 및 소매업	자동차 및 부품 판매업
				도매 및 상품중개업
				소매업; 자동차 제외
-	출판업	출판업	출판업	서적, 잡지 및 기타 인쇄물 출판업
				소프트웨어 개발 및 공급업

영화산업	영상·오디오기록물 제작 및 배급업(비디오물 감상실운영업은 제외)	영상·오디오기록물 제작 및 배급업(비디오물 감상실 운영업은 제외)	영화·비디오물 및 방송프로그램제작업, 영화·비디오물 및 방송프로그램 제작관련 서비스업, 영화·비디오물 및 방송프로그램 배급업, 오디오물출판 및 원판녹음업	영화, 비디오물, 방송프로그램 제작 및 배급업
				오디오물 출판 및 원판 녹음업
방송업	방송업	방송업	방송업	라디오 방송업
				텔레비전 방송업
전기통신업	전기통신업	전기통신업	전기통신업	유선통신업
				무선통신업
				위성통신업
				기타 전기통신업
정보처리 및 기타 컴퓨터운영 관련업	컴퓨터프로그래밍·시스템통합 및 관리업	컴프터프로그래밍, 시스템통합 및 관리업	컴프터프로그래밍, 시스템통합 및 관리업	컴퓨터 프로그래밍 서비스업
				컴퓨터시스템 통합 자문, 구축 및 관리업
뉴스제공업	정보서비스업	정보서비스업(뉴스제공업은 제외)	정보서비스업	자료처리, 호스팅, 포털 및 기타 인터넷 정보매개 서비스업
				기타 정보 서비스업

<table>
<tr><td rowspan="2">연구 및 개발업</td><td rowspan="2">연구개발업</td><td rowspan="2">연구개발업</td><td rowspan="2">연구개발업</td><td>자연과학 및 공학 연구개발업</td></tr>
<tr><td>인문 및 사회과학 연구개발업</td></tr>
<tr><td rowspan="2">광고업</td><td rowspan="2">광고업</td><td rowspan="2">광고업</td><td rowspan="2">광고업</td><td>광고대행업</td></tr>
<tr><td>광고물 작성업</td></tr>
<tr><td>과학 및 기술 서비스업</td><td>그 밖의 과학기술서비스업</td><td>그 밖의 과학기술 서비스업</td><td>그 밖의 과학기술서비스업</td><td>그 밖의 과학기술서비스업</td></tr>
<tr><td rowspan="4">전문 디자인업</td><td rowspan="4">전문디자인업</td><td rowspan="4">전문디자인업</td><td rowspan="4">전문디자인업</td><td>인테리어 디자인업</td></tr>
<tr><td>제품 디자인업</td></tr>
<tr><td>시각 디자인업</td></tr>
<tr><td>기타 전문 디자인업</td></tr>
<tr><td>전시 및 행사대행업</td><td>전시 및 행사대행업</td><td>전시 및 행사대행업</td><td>-</td><td>전시 및 행사대행업</td></tr>
<tr><td rowspan="4">공연산업</td><td rowspan="4">창작 및 예술관련서비스업</td><td rowspan="4">창작 및 예술관련 서비스업(자영예술가는 제외)</td><td rowspan="4">창작 및 예술관련 서비스업(자영예술가는 제외)</td><td>공연시설 운영업</td></tr>
<tr><td>공연단체</td></tr>
<tr><td>자영 예술가</td></tr>
<tr><td>기타 창작 및 예술관련 서비스업</td></tr>
<tr><td>무역전시 사업</td><td>전시산업발전법에 따른 전시산업</td><td>전시산업발전법에 따른 전시산업</td><td>전시산업발전법에 따른 전시산업</td><td></td></tr>
</table>

그러나 2008년 귀속 경비율 및 배율고시에 따르면 여전히 '정보처리 및 기타 컴퓨터운영관련업'은 컴퓨터설비 자문, 컴퓨터시설관리업, 소프트웨어 자문·개발 및 공급업, 자료처리업, 사무, 회계계산기기의 유지 및 수리, 기타 컴퓨터운용관련업을 말하는 것으로 하고 있어, 조세특례제한법이 제9차 한국표준산업분류에 따라 '소프트웨어 개발 및 공급업'을 '출판업'으로 분류하고 있는 것과는 차이가 있다.

3. 중소기업 투자세액공제의 사업용 자산

중소기업 투자세액공제의 사업용 자산과 관련해서도, 조세특례제한법 제5조는 법인세법시행규칙 [별표 6]의 업종별 자산의 기준내용연수 및 내용연수 범위표의 적용을 받는 자산(차량 및 운반구와 선박 및 항공기를 제외한다), 운수업을 주된 사업으로 하는 중소기업이 당해 사업에 주로 사용하는 차량 및 운반구, 어업을 주된 사업으로 하는 중소기업이 당해 사업에 주로 사용하는 선박에 대해서는 중소기업투자세액공제를 하고 있었다(구 조세특례제한법 제5조, 동법시행령 제4조 제2항, 동법시행규칙 제3조 제1항). 같은 문화산업인 영화·방송 및 공연산업은 오락·문화 및 운동관련 산업으로 별도 분류되어 세액공제 혜택을 받고 있으나, 게임업은 법인세법시행규칙 별표 6에서 대분류의 사업서비스업, 중분류의 정보처리 및 기타 컴퓨터 관련 운용업으로 분류된다면 세액공제가 가능하나, 예규에 의해 세액공제 또는 세액감면이 결정되는 관계로 그 지위가 대단히 불안정하므로 법령상 이를 명확히 할 필요가 있었다.

문화콘텐츠기업의 경우 "인간의 지식을 집약적으로 활용하여 높은 부가가치를 창출하는 서비스"인 지식서비스산업으로 대부분의 자산투자는 컴퓨터, 대용량 저장 및 백업장치, 엔진 등의 소프트웨어 등인바, 게임업 등 지식서비스산업에 대한 실질적 혜택을 부여하기 위해서는 사업용 자산의 범위 확대가 필요하여, 이를 위하여 법인세법 시행령 [별표 6]의 오락, 문화 및 운동관련산업의 분류기호 88에 온라인게임을 추가하는 방안을 제시할 수 있다.

현행 규정은 중소기업 투자세액공제의 사업용자산에 관해 종전의 "법인세법시행규칙 [별표 6]의 업종별 자산의 기준내용연수 및 내용연수 범위표의 적용을 받는 자산(차량 및 운반구와 선박 및 항공기를 제외한다)"을 삭제하는 대신 "해당 사업에 주로 사용하는 사업용 유형자산(별표 1의 건축물 등 사업용 유형자산 제외)"을 중소기업 투자세액공제의 대상으로 하고 있다(조세특례제한법 시행규칙 제3조 제1항 제1호 참조). 따라서 "해당 사업에 주로 사용하는 사업용 유형자산"은 해석의 여지가 있으나, 게임업 등 지식서비스산업의 경우 엔진 등의 소프트웨어는 제외하고, 사업에 주로 사용하는 컴퓨터, 대용량 저장 및 백업장치 등의 유형자산은 중소기업 투자세액공제의 대상이 될 것으로 보인다.

Ⅳ. 게임산업 R&D 관련 세제지원

1. 개 요

조세특례제한법상 R&D 관련 세제지원은 연구 및 인력개발에 대한 세액공제(제10조), 연구 및 인력개발을 위한 설비투자에 대한 세액공제(제11조), 연구개발 관련 출연금 등의 과세특례(제10조의2), 기술이전소득에 대한 과세특례(제12조), 연구개발특구에 입주하는 첨단기술기업 등에 대한 법인세 감면(제12조의2), 외국인기술자에 대한 소득세의 면제(제18조), 외국인근로자에 대한 과세특례(제18조의2) 등이다. 이하에서는 연구 및 인력개발에 대한 세액공제(제10조)와 연구 및 인력개발을 위한 설비투자에 대한 세액공제(제11조)의 문제를 집중적으로 검토하고자 한다.

2. 연구 및 인력개발비에 대한 세액공제

연구 및 인력개발비에 대한 세액공제와 관련해서는 문화산업이 고부가 가치산업, 지식기반산업으로 연구 및 인력개발이 절대적으로 필요하지만, 게임 등의 창작이 기술개발로 인정되지 못하는바, 문화산업의 창작성을 인정할 수 있는 세제지원의 방안을 마련할 필요가 있다. 대부분의 문화콘텐츠기업이 창작개발을 위한 인력을 내부인력(근로소득자)으로 하기보다는 외부인력(사업소득자)으로 고용하고 있는바, 창작개발종사자에 대한 인건비 세액공제는 문화콘텐츠 창작개발인력의 고용안정에도 상당히 이바지할 것이다. 이를 위하여 온라인 게임을 개발하는데 투여되는 연구소 또는 전담부서의 인력개발지출비용, 기술개발지출비용(예, 인건비 및 위탁연구비 등)에 대한 조세지원 정책을 마련하여야 한다.

이와 관련하여 2008년 세제개편에서 문화산업진흥기본법상의 '기업부설창작연구소'가 연구개발전담부서로 추가[13]하되, 구체적인 범위는 기획재정부장관이 문화관광부장관과 협의하여 고시하도록 하였다. 기업부설창작연구소로 인정받기 위해서는 다음과 같은 인력·시설 등의 기준을 갖추어야 한다(문화산업진흥기본법 시행령 제26조 제1항).

1. 다음 각 목의 구분에 따른 창작전담요원을 확보할 것
   가. 「벤처기업육성에 관한 특별조치법」 제2조 제1항에 따른 벤처기업이 설립 하는 기업부설창작연구소: 3명 이상
   나. 「중소기업기본법」 제2조에 따른 중소기업자(가목의 벤처기업이 설립한 경우는 제외한다)가 설립하는 기업부설창작연구소: 5명 이상
   다. 가목 및 나목에 해당하는 연구소 외의 기업부설창작연구소: 10명 이상. 다만, 국외에 있는 기업부설창작연구소의 경우에는 5명 이상으로 한다.
2. 독립된 창작시설을 갖출 것

13) 조세특례제한법시행령 [별표 6] 1호 가목 ①에서 "기술개발 또는 문화산업진흥 등을 위한 기획재정부령으로 정하는 전담부서에서 근무하는 직원으로서 기획재정부령이 정하는 자의 인건비"는 연구인력개발비 세액공제를 적용받는 비용으로 열거하고 있다. 그런데 동법 시행규칙 제7조 제1항에서 영 제8조 제1항에 따른 영 별표 6의 제1호 가목에서 '전담부서'란 「기술개발촉진법 시행규칙」 제7조에 따라 인정받은 기업부설연구소와 같은 규칙 제8조에 따라 교육과학기술부장관에게 신고한 기업 내의 연구개발전담부서를 말한다고 하여 「문화산업진흥기본법」상의 창작연구소에 관하여는 명시적 언급을 하지 않고 있다.

한편 기업창작전담부서로 인정받기 위하여 다음과 같은 인력·시설 등의 기준을 갖추어야 한다(문화산업진흥기본법 시행령 제26조 제2항).

1. 문화산업 분야의 창작업무가 그 부서의 주요 업무일 것
2. 1명 이상의 창작전담요원을 확보하고 있을 것

이때 창작전담요원은「고등교육법」제35조에 따른 학사 이상의 학위를 가진 사람 또는「국가기술자격법」에 따른 기술·기능 분야의 기사 이상의 기술자격을 가진 사람이어야 한다(문화산업진흥기본법 시행령 제26조 제3항). 다만「중소기업기본법」제2조에 따른 중소기업의 기업부설창작연구소 및 창작전담부서의 경우에는「고등교육법」제2조 제4호에 따른 전문대학을 졸업한 사람 또는 이와 같은 수준 이상의 학력이 있다고 인정되는 사람으로서 해당 분야에서 2년 이상 근무한 사람을 창작전담요원으로 둘 수 있다(문화산업진흥기본법 시행령 제26조 제4항).

3. 연구 및 인력개발을 위한 설비투자에 대한 세액공제

연구 및 인력개발을 위한 설비투자에 대한 세액공제와 관련해서도 창작개발을 위해서는 방송의 경우 방송장비, 영화의 경우 영상·음향기기, 애니메이션, 게임 등의 대부분의 문화산업의 경우 고가의 컴퓨터 본체·주변기기, 소프트웨어를 사용하는바, 조세특례제한법 시행규칙 제8조 제1항에 연구시험용 시설 등에 동 특수장비 등을 추가할 필요가 있다.

Ⅴ. 게임업 투자관련 세제지원

1. 개 요

게임업 투자관련 조세특례의 내용으로는 생산성향상시설투자 등에 대한 세액공제(조세특례제한법 제24조), 안전설비투자 등에 대한 세액공제(제25조), 에너지절약시설투자에 대한 세액공제(제25조의2), 환경보존시설투자에 대한 세액공제(제25조의3), 의약품품질관리개선시설투자에 대한 세액공제(제25조의 4), 임시투자세액공제(제26조) 등이 있으나, 이하에서는 임시투자세액공제(제26조)의 문제를 검토하고자 한다.

2. 적용대상 업종의 확대

임시투자세액공제와 관련해서는 현재는 방송업, 영화산업, 공연산업 등만이 적용대상 업종으로 분류되고 있으나, 온라인 게임산업도 종합엔터테인먼트산업으로써 조세형평을 위해 포함되어야 할 것으로 본다. 게임산업의 경우, 컴퓨터 및 정보인프라의 급격한 발전에 따라 서버 등 기계설비의 경제적 내용연수가 점점 짧아지고 있는 점을 고려하여 타업종에 비해 설비투자가 빈번하게 일어나기 때문에, 설비 투자부분의 세액공제는 산업발전에 매우 긍정적인 계기로 작용할 수 있다.

3. 적용대상 시설

적용대상시설에도 조세특례제한법 시행규칙 제14조는 제조업 중심의 자산인 기계 및 장치류 등[14]에 대하여만 세액공제를 하고 있는바, 기계 및 장

---

14) 기계 및 장치, 동물 및 식물, 운수업용 차량 및 운반구, 어업용 선박 및 항공기, 의료용 공구, 기구 및 비품, 건설업용 기계장비, 도매업 · 소매업 · 물류업용 유통산업합리화시설, 관광업 · 노인복지시설업용 건축물 및 시설물, 전기통신업용 무선설비 등.

치류에 대해 거의 투자를 하지 않는 문화콘텐츠기업과 같은 지식서비스산업의 경우 실질적 혜택은 미미하다. 게임업의 자산투자는 컴퓨터, 대용량 저장 및 백업장치, 엔진 등의 소프트웨어 등인바, 지식서비스산업에 대한 실질적 혜택을 부여하기 위해서는 사업용 자산의 범위 확대가 필요하다.

4. '수도권과밀억제권역의 투자에 대한 조세감면배제' 예외 인정

현행 조세특례제한법 제130조에서 수도권과밀억제 및 공해방지를 위해 1990년 이후 수도권 지역에 설립한 회사의 설비투자에 대해서는 세액공제의 대상에서 제외하고 있다. 게임산업은 공해를 일으키는 전통적인 산업이 아니며 소프트웨어의 경제성과 산업성 및 상품성의 가치를 창출하고 상호작용의 특성을 갖는 고부가가치 산업으로 과거의 정부에서 skylife를 지원하기 위하여 디지털방송장비와 정보통신장비에 한하여 인정해 주었던 특례[15)]를 게임산업에도 인정해 줄 필요성이 있다. 따라서 게임산업의 경우, '수도권과밀억제권역의 투자에 대한 조세감면배제' 예외를 인정받기 위하여는 조세특례제한법 제130조 제1항, 제2항 및 같은 법 시행령 제124조에서 규정하고 있는 "대통령령이 정하는 디지털방송장비 및 대통령령이 정하는 정보통신장비를 제외한다"는 부분에 "대통령령이 정하는 온라인게임 개발전용장비"를 추가로 인정할 필요가 있다.

---

15) 조세특례제한법 시행령[2008. 4. 30] 일부개정 제124조 【수도권과밀억제권역안의 투자에 대한 조세감면배제 등

① ~ ② 생략

③ 법 제130조제1항 및 제2항에서 "대통령령이 정하는 디지털방송장비"라 함은 디지털방송을 위한 프로그램의 제작·편집·송신 등에 사용하기 위하여 취득하는 방송장비(기존의 방송장비를 대체하기 위한 투자분에 한하되, 법 제26조의 규정을 적용함에 있어서는 그러하지 아니하다)를 말한다. <개정 2005. 2. 19>

④ 법 제130조제1항 및 제2항에서 "대통령령이 정하는 정보통신장비"라 함은 「전기통신사업법」 제2조 제1호의 규정에 의한 전기통신사업자가 취득하는 전기통신설비 중 교환설비, 전송설비, 선로설비를 말한다. <신설 2005. 2. 19>

5. 현행 규정

(1) 적용대상 업종의 확대

아래 표 20-4에서 보는 바와 같이 제조업을 4개 분야로 재분류하였다. 즉 제조업, 출판업, 영상・오디오 기록물 제작 및 배급업, 하수・폐기물 처리, 원료재생 및 환경복원업으로 분류하였다. 출판업에는 '서적, 잡지 및 기타 인쇄물 출판업(581)'과 '소프트웨어 개발 및 공급업(582)'으로 나누고, '소프트웨어 개발 및 공급업'은 다시 '게임소프트웨어 개발 및 공급업(5821)' 및 '시스템・응용 소프트웨어 개발 및 공급업(5822)'으로 나누어진다. '게임소프트웨어 개발 및 공급업'에는 '온라인・모바일 게임소프트웨어 개발 및 공급업(58211)'과 '기타 게임소프트웨어 개발 및 공급업(58219)'이 포함되어 게임업의 경우 임시투자세액공제 관련 조세특례의 적용이 가능하게 되었다.

표 20-4 조세특례제한법상 임시투자세액공제 대상업종 범위

舊 조세특례제한법	임시투자세액공제(시행령 제23조)	제9차 한국표준산업분류
제조업 (출판업포함)	제조업(제조업과 유사한 사업으로서 기재부령이 정하는 사업 포함)	식료품제조업 등 14업종
폐기물처리업 등	하수・폐기물 처리(재활용포함)・원료재생 및 환경복원업	하수, 폐수 및 분뇨처리업
		폐기물 수집운반, 처리 및 원료재생업
		환경 정화 및 복원업
도매업, 소매업	도매 및 소매업	자동차 및 부품 판매업
		도매 및 상품중개업
		소매업; 자동차 제외
-	출판업	서적, 잡지 및 기타 인쇄물

		출판업
		소프트웨어 개발 및 공급업
영화산업	영상·오디오기록물 제작 및 배급업 (비디오물 감상실운영업은 제외)	영화, 비디오물, 방송프로그램 제작 및 배급업
		오디오물 출판 및 원판 녹음업
방송업	방송업	라디오 방송업
		텔레비전 방송업
전기통신업	전기통신업	유선통신업
		무선통신업
		위성통신업
		기타 전기통신업
정보처리 및 기타 컴퓨터운영 관련업	컴퓨터프로그래밍·시스템통합 및 관리업	컴퓨터 프로그래밍 서비스업
		컴퓨터시스템 통합 자문, 구축 및 관리업
뉴스제공업	정보서비스업	자료처리, 호스팅, 포털 및 기타 인터넷 정보매개서비스업
		기타 정보 서비스업
연구 및 개발업	연구개발업	자연과학 및 공학 연구개발업
		인문 및 사회과학 연구개발업
광고업	광고업	광고대행업
		광고물 작성업
과학 및	그 밖의 과학기술서비스업	그 밖의 과학기술서비스업

기술서비스업		
전문디자인업	전문디자인업	인테리어 디자인업
		제품 디자인업
		시각 디자인업
		기타 전문 디자인업
공연산업	창작 및 예술관련 서비스업	공연시설 운영업
		공연단체
		자영 예술가
		기타 창작 및 예술관련 서비스업

(2) 적용대상 시설

임시투자세액공제대상 자산의 범위에 "「관광진흥법」에 따라 등록한 전문휴양업 또는 종합휴양업을 영위하는 자가 해당 사업에 직접 사용하는 사업용 자산으로서 「관광진흥법 시행령」 제2조 제1항 제3호에 따른 숙박시설·전문휴양시설(골프장 시설은 제외한다) 또는 종합유원시설업의 시설"이 추가(조세특례제한법 시행규칙 제14조 제5호)되었을 뿐, "컴퓨터, 대용량 저장 및 백업장치, 엔진 등의 소프트웨어"는 임시투자세액공제대상 자산에 포함되어 있지 않다.

(3) 수도권과밀억제권역의 투자에 대한 조세감면

구 조세특례제한법 제130조에 의하면 수도권과밀억제권역의 투자에 대한 임시투자세액공제는 배제되었으나, 현행 조세특례제한법 제130조에서는 수도권과밀억제권역의 투자에 대한 임시투자세액공제는 허용하되, 수도권과밀억제권역 투자에 대해서는 투자금액의 100분의 3을 한도로 공제하도록 하고 있다(조세특례제한법 시행령 제23조 제2항).

Ⅵ. 해외사용료 소득에 대한 국제과세문제

1. 논의배경

문화콘텐츠의 본질은 권리사업이다. 해외에 권리를 라이센싱하는 경우는 반드시 상대방국가에서 사용료소득에 대해 과세(원천세)되는 지를 유의하여야 한다. 예컨대 중국에서 외국에 콘텐츠 사용료를 지불하는 때, 조세조약을 체결하지 아니한 국가로 지불하는 경우는 지불액의 30%를 원천세로 납부하여야 한다고 가정하자. 우리나라는 중국과 조세조약을 체결하고 있으므로 조약의 규정에 따라 이 원천세율이 10%로 감면된다.

원천세는 과세대상이 이익이 아니라 지불액이 된다는 점이다. 예컨대 제작비 95로 문화콘텐츠를 제작하였다고 하자. 이 문화콘텐츠의 권리를 중국에 100으로 라이센싱한 경우, 중국의 원천세를 고려하지 않는다면 이익은 5(100 − 95)로 된다. 반면 중국의 원천세를 고려한다면 조약의 규정에 따라 10%의 원천세를 납부하므로 수익인 100에서 원천세 10을 공제한 90이 수익이 되어 오히려 5의 손실을 입게 된다. 또한 조세조약을 체결하지 아니하였다고 한다면 원천세의 부담으로 인하여 제작비에 훨씬 못 미치는 손실(25)을 입게 될 것이다.

표 20-5 원천세에 의한 영향

원천세를 고려하지 아니한 경우		원천세를 고려한 경우	
사용료 수입	100	사용료 수입	100
		중국 원천세	(10)
		원천세공제 후 수입	90
제작비	(95)	제작비	(95)
이익/(손실)	5	이익/(손실)	(5)

이와 같이 원천세는 해외판매에서 매우 중요한 문제로 된다. 계약체결 후 실제 사용료를 지불하는 때에 원천세로 인하여 분쟁이 발생하기 쉽다. 사용료를 지불하는 측(수입자)은 "세법에 따라 원천한다"고 주장하고, 사용료 수취하는 측(수출자)은 "이 계약서에서 사용료 액은 원천세공제후의 순이익이다"라고 주장한다. 이러한 사태를 없도록 하기 위해 원천세에 관한 취급을 미리 계약서에 명기하는 것이 좋다.

중국의 회사에 문화콘텐츠를 라이센싱하는 사례에서 우리나라의 회사는 "원천세를 공제한 후 전액을 100으로 하는 사용료를 수령한다"고 주장하여야 한다. 반면 상대방은 이를 인정하지 않을 것이다. 왜냐하면 원천세율 10%를 부담하는 경우 지불하는 측(수입자)이 실제로 부담하는 사용료는 100이 아니라 111(100 ÷ 90%)로 되기 때문이다.

따라서 문화콘텐츠 수출을 통하여 사용료를 수취하는 경우에는 수입국의 원천세과세 여부를 조사하여야 할 것이다. 만일 원천세를 과세하는 경우에는 원천세공제 후 순이익을 기준으로 계약함으로써 사용료를 지불하는 측(수입자)에게 이러한 위험을 전가시킬 수 있다. 반면 원천세를 사용료를 지불하는 측에 전가하지 못한 경우에는 그 원천세가 전적으로 손실로 되는 것은 아니다. 즉 그 원천세를 납부한 수출기업은 우리나라의 외국납부세액공제제도에 의해 국내에서 납부하는 법인세 또는 소득세에서 그 원천세를 공제받을 수 있다. 다만 이 제도에도 한계가 있다는 점을 유의하여야 한다. 이에 대하여는 항을 달리하여 설명하기로 한다.

2. 조세조약상 사용료소득

(1) 사용료소득의 개념과 범위

사용료소득이라 함은 ① 문학상·예술상 혹은 학술상의 저작물(영화필름·라디오방송용 또는 텔레비젼방송용 필름 또는 테이프를 포함한다)의 저작권, 특허권, 의장권, 상표권, 도면, 비밀공정 또는 비밀공식의 사용 또는 사용할 권리의 대가, ② 산업상·상업상이나 학술상의 장비의 사용 또는 사용할 권리의 대가, ③ 산업상·상업상이나 학술상의 경험에 관한 정보의 대가로서 받는 모든 종류의 지급금을 의미한다.

우리나라에서 체결한 조세조약에서도 대체로 위와 같은 내용을 기본으로 하여 사용료소득을 정의하고 있으나 체약국에 따라 그 내용은 다소 다르다.

표 20-6 체약국별 사용료소득 유형

사용료소득의 유형	체약국가	비 고
① 문학·예술 혹은 학술작품의 저작권(영화필름·라디오방송용 또는 텔레비전방송용 필름 또는 테이프를 포함)의 저작권, 특허권, 의장권, 상표권, 도면, 비밀공정 또는 비밀공식의 사용 또는 사용할 권리의 대가	그리스·네덜란드·노르웨이·뉴질랜드·덴마크·독일·룩셈부르크·말레이시아·모로코·몰타·미국·방글라데시·벨기에·불란서·스리랑카·스웨덴·스위스·싱가포르·영국·오스트리아·우즈베키스탄·이스라엘·인도·일본·캐나다·카자흐스탄·쿠웨이트·태국·터키·파키스탄·파푸아뉴기니·포르투갈·핀란드·필리핀·호주·우크라이나·네팔·벨로루시·슬로바크·칠레·미얀마·라오스·아랍에미리트연합·오만·요르단·우크라이나·슬로베니아·알제리·크로아티아, 중국	—스위스: 문학, 예술작품(필름 및 테이프 포함) 제외. 국내세법 적용함에 주의(한·스위스조세협약 의정서)
② ①에 해당하는 재산의 양도로 인한 소득	일본·태국·미국·캐나다·싱가포르·멕시코	권리침해에 해당하는 불법복사에 대하여 지급하는 보상금 포함
산업상·상업상 또는 학술상 장비의 사용 또는 사용할 권리의 대가	그리스·네덜란드·노르웨이·덴마크·독일·말레이시아·모로코·몰타·벨기에·스리랑카·스웨덴·스위스·싱가포르·영국·오스트리아·우즈베키스탄·이스라엘·인도·일본·캐나다·카자흐스탄·터키·파키스	—미국·태국·이집트·남아공·뉴질랜드·러시아·방글라데시·휘지조약: 사용료에서 제외 —네덜란드 조약: 용선

	탄・파푸아뉴기니・포르투갈・핀란드・필리핀・호주・네팔・벨로루시・슬로바크・칠레・미얀마・라오스・오만・요르단・알제리	계약에 의한 선박・항공기대여료 제외 —캐나다・멕시코조약: 장비의 양도소득도 사용료 조항 적용
산업상・상업상・학술상 경험에 관한 정보의 대가	그리스・네덜란드・노르웨이・뉴질랜드・독일・덴마크・룩셈부르크・모로코・몰타・말레이시아・방글라데시・벨기에・불란서・스리랑카・스웨덴・스위스・싱가포르・영국・오스트리아・우즈베키스탄・이스라엘・인도・일본・캐나다・카자흐스탄・태국・터키・파키스탄・파푸아뉴기니・포르투갈・핀란드・필리핀・호주・우크라이나・벨로루시・슬로바크・칠레・미얀마・라오스・아랍에미리트연합・오만・요르단・우크라이나・슬로베니아・알제리・크로아티아・중국	—이집트 조약: 사용료에서 제외(사업소득) —불란서・네덜란드 조약: 과학적・지리적 또는 기술적 성격을 가진 특정 공학적 용역 또는 자문이나 감독용역에 대한 대가 제외

(2) 사용료소득의 과세지

사용료소득의 과세에 관한 문제에서 가장 먼저 대두되는 것이 어느 나라에서 사용료소득을 과세할 권한을 가지느냐 하는 것이다. 우선 OECD모델조약에 근거를 둔 거주지국에 과세권이 있다고 하는 주장의 논거는, 기술도입국은 기술도입으로 투자증대, 생산성향상, 고용의 증대를 시현하게 됨에 따라 장기적으로는 조세수입이 증대하게 되므로 원천지국에서 비과세하는 것이 타당하다. 또 사용료소득에 대한 원천지국에서의 원천징수는 발생총액에 대해 이루어지고 이 경우 기술도입으로 인한 소득이 없는 경우에도 과세되므로 국제간 기술교류의 장애요인으로 등장한다는 것이다.

이에 비해 UN모델조약에 근거를 둔 원천지국 과세권 주장의 논거는, 사용료소득을 발생시키는 기술, 특허권 등은 개발된 국가에서 충분히 사용된 후 개도국들에게 이전되는 것이 보통이어서 개발비용은 이미 보상된 것으로 보아야 하기 때문에 개도국은 개발비용을 고려하여 과세할 필요는 없다. 또한 사용료소득이 발생하기 위해서는 기술도입국도 공장, 설비, 훈련된 노동력 등 일정수준의 경제요소를 제공해야 하므로 원천지국 과세권을 포기할 수 없다는 것이다.

기술수출국인 선진국의 입장을 배경으로 하여 사용료소득 수취인의 거주지국에서만 과세하도록 규정하고 있는 OECD모델조약의 입장은 거주지국의 배타적 과세권이 기술수입국들의 입장과는 정면으로 상치되는 것이기 때문에 현실적으로 채택되기 어려우며, 대부분의 나라들이 채택하고 있는 조세조약은 UN모델조약과 OECD모델조약의 절충안으로서 兩國課稅를 채택하고 있다. 우리나라에서 체결한 조세조약에서도 사용료소득에 대해서 원천지국 과세를 일부 제한하고, 거주지국에서 이중과세를 조정하도록 하는 절충안을 채택하고 있다.

즉, 아래 표 20-7과 같이 조세조약상에는 비거주자 또는 외국법인의 사용료소득에 대하여 원천지국에서의 과세권을 일정한도의 세율로 제한(통상 제한세율 10~15%)하거나 과세권이 거주지국에만 부여된 경우(아일랜드, 헝가리, 몰타, 아랍에미리트연합)가 있다.

표 20-7 체약국별 사용료소득 제한세율

체약국		사용료소득	체약국		사용료소득
1	그리스	10%	35	알제리	2%, 10%
2	남아프리카공화국	10%	36	영 국	2%, 10%
3	네덜란드	10%, 15%	37	오 만	8%
4	네 팔	15%	38	오스트리아	2%, 10%
5	노르웨이	10%, 15%	39	요르단	10%
6	뉴질랜드	10%	40	우즈베키스탄	2%, 5%
7	덴마크	10%, 15%	41	우크라이나	5%

8	독 일	2%, 10%	42	이스라엘	2%, 5%
9	러시아	5%	43	이집트	15%
10	라오스	5%	44	이태리	10%
11	루마니아	7%, 10%	45	인 도	15%
12	룩셈부르크	10%, 15%	46	인도네시아	15%
13	말레이시아	10%, 15%	47	일 본	10%
14	멕시코	10%	48	중 국	10%
15	모로코	5%, 10%	49	체 크	10%
16	몰 타	0%	50	칠 레	5%, 10%
17	몽 골	10%	51	카자흐스탄	10%
18	미 국	10%, 15%	52	캐나다	10%
19	미얀마	10%, 15%	53	쿠웨이트	15%
20	방글라데시	10%	54	크로아티아	0%
21	베트남	5%, 15%	55	태 국	15%
22	벨로루시	5%	56	터 키	10%
23	벨기에	10%	57	튜니시아	15%
24	불가리아	5%	58	파키스탄	10%
25	브라질	15%, 25%	59	파푸아뉴기니	10%
26	스리랑카	10%	60	포르투갈	10%
27	스웨덴	10%, 15%	61	폴란드	10%
28	스위스	10%	62	프랑스	10%
29	스페인	10%	63	핀란드	10%
30	슬로바크	10%	64	필리핀	10%, 15%

31	슬로베니아	5%	65	헝가리	0%
32	싱가포르	15%	66	호 주	15%
33	아랍에미리트	0%	67	휘 지	10%
34	아일랜드	0%			

(3) 사용 료소득의 원천지국 결정기준

가. 원칙: 지급지주의

우리나라와 체결한 대부분의 조세조약에서는 사용료소득의 원천지국 결정은 사용료 지급자의 거주지국에서 사용료소득이 발생한 것으로 보는 지급지주의를 원칙으로 하고 있다. 따라서 사용료를 발생시키는 자산·권리 등이 외국에서 사용되고 국내의 내국법인이 지급받는 경우에는 그 외국의 원천소득으로 과세된다. 다시 말하면 문화콘텐츠를 외국으로 수출(라이센싱)하는 경우 문화콘텐츠를 수입하는 외국으로부터 받는 사용료소득은 그 외국이 과세권한을 가지게 되고, 사용료소득에 대한 소득세를 납부하여야 한다. 다만 미국이나 태국과 체결한 조세조약에서는 사용료를 이를 발생시킬 수 있는 자산의 어느 체약국 내의 사용 또는 사용할 권리의 대가로 규정하여 使用地를 사용료소득의 원천으로 규정하고 있다. 따라서 국내에서 사용되지 않고 해외에서 권리나 정보가 사용되는 경우에는 대가가 국내에서 지급되는 경우에도 국내에서 과세되지 않는 것이 타당하다.

우리나라 법인세법 제93조 제1항 제9호에서는 "다음 각 목의 어느 하나에 해당하는 권리·자산 또는 정보(이하 이 호에서 '권리 등'이라 한다)를 국내에서 사용하거나 그 대가를 국내에서 지급하는 경우의 당해 대가 및 그 권리 등의 양도로 인하여 발생하는 소득"이라고 하여 사용지주의와 지급지주의를 동시에 규정하고 있다. 다만, 이와 같이 하게 되면 사용료소득의 원천의 범위를 너무 확대해석한다는 비판이 있을 수 있으므로 "소득에 관한 이중과세방지협약에서 사용지를 기준으로 하여 당해 소득의 국내원천소득 해당여부를 규정하고 있는 경우에는 국외에서 사용된 권리 등에 대한 대가는 국내지급 여부에 불구하고 이를 국내원천소득으로 보지 아니한다"고 하여 조세조약에서 사용지를 기준으로 하는 경우 사용지를 사용료소득의 원천으로 하도록 하고 있다.

나. 특례: 고정사업장 등의 소재지 기준

우리나라와 체결한 조세조약에서는 사용료의 지급인이 일방체약국의 거주자 여부에 관계없이 동 일방체약국에 고정사업장 또는 고정시설을 가지고 있고 그 사용료가 당해 고정사업장 또는 고정시절과 실질적으로 관련이 있어 동 사용료를 고정사업장 또는 고정시설에 의하여 부담되는 경우에는 동 사용료는 당해 고정사업장 또는 고정시설이 소재하는 국가에서 발생하는 것으로 간주하여 고정사업장 등의 소재지를 원천지국으로 규정하고 있다. 따라서 내국법인의 외국지점과 관련하여 발생한 사용료를 동 내국법인 외국지점이 지급하면 동 사용료 소득은 외국에 원천이 있는 것으로 보아 외국에서 과세된다.

3. 외국납부세액공제제도

국내에서 개발한 특허권 등의 기술을 외국으로 이전하는 경우 그로 인한 소득이 거주자의 국외원천소득이 되어 우리나라에서 소득세 혹은 법인세 과세대상이 되는 반면, 나아가서는 기술이전에 대한 대가를 지급하는 나라에서는 국내원천소득으로 원천징수된다. 이와 같은 경우 기술도입계약 당사자의 거주지국 상호 간의 이중과세를 회피하기 위해 외국납부세액공제제도가 적용된다. 그러나 공제해주는 세액은 외국에 납부하였거나 납부할 세액 전액이 아니라, 당해 사업연도 법인세 산출세액 중 외국원천소득이 당해 사업연도의 과세표준에서 차지하는 비율을 곱한 금액을 한도로 한다. 즉 외국세액공제는 외국원천소득에 대한 우리나라의 법인세 납세액을 한도로 하는 셈이다.

예컨대 우리나라의 A법인이 외국인 B로부터 기술이전으로 인한 대가 내지 실시권 허여에 따른 사용료 100만 원을 받았다고 하자. 사용료는 우리나라의 입장에서 보면 국외원천소득이 되고, 외국인 B가 거주하는 나라 R국의 입장에서 보면 국내원천소득이 되므로 만일 R국의 소득세율이 12%라면 사용료에 대해 12만 원의 원천징수될 것이다. 다시 그 원천징수세액은 우리나라에 있어서 외국납부세액공제를 받을 수 있을 수 있으므로 우리나라의 A법인의 법인세율이 22%라면, A법인은 사용료수입에 대해 법인세 10만 원만 추가로 납부하면 된다. 만일 R국의 소득세율이 30%라면 사용료에 대해 30만 원이 원천징수될 것이나, 전액에 대해 외국납부세액공제를 받을 수는 없고, 22만 원까지만 외국납부세액공제가 가능하게 된다.

4. 조세지원제도의 평가

조세특례제한법상 외국인에 대한 기술이전소득에 대한 소득세 혹은 법인세를 세액감면하는 제도는 기술개발촉진 및 지적재산권 활성화에 어느 정도 실효성이 있을까? 전술한 외국납부세액공제제도와의 관련 하에서 살펴보면 우선 이미 공제한도가 초과된 기업은 외국에 기술을 수출하고 그로 인한 사용료수입이 있을 경우 사용료수입은 전액 우리나라에서 국외원천소득으로 과세되는 반면, 외국에서의 원천징수세액에 대해서는 우리나라에서는 이미 공제한도를 초과하고 있으므로 세액공제를 할 수 없어 세액감면제도를 효율적으로 사용할 수 없다. 그렇다면 공제한도가 초과된 기업은 기술이전소득에 대해 소득세 혹은 법인세를 세액감면하는 제도가 별로 실효성이 없으므로 굳이 외국에서 사용료수입을 목적으로 하여 우리나라에서 기술개발을 하려고 하지 않을 것이다. 물론 고세율국가에 자회사형태로 진출한 경우 자회사가 소재하는 국가에서의 납세의무를 완화시킬 목적으로 모자회사 간에 사용료 지급액을 최대화하는 경우는 있으나 이는 예외적인 것이다.

한편 공제한도에 여유가 있는 기업에 있어서는 이 제도를 적극적으로 활용하려고 할 것이다. 공제한도에 여유가 있는 기업은 외국에 기술을 수출하고 그로 인한 사용료수입이 있을 경우 사용료수입은 전액 우리나라에서 국외원천소득이지만 그에 대한 소득세 혹은 법인세의 일정비율을 감면받는 반면, 외국에서의 원천징수세액에 대해서는 외국납부세액공제를 받을 수 있으므로 기술이전소득에 대해 소득세 혹은 법인세를 세액감면하는 제도를 효율적으로 활용할 수 있을 것이다.

이런 관점에서 "특허권 등을 등록한 내국인이 당해 특허권 등을 양도 또는 대여하거나 기술비법을 보유하고 있는 내국인이 계약에 의하여 당해 기술비법을 제공함으로써 발생하는 소득에 대하여 당해 소득에 대한 소득세 또는 법인세의 일정 비율에 상당하는 세액을 감면"하도록 한 제도는 2005. 12. 31. 이미 폐지되었지만 기업으로 하여금 연구개발의욕을 촉진시키는 유인책이 될 것으로 보인다.

Ⅶ. 결　　론

결론에 갈음하여 게임산업 진흥을 위한 간접 지원책으로서 게임산업에 대한 세제의 현황 및 개선방안을 제시하여 보면 다음과 같다.

우선 게임업이 중소기업에 대한 조세지원을 받기 위해서는 조세특례제한법상 중소기업에 해당하여야만 한다. 업종기준과 관련하여 조세특례제한법 시행령에서 종전 제8차 한국표준산업분류에 따르던 중소기업 해당업종 명칭을 제9차 한국표준산업분류에 따라 재분류함으로써 게임업의 경우 출판업에 포함됨으로써 중소기업 관련 조세특례의 적용이 가능하게 되었다. 그러나 2008년 귀속 경비율 및 배율고시에 의하면 소프트웨어 자문, 개발 및 공급업은 '정보처리 및 기타 컴퓨터운영 관련업'에 속하도록 함으로써 조세특례제한법이 '소프트웨어 개발 및 공급업'을 '출판업'으로 분류하고 있는 것과는 차이가 있다. 뿐만 아니라 '해당 사업에 주로 사용하는 사업용 유형자산'을 중소기업 투자세액공제의 대상으로 함으로써 사업에 주로 사용하는 컴퓨터, 대용량 저장 및 백업장치 등의 유형자산은 중소기업 투자세액공제의 대상이 되는 반면, 엔진 등의 소프트웨어는 제외된다는 문제가 있다.

연구 및 인력개발비에 대한 세액공제와 관련하여 문화산업진흥기본법상의 '기업부설창작연구소'가 연구개발전담부서로 추가됨으로써 게임을 개발하는데 투여되는 연구소 또는 전담부서의 인력개발지출비용, 기술개발지출비용(예, 인건비 및 위탁연구비 등)에 대한 조세지원정책이 어느 정도 마련되었다. 다만 연구 및 인력개발을 위한 설비투자에 대한 세액공제와 관련해서도 창작 개발을 위해서는 게임 등의 문화산업의 경우 고가의 컴퓨터 본체·주변기기, 소프트웨어를 사용하게 되는데, 연구용시험시설 등에 동 특수장비 등을 추가할 필요가 있다.

게임업 투자관련 지원세제로 중요한 것이 임시투자세액공제이다. 게임소프트웨어 개발 및 공급업도 출판업에 포함됨으로써 게임업의 경우에도 임시투자세액공제 관련 조세특례의 적용이 가능하게 되었다. 또한 수도권과밀억제권역 투자에 대해서도 임시투자세액공제를 허용하되, 투자금액의 100분의 3을 한도로 하고 있다. 그러나 임시투자세액공제대상 자산의 범위에 '컴퓨터, 대용량 저장 및 백업장치, 엔진 등의 소프트웨어'는 포함되어 있지 않다는 문제점이 있다.

해외사용료소득에 대한 조세감면제도는 외국납부세액 공제한도에 여유가 있는 기업은 외국에 기술을 수출하고 그로 인한 사용료수입이 있을 경우 사용료수입은 전액 우리나라에서 국외원천소득이지만 그에 대한 소득세 혹은 법인세의 일정비율을 감면받는 반면, 외국에서의 원천징수세액에 대해서는 외국납부세액공제를 받을 수 있으므로 기술이전소득에 대해 소득세 혹은 법인세를 세액감면하는 제도를 효율적으로 활용할 수 있다. 따라서 이들 기업의 경우에는 조세특례제한법상 외국인에 대한 기술이전소득에 대한 소득세 혹은 법인세를 세액감면하는 제도를 적극 검토할 필요가 있다.

게임산업의 한-중 FTA 추진방향

chapter 21

권 현 호*, **

Ⅰ. 서 론

2008년 WTO 도하개발의제협상(DDA협상)이 실패로 끝난 후 세계 각국은 FTA를 통한 무역질서의 재편을 끊임없이 추진하고 있다. 이에 우리나라도 한-미 FTA 체결 이후 한-EU, 한-멕시코 등 다양한 국가들과 동시 다발적으로 FTA 협상을 진행하고 있으며, 중국과의 FTA 체결을 위한 사전논의가 마무리되고 있다. 특히 중국은 우리나라의 최대 교역국으로 성장하였으며, 이에 따라 중국과의 FTA는 우리나라 경제에 미치는 영향이 다른 어떤 FTA보다 클 수밖에 없다. 그러나 게임산업과 관련하여 중국시장에서 한국게임의 점유율은 2002년 80%를 기점으로 떨어지기 시작하여 현재 시장점유율은 40% 내외이며, 한국 기업들에 대한 중국 정부와 시장의 압력은 더욱 확대되고 있다. 이러한 상황에서 중국과의 FTA를 통해 현지 게임시장에 대

* 본 원고는 필자가 수행한 한국게임산업진흥원(현 한국콘텐츠진흥원) 연구보고서 09-003 "한-중 FTA 체결을 대비한 게임분야 협상전략 연구"(2009년 4월)의 결론에 해당하는 내용을 정리한 것이며, 본 원고에 대한 인용이나 배포 등은 한국콘텐츠진흥원의 사전 허락 없이 이루어질 수 없음을 밝힙니다.

** 성신여자대학교 법과대학 교수

한 보다 나은 접근의 필요성이 제기되고 있다.

특히 한국 게임산업에 있어 중국은 일본에 이은 두 번째 수출시장이다. 한국 게임의 해외 수출통계를 보면, 중국에 대한 수출비중은 한국 게임의 전체 수출량 중 52.4%(2003년)를 차지하였고, 2003년을 기점으로 20~30%대로 그 비중이 감소하였으나, 2007년 일본시장의 비중이 31.1%인 것을 감안하면 30.9%인 중국시장의 수출 비중은 소폭의 차이밖에 보이지 않았다.[1] 그러나 현재 중국 온라인 게임사들은 나스닥 상장 등을 통해 확보된 막강한 자금력으로 기술력 있는 한국 게임업체들을 인수하고 있다. 또한 중국 정부는 전폭적으로 자국 게임산업 보호정책을 추진하는 움직임을 보이고 있다. 이렇듯 현재 중국시장은 자국 업체들이 개발한 게임의 강세가 이어지는 상태이다. 이에 따라 한국 게임의 중국 내 점유율은 2003년 기준 90%에서 2007년 기준 20%로 급격한 하락을 보이면서 중국 게임시장은 점차 레드오션화되고 있다.[2]

그러나 이러한 하향 추세에서도 한국 게임의 중국 수출은 2005년 9,700만 달러에서 2007년 1억 4,400만 달러로 수직 상승하였다. 또한 최근 중국 국가신문출판총서가 8주 동안 진행한 10대 온라인게임 기대작에서 한국 게임 5개가 뽑혔으며 2007년 이용자 100만을 넘은 온라인게임 16개 중 한국이 5개, 미국이 1개, 중국이 10개를 차지한 것으로 보아 비록 시장의 일부를 정부의 지원을 통해 성장하고 있는 중국기업에 내주었으나, 한국기업의 영향력은 유지되고 있다고 볼 수 있다. 따라서 중국의 게임시장은 레드오션화되고 있으나, 꾸준히 진출하고 발전시켜야 할 거대한 산업이라고 할 수 있으며, 시장의 발전가능성이 높은 게임산업이 일본에 이은 거대시장인 중국에 진출하는 방법과 올바른 방향에 대한 연구의 필요성이 제기된다.

이러한 배경에 따라 향후 한-중 FTA 체결을 준비하는 과정에서 협상 상대국인 중국의 게임산업 관련된 법제도 및 해당 법제도의 WTO 규범과의 일치성 검토를 통해 법과 논리에 기초한 올바른 협상방향을 설정하는 것이 요구된다. 특히 현재 중국에 이미 진출한 또는 향후 중국시장의 진출을 준

1) 한국게임산업진흥원, 「2008 대한민국 게임백서」, 2008, p. 135.

2) 앞의 주, p. 718.

비하는 우리나라 게임기업들이 보다 유리한 시장접근을 마련하기 위하여 FTA는 양국 간 법제도를 일치시키고 보다 호혜적인 대우를 합법적 범위에서 누릴 수 있는 핵심적인 기능을 할 것으로 예상된다. 동시에 FTA 협상과정에서 FTA 협상 자체로는 해결되지 못하는 문제를 발굴하고, 이를 다른 방향에서 체계적으로 접근할 수 있도록 전체적인 협상과 추진방향을 마련하는 것은 우리나라 게임산업이 처한 현실을 타개할 수 있는 출발점이 될 것이다.

다만 본 연구는 한-중 FTA 체결을 대비하여 게임산업 분야의 협상방향을 마련하는 것이지만 기존 FTA 협상의 경험을 비추어 봤을 때 게임산업이 독자적인 협상의제가 된 경우는 지금까지 없었다는 점에서 이러한 준비 자체에 한계가 나타날 수 있다. 즉, 우리나라의 게임산업의 이해를 반영하기 위해서 앞으로 논의될 서비스, 투자, 원산지, 내국민대우, 경쟁, 지적재산권 등 다양한 분야의 협상쟁점과 전략은 FTA 체제 내에서 '게임'이라는 단일 협상의제로 논의되지는 않을 것이며, 관련 분야별로 나눠진 상태에서 협상 의제로 제기되어야 한다는 점이 문제로 제기된다. 따라서 향후 한-중 FTA 협상이 개시되는 경우 우선 문제로 제기될 수 있는 것이 과연 '게임산업'을 협상 테이블에 의제로 올리는 것이 가능한가 여부에서 출발해야 한다. 이는 결국 관련 소관 부처의 대내적인 협상력과 준비 여하에 따라 달라질 수 있는 문제이며, 본 연구는 이러한 점은 고려하지 않고 실제 중국과의 협상에 게임산업 관련 의제가 제기된다는 것을 가정하고 이에 기초하여 협상의 방향을 설정하는 한계를 갖는다.

또한 본 연구는 중국과의 FTA 협상을 가정하고 그에 따른 대략의 방향을 수립하고 있으나 동시에 본 연구는 FTA 협상 이외의 방법으로 우리나라 게임산업이 현재 겪고 있는 다양한 문제점들을 해결하기 위한 방안도 함께 고려하고 있다. 이는 일견 FTA를 통한 협상전략과는 상충되는 것으로 보이나 국가 간 협상에서 모든 쟁점을 협상 테이블에 올리고 논의하는 것이 때로는 적절하지 않을 수 있다는 점에서 FTA를 우회하여 문제를 해결하기 위한 방법을 찾고자 하는 것이다. 따라서 본 연구는 이와 같이 협상 시작 이전 단계의 국내적 또는 대내적 한계와, 내용상으로 소위 'FTA 협상 플러스'

방식을 고려하였다는 점이 고려되어야 한다.

결국 본 연구는 한-중 FTA 협상을 준비하는 과정에서 우리나라 게임산업의 이해를 반영한 올바른 협상방향을 마련하기 위한 것이며, 이를 위해 온라인게임과 모바일게임 및 아케이드게임 등 세 가지 플랫폼에서 나타난 다양한 쟁점들이 향후 중국과의 FTA 협상에서 어떤 방향성을 가지고 해결되어야 하는지 검토하였다. 다만 본 연구의 대부분의 내용은 현실적으로 가장 쟁점이 되고 있는 온라인게임 분야에 초점을 맞추고 있으며, 모바일 및 아케이드게임 분야에서는 향후 문제제기가 가능한 쟁점들을 파악하는 수준에 머물고 있다.

Ⅱ. 온라인게임 분야

1. 서비스 분야 협상방향[3)]

서비스 분야에 있어서의 협상방향은 다음을 고려해야 할 것이다. 첫번째 시나리오는 중국이 게임서비스를 이미 WTO 양허안을 통해 개방하였다고 치환하는 것이고, 두 번째 시나리오는 중국이 양허하지 않았다는 주장에 대비하여 이를 FTA 협상의제로 올려 WTO에 추가된 개방을 유도하는 전략이다. 이를 위해서는 우선 협상과정에서 우리나라는 게임산업이 중국이 이미 양허하고 있는 '시청각서비스' 또는 '전신서비스'에 해당한다는 논리로 접근할 필요성이 제기되고, 투자 부분과 연계하여 외국인 합작회사의 지분비율을 현 양허안에서 보장하는 수준을 실제로 확보할 수 있도록 해야 하며, 나아가 FTA 당사국으로서 외국인 투자지분의 비율을 상향 조정하거나

---

3) 서비스 부문의 협상은 투자 부분과 분리하여 독립적으로 판단하고 설정하기 어렵다는 한계가 있다. 그러나 본 연구에서는 게임관련 서비스의 분류 문제에 보다 집중해서 검토하며, 투자 부분은 서비스 부문의 논의와 중복되는 범위에서 최소한의 핵심적인 내용만을 언급하고 보다 구체적인 내용은 투자 부문에서 검토한다.

기존에 체결된 양국 간 투자보장협정을 보다 현실화할 필요성이 있다. 만약 이 경우 우리나라의 설득이 성공하지 못한다면 다음 단계로 우리나라는 FTA 협상의 기본목적에 따라 게임산업 분야를 WTO 양허안에 더하여 개방할 수 있는 법적 근거를 FTA 상에서 마련하도록 해야 한다. 동시에 이러한 협상의 전제가 되어야 할 것은 우선 대내적 차원에서 게임산업이 FTA의 새로운 협상의제가 될 수 있도록 부처 간 의견조정이 선행되어야 한다는 것이다. 한편 두 번째 시나리오는 한-중 FTA '시청각서비스' 또는 '전신서비스' 분야 협상과 연계하여 FTA 체제 내에서 별도의 부속서한(side letter) 형식의 추가적인 개방약속을 확보하는 것이다. 다만 FTA에 포함되는 별도의 부속서한(side letter)을 구성할 때 좁은 의미의 서비스 협상에서는 게임산업이 '시청각서비스' 또는 '전신서비스' 분야 중 가능한 '시청각서비스' 분야로 포함되는 것이 보다 유리할 것으로 판단되며, 동 서비스 분야에서 제기되는 중국의 제한은 추가적인 양국 간 관련 분야 MOU 등을 통해 해결하는 방안이 병행될 필요성이 있다. 서비스 분야의 마지막 시나리오는 게임산업에 대한 중국의 시장개방 문제를 FTA 협상에서 논의할 것이 실제 기존에 중국에 진출한 국내기업들에 불이익을 줄 가능성이 제기된다는 전제에서 이를 해결하기 위하여 사전 및 사후 단계로서 FTA 협상에서는 이러한 문제들을 제기하지 않고, FTA 이외의 협상채널을 통해 단계별 해결을 추구하는 것이다. 다만 이러한 전략이 유효하기 위해서는 양국 간에 지속적이며, 신뢰할 만한 협의채널을 확보하는 것이 무엇보다 시급히 요구된다.

2. 투자 분야 협상방향

투자 분야에 있어서 우리나라의 FTA 협상방향은 다음과 같다. 우선 투자 분야와 관련하여 첫번째 시나리오는 한-중 FTA에 투자 챕터(chapter)를 포함하며 현재의 한국-중국 투자보장협정보다 강화된 내용을 이에 반영하는 방안이다. 이를 위해 투자문제를 한-중 FTA 의제로 하도록 하며 FTA 투자 챕터를 통하여 Negative 협상방식을 채택 추구하되 Negative 방식이 여의치 않을 경우 Positive 협상방식을 채택하고 서비스시장 개방의 폭을 확대하며 지분 상한선을 최대화하여야 한다. 두 번째 시나리오는 한-중 FTA에 투자 챕터를 포함하지 않게 되는 경우 현재의 한-중 투자보장협정을 보다 강화된 내용으로 반영하여 투자보장협정을 개정하는 방안으로 투자보장협정의 개정은 쟁점이나 쟁점의 중요도에서 FTA에 투자 챕터를 포함하는 경우와 동일하다. 세 번째 시나리오는 FTA 또는 투자보장협정 이외에 양국 간의 MOU 등에 기초한 협력을 바탕으로 투자보호를 도모하는 방안으로 별도의 합의문을 채택하는 것을 고려해야 한다. 특히 성공적인 협상결과를 도출하기 위해서는 현행 투자보장협정에서 비합치조치(non-confirming measures)로서 용인되는 조치의 완전 철폐 또는 부분적 철폐를 도출하여야 하며 국내법 집행의 투명성을 확보해야 할 것이다. 이를 위해 온라인게임 제작업에 진출한 국내 기업과의 협력을 통하여 철폐하여야 할 투자관련 조치 및 관행, 차별적인 조치 및 관행, 투명하지 못한 법집행 관행을 파악한 후 우선순위에 따라 중국법 개정을 위한 노력을 경주해야 할 것이다.

3. 원산지 분야 협상방향

원산지 분야와 관련하여 첫번째 시나리오에 따른 우리나라의 전략은 게임관련 쟁점에 대하여 우선순위를 정하고 협상상황에 따라 우선순위가 낮은 쟁점은 포기하고, 우선순위가 높은 쟁점을 관철하는 협상전략이 필요하다. 우선순위 파악을 위하여 업체, 협회 등과의 간담회를 사전에 수시로 개최하여 의견을 수렴하고 이를 통하여 우선순위를 확정해야 하며, 관계 부처와의 논의를 통하여 연계 가능한 쟁점이 있는지에 대한 분석이 필요하다. 한편 내국민대우 문제와 관련하여 FTA 상품 챕터에 내국민대우 원칙조항을 삽입하고, 각종 법령에 대한 차별가능성에 대하여는 실제 사례 등을 수집, 분석하여 중국 측에 문제를 제기해야 한다. 또한 투명성 챕터에 반영될 게임산업과 관련된 별도의 부속서(Annex)를 마련하여, 동 부속서에서 게임업계에서 제기하는 중국 국내제도에 대한 개선방안을 적극적으로 반영할 수 있도록 한다. 만약 필요하다면 향후 게임 관련 사안을 논의할 수 있는 별도의 위원회(소위원회) 설립근거 조항 및 그 범위 등을 FTA 협정문에 반영하는 것도 좋은 방안이다. 한편 두 번째 시나리오에 따른 원산지 분야 협상방향은 FTA 협상준비 및 MOU 또는 대화채널을 확보하는 노력을 병행하여 추진해야 하는 것으로 한-중 FTA의 추진일정과 별도로 게임산업과 관련된 MOU 또는 대화채널을 확보해야 한다. 또한 내국민대우 문제와 관련하여 실제 사례 수집·분석하고 게임산업과 관련된 MOU 등의 채널을 통하여 문제해결을 도모하고, FTA 협상시 투명성 챕터에 반영할 게임산업과 관련된 문안 마련해야 한다. 마지막으로 세 번째 시나리오에 따른 원산지 분야 협상은 중국 측에 요구할 사안에 대한 이행을 담보하기 위하여 협력사업 등 이행방안에 대한 검토가 필요하다. 또한 대화채널을 통하여 확인된 해결이 어려운 문제점에 대하여는 향후 FTA 협상을 통하여 해결모색을 요구한다.

4. 지적재산권 분야 협상방향

지적재산권 분야에서의 첫번째 협상 시나리오는 FTA 협상 이전 단계로 가장 우선적으로는 중국과의 협상에서 지적재산권 분야가 FTA 협상의제로 포함될 수 있도록 중국을 설득할 수 있는 근거를 마련하는 것이 무엇보다 시급하며, 이러한 실제 데이터에 기초하여 지적재산권 챕터가 FTA 체제 내에서 논의될 수 있도록 사전 조율이 필수적이다. 이와 병행하여 지적재산권 보호가 단지 게임산업만의 핵심쟁점이 아니라는 점을 각 협상 부처들 간에 사전에 의견조율이 이루어져야만 한다. 한편 FTA 협상과정에서 우리나라 기업의 피해사례에 근거하여 법제도 자체에 대한 문제제기보다는 실제 집행을 담보할 수 있는 근거조문을 구성하는 데 협상의 초점이 맞춰져야 할 것이다. 특히 이를 위해 중국 측에 양국의 '공동위원회'를 설립하여 실제적인 지적재산권의 협력과 조정, 집행을 관리·감독하도록 하는 제안이 필요하며, 이러한 과정에서 '공동위원회' 설립의 근거는 FTA 체제 내에서 규정되는 것이 바람직하다. 한편 지적재산권 분야에서의 두 번째 협상 시나리오는 지적재산권 관련 협상을 두 개의 트랙으로 나누는 것 자체에 중국과 사전 조율이 요구되며, FTA 협상과정에서는 내용을 양국 간의 제도적 협력과 조정 등에 맞추어 진행하고, 별개의 협상인 기타 방법을 통해서는 실질적인 이행이 확보될 근거를 구체적으로 마련할 필요성이 있다. 또한 이를 위해 실질적인 권한을 가진 별도의 협력기구를 구성하는 제안도 추진할 가치가 있다. 마지막으로 지적재산권 분야의 세 번째 시나리오는 FTA의 추진일정과는 별도로 게임산업과 관련된 MOU 또는 대화채널의 확보를 추진하는 것이다. 이러한 대화채널이 양 당사국 간에 권한 있는 당국에 의해 이루어져야 하고, 이에 기초한 실제 사업이 꾸준히 이루어질 수 있어야 하며, MOU 등을 이행할 수 있는 다양한 이행방안에 대한 검토가 사전에 마련되어야 한다.

5. 경쟁 분야 협상방향

경쟁 분야에서의 첫번째 시나리오는 만일 게임산업 자체가 FTA 협상의 대상이 될 경우 온라인 게임산업의 특성에서 꼭 주장하여야 될 이슈를 다른 문화산업과 연계시켜 주장하는 것이다. 아울러 중국에서 우리나라에 요구하는 다른 문화산업에 대한 개방조치의 대가로 게임산업에서 얻어낼 수 있는 성과물과 맞교환하는 전략도 하나의 방법이 될 수 있다. 또한 행정권에 의한 독점력 행사를 강하게 문제 삼아 다른 부문의 협상전략으로 이용하는 것도 FTA 차원의 협상전략으로 고려될 수 있다. 한편 경쟁 분야의 두 번째 협상 시나리오는 중국의 온라인게임시장과 우리나라의 온라인게임시장에서 빈발하는 경쟁제한행위에 대한 사례 및 특수성을 공정거래위원회의 당국자에게 충분히 전달하여 경쟁라운드에서 충분한 논의가 가능하며, 다른 주제에 비해 우선적으로 다루어질 수 있도록 우회적인 접근을 취하는 것이다. 동시에 양국 정부 당국 간의 충분한 논의를 통하여 경쟁과 관련된 양국 게임산업의 MOU를 체결하는 것도 병행될 수 있을 것이다. 마지막으로 경쟁분야와 관련하여 제기되는 시나리오는 게임산업에 있어서 양국 간 FTA에서 다루기는 민감한 정치적 내지 정책적 사안들에 대하여 정부 당국자 간의 양해각서 형식을 빌리는 것은 명분을 버리고 실리를 추구하는 전략이 될 수 있다. 이를 위해 경쟁제한적인 내용, 행정독점이 일어나고 있는 내용들을 충분히 조사하고 아울러 중국 온라인게임 기업들이 우리나라로 진출하는 데에 비슷한 사례가 있는지를 조사하여, 가장 우리나라 정부와 기업이 이익을 얻어낼 수 있는(Win-Win) 양해각서를 체결하여야 한다.

Ⅲ. 모바일게임 분야 협상쟁점

1. 시장접근의 문제

모바일게임의 경우 현재까지 파악된 협상쟁점 중 가장 우선적으로 제기되는 문제는 시장접근에 대한 제한이다. 즉, 중국은 WTO의 서비스 양허안에 따라 이동통신사를 통해 공급되는 모바일게임 서비스를 단계별로 개방하기로 약속하였음에도 불구하고 현재 중국은 실제 운영상의 과정에서 이러한 시장접근의 약속이 제대로 지켜지지 않고 있는 것으로 파악되고 있다. 이는 온라인게임의 경우에는 ICP 허가 문제와 문화경영허가증의 발급제한의 문제로 나타나지만, 모바일게임의 경우에는 ISP 확보의 문제로 제기된다. 특히 현지에서 사업을 함에 있어 반드시 필요한 문화경영허가증을 얻기 위해서는 100% 내국자본이어야 한다는 점은 일반적인 장벽으로 존재하고 있다. 즉, 해외업체가 중국시장에서 직접 사업을 수행할 수 없다는 점이 중국 내에서의 온라인게임과 모바일게임의 공통적 핵심 쟁점으로 제기되고 있다.

2. 투자보장 문제

중국은 모바일게임 서비스를 양허하지 않고 있어 아직 중국 내 투자가 없는 상황이다. 중국이 모바일게임 서비스를 양허하는 경우 투자 부문의 쟁점은 기본적으로 온라인게임 서비스에 대한 투자와 동일할 것이다. 그러므로 설립 전 투자에 대한 내국민대우 적용, 내국민대우 의무와 이행요건에 불합치하는 기존 조치를 완전히 또는 부분적으로 철폐하는 것이 중요한 쟁점이 될 것이다. 한편 협정 이행의 투명성을 확보하기 위한 조치와 비방정부 조치의 협정 합치성 확보가 중국이 모바일게임을 양허하더라도 우리나라 투자자를 실질적으로 보장할 수 있는 중요한 수단이 될 것이다.

3. 지적재산권 보호의 문제

모바일게임의 경우에도 지적재산권에 대한 보호와 실질적 집행 부족의 문제가 여전히 나타나고 있다. 이는 중국 내에서의 지적재산권을 담당하는 판권보호국의 법 집행의지 결여뿐만 아니라 시장 전체에 지적재산권 경시 풍조가 만연한 결과로 보인다. 그러나 WTO 회원국으로서 중국이 이러한 지적재산권 보호에 대한 미비는 향후 많은 문제점을 불러올 수 있으며, 우리나라가 향후 중국과 FTA를 체결하는 경우에도 반드시 확보해야 할 핵심 쟁점 중 하나로 파악된다.

4. 경쟁 분야의 문제

경쟁 분야에서는 우선 모바일 사업자의 시장지배적 지위남용행위가 우려된다. 즉, 모바일게임의 경우 주 수요층이 이동통신을 사용하는 사용자이기 때문에 이동통신사의 영향력이 매우 크다. 따라서 모바일게임시장의 경우 이동통신 사업자의 시장지배력이 전이(leverage)되는 현상이 매우 크며, 특히 모바일 기종의 차이에 따라 게임 라이선스가 모두 다르고, 이동통신사의 정책에 따라 게임 인기순위의 조작이 가능하기 때문에 그러한 부분에서 오는 경쟁제한적 행위가 빈번하게 나타날 수 있다. 따라서 게임프로그램 공급자와 모바일 사업자, 다운로드를 받을 수 있는 포털 간의 다각적인 경쟁제한적 행위에 대한 법적 검토가 필요하다. 한편 모바일게임의 경우 통신사업의 사전 규제와 밀접한 관계가 제기된다. 모바일게임산업은 II종 전신부가서비스 사업으로서 정부의 허가가 필요한 7개 특정분야이다. 따라서 모바일게임에 대한 콘텐츠 사업자와 이동통신사의 경쟁제한적 요인뿐만 아니라 통신정책적인 정부 내지 성시의 경쟁제한적 영향력을 완화시킬 수 있는 대책이 필요하다.

Ⅳ. 아케이드게임 분야 협상쟁점

아케이드게임의 경우에는 현재 중국시장 자체에 접근이 불허된 상태이다. 따라서 향후 중국과의 FTA 협상을 전제로 한다면 이와 같은 시장접근의 차단을 해제하는 것이 가장 핵심적인 협상의제로 제기되어야 한다. 또한 시장접근이 이루어진다는 전제에서는 아케이드게임은 일반적인 상품무역의 범주에 속하므로 아케이드게임과 관련 교역구조, 관세시스템, 원산지 판정기준, 통관절차 등에 대한 논의가 함께 제기되어야 한다. 특히 투자문제와 관련하여 중국은 현재 아케이드게임기의 수입과 게임장 영업을 기본적으로 금지하고 있으므로 관련 서비스가 이루어지지 않고 있는 상태이다. 중국이 아케이드게임기의 국내 생산, 판매 및 수입을 허용하고 게임장 영업을 양허하는 경우 아케이드게임기를 중국 현지에서 제작하기 위한 투자, 관련 서비스인 아케이드게임기의 유통서비스를 위한 투자, 아케이드게임장을 운영하기 위한 투자를 보호하는 것이 쟁점이 될 것이다.

우선 아케이드게임의 현지 제작을 위한 투자에 있어서는 중국이 아케이드 게임의 국내 제작을 허용하게 되는 경우 관련 법규가 제정될 수 있는 바 그 내용을 파악하여 아케이드게임 제작과 관련된 해외자본 기업에 대한 차별에 대응하여야 할 것이다. 그 외에 해외자본 제조업에 대한 일반적 차별 등을 파악할 필요가 있다. 만일 차별이 있다면 한-중 투자보장협정에 비추어 쟁점을 파악하여야 하는 한편, 내국민대우의무 및 이행요건 부과금지에 대한 현행 비합치조치를 광범위하게 유보하고 있는 문제점을 해결하여야 한다. 또한 한-중 투자보장협정 외에 WTO 협정인 1994년 GATT 및 통상관련투자조치협정(TRIMs)에 대한 위반 여부를 파악하여야 한다. 한편 아케이드게임기 유통서비스 및 영업장 운영 서비스의 경우 중국이 관련 서비스를 개방하는 경우 투자 부문의 주요 쟁점은 기본적으로 온라인게임 서비스에 관한 주요 쟁점과 동일할 것이다. 그러므로 아케이드게임 관련 서비스가 허용되는 경우 관련 법규에서의 해외자본에 대한 차별, 이행요건 부과, 불투명한 관행 등을 파악하여야 할 것이다. 마지막으로 아케이드게임 분야에서도 앞서 온라인이나 모바일게임의 경우와 마찬가지로 지적재산권 보호에 대한 쟁점이 동일하게 나타나고 있음은 물론이다.

V. 결 론

이상에서와 같이 향후 게임산업 분야의 한-중 FTA 협상의 대략의 방향은 FTA 자체의 틀을 이용하는 것에서 출발하여 다양한 측면에서 접근할 수 있다는 점을 제시하였다. 그러나 여기에서 중요한 점은 향후 양국 간에 FTA 협상이 시작되는 경우 동 협상이 어떤 방식으로 이루어지는가에 따라 세부적인 논의가 달라질 수 있다는 점이다. 즉, 협상 자체가 'negative' 방식으로 진행되는지 아니면 'positive' 방식으로 진행되는지 여부에 따라 우리나라 정부가 취할 입장이 달라져야 한다는 점이다. 만약 후자의 경우라면 게임산업과 관련되는 부분 중 특히 서비스와 투자 분야가 개방목록에 포함될 수 있도록 처음부터 직접적이고 명시적인 공세가 요구될 것이다. 그러나 전자의 경우라면 중국이 이러한 입장을 취하게 될 것이고, 우리나라 정부를 이를 개방불허 목록에서 게임산업 관련 분야를 제외할 논리적 근거를 마련하는 쪽으로 협상방법이 변경될 것이 요구된다.

또한 FTA 협상과정에서 고려될 요소 중 하나는 현재 논의되는 게임관련 이해관계가 FTA 협상의 전체적 구조에서 단일 chapter로 논의되는 것이 아니라 각 협상주제에 산재해 있다는 점이다. 이는 결국 FTA 협상 이전 단계에서 대내적으로 단일산업으로서의 이해관계를 반영하기에는 취약한 구조라는 뜻이 된다. 따라서 이런 경우 보다 선행되어야 할 전략이 이러한 대내적 의사소통 구조와 게임업계의 이해를 반영할 수 있는 협상의 틀을 구축하는 것이다. 즉, 각 부처들의 협상 쟁점들을 수렴하고 이를 조정하는 과정에서 게임산업의 이해를 적절히 반영할 수 있는 내부적인 의사소통 구조와 대내적 전략마련이 함께 필요하다. 이를 위해서는 게임 자체만을 단독 산업으로 평가하는 것이 아니라 관련 콘텐츠 산업으로 확대하여 재구성하는 것도 한 방안이 될 수 있다. 결국 이러한 사전적 의견조정단계에서 필요한 협상 내용을 적절히 반영할 수 있도록 해야 함과 동시에 실제 각 쟁점 분야별 협상에서 부처의 의견을 적절히 반영하여 협상이 진행될 수 있도록 구조적인 협상전략이 함께 필요하다.

게임산업진흥에 관한 법률의 개정방향

chapter 22

유 병 채*

Ⅰ. 서 론

우리나라의 게임산업은 1990년 후반부터 온라인 게임을 중심으로 비약적으로 성장하고 있다. 특히 인터넷의 대량 보급과 세계 1위의 온라인게임시장을 중심으로 게임은 국내 문화산업에서도 큰 비중을 차지하고 있어 미래 성장동력으로 주목을 받고 있다. 작년에는 세계적인 경기침체에도 불구하고 수출 10억 불을 달성하였다. 또한 여가활동으로서 게임을 이용하는 이용자의 비율이 높아지므로 인해서 저연령층 위주의 게임이용행위에서 전연령층이 보편적으로 이용하는 문화생활의 일부분으로 자리를 잡아가고 있다. 인터넷을 이용한 온라인게임을 중심으로 어린이 또는 청소년들이 즐기는 오락으로서의 수준을 넘어서면서 청장년층도 광범위하게 즐기는 하나의 산업유형으로 성장한 것이다.

이와 같은 국내 게임산업의 급성장과 게임이용자의 확산은 게임산업에 대한 독립된 입법인 「게임산업진흥에 관한 법률」(이하 '게임법') 제정(2006. 4.

* 문화체육관광부 (前)게임콘텐츠산업과장, (現)예술정책과장

28 제정, 법률 제7941호)의 배경이 되었고, 해외 입법사례에서도 찾아볼 수 없는 유일한 입법현상이 된 것이다. 이러한 독립된 게임법의 입법연혁을 간단하게 살펴보면 1단계는 유기장법에서의 유기장업법을 거쳐 공중위생법까지이고, 2단계는 「음반·비디오물 및 게임물에 관한 법률」(이하 '음비게법')에서 게임물에 대한 독자적인 규율이 시작되었으며, 3단계는 게임산업을 포함한 문화산업 진흥의 취지로 기존 음비게법의 규율 대상인 음악, 비디오, 게임에 대한 독자적인 법률제정의 필요성에 의해서 게임법이 제정되었다. 2006년 4월에 제정된 게임법은 그 시행이 되기도 전에 그 해 8월 발생한 소위 '바다이야기'라는 게임의 사행적인 이용으로 인해 사회적으로 문제가 된 사건으로 인하여 대폭적인 개정안이 의원발의 되었는데 그 주된 취지는 게임과 사행행위의 분리였으며 2007년 1월에 개정되었다.

게임법이 독자적인 법률로 제정되고 1차례 대폭적인 개정이 있었으나 여전히 음비게법상의 영업장에 대한 규제위주의 내용이 잔존하고 있고, 게임산업을 둘러싼 환경과 미디어·콘텐츠 환경의 급속한 변화에 적응하기 위한 전향적인 규제체제 변화의 필요성에 의해서 게임법의 전면적인 개정을 착수하게 되었다. 이에 따라 2007년 6월부터 개정에 필요한 연구를 진행하고 관련 전문가들로부터 의견을 수렴하여 2008년 5월에 초안을 마련하였으며 공청회, 입법예고 등 일련의 법 개정절차를 거쳐 2008년 11월에 국회에 제출하여 현재 심사 중에 있다. 국회에 제출한 법률안의 주요 개정방향은 크게 4가지로서 ▲ 게임과 사행행위 분리원칙의 유지 ▲ 이용자의 권익보호 강화 ▲ 등급분류제도의 합리적 개선 ▲ 게임관련업 관리체제의 현실화로 분류할 수 있으며 그 주요 내용에 대해서 기술하고자 한다.

Ⅱ. 「게임산업진흥에 관한 법률」 개정안의 주요 내용

1. 게임물 및 게임물사업자 개념의 재구성

(1) '게임'과 '게임물'의 구분 및 개념 확장

종전의 게임물 개념이 영상물, 기기, 장치로 한정되어 있어 현재 법률상 개념을 엄격하게 적용하면 테이블 보드게임 등은 게임물에 해당하지 않을 여지가 있으므로 게임물의 범위를 확대할 필요가 있다. 이에 따라 게임의 개념을 별도로 신설하여 일정한 규칙에 따라 재미를 추구하는 등의 문화활동으로 규정하고, 게임을 하게 할 목적으로 제작되어 공중의 이용에 제공되는 영상물, 프로그램, 도구, 기기 또는 장치를 게임물로 정의하였다. 이와 같이 게임을 새롭게 정의하고 게임물의 개념을 확장하게 됨으로써 게임산업에 대한 정책지원의 범위를 확대시켜 전반적인 게임산업의 활성화에 기여할 것으로 본다.

(2) 게임물 제공관련 사업자의 범위 재구성

인터넷, 모바일, IPTV 등 게임물의 제공형태가 다양화되어 현행 게임제공업의 단일 개념을 그 형태에 따라 구분할 필요가 있는바 기존의 청소년게임제공업과 일반게임제공업과 같이 일정한 물리적 장소에서 게임물을 제공하는 경우를 게임장업으로 개정하고, 인터넷, 모바일, IPTV 등을 통해 게임물을 제공하는 경우를 새롭게 '게임서비스업'이라고 하였다. 온라인게임이 발달한 국내게임산업의 유통구조에 적합하게 재구성한 것이다. 다만 IPTV나 디지털방송으로 게임이 서비스될 경우 방송과 관련된 법률과 일정사항 중복규제의 우려가 있으나 이러한 경우 해당 법률이 우선 적용되도록 하여 중복규제의 문제를 해결하면서 게임물의 사전등급분류심사는 현행대로 유지하도록 하였다. 또한 현행 게임제작업과 게임배급업의 구분은 음비게법의 체계를 그대로 유지한 것으로써 영화나 비디오물에 적합한 게임배급업을 국내 게임산업의 환경을 반영하여 게임수입업으로 대체하였다.

(3) 복합게임장업의 현실화 및 활성화

해외사례와 같이 게임제공업과 음식점 등 다른 영업의 형태가 결합되어 가족형 엔터테인먼트 공간을 제공하고자 도입되었던 '복합유통게임제공업'의 명칭을 '복합게임장업'으로 명칭을 개정하고 노래연습장, 비디오물 시청제공업, 당구장업 등 문화·체육 관련 영업을 함께 하는 경우에는 등록의제 규정을 신설하여 인·허가절차를 간소화함으로써 현실에 적합하게 개선하였다. 특히 최근에 성행하는 1개의 기기에서 다양한 콘텐츠가 제공되는 소위 '멀티방'의 등록이 간소화되어 복합적인 게임이용공간의 활성화가 될 것으로 기대된다. 다만 등록 등 인·허가절차만을 간소화한 것으로서 게임 제공업과 함께하는 영업의 시설기준과 영업상의 준수사항 특히 청소년보호와 관련된 규정 등은 그대로 유지하도록 하여 이를 이용한 탈법영업은 발생하지 않도록 하였다.

2. 건강한 게임문화의 진흥

(1) 게임이용자의 과몰입 방지를 위한 사업자의 의무 강화

게임산업의 발전과 이용자의 확대에 따른 부작용으로 청소년의 게임과몰입 등이 사회적인 문제로 지적됨에 따라 사업자의 자율적인 서비스개선을 유도하기 위하여 청소년인 이용자의 친권자 등 법정대리인이 요청하는 경우 게임이용에 관한 정보를 제공하도록 하고 청소년을 포함한 일반적인 이용자의 장시간 게임이용을 방지하기 위한 경고문구 게시의무를 부과할 수 있도록 하였다. 동 개정안은 기존의 일부 사업자들이 시행하고 있는 서비스를 법률상 규정한 것으로써 새로운 규제를 신설하였다기보다는 현재 동일한 서비스를 시행하지 않는 다른 사업자의 자율적인 서비스 개선을 유도·확대하기 위한 취지라고 할 수 있다. 이러한 개정안은 최근에 제기되고 있는 일괄적이고 강제적인 '온라인게임의 셧다운제'와 같이 이용자의 행복추구권을 침해하는 등 다소 위헌적인 입법보다는 친권자인 부모의 양육·관리권을 강화한 입법으로서 위헌적인 요소를 배제하였다고 할 수 있을 것이다.

(2) 게임의 올바른 이용교육을 위한 지원 강화

현재 게임의 올바른 이용에 대한 교육 등은 비정규 교육과정 등에서 주로 행해지고 있어 그 효과가 미비하므로 학교교육 등 정규교육과정에 올바른 게임 이용과 관련된 내용이 포함 될 수 있도록 하기 위하여 문화체육관광부장관은 「유아교육법」 및 「초·중등교육법」에 따른 교육과정에 게임이용에 관한 교육내용이 포함될 수 있도록 교육과학기술부장관에게 협력을 요청할 수 있도록 하는 근거를 규정하였다. 학교교육 등 정규교육을 통할 경우 사회 일반의 게임에 대한 인식제고 및 게임과몰입 예방 등 올바른 게임이용 활동이 확대될 것으로 기대된다.

(3) 아마추어 e-스포츠 활성화의 지원강화

현재 게임을 이용한 e-스포츠가 프로리그 중심으로 성행하고 있으므로 e-스포츠의 저변을 확대하고 게임의 이용이 국민여가 문화의 중심이 될 수 있도록 하기 위하여 아마추어 e-스포츠의 육성·지원을 강화하고자 하였다. e-스포츠 경기종목의 다양화 추진 및 아마추어 e-스포츠 대회 육성·지원에 대한 근거를 마련하고 특히 비영리 목적의 아마추어 e-스포츠대회의 종목으로만 이용되는 게임물의 저작권문제를 해결할 수 있는 근거를 마련하였다.

3. 게임이용자의 권익보호 강화

(1) '게임이용자보호지침'의 제정근거 마련

현재의 게임서비스가 상대적으로 강한 지위에 있는 게임사업자 위주로 운영되고 있고 이보다 약한 지위에 있는 게임이용자의 권익보호를 강화할 수 있도록 하기 위하여 게임물 사업자 및 게임물 관련 사업자가 준수해야 할 '게임이용자보호지침'의 제정근거를 마련하였는바 온라인게임의 경우 이용약관보다는 운영규정이나 운영정책 등을 적용하여 게임운영을 하는 경우가 많은데 게임사의 운영규정 등이 '이용자보호지침'보다 불리하게 규정된 경우 이를 이용자가 알기 쉽도록 명시 또는 고지할 수 있도록 하는 의무를 부과하였다. 또한 게임이용자에게 부당하거나 불합리한 이용행위를 조장하는 경우에는 이와 관련 있는 해당 서비스의 개선권고를 할 수 있는 등의 행정지도를 할 수 있도록 하여 사업자의 자율적 준수를 유도할 수 있도록 하였다. 이와 같은 개정안은 게임이용자의 보호대상을 확대하고 실효성 있는 행정수단을 확보함으로써 실질적인 게임 이용자 보호정책을 추진할 수 있도록 하였다.

(2) 게임이용약관의 명시 및 이용자의 계약철회 배제의 한계 근거 마련

게임 이용시 사용하는 게임이용약관에 명시해야 할 사항을 규정하고 「전자상거래 등에서의 소비자보호에 관한 법률」 등 다른 법률의 규정이 있음에도 불구하고 게임 이용의 고유한 특성에 따라 게임이용자의 청약철회 배제에 대한 한계를 규정하였는데, 이는 게임이용을 일정하게 미리 정해진 기간 동안 약정하여 이용하는 경우에 이용행위와 관련한 분쟁의 사전 해결 기준으로 작용할 것이다.

(3) 게임분쟁조정위원회 설치 및 운영

게임산업 발전과 이용자 계층 확대로 게임이용과 관련된 분쟁이 급증한데 그 내용은 소액다수이면서 피해사실에 대한 입증이 곤란한 것이 특징이며 그 분쟁과 관련된 피해사항이 행정기관의 민원으로 접수되는 사례가 많아 경찰 등 관계 중앙행정기관의 행정업무상 부담이 되고 있다. 또한 이에 대한 전문적인 분쟁 해결 기구 등이 없어 그 조정·해결방안이 미약하므로 이를 해소하기 위하여 게임분야의 전문 분쟁조정 기구를 설치할 수 있도록 하였다. 이를 통해 게임이용과 관련된 분쟁이 법원 등 사법기관을 통해서 해결되기 보다는 전문적인 분쟁조정위원회를 통한 신속한 구제절차를 마련하게 되었으며 전문분쟁조정위원회의 일관적인 분쟁조정결정은 향후 발생할 유사사례의 해결방안을 제시하여 업체 등의 자율적인 분쟁해결을 유도할 수 있을 것이다.

4. 게임물 등급분류 제도의 합리적 개선

(1) 게임물등급위원회의 운영개선

게임물의 심의에 소요되는 기간(영업일 기준 15일)을 단축하고자 현재보다 상임위원의 수를 증원하여 등급분류심의 업무를 상시화 체제로 전환하여 일부 등급의 경우 신속하게 등급 결정이 될 수 있도록 하고 등급심의의 전문성과 객관성을 제고하기 위하여 전문위원의 수와 자격에 대한 요건을 법률에 규정하여 근거를 두도록 하였으며 이를 실효성 있게 추진하기 위하여 기존의 분과위원회 외에 소위원회를 구성할 수 있도록 하였다. 이러한 개정안은 창의성 있는 게임제작 환경조성 및 게임물의 유통 활성화에 기여할 수 있을 것이다.

(2) 게임물 등급심의결과의 예측가능성 제고

게임물의 심의에 지속적인 문제점인 등급분류 결과에 대한 예측가능성의 불투명이 업계의 부담이 되고 있으므로 게임물의 심의 과정 및 결과의 공개범위를 확대하여 등급분류결과의 객관성 및 예측가능성을 제고하는 방안으로 게임물 심의회의록 전면공개 원칙 확립 및 등급심의 결과, 이유 등으로 공개 범위의 확대를 그 내용으로 규정하여 심의회의록이 실질적인 "게임물심의사례집"의 기능을 하도록 하였다.

(3) 게임물 등급분류심의제외 대상 확대

현행 게임물 등급심의의 제외 대상이 형식적으로 규정(전시회, 종교, 교육 등에 사용)되어 있어 이를 실효성 있게 재규정하고자 그 대상을 확대하였는데 이미 등급분류 받은 게임물(동일한 내용의 게임물이 단순히 명칭 및 장르만이 변경된 경우 등) 및 내용상 사전심의가 물리적으로 불가능한 경우는 사전심의 대상에서 제외될 수 있도록 하였다.

(4) 등급분류 받은 게임물의 내용수정심의 절차 구체화

등급분류 받은 게임물이 패치 등 빈번하게 그 내용을 수정한 경우 내용수정사항을 신고함으로써 별도의 등급심의를 받지 않도록 하였으나 신고 및 절차에 대한 사항이 구체적으로 규정되어 있지 않아 행정업무상 과다한 재량이 발생할 우려가 있으므로, 게임물 내용수정신고 및 재심의절차를 법률로 구체화하여 행정절차를 투명하게 함으로써 등급신청인들의 행정업무에 대한 부담을 경감할 수 있도록 하였다.

(5) 등급분류심의 절차상 사행성 확인절차 강화

정상적으로 등급분류를 받은 게임물을 이용한 사행적인 이용이 지속적으로 증가하고 이에 대한 사후적인 단속활동도 한계가 있어 이를 사전에 차단하기 위하여 현재의 기술심의 제도를 기기검사로 변경하여 등급분류심의 이전에 사행성 및 안전성에 대한 기기검사를 명확하게 규정하였는데 재산상 이익이나 손실을 주지 않는 게임물, 게임이용의 결과물이 지급되는 전체이용가 게임물의 사행성여부, 유기기구의 안전성 검사로 확대하였다. 게임물의 내용상 재산상 이익이나 손실이 없으나 게임물 내용의 구현과 밀접한 연관이 있는 운영방식이 현저하게 사행화 될 우려가 있는 경우에는 경찰청, 사행산업통합감독위원회, 문화체육관광부장관과 협의를 거쳐서 등급신청을 반려할 수 있도록 하고 사후에 등급신청반려사유 등이 확인된 경우에는 등급취소를 결정할 수 있도록 하였다.

(6) 자율심의제도의 부분적 도입

해외 주요국가에서 시행하고 있는 민간자율심의 사례를 반영하여 국내의 국가기관 중심의 심의제도를 완화하고 현행 등급분류업무의 효율성을 제고하기 위하여 부분적인 자율심의제도를 도입하였다. 평가용게임물 확인, 게임물 내용수정신고 접수 등 행정적인 절차업무에 한정하여 수행할 수 있도록 하였으며 자율심의기구의 승인, 정기적인 평가, 승인취소 등을 문화체육관광부장관이 할 수 있도록 하여 지속적으로 견제·관리할 수 있도록 하였다.

5. 게임물사업자의 영업활동 관련 제도의 개선

(1) 게임장업의 등록의제 제도 도입

대규모의 문화·관광·청소년·체육시설인 콘도미니엄업, 유원시설업, 영화상영관, 대규모점포(대형할인마트) 등의 경우 영업장 내에서 청소년게임장, 인터넷컴퓨터게임시설제공업, 복합유통게임장을 하는 사례가 성행하고 있으나 게임장업에 대한 등록 등 인·허가 절차를 별도로 거쳐야 하는 불편을 해소하고자 동일한 영업자가 게임장 등을 할 경우 등록이 의제되도록 하여 등록절차를 간소화하고자 하였다.

(2) 게임장업의 등록예외 영업 확대

현재 게임제공업이 아닌 영업을 하면서 고객의 유치 또는 단순서비스차원의 목적으로 게임물을 제공하고 있는 싱글로케이션제도를 일부 수정하여 게임장업 등록의 예외사유로 개정하고 인터넷컴퓨터게임시설제공업(PC방)으로 영업의 범위를 확장하였다. 특히 영업소당 게임기의 설치대수를 현행 2대로 한정하고 있으나 영업장의 면적에 따라 설치대수를 완화할 수 있도록 하여 건전한 아케이드게임산업의 활성화를 위하여 유통공간을 확대하고자 하였다.

(3) 게임을 이용한 불법행위 처벌 강화

정상적으로 등급분류 받은 게임을 이용한 불법행위, 특히 고스톱·포커류 게임의 게임머니를 이용자 간에 환전하는 행위와 온라인 게임상에서 정상적으로 승인이 되지 않은 프로그램 소위 오토프로그램을 이용하여 정상적인 게임 프로그램에 장애를 유발하여 「컴퓨터프로그램보호법」을 위반한 행위를 처벌하기 위한 규정을 신설하였다. 게임머니의 환전행위는 사행성게임물이 아닌 게임을 이용하여 그 결과물을 환전함으로써 많은 피해자를 양산하는 등 사회적인 문제를 발생하게 되므로 도박에 준하는 처벌을 할 필요가 있는데, 선량한 이용자의 처벌까지 확대될 우려가 있으므로 처벌의 대상이 되는 게임물(고스톱, 포커 등의 웹보드 게임이나, 경품지급이 가능한 전체 이용가 게임)을 제한하고 사행성 목적과 상습적인 구매나 환전행위로 처벌범위를 한정하였다.

(4) 벌칙규정의 하향조정 등 처벌규정 개선

현행법상의 벌칙 및 행정처분의 규정을 하향조정 및 일부폐지 등을 통하여 법령상 전체적인 처벌규정을 완화하여 개선하였다. 일부 신고사항(영업변경신고, 내용물수정신고)을 위반한 경우 벌칙규정에서 과태료로 전환하였고 등급구분 중 18세이용가 등급 이외의 등급을 위반하여 게임물을 제공 하는 위반사항에 대해서는 과태료 처분으로 하향조정하였으며 영업의 허가, 등록, 신고사항을 변경 신고하는 경우 수수료를 면제하도록 하였다.

Ⅲ. 게임산업 발전과 건강한 게임문화 진흥의 상생

이상과 같이 이번 게임법의 개정안에 대한 설명을 하였다. 마지막으로 가장 중요한 개정내용을 추가하자면 법률 제명의 개정인데 현행의 「게임산업진흥에 관한 법률」에서 「게임문화 및 산업진흥에 관한 법률」로 개정하여 게임산업뿐만 아니라 건강한 게임이용문화의 진흥에 대한 정부의 정책적 의지를 강하게 표현하였다. 게임산업진흥과 건강한 게임문화의 조성은 얼핏보기에 상반된 목적의 가치일 수도 있어 이를 하나의 법률에 규정하는 것이

모순일 수도 있을 것이나 이를 자세히 살펴보면 건강한 게임문화의 조성을 도외시한 게임산업의 발전은 사상누각에 불과할 수 있을 것이다. 과거 우리나라 경제발전의 예를 보면 알 수 있듯이 급속한 공업화로 경제는 발전하였으나 그 부작용으로 사회적인 빈부격차의 확대나 환경오염이라는 부작용이 발생하였다. 게임산업의 발전과 그 이용자의 확대는 청소년의 게임 과몰입이나 게임을 이용한 사행적인 이용행위의 성행 등과 같은 부작용을 낳았다. 이러한 현상은 게임의 건강한 이용문화 조성이 절실하게 필요하다는 것을 의미하고 있으며 진정한 게임산업의 발전은 건강한 게임문화의 조성이라는 토대가 마련되어야만 진정한 가치를 인정받을 수 있다는 것을 다시 한 번 강조하는 것이다. 현재 개정 게임법안은 국회의 심사를 받고 있다. 최대한 빠른 시일 내에 게임법안이 국회를 통과하여 국내 게임산업 발전과 건강한 게임문화진흥에 기여할 수 있도록 하겠다.

〈집 필 진〉

권 현 호
성신여자대학교 법과대학 교수
김　 수
(주)Ncsoft 대외협력팀 팀장
김 민 규
한국콘텐츠진흥원 산업분석실 콘텐츠산업2팀장
김 양 은
중앙대학교 언론학 박사, 게임물등급위원
김 유 승
중앙대학교 문헌정보학과 교수
김 정 환
국민대학교 법과대학 교수
박　 민
국민대학교 법과대학 교수
박 성 호
NHN 법제협력실 이사
박 태 순
연세대학교 커뮤니케이션연구소 연구위원, 게임물등급위원
신 영 수
경북대학교 법학전문대학원 조교수
안 경 봉
국민대학교 법과대학 교수
유 병 채
문화체육관광부 (前)게임콘텐츠산업과장, (現)예술정책과장
이 동 연
한국예술종합학교 전통예술원 교수
이 승 철
한국게임산업협회 운영위원장, CJ인터넷 대외협력실장
이 정 훈
중앙대학교 법과대학 교수, 게임물등급위원
이 종 필
집현전법률사무소 변호사, 게임물등급위원
이 헌 욱
법무법인 로텍 변호사
정 성 재
법무법인(유한) 정평 변호사
최 종 철
문화체육관광부 제2차관실 비서관
홍 유 진
한국콘텐츠진흥원 산업분석실 콘텐츠산업2팀 책임연구원
황 성 기
한양대학교 법학전문대학원 부교수
황 승 흠
국민대 법과대학 부교수

게임법제도의 현황과 과제

2009年 11月 5日 初版印刷
2009年 11月 15日 初版發行

編 者 황승흠 · 안경봉
發行人 安 鍾 萬
發行處 (株) 博 英 社
서울特別市 鍾路區 平洞 13-31番地
電話 (733) 6771 FAX (736) 4818
登錄 1959. 3. 11. 제300-1959-1호(倫)

저자와 협의하에 인지첩부를 생략함

www.pakyoungsa.co.kr e-mail: pys@pakyoungsa.co.kr

定 價 25,000원 ISBN 978-89-7189-184-1